HISTOIRE PARLEMENTAIRE

DE LA

RÉVOLUTION FRANÇAISE,

OU

JOURNAL DES ASSEMBLÉES NATIONALES,

DEPUIS 1789 JUSQU'EN 1815.

PARIS. — Imprimerie d'Adolphe EVERAT et C.
Rue du Cadran, n. 16.

HISTOIRE PARLEMENTAIRE

DE LA

RÉVOLUTION

FRANÇAISE,

OU

JOURNAL DES ASSEMBLÉES NATIONALES

DEPUIS 1789 JUSQU'EN 1815,

CONTENANT

La Narration des événemens ; les Débats des Assemblées ; les discussions des principales Sociétés populaires, et particulièrement de la Société des Jacobins ; les Procès-Verbaux de la Commune de Paris, les Séances du Tribunal révolutionnaire ; le Compte-Rendu des principaux procès politiques ; le Détail des budgets annuels ; le Tableau du mouvement moral, extrait des journaux de chaque époque, etc.; précédée d'une Introduction sur l'histoire de France jusqu'à la convocation des États-Généraux ;

PAR P.-J.-B. BUCHEZ ET P.-C. ROUX.

TOME TRENTIÈME.

PARIS.

PAULIN, LIBRAIRE,
RUE DE SEINE-SAINT-GERMAIN, N° 33.

M. DCCC. XXXVII.

PRÉFACE.

Il y a deux mots dont l'usage est fréquent dans notre histoire ; nous voulons parler de ceux de *liberté* et *d'égalité*. Leur puissance fut immense ; le peuple français, en leur nom, accomplit les plus grands sacrifices ; ils ont reçu, dans les temps modernes, presque autant d'hommages et suscité presque autant de dévouemens que celui de *religion* dans d'autres siècles. Cependant il n'en est point dont le sens ait été plus obscurci ni dont on ait plus abusé. Toutes les doctrines, toutes les sectes se les sont disputés ; elles ont eu recours à la popularité de ces mots afin de se populariser elles-mêmes, ne s'occupant guère d'ailleurs de savoir à quel point il leur était philosophiquement et grammaticalement permis d'en faire usage. Il est résulté de là que le sens de ces deux termes a été perverti de telle sorte que de nos jours ils n'ont plus qu'une acception vague et indécise ; ce sont des sons auxquels on n'attache plus d'idée nette. Nous croyons donc utile d'extraire d'un article destiné au journal *l'Européen* les quelques pages suivantes, dans lesquelles l'un de nous s'est proposé de rechercher la signification universelle qui appartient réellement aux expressions dont il s'agit.

En français on entend par *liberté* tantôt *la faculté* et tantôt *le droit de choisir*, selon que la question dont on s'occupe appartient à la philosophie ou à la politique. Telle est la définition donnée par tous les bons dictionnaires de notre langue ; telle est la définition universellement admise. Ce mot nous représente une doctrine métaphysique tout entière dont il est l'un des corollaires. Sortez de cette doctrine, vous le réduirez à n'être plus qu'un non sens. On ne peut admettre, en effet, que l'homme possède soit la faculté, soit le droit de choisir, si l'on ne reconnaît pas en même temps qu'il existe plusieurs choses opposées, contradictoires, entre lesquelles le choix est possible. On ne peut non plus avouer l'existence de ce libre arbitre, sans reconnaître en même temps celle du principe spirituel, ou de la force indépendante de l'organisme et tout-à-fait individuelle dont il émane. Personne n'ignore en effet que les occasions de choisir qui existent dans le milieu environnant ne nous sont présentées ou n'arrivent à nous que lorsqu'elles ont été perçues par nos sens, et qu'elles ont été faites chair en quelque sorte. Tout le monde sait donc qu'avant de manifester notre libre arbitre extérieurement et aux yeux de tous, il est nécessaire que nous en ayons fait usage sur nous-mêmes, et que nous ayons choisi parmi les appels de notre organisme ou que nous leur ayons résisté ; et de là chacun a conclu de tout temps que reconnaître le libre arbitre, c'était admettre l'existence de l'ame. Le fait de l'individualité des ames ressort également de la déclaration du libre arbitre ; car, pour qu'il soit, il faut que chacune d'elles manifeste une liberté entière vis-à-vis de toutes les autres, une indépendance toute personnelle et sans autres limites que celles qui lui sont propres, soit en raison des connaissances, soit en raison de la force des instrumens qu'elle possède.

C'est ainsi que nos pères ont compris le mot *liberté*, et c'est parce qu'ils lui donnaient ce sens que, depuis plus de sept siècles, il est devenu l'expression commune employée par tous les hommes qui ont travaillé au perfectionnement de l'état social. Ils pensaient et ils agissaient en chrétiens, lorsqu'ils opéraient la révolution des communes, lorsqu'ils détruisaient pièce à pièce le servage de la glèbe, lors même que dans ces derniers temps ils décrétaient l'abolition des priviléges de naissance et de corporation. Que voulaient-ils en effet ? Ils voulaient que leurs frères fussent débarrassés des liens par lesquels ils étaient enchaînés dans un état social mauvais, dernier héritage qu'avait laissé une civilisation fondée tout entière sur les droits de la race et sur ceux de la force. Ils voulaient, en brisant ces obstacles, mettre le libre arbitre de chacun à même de mériter ou de démériter devant Dieu et devant les hommes ; ils voulaient donner à chacun la responsabilité entière de ses actes. Le but qu'ils poursuivaient était, en un mot, la liberté pour tous de choisir entre le bien et le mal.

L'esprit aristocratique résista d'abord à ces efforts par des moyens aussi matériels que son principe même et que les intérêts qu'il voulait conserver. Il résista par la force ; mais il dut bientôt ne plus compter sur la victoire, car ses ennemis étaient innombrables, et la prédication ainsi que l'intelligence de l'Évangile étaient des sources intarissables et toujours grossissantes qui lui apportaient chaque jour de nouveaux et de plus nombreux adversaires. Désespérant de ses forces, il se réfugia dans les doctrines ; il se fit le protecteur des enseignemens qui étaient les plus propres à arrêter cette ardeur de dévouement avec laquelle les hommes s'employaient à conquérir les institutions civiles capables d'assurer à chacun les moyens d'une égale responsabilité.

Ainsi, au commencement du seizième siècle, il protégea le protestantisme de Luther. Ce prétendu réformateur enseignait plusieurs principes qui convenaient parfaitement aux intentions des privilégiés. Il affirmait entre autres que par suite du péché originel la volonté avait perdu sa liberté ; de telle sorte, en définitive, que l'homme ne jouissait plus du libre arbitre, et que ce libre arbitre n'était rien de plus qu'un mot dépourvu de réalité : *esse duntaxat vacuum sine re titulum*. Ajoutez à ce principe sa théorie sur la grace et la prédestination dont nous avons parlé dans nos précédentes préfaces, et il sera facile de comprendre comment les populations élevées dans le luthéranisme sont encore de nos jours celles qui sont les moins accessibles aux idées libérales.

Dans le dix-septième siècle, Hobbes, inspiré par la haine qu'il portait aux révolutionnaires de 1640, et par son attachement à la famille royale d'Angleterre, chercha dans le matérialisme un moyen de combattre cet esprit de réforme et de liberté que nourrissait la lecture des livres saints. Il s'était réfugié à Paris, et ce fut là qu'il composa, en 1642, son traité *de Cive*. Nous avons déjà parlé de la doctrine qu'il y mit au jour. Il disait que le plus grand intérêt des hommes était certainement de se conserver ; mais que cependant, lorsqu'on les laissait à eux-mêmes, le résultat nécessaire et le plus direct de leurs appétits naturels était un état de concurrence et de guerre, dont la conséquence était qu'ils devaient attenter continuellement à leur premier intérêt, c'est-à-dire à celui de leur conservation. Il concluait de là qu'il leur fallait un maître, et que le despotisme était de tous les gouvernemens le meilleur, parce qu'il était celui qui garantissait le mieux la sécurité des individus ; car Hobbes n'était point inconséquent comme les quelques matérialistes qui vivent encore aujourd'hui. Il ne supposait pas que parmi des êtres de même nature, et par suite essentiellement égoïstes, il s'en trouvât un qui fût d'une autre nature et par suite essentiellement dévoué. Il reconnaissait que, dans une telle hypothèse, un homme qui se chargerait de gouverner ne pourrait le faire que dans une pensée d'exploitation, et qu'il administrerait un royaume par des motifs semblables à ceux qui guident le premier venu qui a pris une ferme à bail.

Les incrédules de toute espèce se sont révoltés contre cette franchise du publiciste anglais ; ils n'ont point voulu accepter des conséquences dont le seul énoncé suffisait pour condamner à jamais le matérialisme ; mais, pour combattre le système de Hobbes, ils furent obligés de changer les termes de la démonstration. Ils prétendirent qu'il était parti d'un principe faux, savoir, que tous les hommes étaient méchans. Or, Hobbes aurait pu leur opposer qu'il n'avait jamais avancé chose pareille ; que, pour affirmer de quelque chose que ce fût bien ou mal, il fallait un *criterium* moral ; qu'un *criterium* moral suppose une société, et que, pour faire son hypothèse, il était remonté à l'état libre ou de nature : il aurait pu répondre qu'en vrai matérialiste il n'avait admis dans l'homme autre chose que des passions animales et des instincts charnels, et qu'il en avait conclu que les hommes, laissés à leur liberté, ne différaient pas des autres animaux, en ce sens qu'ils se battraient pour leur nourriture, pour leur coucher, pour leurs amours, et quelquefois par pur instinct de se battre. Il aurait pu enfin adresser à ses adversaires le reproche d'ignorance et d'hypocrisie, lorsqu'ils soutenaient que l'homme était naturellement doux et charitable comme ils voyaient les chrétiens, en leur montrant la férocité des peuples cannibales. Quoi qu'il en soit des attaques, le système de Hobbes n'a pas cessé d'être la formule politique du matérialisme ; et il a été, en effet, mis en pratique par tous les athées qui sont parvenus au pouvoir. Aussi, l'incrédulité du publiciste anglais ne nuisit point à sa fortune ; on lui pardonna en faveur de ses bonnes opinions politiques ; il mourut pensionnaire du roi Charles II.

Depuis cette époque jusqu'à notre révolution de 1789, les privilégiés furent toujours les protecteurs du matérialisme ; ils lui ouvrirent leurs salons, et lui donnèrent l'appui de la mode ; enfin ils en prêchèrent l'exemple, car ils en prirent les mœurs. Agissaient-ils ainsi parce qu'ils comprenaient qu'il était la meilleure arme à opposer contre l'idée chrétienne de la liberté ? Agissaient-ils ainsi par instinct, ou seulement par imitation de ceux qui les avaient précédés ? Il importe peu ; mais tout le monde sait que les philosophes incrédules du dix-huitième siècle durent leurs rapides succès à l'appui que leur prêtèrent les salons aristocratiques. C'est de là que sortit l'enseignement du matérialisme. Bientôt la classe qui était le plus immédiatement en rapport avec la noblesse, la bourgeoisie, en fut infectée. Quant au peuple, il fut en général préservé de ce pernicieux contact, autant par son éloignement que parce que le temps manqua à la propagande des encyclopédistes. Lorsque la révolution éclata, les masses étaient encore pleines de foi; pour peu qu'on veuille consulter les documens qui nous sont restés de ce temps, on en acquerra la preuve. Il allait rendre grace de ses victoires au pied des autels; c'était, par exemple, par des pèlerinages et des vœux à sainte Geneviève qu'à Paris il célébrait la prise de la Bastille; les drapeaux que se donnèrent les bataillons qu'il improvisa étaient très-souvent ornés de figures de saints ou de légendes chrétiennes. Il est remarquable que, partout où son opinion eut la prépondérance, le culte et les monumens du culte furent respectés; partout au contraire où la bourgeoisie domina, le culte fut insulté et les églises mutilées. Comparez sous ce rapport la conduite des populations de Chartres et de Rouen. Dans la première de ces villes, l'opinion populaire dominait, et l'église ne subit pas la moindre mutilation. A Rouen, la bourgeoisie constitutionnelle était la maîtresse, et les monumens du culte ne furent pas respectés; quelques mutilations furent ajoutées aux grandes mutilations qu'avaient faites les protestans. Cette différence de conduite entre les classes lettrées, imbues de la fausse philosophie de l'époque, et les classes illétrées qui n'avaient reçu d'autre éducation que celle du catéchisme, est le fait qui domine toute la révolution. Il fut heureux pour le succès de cette réforme sociale, que les masses eussent conservé les habitudes spirituelles de la foi catholique, car autrement la France n'eût pu suffire aux sacrifices qu'exigèrent la conservation de la nationalité et le salut de l'œuvre qu'elle avait entreprise. Si la révolution fit fausse route, c'est aux adeptes du matérialisme qu'il faut l'attribuer: ils se divisèrent en trois partis également anti-sociaux, également anti-nationaux: les Girondins fédéralistes, les Dantonistes et les Hébertistes. Ils furent successivement renversés, sans doute, mais ce ne fut pas sans avoir fait beaucoup de mal, ni sans avoir semé, par leurs enseignemens, et laissé dans le peuple le germe d'un plus grand mal encore. Et de plus, ils ne périrent pas tous; les chefs seuls furent frappés; et bientôt on vit ces trois partis se réunir et jeter à terre ceux qui les avaient menacés. Ces gens engendrèrent le directoire, le consulat, l'empire; ils prirent place dans le sénat; ils s'arrangèrent avec la restauration; enfin, encore aujourd'hui, ils tiennent un rang dans l'aristocratie de notre temps.

Telle est en abrégé l'histoire politique du matérialisme moderne; tel est le rôle qu'il a joué dans la lutte que l'esprit chrétien a entreprise contre les obstacles qu'opposaient à l'usage d'une libre responsabilité les institutions dont le passé nous avait faits héritiers. N'est-on pas en droit de s'étonner, devant un pareil spectacle, que les populations n'aient pas recueilli de tous ces événemens une haine instinctive contre cette doctrine? N'est-on pas encore plus en droit de s'étonner qu'il puisse y avoir aujourd'hui des hommes qui se prétendent protecteurs de la liberté, et en même temps enseignent le matérialisme, qui en est la négation directe? Ne pourrait-on pas même adresser à ces hommes quelque grave accusation? car, ou ils sont ignorans, ou ils ne le sont pas: s'ils sont ignorans, il est malhonnête à eux d'entreprendre l'éducation des autres, ils doivent se taire; et, s'ils sont instruits, on peut en conclure qu'ils font le mal sciemment, par suite de quelque misérable spéculation personnelle.

En définitive, le sens et l'origine du mot *liberté* sont positivement fixés par la tradition. L'histoire nous a en même temps conservé la mémoire des œuvres et des systèmes qui ont nié et le mot et le fait lui-même. Il suffit donc à nos contemporains de vouloir bien lire ; ils s'apercevront alors que les grands traités de panthéisme et de matérialisme sont achevés ; que les docteurs des deux systèmes ont épuisé le sujet, et que tous se sont accordés à reconnaître que le panthéisme et le matérialisme niaient la liberté ; ou, en d'autres termes, concluaient à un fatalisme tel, que le plus petit comme le plus grand événement, le plus important de nos actes comme la moindre de nos pensées, sont considérés comme nécessaires de toute éternité, ou déterminés par l'enchaînement fatal des faits antérieurs. En bonne logique, comme en vraie philosophie, il n'est donc point permis d'user du mot dont nous nous occupons, quand on professe d'ailleurs l'une des deux doctrines qui y sont contradictoires. Lorsque l'on fait le contraire, l'on court risque d'être pris pour un ignorant ou un charlatan.

Quant à nous, nous entendons par *liberté* ce que nos pères ont compris : nous entendons *la faculté ou le droit de choisir entre le bien et le mal*. Nous ajoutons ces derniers mots, *entre le bien et le mal*, afin de rendre la définition complète ; autrement elle serait imparfaite. En effet, on ne peut se borner à concevoir le libre arbitre seulement abstractivement, ou comme une propriété qui ne serait qu'en puissance. Ce serait supposer un fait faux ; car, en réalité, la liberté dépend autant de la faculté de choisir départie à l'ame que de la situation où elle est placée, et qui est de telle nature que l'occasion de faire des choix lui est incessamment présentée. Il est impossible en effet d'admettre que le libre arbitre puisse jamais être en acte, si on ne le place dans la position même que nécessite la possibilité d'agir, c'est-à-dire vis-à-vis des occasions de s'exercer. Or, c'est ce que nous avons cherché à exprimer par notre formule. Quant à la définition de ces limites, le bien et le mal, entre lesquelles le libre arbitre est placé, il est inutile de rappeler qu'elle nous a été donnée par la loi morale révélée, qui est le fondement de l'institution sociale elle-même.

La définition de l'*égalité* est à celle de la liberté ce que le corollaire est à la proposition principale ; aussi, avant que ce mot reçût la signification qui lui est attribuée aujourd'hui, il a revêtu bien des sens différens, et dont voici une courte histoire. Avant la venue du Christ, deux croyances religieuses partageaient le monde ; les sociétés mêmes qui, ainsi que les républiques grecque et romaine, étaient le plus pénétrées d'incrédulité, reproduisaient encore, dans les parties les plus importantes de leur organisation civile, l'empreinte profonde de ces croyances. Une partie du monde, ainsi que nous l'avons répété bien des fois dans nos préfaces, croyait que les hommes avaient des origines diverses. On admettait une première division générale qui partageait l'espèce en deux classes : l'une engendrée du bien, fille des dieux, pourvue d'une ame immortelle, douée de liberté, et destinée à commander ; l'autre, engendrée du mal, pourvue seulement d'une ame mortelle comme son corps, livrée au pur instinct ainsi que les bêtes, et par suite destinée à obéir. Parmi les fils des dieux, on établissait plusieurs subdivisions : il y avait une hiérarchie, car on admettait plusieurs dieux, et chacun d'eux avait des fils qui le représentaient sur la terre. Or, dans cette croyance, lorsqu'on employait le mot égalité, on ne l'appliquait jamais qu'aux hommes reconnus pour sortir d'une même origine semblable ; car ceux qui appartenaient à la même race ne pouvaient être, les uns à l'égard des autres, autrement qu'égaux. C'est pour répondre à cette croyance séparatrice, qui partageait l'espèce humaine en tribus, en familles, en races, et pour l'effacer à jamais par sa parole divine, que Jésus-Christ à dit : « *Vous êtes tous fils d'un même père, qui est Dieu.* » Cette parole a changé la face morale du monde; elle n'a pas cependant encore pénétré partout, car on a trouvé presque de nos jours, dans les îles de la mer Pacifique, des populations gouvernées par la doctrine dont nous venons de parler. Même parmi nous elle trouve encore des intelligences et des intérêts rebelles. Nous ne parlerons pas de ceux-ci; car, quelles que soient la ténacité et les prétentions des intérêts nobiliaires, ils sont universellement condamnés, et les possesseurs ne sont pas eux-mêmes très-sûrs de leurs droits. Mais il nous faut dire un mot de ces intelligences qui luttent avec tant d'acharnement contre le principe que l'Évangile a donné à l'humanité. On ne les rencontre plus que parmi ceux dont l'esprit a été obscurci par le matérialisme. Ils défendent l'inégalité de diverses manières, les uns en préconisant la phrénologie, les autres le système des races. Nous renvoyons à cet égard à nos préfaces précédentes et à divers articles publiés dans le journal *l'Européen*.

Nous ne quitterons pas cette parole de Jésus-Christ, qui fonda le principe de l'égalité originelle des hommes dans la civilisation moderne, sans faire remarquer ce qu'elle offre de miraculeux. Comment le Christ eût-il pu savoir humainement ce qu'ignoraient tous les hommes de la société où il vivait, ce que nous-mêmes nous n'avons découvert qu'à l'aide de la doctrine du progrès et des recherches difficiles dans lesquelles elle nous a guidés? comment pouvait-il savoir, quand il n'avait à côté de lui pas un seul homme, pas un livre qui pût le lui apprendre, qu'il y avait encore aux confins du monde des sociétés fondées sur une inégalité générique? Certes cette connaissance est un fait aussi prodigieux qu'aucun de ceux contre lesquels s'est insurgé le dix-huitième siècle. Mais rentrons dans notre argumentation.

La seconde croyance dont nous ayons à nous occuper est le brahmanisme, qui règne encore dans les Indes. Nous ne chercherons pas ici à en faire l'exposition, ce travail occuperait un trop long espace, et nous préférons renvoyer nos lecteurs à ce que nous en avons déjà dit en d'autres lieux. Il nous suffira de faire remarquer, que, dans cette doctrine, l'égalité civile n'existait qu'entre les membres de la même caste. Sans doute en admettant que tous les hommes étaient des anges déchus, on reconnaissait une origine semblable à tous : on reconnaissait qu'ils avaient tous été purs primitivement, et que tous venaient du péché. Mais il y avait eu des degrés dans la faute, il y avait des degrés dans l'expiation ; et la hiérarchie des castes était la représentation visible de ces positions relatives d'impureté. Ainsi l'égalité civile, telle que nous l'entendons, n'existait pas. On avait établi d'ailleurs des conditions spirituelles de telle nature que ce mot ne pouvait, en aucun cas, servir à désigner un rapport commun entre les divers êtres composant l'espèce humaine. Ainsi, on enseignait que les membres de la caste supérieure étaient seuls pourvus de ce don de la raison émanée de Dieu lui-même, que Platon appelle logos. On croyait enfin que les femmes étaient d'une nature spirituelle inférieure et différente de celle de l'homme. C'est pour répondre à cette doctrine et pour l'effacer que Jésus-Christ a dit : « Devant mon père, il n'y aura ni nobles ni esclaves, ni grands ni petits, ni hommes ni femmes : il n'y aura que des anges de Dieu. »

Cette parole du Christ a pour adversaires trois sectes différentes : les protestans luthériens ou méthodistes, les matérialistes et les panthéistes. Nous ne nous attacherons pas à reproduire les diverses formes de leur négation ; nous nous bornerons à en rapporter une seule de celles qui sont particulières à chacune de ces opinions. Les protestans luthériens, calvinistes ou méthodistes, attribuent le don de la *grace* seulement à quelqu'uns, et le refusent au plus grand nombre; en cela ils font exactement la même supposition que les brahmines ; il n'y a guère d'autre différence que celle des mots : le privilége de la *grace* équivaut parfaitement à celui de la *raison* ou *boudhi*; et, si cette secte parvenait à fonder une société, nul doute que sa théorie de la grace ne devint celle d'une nouvelle espèce d'aristocratie civile et politique. — Les matérialistes concluent également contre la parole de Jésus-Christ, et, par exemple, dans ce cas particulier : les femmes sont organiquement plus faibles que les hommes, non-seulement en forces physiques, mais encore sous plusieurs autres rapports instinctifs : elles ont moins de continuité, moins de ténacité, moins de courage, plus de mobilité que nous. Or, s'il n'y a dans l'espèce humaine rien de plus qu'un organisme matériel, il faut nécessairement en conclure que l'organisme faible est inférieur au fort, et que, par conséquent, l'homme est supérieur à la femme, etc. — Le panthéisme offre peut-être une négation plus fondamentale encore de l'égalité. On ne s'en douterait pas à en voir ce premier axiome : tout est Dieu : tous les hommes sont Dieu ou ont une parcelle de divinité. Mais il ne faut pas s'arrêter à cette généralité, il faut la suivre dans les applications que nos docteurs sont obligés d'en faire pour expliquer le monde et la société. Alors vous verrez que les uns, partisans du progrès, et tels sont les saint-simoniens enfantinistes, encyclopédistes, etc., vous les verrez admettre une sorte de métempsycose selon laquelle les individus croissent et se perfectionnent de telle sorte que, dans les individus vivant aujourd'hui, on peut faire une classification d'où il résulterait que tel contient en lui la série de toutes les individualités supérieures qui ont vécu antérieurement (ainsi M. Enfantin disait qu'il résumait en lui Moïse, Jésus-Christ, Mahomet, etc.); que tel autre contient la série des individualités secondes, etc. Un tel système, comme on le voit, serait bien loin de conclure à quelque chose qui ressemblât le moins du monde à de l'égalité civile. Il conduirait droit, au contraire, à constituer la plus abominable et la plus stérile des inégalités sociales.—Les panthéistes, qui admettent que chaque homme est une parcelle de Dieu, sont également obligés, lorsqu'ils viennent à donner la théorie d'une organisation politique, d'admettre des inégalités radicales du même genre. Alors, ils établissent que Dieu est en quantité plus considérable dans certains hommes, moindre dans certains autres. Ils sont obligés de conclure comme l'a fait le Lahmisme. Car, si tous les hommes sont Dieu au même degré, à quoi servirait l'état social et les garanties qu'il présente? et, si l'état social est nécessaire, évidemment c'est parce que tous les hommes ne sont pas également Dieu, c'est-à-dire raisonnables, instruits et bons au même point.—Ainsi le panthéisme de notre temps, de quelque manière qu'on l'envisage, conclut aux systèmes sociaux qui règnent dans les Indes et que Jésus-Christ a voulu effacer, c'est-à-dire à la métempsycose des brahmes ou au système de gouvernement des boudhistes. C'est assez en faire la critique.

Le mot *égalité* n'a acquis un sens universel que par la signification que lui a donnée le christianisme. Là, en tenant compte seulement des définitions les plus étroites et les plus vulgaires, il exprime que tous les individus appartenant à l'espèce humaine sont favorisés sans distinction des mêmes grâces spirituelles ; que tous ils seront jugés par la même loi, par le même juge, et qu'ils sont appelés tous à jouir d'un bonheur immortel proportionné à leurs mérites comme chrétiens. L'Église a conservé la tradition et l'usage de plusieurs institutions qui consacrent cette égalité, et en sont les signes manifestes. Ainsi le sacrement du baptême, qui est comme la porte par laquelle on entre dans l'Eglise, rend chacun participant de ce que l'on appelle les mérites de Jésus-Christ; par là l'enfant, quel qu'il soit, est purifié Or, parmi des êtres purs, il n'y a point d'inégalité possible. Le baptême fait plus encore : il donne le Saint-Esprit, c'est-à-dire, pour nous servir d'un langage intelligible pour tout le monde, qu'il donne à tous une même conscience, les mêmes facultés, les mêmes devoirs et les mêmes droits. On nous objectera peut-être que la portée politique de cette institution ne pouvait être fort grande; car, dira-t-on, il est impossible d'admettre qu'un petit enfant qui n'a manifesté encore, ni par la parole, ni autrement, aucun des sentimens propres aux hommes, soit intimement modifié par une cérémonie à laquelle il n'assiste réellement pas en esprit. La réponse est facile. Quant à l'influence civile de l'institution, c'est une simple question de foi : les chrétiens devaient et doivent y croire. Quant à l'influence du sacrement sur l'enfant lui-même, c'est une question que nous n'avons pas à traiter ici; car nous nous occupons de politique et non de théologie. L'Eglise avait d'ailleurs prévu la possibilité de cette objection, elle y a pourvu : elle donne à l'enfant des parrains qui viennent promettre qu'ils feront de lui un chrétien, c'est-à-dire qu'ils s'engagent à lui donner l'éducation dans laquelle on apprend que tous les hommes sont frères. Le sacrement du baptême n'est donc pas seulement la consécration mais le don de l'égalité. — Toutes les autres institutions de l'Église, qui nous accompagnent depuis le moment de la naissance jusqu'à celui où on dépose nos cadavres dans la terre, constatent que tous les individus de l'espèce humaine sont également appelés, et que ce n'est qu'à la fin de leur carrière qu'ils diffèrent devant Dieu en raison des mérites qu'ils se sont acquis pendant la vie. Il est superflu de rappeler ici que tous les progrès civils opérés par la révolution française ne sont rien de plus que des réalisations politiques des principes suivis et consacrés par l'Église. Ainsi la vie garantie aux enfans, la liberté dans l'acceptation du mariage accordée à la femme aussi bien qu'à l'homme, l'abolition des droits d'aînesse, le droit donné à tous de prétendre à toutes les charges de l'état, etc.; tout ce que le Code civil a fondé parmi nous, et jusqu'aux institutions que la révolution n'a pas obtenues, l'identité d'éducation, et cette garantie de la suffisante existence, que les insurgés lyonnais ont dernièrement si nettement formulée par ces mots : Vivre en travaillant ou mourir en combattant; toutes ces institutions, toutes ces pensées sortent du christianisme; car il a formulé dans les cérémonies du culte, tous les devoirs et tous les droits des hommes.

Du point de vue chrétien, l'égalité ne régnera sur la terre que lorsque la société aura détruit tous les obstacles qui empêchent les hommes de mériter librement devant elle comme devant Dieu ; lorsque chacun sera appelé de la même manière, et mis par l'éducation sur la même route, délivré de toutes les fatalités qui l'enchaînent dans une ignorance, une immoralité ou une misère héréditaires. Nous sommes bien éloignés encore de cette réalisation parfaite. Qui oserait dire aujourd'hui que les hommes sont égaux ou libres au même degré, qu'ils ont la même responsabilité? Ne sommes-nous pas encore à ces temps pour lesquels il est dit dans l'Evangile que Dieu tiendra compte à chacun des difficultés qu'il a rencontrées à bien faire? Combien y a-t-il de nos semblables qui aient la faculté de choisir entre le bien et le mal? Certes, ce ne sont pas ceux que la misère prive d'éducation, et que la séduction vient saisir avant l'âge de raison : ce ne sont pas ceux que tente incessamment la faim ou la maladie! Ceux-là ne sont ni toujours, ni complétement responsables. On les condamne, on doit les condamner ; mais que le riche qui les juge jette les yeux sur lui-même : est-il donc étonnant qu'un riche ne vole pas, qu'il ne se prostitue pas? Il a de l'or ; il ne connaît ni le froid, ni la faim, ni la soif, il a reçu une éducation, il est instruit ; il prévoit ; il raisonne. Mais qu'il cherche à renoncer aux mauvaises actions dont la fortune ne le préserve pas ; qu'il essaie de renoncer aux voluptés, à la séduction des femmes, à l'adultère ; il trouvera que la difficulté est grande, que le combat est rude ; et il pourra apprécier jusqu'à un certain point combien un pauvre a de mérite à rester honnête.

C'est à réaliser le terrain de l'égalité, l'état d'une complète responsabilité, en réorganisant la société, que doivent travailler tous les chrétiens catholiques. Le premier commandement qui leur a été donné par Jésus-Christ est de l'imiter ; c'est de se sacrifier au bien-être et au salut des autres ; c'est d'aimer Dieu, c'est-à-dire sa loi, par-dessus tout ; c'est de se faire les serviteurs de leurs frères. Qu'ils s'efforcent donc pour ôter de leurs têtes la fatalité du mal ; qu'ils les affranchissent de l'esclavage où les tient l'ignorance et la misère ; qu'ils méditent, qu'ils parlent, qu'ils meurent, s'il le faut, pour conquérir cette société où chacun sera libre de ses œuvres, libre de choisir entre la peine et la récompense, entre le droit et le devoir, entre la flétrissure et la sanctification. Il y a des gens qui croient avoir tout fait lorsqu'ils ont délivré un homme, lorsqu'ils ont fait à un de leurs frères l'aumône de la liberté ; ils ont fait, sans doute, tout ce qu'ils pouvaient faire, s'ils ne savaient pas qu'on leur avait demandé davantage. Mais, lorsqu'on est instruit qu'il y a un moyen de faire le bien en grand, de donner à tous les hommes la responsabilité ; lorsqu'on n'ignore pas que, pour cette fin, il ne faut que quelques modifications dans l'organisation de la société, alors l'immobilité est une mauvaise action, la résistance est un crime et le plus grand de tous, celui dont l'Evangile a dit qu'il ne serait remis ni au ciel, ni sur la terre.

Une Notice du journal LE SEMEUR *sur la préface du tom.* XXVIII *de l'Histoire parlementaire.*

Nous n'avons jamais fait mention des éloges ni des encouragements dont notre travail a été l'objet ; mais nous avons cru devoir tenir une conduite toute contraire à l'égard des critiques que l'on nous adressait. Dans l'intérêt de la vérité que nous poursuivons ici, les négations nous ont paru presque aussi précieuses à recueillir que les affirmations elles-mêmes ; car, en histoire comme en philosophie, on ne sait fermement quelque chose que lorsqu'on connaît également bien les objections et les réponses qui peuvent y être faites.

Quant à l'attaque dirigée contre nous par le journal méthodiste, et dont il va être question, nous avons hésité quelque temps. En effet, elle n'est rien moins qu'historique, rien moins que philosophique ;

cependant, elle prouve quelque chose ainsi que nos lecteurs vont le voir.

Le *Semeur* annonce le tome xxviii de notre Histoire, et il ajoute :

« En reconnaissant le mérite de ce recueil, nous devons dire cepen-
» dant que nous avons peine à comprendre l'à propos de la plupart des
» préfaces placées en tête des volumes, et que nous y avons souvent
» trouvé autant d'ignorance historique qu'il y a d'éléments pour la
» science de l'histoire dans les documents auxquels elles servent d'intro-
» duction. Nous n'en citerons pour preuves que les singulières méprises
» sur les doctrines des réformateurs et sur les faits de la réformation
» qu'on trouve dans la préface du volume que nous annonçons. MM. Bu-
» chez et Roux ont trouvé plaisant d'établir une parallèle entre l'éclec-
» tisme et le protestantisme ; ils essaient de montrer que cette phi-
» losophie et cette religion sont deux sœurs qui se conseillent, se
» soutiennent et se consolent ; et, pour y réussir, ils définissent à
» leur manière la doctrine de la grâce. Nous aimons mieux admettre
» qu'ils n'ont pas la moindre idée de ce qu'est cette doctrine, que de
» supposer qu'ils ont voulu calomnier indignement ceux qui la profes-
» sent. Nous leur conseillons cependant de ne pas écrire désormais des
» pages où l'ignorance de la théologie, dissimulée par l'assurance du
» langage, puisse passer, aux yeux de ceux qui rendent moins que nous
» justice à leurs intentions, pour une diatribe d'autant plus passionnée
» qu'elle ne repose absolument sur rien. » (Janvier 1837, n° 5.)

Nous ferons observer aux rédacteurs du *Semeur* que cet article ne prouve rien, si ce n'est que notre préface les a vivement émus, et si bien, qu'ils sont entrés en grande colère. « Injurier, dit un vieux proverbe français, n'est pas répondre. »

Avant de nous accuser d'ignorance historique, de calomnie, de méprises sur les choses de la réformation, etc., il eût fallu démontrer que Luther et Calvin n'avaient pas proclamé la souveraineté de la raison individuelle en matière d'interprétation biblique, et prouver qu'il n'y avait nulle analogie entre cet axiome fondamental du protestantisme et le premier principe de l'éclectisme moderne, *la souveraineté du moi* ; il eût été aussi très-utile de découvrir quelque part que cet éclectisme moderne était d'invention catholique, venait de Rome ou de Paris, et non d'Ecosse. Il eût fallu démontrer que Luther et Calvin n'avaient pas enseigné la prédestination absolue, ni qu'il y eût deux classes d'hommes : celle des élus ou des régénérés, auxquels « Dieu donne une foi et une justice inamissibles et n'impute point leurs péchés » ; et celle des damnés; conclusions que les éclectiques essaient de réaliser en politique et qu'ils cherchent à justifier par l'observation philosophique, par la doctrine des races, etc. Il eût fallu enfin prouver que Luther n'avait pas affirmé que, par l'effet du péché, la volonté avait perdu sa liberté ; et que la *grâce* du salut accordé aux élus opérait chez eux nécessairement, *necessario non coacté*, c'est-à-dire sans violence, de telle sorte que l'on avait plaisir à agir ; d'où l'on pourrait induire que lorsque l'on n'opère qu'en se faisant violence, lorsque l'on trouve la voie du bien rude et difficile, c'est preuve que l'on n'a pas la grace, et que l'on est prédestiné à la damnation et au mal ; conclusion souverainement éclectique. Il fallait démontrer qu'en outre Calvin n'avait pas dit que les hommes sont justifiés par la foi seule, de telle sorte que les bonnes œuvres ne contribuent en rien au salut. Il eût fallu démontrer que les méthodistes n'avaient pas adopté ces principes, et pour cela répondre à deux ouvrages que nous avons lus et que nous citons au bas de la page (1). Il eût fallu enfin s'inscrire en faux contre un dicton que l'on nous dit vulgaire en Angleterre, savoir, que Reid, le patriarche de l'éclectisme, est le moraliste des hautes classes, et Wesley, le prophète du méthodisme, est le Reid des classes inférieures, etc., etc.

Après toutes ces démonstrations faites, mais sans sophismes et sans calembours, on aurait pu nous accuser d'erreur, de légèreté même; car nous doutons qu'un homme de sang-froid fût allé plus loin. Quoi qu'il en soit, nous ferons deux aveux aux méthodistes du *Semeur*, et nous leur adresserons en même temps une prière.

Nous leur avouerons que nous ne sommes pas de grands théologiens protestants; tant s'en faut! nous ne savons, en cette matière, que les choses connues de tout le monde en France; d'où nous concluons que leurs prédications ne leur feront pas beaucoup d'adeptes dans notre patrie. Nous leur avouerons ensuite que nous croyons de la plupart des méthodistes qu'ils ne se conduisent nullement d'après leurs principes, et qu'ils sont trop honnêtes gens pour être conséquents; peut-être même y en a-t-il beaucoup qui ne soupçonnent pas l'existence de tels principes; ce qui ne veut pas dire qu'il n'y en ait de très-instruits, de très-logiciens, et de très-conséquents. Enfin nous prions *le Semeur* d'insérer notre réponse: c'est à cela que nous le jugerons.

(1) *Lettres méthodistes*, par Lud Dauern, docteur en théologie, Paris, 1835, un volume in-12, chez Cherbuliez, libraire. — *L'Église et la Réformation*, par le pasteur de Perrot, trois volumes in-8°; Lauzanne, 1854.

HISTOIRE PARLEMENTAIRE

DE LA

RÉVOLUTION

FRANÇAISE.

TRIBUNAL RÉVOLUTIONNAIRE.

[PROCÈS DES GIRONDINS.

Séance du 4 brumaire. (Suite.)

Jacques-René Hébert, *substitut du procureur de la Commune de Paris.* Pour l'intelligence de ce que j'ai à dire, il faut que je remonte à l'époque de l'assemblée législative. Il est impossible de se dissimuler qu'il a existé, dès le commencement de l'assemblée législative, une faction protectrice du tyran ; le chef de cette faction était Brissot ; cet homme, qui a longtemps demeuré en Angleterre, est accusé par la voix publique, d'avoir fait, pour cette puissance, le métier d'espion. Au moment où le peuple français fit des efforts pour briser ses fers, il se trouva jeté au milieu de la révolution qui s'opérait, afin de l'entraver par des mesures prématurées. Brissot, parvenu à la municipalité, fut membre du comité des recherches de la Commune ; il partagea la scélératesse de ses collègues. Bailly, La Fayette et plusieurs autres grands criminels furent dénoncés à ce comité ; il garda le silence : cependant, à cette époque, il aurait pu par des mesures vigoureuses sauver la chose publique.

A l'époque de la journée du Champ-de-Mars, Brissot, qui l'avait provoquée, lut aux Jacobins un projet de république fédérative. Ce fut lui qui rédigea cette fameuse pétition qui servit de prétexte à la municipalité pour égorger les sans-culottes. A cette époque les patriotes furent jetés dans les cachots, et cependant Brissot ne fut point inquiété, et se promenait tranquillement dans les rues de Paris. S'il n'eût point servi les projets des scélérats, n'aurait-il pas été compris dans la proscription générale?

Brissot, membre du corps électoral, fut une pomme de discorde jetée parmi les électeurs. On se rappelle avec quel acharnement les intrigans s'opposèrent à sa nomination, parce qu'ils le croyaient alors patriote; mais tout à coup il se fit une réconciliation entre les patriotes et les partisans de la cour; et ces derniers, à qui Brissot avait sans doute promis de servir les royalistes, consentirent à ce qu'il fût porté au corps législatif. La conduite qu'il tint dans cette assemblée prouve assez ce que j'avance.

Arrivé à l'assemblée législative, Brissot se rallia avec la faction désignée par Marat, sous le nom d'*hommes d'Etat*. Cette faction marchanda la liberté du tyran. Ils proposaient de fortes mesures contre le ci-devant roi, et ils les faisaient rapporter le lendemain, afin de se vendre plus cher à la cour.

Enfin le peuple se fatigua des trahisons de la cour : la même faction eut l'air de le servir, mais ce ne fut que pour entraver sa marche. Les mêmes hommes qui affectaient de parler République quand le moment n'était pas encore venu, se montrèrent royalistes lorsque le peuple se déclara en faveur de la République.

Lorsque le peuple demanda la déchéance du tyran, Vergniaud s'éleva avec fanatisme contre cette proposition; il prétendit, et c'était avant le 10 août, que, si jamais cette mesure était adoptée, la France était perdue. Dès ce moment les patriotes de bonne foi connurent à quels hommes ils avaient affaire.

La journée du 10 août, si désirée par les ennemis du peuple, arriva. Vergniaud, Guadet et Gensonné se succédèrent au fauteuil; ils répondirent insolemment au peuple qui demandait à grands cris la déchéance du tyran, et Vergniaud promit protection à ce traître, au moment même où les cadavres de nos frères baignaient dans leur sang.

Cette faction voyant l'opinion fortement prononcée contre le ci-devant roi, désespérait de pouvoir rétablir le tyran en sa première dignité, réunir les débris du trône pour y placer une nouvelle idole. Tout le monde se rappelle que, pendant le séjour du tyran à l'assemblée, on fit une proclamation dans laquelle, ne pouvant dissimuler les crimes de Louis Capet, on présentait au peuple, avec adresse, l'enfant intéressant. Aussi, quand on demanda l'expulsion de la race des Bourbons, les conjurés voulaient qu'on en exceptât l'enfant du tyran.

Les grands conjurés avaient des agens secondaires qui les servirent parfaitement. Manuel et Pétion qui jouissaient d'une popularité usurpée, paralysèrent le bras du peuple, qui, dans cette journée mémorable, eût exterminé tous les tyrans. Quand Louis Capet fut transféré au Temple, Pétion ne voulut pas que ce fût une prison; il fut d'abord placé dans les appartemens qu'occupait ci-devant son frère. Pétion prétendait qu'il était de la dignité de la nation de conserver cette famille, de l'entretenir avec profusion, de lui témoigner du respect et des égards. Des dépenses énormes ont été faites pour alimenter ces monstres. Vainement nous autres patriotes réclamions-nous l'égalité : Manuel et Pétion nous disaient que nous attirerions sur nous le blâme de la France.

Cette Commune de Paris, qui avait renversé le trône, portait ombrage à la faction; elle était trop clairvoyante; il fallait donc l'abattre. Un homme fourbe, autant qu'hypocrite, porté au ministère par les intrigues de la faction, et ouvertement protégé par elle, minait sourdement l'opinion publique, et secondait parfaitement les efforts des conjurés. Ne pouvant détruire la liberté d'un seul coup, ils résolurent de perdre successivement ses défenseurs. Des commissaires furent envoyés dans les départemens pour lever des armées. Ces commissaires coururent les plus grands dangers. Roland, à la disposition de qui Vergniaud avait fait mettre à cet effet des fonds considérables, soudoya contre eux des assassins qui contestèrent d'abord leurs pouvoirs, et qui les représentaient au peuple comme des *maratistes* dont il fallait se défaire. Quand ces commissaires revinrent de leur commission, ils renforcèrent la Commune de Paris de leurs talens et de leur patriotisme; ils dénoncèrent les perfidies de Roland. C'est alors que les conjurés, craignant d'être démasqués, redoublèrent d'efforts pour perdre cette Commune patriote. Roland calomniait Paris, et s'opposait à ce que la commune justifiât le peuple de cette ville. Il arrêtait à la poste tous les paquets qui portaient le cachet de la municipalité. Brissot, Vergniaud, Guadet, soutenaient et approuvaient ces mesures à la tribune de la Convention. Tout le monde se rappelle les intrigues qu'on employa pour perdre Robespierre. Les premiers jours de la Convention furent employés à le dénoncer sous prétexte qu'il voulait être dictateur. Ce moyen était employé pour distraire l'attention du peuple sur la conduite des véritables conjurés.

Parmi les efforts que l'on faisait pour corrompre l'opinion publique, je dois citer un fait qui m'est personnel. J'avais été lié avec Gorsas, que j'avais cru bon patriote. Il m'envoya un jour un de ses affidés, Gonchon, que j'aimais aussi beaucoup, pour me dire, de la part de madame Roland, que son mari goûtait ma feuille, et qu'il voulait s'abonner pour six mille exemplaires. Gonchon ne m'en dit pas davantage ce jour-là; mais il revint et me dévoila toute l'intrigue. Il me dit qu'on voulait bien souscrire pour six mille exemplaires, mais qu'il fallait que M. Roland, et le bureau d'*esprit public* qui se tenait chez lui, dirigeassent mon journal. Vous sentez quelle dut être ma réponse. Il insista et me dit qu'on m'attendait pour déjeuner. Je dis à Gonchon : on vous trompe, vous serez infailliblement la victime de ces scélérats. Gonchon me répondit : soyez tranquille, Roland est un bon patriote, il a beaucoup de bonté pour moi, et il me montra deux rouleaux d'or. J'engageai Gonchon, qui avait été réellement utile à la révolution par l'influence qu'il avait sur les habitans du faubourg Saint-Antoine, à ne pas se laisser entraîner et corrompre par des moyens aussi bas.

L'accueil défavorable que j'avais fait à l'envoyé de Roland me valut de grandes persécutions. Gorsas publia dans son journal les plus absurdes calomnies sur mon compte. Ce que je disais à la Commune était par lui défiguré dans sa feuille. J'écrivis à Gorsas pour me plaindre de cette conduite; je lui rappelai son patriotisme passé. Il ne me fit pas de réponse. Dès ce moment, tout commerce cessa entre nous.

La faction acquérait de jour en jour de nouvelles forces. Elle tentait tous les moyens pour sauver le tyran, ou du moins, pour diminuer la rigueur de son jugement. Les persécutions redoublèrent contre les patriotes. Roland, malgré les décrets, convoquait à Paris la force départementale, tandis que Buzot, Barbaroux, Rebecqui, etc., prêchaient l'anarchie dans la société des Marseillais qui se tenait dans l'église des Cordeliers. Je parlai à plusieurs Marseillais, blessés à la journée du 10 août. Ils me dévoilèrent les intrigues de Barbaroux qui faisait circuler dans les départemens les poisons de ses écrits. Ils m'engagèrent à dévoiler ces intrigues dans ma feuille; je le fis, et j'opérai ainsi la réunion qui eut lieu au Carrousel autour de l'arbre de la liberté. Ce fut dans cette réunion que les fédérés, excités par Barbaroux à massacrer les Parisiens, reconnurent leurs erreurs et jurèrent de ne pas partir de Paris que la tête du tyran ne fût tombée.

Je ne rappellerai pas les circonstances qui précédèrent le jugement de Louis Capet, les écrits multipliés que répandit Roland pour apitoyer en sa faveur, et qu'imprimaient dans leurs feuilles Gorsas et Brissot. Les pièces de ce grand procès existent, et l'on peut les consulter.

La faction, n'ayant pu sauver le tyran, voulut fédéraliser la République. La révolte des Marseillais, des Lyonnais, et la trahison des Toulonnais, prouvent cette intention.

Ce qu'il y a de remarquable, c'est que les conjurés employèrent pour perdre les patriotes les mêmes moyens dont s'était servi Capet. Ainsi les persécutions, exercées contre moi par le comité autrichien, furent renouvelées par les conjurés. J'avais été averti, dès les premiers jours de la création de la commission des Douze, que je devais être sa première victime. On fit tout pour m'effrayer, afin de modérantiser mon journal; je n'en devins que plus ardent à poursuivre la faction. Aussi mon zèle fut-il récompensé. Je reçus, en remplissant mes fonctions, un mandat d'arrêt lancé contre moi par la commission des Douze. Je me rendis à l'ordre de ce comité; mais, avant de partir, je dus avertir mes concitoyens des dangers que courait la liberté. Arrivé à ce comité, je ne fus pas peu surpris d'entendre mon nom retentir dans tous les alentours. On eût dit que c'était un jour de fête. Les signes de joie que montrèrent, en me voyant paraître, les hommes qui devaient être mes juges, augmentèrent la terreur que je dus éprouver en voyant siéger dans cette commission, Pétion et Barbaroux qui n'en étaient pas membres.

Mon crime était d'avoir dénoncé la faction que vous jugez. Molleveau qui m'interrogeait, voyant que je répondais avec réserve, me dit : Ce n'est pas votre procès que nous vous faisons; pourquoi répondre avec tant de régularité? Vous devez avoir connaissance du complot formé pour anéantir la Convention nationale. Ce sont des renseignemens que je vous demande sur cette conspiration. Je lui répondis : Si vous vouliez avoir de moi des renseignemens, il était inutile de me faire arrêter.

Citoyens, je remercie mes persécuteurs. Leur conduite à mon égard a éclairé le peuple sur ses véritables ennemis; elle lui a fait connaître les hommes qui voulaient tuer la liberté, et ceux qui constamment l'ont défendue. Après mon arrestation, le peuple prit une attitude fière; les sections cherchèrent le moyen de sauver la chose publique. Enfin, la journée du 31 mai arriva; mais cette journée pouvait tourner à l'avantage des conjurés par la tournure qu'ils lui faisaient prendre. Ce fut alors que nous prîmes des mesures à la Commune pour la diriger; car, si malheureusement une seule tête fût tombée, les départemens qui, d'après les calomnies de la faction, auraient cru voir dans cette insurrection légitime le rétablissement de la royauté, auraient tourné leurs forces contre Paris. Et il faut vous dire, citoyens jurés, que parmi les accusés il y a des hommes qui ont soudoyé des scélérats pour venir demander à la Commune les têtes des conjurés.

Voilà les faits qui sont à ma connaissance.

Le président au témoin. Citoyen, dites aux jurés les membres qui étaient au comité des Douze au moment de votre arrestation.

Le témoin. Je ne remarquai que celui qui m'interrogeait et Kervelegan qui est en fuite. La manière indécente dont il me traita m'y fit faire attention.

J'oubliais une circonstance, c'est que tous ces individus se mirent à la fenêtre pour me voir passer, et témoignèrent le plus grand contentement de voir une de leurs victimes qu'ils croyaient qu'on allait sacrifier.

L'accusé Brissot. Hébert a publié dans ses feuilles que depuis la révolution j'ai amassé des millions, et que c'est pour les placer que ma femme est allée en Angleterre; c'est par de pareilles calomnies que l'on est parvenu à attirer sur moi la haine du peuple; je déclare n'avoir pas un sou de propriété.

J'ai demeuré en Angleterre pour mon instruction. En 1784, je fus mis à la Bastille, parce que Vergennes se vengeait de ceux qui, en Angleterre, avaient écrit en faveur de la liberté.

Je passe à l'époque de ma vie depuis la révolution.

En 1789 je fus nommé membre de la municipalité. A cette époque, pour découvrir les complots qui se formaient contre la liberté, la Commune crut devoir établir un comité de recherches; six membres furent choisis pour le composer; je fus de ce nombre; et, pour preuve que la municipalité était satisfaite de la manière dont nous avions rempli notre mission, c'est qu'elle nous délivra un certificat honorable.

L'accusé fait ici une longue et verbeuse apologie de sa conduite à cette époque de la révolution. Il lit les écrits qu'il publia en Angleterre, pour prouver son goût précoce pour la liberté, sa détention à la Bastille par ordre de Vergennes, etc. Pour justifier ses relations avec La Fayette, il dit avoir été trompé, sur le compte de ce Catilina moderne, par le bien qu'en avait dit Washington : cette autorité lui paraissait irréfragable, même après les crimes du Champ-de-Mars ; car, dit-il, La Fayette me parlait toujours de république ; seulement il ne croyait pas que la nation fût mûre pour la recevoir. Il ajoute que depuis il a été désabusé. Revenant ensuite sur sa réponse au reproche d'avoir, comme membre du comité des recherches, enfoui des dénonciations graves portées à ce comité contre Bailly et La Fayette, il prétend ne pouvoir être inculpé sur ce fait, d'après un certificat honorable qu'il offre d'exhiber ; c'est en vertu de ce certificat que le comité des recherches a été acquitté de tout reproche par cette municipalité, dont Bailly était le chef, et La Fayette le régulateur.

Passant à l'affaire du Champ-de-Mars, il avoue avoir rédigé la fameuse pétition dont La Fayette, avec lequel il était alors en relation intime, se servit pour égorger les patriotes et faire triompher la cour ; mais il prétend que Laclos, qui y travailla avec lui, y ajouta la phrase dans laquelle on insinuait que, Capet étant censé avoir abdiqué par sa fuite, il fallait lui choisir un successeur ; dans cette phrase, dit-il, les amis de la liberté crurent voir une intrigue de Laclos, homme d'affaire de Philippe d'Orléans ; les Cordeliers en exigèrent la radiation, et la pétition que j'avais rédigée fut purement et simplement adoptée ; au reste il n'explique pas comment lui, auteur de la pétition, resta tranquille et paisible au milieu de la proscription générale de tous les amis de la liberté, qui furent pendant plusieurs mois incarcérés ou fugitifs pour le seul crime d'avoir adopté cette même pétition. Il dit avoir été cité au tribunal du sixième arrondissement ; mais cette citation à un tribunal civil n'eut aucune suite.

Il ajoute qu'il n'a dîné que deux fois avec La Fayette ; que depuis il a écrit contre lui quand il le vit d'accord avec les Lameth, et qu'il est désolé d'avoir été la dupe de ce fourbe.

Delà il passe à sa conduite dans l'assemblée législative ; il expose tout ce qu'il a fait pour détruire Montmorin, Delessart. Il continue ainsi : Si je me suis opposé à la déchéance du tyran, c'est parce que l'opinion n'était pas mûrie.

Aussi j'avoue, continue-t-il, que la commission des Vingt-Un attacha trop d'importance au logement du ci-devant roi, après le 10 août.

Relativement à Roland, je le regarde encore comme un homme pur, mais qui peut avoir erré dans son opinion. Je ne me suis jamais mêlé de son administration. On lui reproche d'avoir voulu pervertir l'esprit public en achetant ou en influençant des journaux ; je déclare que Roland s'est abonné pour un certain nombre d'exemplaires du *Patriote*, qu'il n'a pas même payé.

Hébert. Au commencement de la réponse que l'accusé a faite à ma déposition, il a vanté ses talens et ses ouvrages patriotiques. Je ne lui conteste pas ses talens, je sais même qu'un conspirateur en a besoin pour capter la bienveillance du peuple. Je lui ai reproché de n'avoir pas agi comme il parlait pour la République. Celui qui parlait en faveur du républicanisme, quand les républicains n'étaient pas en force, doit être au moins suspect, quand sa conduite, après l'établissement de la République, n'a pas justifié ses écrits.

Je reproche à Brissot d'avoir armé toute l'Europe contre nous, au moment même où les patriotes n'étaient pas en force, et manquaient d'armes. Le peuple entier a accusé Brissot de cette guerre, et il ne peut se disculper. Qu'il ne se targue pas de nos succès en Champagne ; nous les devons plutôt au hasard qu'à la force de nos armes.

Je reproche à Brissot d'avoir fait nommer à toutes les places du ministère ; Roland et Clavière sont ses créatures. Je lui reproche également la nomination de Lamarche, de cet homme qui a été chassé pour avoir fait disparaître plusieurs séries d'assignats, et certes il ne serait pas étonnant que Brissot, qui dit n'avoir jamais reçu de l'argent de l'étranger, n'en ait jamais manqué avec des hommes tels que Clavière et Lamarche.

Brissot a nommé tous les agens de la diplomatie. A l'appui de ce fait, je citerai une lettre du citoyen Robert, député à la Convention nationale, dans laquelle il lui fait des reproches de ne l'avoir pas nommé à l'ambassade de Constantinople. L'homme qui a fait nommer, et les ministres et les agens de la diplomatie, doit être responsable de tous les crimes qu'ils ont commis. Je termine par un fait : Roland avait pris du bois d'un émigré pour son chauffage ; on regarda cet abus d'autorité comme un vol. Une députation fut nommée pour aller lui demander des explications sur sa conduite, je faisais partie de cette députation. Arrivé chez Roland, nous le trouvâmes à dîner ; nous fûmes obligés de traverser la salle à manger pour aller lui parler dans son cabinet. Nous remarquâmes, en passant, toute la députation de la Gironde autour d'une table délicatement servie, où ces messieurs machinaient sans doute ensemble quelques complots.

Qu'on ne dise pas que Roland ne faisait pas de grandes dépenses pour engager les journalistes à calomnier les patriotes. Je pourrai citer une lettre de Dulaure qui m'écrivait que Roland avait acheté son journal.

Le président. Comment l'accusé Brissot a-t-il pu faire déclarer la guerre à plusieurs puissances, quand il était instruit par Narbonne que nous n'avions aucun moyen de défense ?

L'accusé Brissot. Je vais d'abord répondre à l'interpellation du président. Je déclare n'avoir jamais été lié avec Narbonne ; et plusieurs articles du Patriote prouveront que je n'étais pas même son partisan. Quand, pour la première fois, Narbonne parut à l'assemblée, il débuta par insulter les patriotes. Ce fut moi qui pris leur défense.

Voici la réponse que je fais aux reproches que l'on m'adresse d'avoir fait déclarer la guerre à plusieurs puissances de l'Europe.

Un traité fut passé le 6 juillet à Pilnitz avec le roi de Prusse, pour s'unir contre la France. La cour de Vienne écrivit dans le même mois une lettre aux puissances, pour les engager à faire cause commune avec elle contre la France. Le 7 juillet, un nouveau traité fut passé avec le roi de Prusse pour déterminer les forces que ces deux puissances devaient fournir. L'Allemagne s'engageait à lever quatre-vingt mille hommes, la Prusse cinquante mille. Cependant l'assemblée agit avec prudence ; elle fit d'abord sommer l'électeur de Trèves de faire retirer les émigrés de son électorat. Ce fut une pure comédie quand les électeurs écrivirent qu'on ne préparait point d'armée contre la France; car l'empereur, au mépris des traités, réunissait des troupes en grand nombre sur les frontières, et donnait en même temps ordre au général Bender de protéger les électeurs dans le cas d'une attaque. A cette même époque, l'empereur écrivit à la France des lettres insolentes. L'assemblée, se voyant ainsi menacée, et avec elle la nation entière crut devoir s'occuper de déclarer la guerre à l'empire. Quant à ce que dit Hébert, que nous n'avions ni armes, ni argent, le comité des finances nous rassura sur le second de ces objets. Cambon répondit à Becquet qui objectait les finances : Nous en avons plus qu'il ne nous en faut. Vous le voyez, citoyens, la guerre contre l'Allemagne a été décrétée par l'assemblée législative et non par moi.

Quant à la guerre contre l'Angleterre, Brissot fait la même réponse; et, sans parler des intrigues qu'on lui reproche d'avoir eues à cet égard avec Lebrun, et des discours et des écrits qu'il a publiés pour amener cette guerre, il se justifie en disant : Vous voyez que ce n'est pas moi, mais l'assemblée législative qui l'a *décrétée*. Il ajoute qu'il fit ce qu'il put pour faire rapporter le décret qui accordait amitié et protection aux peuples qui voudraient reconquérir leur liberté, et cela, afin de ménager le gouvernement anglais. Cependant il ne dissimule pas que le décret qu'il fit rendre pour l'ouverture de l'Escaut, et les écrits qu'il publia pour inquiéter le commerce anglais, n'aient pu déterminer cette guerre.

Je me rappelle, dit-il ensuite, la lettre que m'écrivit Robert. Robert s'était imaginé que je nommais aux ambassades, et il me priait de le faire nommer à celle de Constantinople. Citoyens, à cette époque, Dumourier était ministre des affaires étrangères; je vous le demande : comment aurais-je pu avoir la moindre influence sur les nominations qu'il faisait, moi qui venais de me brouiller avec ce ministre?

Citoyens jurés, connaissant la fermeté de Genêt et la manière dont il s'était conduit en Russie, je dois dire que je l'ai recommandé au ministre Lebrun pour l'envoyer aux États-Unis; c'est le seul homme pour lequel je me sois intéressé auprès des ministres.

L'accusé Vergniaud. Le premier fait que le témoin m'impute est d'avoir formé dans l'assemblée législative une faction pour opprimer la liberté. Était-ce former une faction oppressive de la liberté que de faire prêter un serment à la garde constitutionnelle du roi, et de la faire casser ensuite comme contre-révolutionnaire? Je l'ai fait. Était-ce former une faction oppressive de la liberté que de dévoiler les perfidies du ministre, et particulièrement celle de Delessart? Je l'ai fait. Était-ce former une faction oppressive de la liberté, lorsque le roi se servait des tribunaux pour faire punir les patriotes, que de dénoncer le premier ces juges prévaricateurs? Je l'ai fait. Était-ce former une faction oppressive de la liberté que de venir au premier coup de tocsin, dans la nuit du 9 au 10 août, présider l'assemblée législative? Je l'ai fait. Était-ce former une faction oppressive de la liberté que d'attaquer La Fayette? Je l'ai fait. Était-ce former une faction oppressive de la liberté que d'attaquer Narbonne, comme j'avais fait de La Fayette? Je l'ai fait. Était-ce former une faction oppressive de la liberté que de m'élever contre les pétitionnaires désignés sous le nom des Huit et des Vingt Mille, et de m'opposer à ce qu'on leur accordât les honneurs de la séance? Je l'ai fait, etc.

Vergniaud continue cette énumération de faits qui prouvent la division qui existait, en 1791 et le commencement de 1792, entre son parti et celui de Montmorin, Delessart, Narbonne, La Fayette; il allègue que cette conduite doit le dispenser de répondre aux reproches qui lui sont faits pour sa conduite postérieure au 10 août; il pense qu'il ne doit pas être soupçonné d'avoir, comme on l'en accuse, varié dans les principes, pour former une coalition nouvelle sur les débris de celle que l'insurrection du peuple avait renversée. En effet, dit-il, j'ai eu le droit d'estimer Roland, les opinions sont libres, et j'ai partagé ce délit avec une partie de la France. J'atteste qu'on ne m'a vu dîner que cinq à six fois chez lui, et ceci ne prouve aucune coalition. Il se défend de même d'avoir eu des intimités avec Brissot et Gensonné. Il répond ainsi au reproche de s'être opposé obstinément à la déchéance, quand on pouvait la décréter.

Le 25 juillet, un membre, ajoute-t-il, emporté par son patriotisme, demanda que le rapport sur la déchéance fût fait le lendemain. L'opinion n'était pas encore formée ; alors que fis-je ? je cherchai à temporiser, non pour écarter cette mesure que je désirais aussi, mais pour avoir le temps d'y préparer les esprits.

Le témoin a encore parlé de la réponse que j'ai faite au tyran le 10 août, et de la protection que je lui ai accordée. J'ai déjà répondu à cette inculpation, et certes il est étonnant qu'on veuille faire de cette réponse un motif d'accusation contre moi, quand l'assemblée elle-même ne l'improuva pas.

Le témoin nous a accusé d'avoir voulu dissoudre et diffamer la municipalité de Paris. Qu'on ouvre les journaux, et l'on verra si jamais j'ai fait une seule diffamation.

Voilà ce que j'avais à répondre à la déposition du citoyen Hébert.

Le citoyen Hébert. Il est essentiel de rappeler à la mémoire des jurés quelques faits sur la guerre universelle déclarée par Brissot.

Lorsqu'il fut question aux Jacobins de déclarer la guerre, Brissot voulait qu'elle fût offensive, afin de perdre plus sûrement la France. Robespierre s'y opposa fortement. Robespierre a une manière de voir qui ne le trompe jamais. Il prédit à cette époque tout ce qui nous est arrivé. Il dit que, si la guerre offensive était adoptée, toutes les puissances, et même les peuples, se ligueraient contre nous. Les Cordeliers étaient de l'avis de Robespierre. On fit tout pour empêcher que le système de Brissot prévalût; mais la faction, qui était alors toute puissante, l'emporta sur les patriotes.

Quant à l'accusé Vergniaud, il prétend n'avoir communiqué avec personne, pas même avec les députés de son pays; qu'ainsi il n'y a point eu de coalition. Je vous le demande, citoyens jurés, ceux-là sont-ils des conjurés, qui ont provoqué la déchéance quand ils savaient bien ne pouvoir pas l'obtenir, et qui s'y sont fortement opposés quand elle a eu lieu? Ceux-là sont-ils des conspirateurs qui disent que Roland n'a pas été un corrupteur, qui défendent ses malversations même dans ce tribunal, quoique Roland ait dépensé des sommes immenses pour répandre des libelles dans toute la République, afin de pervertir l'esprit public et de perdre les patriotes? Ceux-là sont-ils des conspirateurs, qui dans la Convention nationale se sont coalisés, n'ont eu qu'une seule âme pour demander l'appel au peuple, quand le peuple demandait la tête du tyran? Ceux-là sont-ils des conspirateurs, qui ont écrit dans les départemens pour discréditer les défenseurs du peuple? Ceux-là sont-ils des conspirateurs, qui ont semé la discorde à Marseille et à Bordeaux, et ont eu l'art d'y former deux partis? Le but de toute la conduite des accusés a toujours été la perte de la République.

L'accusé Vergniaud. Le témoin n'a cité aucun fait.

L'accusé Gensonné. L'opinion qu'a de moi le témoin m'est indifférente. Elle doit être libre sur un fonctionnaire public. J'ai pris ma part de cette liberté. Je permets d'en user ainsi à mon égard.

Le témoin m'a compris au nombre des hommes qu'il accuse d'avoir formé une conspiration contre la République. Il a donné pour preuve de ma coalition l'identité de mon opinion avec celle des hommes qu'il m'associe dans la conspiration. Le fait est faux.

La seule occasion dans laquelle j'aie été d'identité d'opinion avec mes collègues, c'est sur l'appel au peuple dans le jugement du ci-devant roi; et cependant parmi nous il y en a qui ont voté pour la mort, d'autres pour la réclusion du tyran.

Lors du départ du roi pour Varennes, les Jacobins demandèrent aussi qu'on consultât le peuple, pour savoir si, par cette fuite, il n'était pas censé avoir abdiqué la couronne. Ainsi, s'il se trouve de l'identité entre quelqu'un, c'est entre eux et moi.

On a parlé de la séance où Lamourette proposa son serment ; eh bien ! le seul homme qui refusa de prêter ce serment, qui regarda cette proposition comme une pasquinade, ce fut moi.

Mon opinion contre le tyran était la mort, et je la prononçai avant l'appel au peuple.

Le président. Je demande à l'accusé Gensonné, si par l'insurrection du 10 août le tyran n'était pas condamné, et si à l'époque où la Convention nationale lui fit son procès, il n'était pas déjà jugé ? Demander l'appel au peuple, dans cette circonstance, n'était-ce pas vouloir allumer le feu de la guerre civile dans toutes les parties de la République ? Et l'accusé ne pourra pas dissimuler que ce ne fût l'espoir de la coalition.

L'accusé Gensonné. Que l'on m'accuse de faits positifs, et je répondrai.

L'accusé Vergniaud. Je ne crois pas être traduit en jugement pour avoir demandé l'appel au peuple, ni pour aucunes de mes opinions ; 1° Parce qu'il faudrait déchirer la Constitution que nous avons tous jurée ; 2° Parce qu'il faudrait aussi faire le procès aux autres députés qui ont partagé cette opinion.

On a dit qu'en demandant l'appel au peuple, c'était vouloir faire naître la guerre civile. Je réponds que je n'aurais dû craindre que cette opinion allumât une guerre civile, qu'autant que les royalistes formeraient la majorité des assemblées primaires. Je n'ai pas dû croire, sans outrager le peuple, que les royalistes fussent en assez grand nombre pour influencer ses délibérations. Certes, s'il est une époque qui dût intéresser le peuple français, c'est celle où il devait prononcer sur le dernier de ses rois.

Le président. Il est vrai que l'accusé Vergniaud n'est pas traduit en jugement pour ses opinions politiques, mais il sera nécessaire de rappeler souvent aux accusés les opinions qu'ils ont émises à la Convention nationale, afin de prouver la coalition qui a existé entre eux pour perdre la République.

Je prie le citoyen Chaumette de donner aux jurés des éclaircissemens sur les commissaires envoyés dans les départemens.

Chaumette. Au mois de septembre 1792, nommé par le conseil exécutif pour aller dans les départemens presser la levée des bataillons pour s'opposer aux succès de nos ennemis qui déjà s'étaient rendus maîtres de Verdun, j'allai à Caen avec Momoro; il y avait dans notre même voiture un nommé Pommier qui paraissait avoir une mission pour aller dans les départemens faire l'éloge de Brissot, Vergniaud, enfin de toute la faction. Il s'acquitta parfaitement de sa commission, et pendant toute la route, il représenta ces hommes comme des dieux. S'étant aperçu que Momoro et moi ne partagions pas son opinion, il se répandit contre nous en invectives. Nous fûmes obligés, pour l'empêcher de venir aux voies de fait, de le tenir en échec avec un pistolet. Arrivés à Caen, nous le perdîmes de vue; mais nous rencontrâmes dans l'auberge où nous descendîmes un autre personnage qui devait être aussi fort intéressant pour les accusés. Il distribuait quantité de papiers de M. Roland, et des exemplaires du journal de Brissot; il nous dit que Brissot était le seul homme capable de gouverner. Vous voyez, citoyens jurés, que ces mêmes hommes, qui sans cesse accusaient les meilleurs patriotes d'aspirer à la dictature, étaient eux-mêmes possédés du désir de régner. Momoro attestera ce fait, et vous assurera que, dans tous les lieux où nous avons passé, nous avons trouvé des émissaires de Roland qui sans cesse ont entravé nos opérations.

Après la journée du 31 mai, lorsque Bordeaux et Caen se mirent en insurrection contre la Convention nationale, ce même Pommier fut envoyé par la faction auprès des députés réfugiés à Caen, et ceux-ci l'expédièrent pour Bordeaux, où il eut l'audace de lire le manifeste du traître Wimpfen.

J'ai dénoncé le club de Marseille, dont les membres ont crié: *Vive le roi! vive Roland!* et dans lequel siégeaient les conjurés. Je m'y étais introduit sans me faire connaître, et j'ai connu tous leurs projets. Si le tribunal désire avoir des éclaircissemens plus détaillés sur les opérations de ce club, il peut appeler le commissaire de police de la section de Marat ; il doit avoir connaissance d'un commencement de procédure qui fera connaître les intentions de ceux qui en ont été les fondateurs.

L'accusé Boileau. Le citoyen Hébert a articulé beaucoup de faits contre la commission des Douze. Je le prie de m'envisager ; je suis absolument étranger aux faits qu'il a dénoncés.

Hébert. Les accusés prétendent n'avoir pris aucune part à la persécution qu'on a fait éprouver à la commune patriote du 10 août. Cependant à peine avait-elle commencé ses travaux, qu'on rallia tous les hommes de l'ancienne municipalité qui partagèrent les crimes de La Fayette, pour former une commune provisoire. Par conséquent on avait dessein d'anéantir la municipalité trop clairvoyante du 10 août.

L'accusé Brissot. Je déclare n'avoir participé en rien à la nomination des commissaires envoyés dans les départemens par l'Assemblée nationale et par le pouvoir exécutif.

Le témoin a parlé d'un nommé Pommier ; cet individu a publié pendant l'existence de la monarchie un ouvrage intitulé : *les Crimes des Rois ;* cet ouvrage m'a donné la plus grande idée de son républicanisme, mais ce n'est pas moi qui l'ai fait nommer ; je le répète, je ne le connaissais pas.

Citoyens, il fut plusieurs fois question d'une réunion entre les patriotes. J'eus à cet effet deux rendez-vous avec Danton ; Robespierre avait été invité à s'y rendre, il n'y vint pas. Nous entrâmes dans une explication de nos principes. Danton me dit : nous n'avons qu'une crainte sur vous, c'est que vous ne vouliez le fédéralisme. Je n'eus point de peine à lui démontrer combien cette crainte était peu fondée, et nous nous retirâmes satisfaits l'un de l'autre.

Le citoyen Hébert. Je fus chez Pétion, le lendemain du 10 août, avec une députation de la commune de Paris ; Brissot, qui s'y trouvait, s'avança au-devant de la députation, et lui dit : Quelle est donc la fureur du peuple ? Est-ce que les massacres ne finiront pas? J'ai cru devoir faire connaître ce fait aux citoyens jurés.

L'accusé Brissot. J'ai vu aujourd'hui, pour la première fois, le citoyen Hébert; je nie le fait qu'il vient d'annoncer; je n'ai jamais blâmé la journée du 10 août, au contraire, tout ce qui est sorti de ma plume, et ce qui est relatif à cette glorieuse époque de notre révolution, a fait l'éloge de cette journée et du courage des citoyens qui y ont combattu. Si le témoin avait parlé des massacres du 2 septembre, il aurait eu raison.

Le témoin persiste dans sa déclaration, et cite les circonstances du fait. — L'accusé garde le silence. — L'audience est remise au lendemain.

Séance du 5 brumaire.

L'accusateur public fait lecture d'une lettre présumée de Fonfrède, dans laquelle l'auteur se permet d'improuver la salutaire révolution du 31 mai, et d'appeler, au secours de la Convention nationale avilie, une force départementale.

L'accusé Fonfrède. Cette lettre n'est pas de moi.

Le président. Cette lettre, malgré la dénégation de l'accusé, ne peut pas être regardée comme non avenue; car elle renferme des principes qu'il a avoués lui-même à la Convention nationale. Elle a été adressée au club des Récollets de Bordeaux, et l'un des membres de cette société l'a envoyée au citoyen Guffroy, membre de l'Assemblée nationale, en attestant qu'elle était de Fonfrède.

Je demande maintenant aux accusés qui composaient la députation de la Gironde si les lettres qu'ils recevaient de Bordeaux leur étaient adressées collectivement ou individuellement.

Les accusés répondent qu'ils les recevaient collectivement, afin d'éviter les frais de poste.

Hébert. L'accusé Fonfrède a nié la lettre qui vient d'être lue par l'accusateur public; cependant je me rappelle que les mêmes calomnies qu'elle renferme contre la municipalité et les habitans de Paris ont été proférées par lui à la tribune de la Convention nationale. Ce sont ces calomnies répandues avec art par des agens de la coalition qui ont servi à faire fructifier le fédéralisme dans les départemens.

Un autre fait : lorsque je fus à la Convention nationale, avec les habitans et la municipalité de Paris, dénoncer Brissot et ses complices, le député de la Gironde, Fonfrède, monta à la tribune, et dit qu'il regrettait de n'être pas compris dans l'honorable liste des proscrits ; car à cette époque, citoyens, c'était un honneur, dans leur sens, d'être dénoncé par la commune de Paris, qu'ils n'ont cessé de calomnier. Je ne conçois donc pas pourquoi Fonfrède nie une lettre si conforme à son opinion, dans laquelle on nous traite d'égorgeurs ; mais les événemens ont prouvé que les égorgeurs n'étaient pas parmi nous, puisque Lepelletier et Marat sont tombés sous le fer d'assassins soudoyés par la faction que vous jugez.

Je finirai par cette réflexion : c'est que cette municipalité, que l'on a tant calomniée, s'est plusieurs fois opposée au pillage que des malveillans, et peut-être même la faction, avaient excités, et que la Convention nationale a décrété qu'elle avait bien mérité de la République.

L'accusé Fonfrède. Le témoin m'a reproché d'avoir montré des regrets de n'être pas compris parmi les députés dénoncés par la Commune : ce fait est vrai ; mais je crois que, comme représentant du peuple, j'avais droit de juger une pétition que, quelques jours après, la Convention a déclarée calomnieuse. D'ailleurs, moi-même j'ai plusieurs fois plaidé en faveur de la municipalité de Paris.

Hébert. Fonfrède a dit qu'il avait plusieurs fois défendu la commune de Paris ; mais il n'y a pas un grand mérite à dire la vérité, c'est un devoir que tout bon citoyen doit remplir. Il n'en est pas moins vrai que, quand la commune de Paris est venue dénoncer plusieurs députés conspirateurs, elle fut outragée par Fonfrède ; il nous contraignit de signer individuellement la pétition, sans doute pour dresser une liste de proscription ; car nous n'étions que les organes du peuple. Lorsque le peuple fait des réclamations, il est du devoir des magistrats de vous les apporter, et d'être l'organe passif de son vœu. Cette observation fut faite par le maire, lorsque, contre tous les principes, on l'obligea de signer cette pétition.

L'accusateur public. Citoyens jurés, nous ne rappelons ici les opinions des accusés que pour rapprocher et faire ressortir les faits qui prouvent qu'il a existé entre eux une coalition pour perdre la République ; car, comme je vous l'ai observé hier, il n'est pas question de les juger sur leurs opinions. (*S'adressant à l'accusé Vergniaud.*) Vergniaud, avez-vous écrit au club des Récollets de Bordeaux ?

L'accusé Vergniaud. Oui, et l'on m'a représenté dans mon interrogatoire secret des copies que j'ai avouées.

L'accusateur public fait lecture d'une lettre écrite par Vergniaud au club des Récollets. Dans cette lettre, il reproche à ses concitoyens de l'avoir abandonné. Cependant, dit-il, il est encore temps de vous montrer, *hommes de la Gironde.* C'est demain que mes ennemis doivent demander la dissolution de la Convention, en voulant enlever de son sein vingt-deux représentans du peuple ; nous comptons beaucoup sur le courage de Fonfrède qui est président ; maintenez-vous prêts. Si l'on nous y force, nous vous appellerons du haut de la tribune.

L'accusateur public continue. Citoyens jurés, une seconde lettre, dont je vais vous faire lecture, vous prouvera jusqu'à l'évidence l'existence de la conspiration.

Aux citoyens députés de la Gironde, grand hôtel Vauban, rue de Richelieu, chez le citoyen Lacaze.

Votre dernière lettre, mon cher cousin, m'avait fait naître quelque espoir de salut ; mais celle que je reçois aujourd'hui me l'ôte. Il ne reste donc plus à l'honnête homme qu'à s'envelopper dans son manteau, et attendre ainsi la mort. Après tant de sacrifices pour conquérir la liberté, ne nous reste-t-il plus qu'à attendre des fers ? Quelle horrible idée ! Quoi ! quelques monstres enchaîneraient vingt-cinq millions d'hommes? Il faut une insurrection générale contre cette ville abominable (Paris); il faut l'*écraser*. Cette insurrection *se prépare*, soyez-en sûr, mon cher *Lacaze*, et vous la verrez bientôt éclater. On doit faire fuir de la Convention nationale les M., les R., les D., et tant d'autres scélérats qui la déshonorent. Mais, mon cher cousin, la Convention peut-elle continuer de gouverner, après avoir été ainsi avilie? Non, il en faut une nouvelle.

Les inquiétudes que j'éprouve sur votre sort m'empêchent de m'intéresser à la patrie. Voilà la seule cause de mes fièvres. Adieu, conservez-vous, mon cher cousin, pour vos amis. G. L Z.

L'accusateur public. Vous voyez, citoyens jurés, que par sa correspondance Lacaze a provoqué cette lettre dans laquelle il est nommé. Je lui demande quel en est l'auteur?

L'accusé Lacaze. Je l'ignore, car je ne l'ai pas vue; elle a sans doute été interceptée.

Le président. Au moins reconnaîtrez-vous l'écriture?

On représente la lettre à l'accusé Lacaze.

L'accusé Lacaze. Cette lettre a été écrite par mon cousin Gaston Lacaze.

Le président. Vous voyez, citoyens jurés, que Lacaze agissait dans le même sens que les autres accusés, qu'il provoquait les départemens contre Paris. Voilà bien, je crois, la conspiration dévoilée.

L'accusé Lacaze. Les lettres que j'ai écrites à mon cousin Gaston n'ont point été communiquées à mes collègues; je lui ai écrit ce que je sentais; si c'est un crime, il m'est personnel, et n'est point le résultat d'une coalition; d'ailleurs j'affirme que la lettre qu'on vient de lire est d'un ardent ami de la liberté.

Un juré. Si, comme vient de le dire Lacaze, son cousin est réellement un patriote, il faut que Lacaze l'ait trompé par sa correspondance?

L'accusé Lacaze. Je lui ai écrit dans l'effusion de mon ame: j'ai cru, d'après ce qui se passait à Paris, que la liberté courait réellement des périls.

Un juré. Pour prouver que la conspiration existait dès l'assemblée législative, je prie le président de demander aux députés de la Gironde s'ils n'ont pas écrit dans leur département pour faire nommer à la Convention nationale les infâmes Sieyes et Condorcet?

L'accusé Vergniaud. J'avoue avoir écrit non à l'assemblée électorale, mais à un ami, pour l'engager à faire nommer Condorcet; mais je ne croyais pas alors qu'il méritât le nom que vient de lui donner le citoyen juré; et ce qui prouve qu'à cette époque Condorcet était estimé de toute la République, c'est qu'il a été nommé par cinq départemens.

L'accusé Ducos. Je ne me rappelle point positivement avoir écrit dans mon département en faveur de Sieyes et de Condorcet; mais si je l'ai fait, je ne désavoue point ma démarche.

L'accusé Fonfrède. Je n'étais pas à l'assemblée législative.

L'accusé Gensonné. Je déclare n'avoir écrit aucune lettre pour faire nommer qui que ce soit.

L'accusateur public. Voici une lettre que Vergniaud a déclaré avoir écrite à Bordeaux.

Il en fait lecture; elle est relative à l'insurrection du 31 mai.

Nous avions compté, dit Vergniaud dans cette lettre, sur la commission des Douze, et sur la force départementale que vous prépariez, mais la commission vient d'être dissoute, et nos concitoyens ont mis trop de lenteur à se décider. L'anarchie vient de remporter une victoire complète; cette victoire va relever l'audace des factieux.

Le président. Je demande à Brissot s'il n'a pas écrit, dans le mois de mai dernier, une lettre dans le même sens.

Brissot. J'ai écrit, le 26 mai, une lettre à mes commettans.

Le greffier fait lecture d'une lettre datée de Bordeaux, le 4 juin, écrite à Rabaut-Saint-Étienne. L'auteur de cette lettre fait part à Rabaut des projets de la ville de Bordeaux. Il lui annonce que des commissaires sont partis pour toutes les grandes villes de France, afin de les engager à s'unir avec les Bordelais contre la Convention nationale; qu'on se concertera spécialement avec Lyon ; que l'on abhorre ici la Commune de Paris, la Montagne et le ministre Garat ; que la convocation des assemblées primaires aura lieu incessamment ; enfin que l'écrit de Brissot a fait le plus grand bien à Bordeaux.

Cette lettre est ainsi terminée : Faites des démarches pour réconforter promptement le Midi, et la patrie est sauvée.

L'accusateur public. Cette lettre cadre fort bien avec les motions faites dans le même temps par les accusés à la Convention nationale, pour la convocation des assemblées primaires.

L'accusé Brissot. Il est question dans la lettre d'un écrit de Brissot qui a, dit-on, fait le plus grand bien. Cet écrit est sans doute ma lettre à mes commettans, que j'avais mise en vente à la porte de la Convention nationale, et que l'on aura fait parvenir à Bordeaux ; mais je déclare que ce n'est pas moi qui l'y ai envoyée.

L'accusé Vergniaud. Citoyens jurés, vous avez entendu la lecture de deux copies de lettres que le désespoir et la douleur m'ont fait écrire à Bordeaux. Ces deux lettres, j'aurais pu les désavouer, parce qu'on ne reproduit pas les originaux ; mais je les avoue, parce qu'elles sont de moi. Depuis que je suis à Paris, je n'avais écrit que deux lettres dans mon département, jusqu'à l'époque du mois de mai. Citoyens, si j'avais été un conspirateur, me serais-je borné d'écrire à Bordeaux, et n'aurais-je point tenté de soulever d'autres départemens ? Et si je vous rappelais les motifs qui m'ont engagé d'écrire à Bordeaux dans cette circonstance, peut-être vous paraîtrais-je plus à plaindre qu'à blâmer.

J'ai dû croire, d'après tous les complots du 10 mars, que notre assassinat tenait au projet de dissoudre la Convention nationale, et Marat lui-même l'a écrit le 11 mars ; j'ai dû être confirmé dans mon opinion quand j'ai vu l'acharnement qu'on mettait à faire signer les pétitions qu'on avait présentées contre nous. C'est dans cette circonstance que mon ame s'est brisée de douleur, et que j'ai écrit à mes concitoyens que j'étais sous le couteau ; j'ai réclamé contre la tyrannie de Marat, c'est le seul que j'aie nommé; je respecte l'opinion du peuple, mais enfin il était mon tyran.

Certes, si j'avais eu une intention de réaliser ce que j'écrivais, le moment était venu; mais au contraire, je fis rendre, dans la séance du 31 mai, un décret pour instruire les armées de ce qui s'était passé à Paris. Pénétré d'admiration de la conduite qu'avaient tenue, dans cette journée, les habitans de cette ville, je fis décréter qu'ils avaient bien mérité de la patrie. Est-ce là la conduite d'un conspirateur? Non, citoyens jurés, vous ne le croirez pas.

Un juré. Comment Vergniaud peut-il nous faire croire qu'il s'est déterminé à écrire les lettres qu'on vient de lire, d'après l'opinion de Marat, lui qui n'a cessé de vociférer contre cet ami du peuple?

L'accusé Vergniaud. Quelle qu'ait été mon opinion sur Marat, je devais croire qu'il disait la vérité lorsqu'il écrivait que demander la tête des députés, c'était vouloir dissoudre la Convention nationale.

On me reproche d'avoir vociféré contre Marat. Je n'ai parlé qu'une seule fois contre lui. Lors du pillage des épiciers, on demanda le décret d'accusation contre Marat: je m'y opposai.

Hébert. L'accusé prétend que, dans le mois de mars, il a existé un complot pour massacrer une partie de la Convention nationale, cependant il a avoué que la Commune de Paris s'y était opposée. Par quelle insigne mauvaise foi ne parle-t-on pas de cette opposition dans les lettres qu'on vient de lire? La vérité est que les massacres dont on a parlé, et auxquels se sont opposés les Jacobins et la section des Quatre-Nations, étaient l'ouvrage de la faction, afin d'avoir occasion de calomnier Paris dans les départemens; et cela est si vrai, que le petit nombre de scélérats qui en avaient fait la proposition, sont maintenant en état d'arrestation.

Un juré. Vergniaud a dit qu'il avait été persécuté par Marat; j'observe que Marat a été assassiné, et que Vergniaud est encore ici. (Les spectateurs applaudissent.)

L'accusé Vergniaud. J'ai été persécuté par Marat, et il suffit pour s'en convaincre, de lire ses journaux. Vous dites, citoyen juré, que j'existe, et qu'il a été assassiné.

Quand Marat a été assassiné, j'étais en arrestation sous la garde d'un gendarme; comment croire que j'aie eu quelque rapport avec ceux qui ont médité ce projet?

Le président. Ducos a été à la Commune réclamer un homme qui avait été arrêté excitant le peuple au pillage; il est prouvé que ces pillages ont été ordonnés par les aristocrates; comment Ducos a-t-il pu s'intéresser pour un pareil homme?

L'accusé Ducos. J'ignore quels sont les auteurs du pillage. Le président vient de mettre en fait ce qui n'est encore qu'une question. J'ai été à la Commune de Paris pour demander un domestique que la citoyenne Rousseau m'avait prié de réclamer. Mais je dis à Réal qui m'observa que cet homme avait été arrêté au milieu des pillages : S'il est coupable, je ne m'en mêle plus.

Chaumette. Le fait rappelé par Ducos s'est passé devant moi. J'étais présent lorsqu'il vint réclamer ce domestique. Je lui dis : Vous voyez que ces pillages sont l'ouvrage des malveillans, et quelles peines la Commune s'est donnée pour les arrêter. Ducos parla dans mon sens, et cependant, le lendemain, il parut dans la *Chronique*, dont Ducos était le rédacteur, un article dans lequel on accusait Pache d'être l'auteur des pillages; et tout le monde sait que Pache et moi manquâmes d'être assassinés dans la rue des Lombards, pour nous y être fortement opposés.

Les factieux étaient en correspondance avec Dumourier; et ce qui prouve que ces mouvemens ne leur étaient pas étrangers, c'est que, le lendemain même des pillages, on reçut une lettre de Dumourier qui était à plus de cent lieues de Paris, dans laquelle on remarqua cette phrase : *Tandis que Pache fait égorger et piller rue des Lombards*, etc. Je vous le demande, citoyens, qui avait instruit Dumourier que des pillages devaient avoir lieu ce jour-là à Paris?

Vergniaud se vante d'avoir fait décréter, le 31 mai, que les sections de Paris avaient bien mérité de la patrie. Il faut vous dire, citoyens, que cette révolution était faite pour eux et en leur faveur, et que ce ne fut que le 1er juin que la Commune s'empara de ce mouvement populaire. Je reproche à Vergniaud d'avoir, dans le décret qu'il a proposé, séparé les sections de Paris de la commune, afin de faire assassiner les membres de cette dernière.

Le président. Je demande à l'accusé Gensonné, qui était en correspondance avec Dumourier, ce qu'il lui écrivit à l'époque du pillage.

L'accusé Gensonné. Je ne lui ai point écrit à cette époque.

L'accusé Vergniaud. Le citoyen Chaumette a voulu faire entendre que c'était nous qui avions provoqué la journée du 10 mars et le pillage ; j'avoue que je suis étonné de m'entendre reprocher d'avoir provoqué une journée dans laquelle j'ai peut-être couru quelques dangers. S'il est des occasions où il faille des preuves pour appuyer une accusation, c'est sans doute celle-ci. Pour faire croire que j'ai provoqué la journée du 10 mars, il faut que l'on prouve nos relations avec les sections, et c'est, je crois, ce qui sera difficile.

Hébert. Vergniaud demande de prouver comment la conspiration du 10 mars était l'ouvrage des accusés ; le voici : c'est que Beurnonville, agent de la faction, entouré de coupe-jarrets, courait la ville, dans la nuit du 10 au 11 mars, pour défendre les conjurés, et que ceux-ci s'étaient absentés de chez eux.

Les accusés nient la conspiration qui cependant a existé, et que tout le monde connaît. Citoyens, quand le sénat de Rome eut à prononcer sur la conspiration de Catilina, certes, s'il eût interrogé chaque conjuré, et qu'il se fût contenté d'une dénégation, ils auraient tous échappé au supplice qui les attendait ; mais les armes trouvées dans la maison de Lecca, mais le rassemblement des conjurés chez Catilina étaient des preuves matérielles ; elles suffirent pour déterminer le jugement du sénat.

L'accusé Brissot. Hébert a argumenté de la conspiration de Catilina ; eh bien ! je demande à être jugé par parallèle avec ce traître. Cicéron lui dit : On a trouvé des armes chez toi, les ambassadeurs des Allobroges t'accusent, et les signatures de Lentulus, de Céthégus et de Statilius, tes complices, prouvent tes infâmes projets. Ici le sénat m'accuse, il est vrai; mais a-t-on trouvé chez moi des armes? m'oppose-t-on des signatures?

L'accusé Valazé. On m'accuse d'être l'un des auteurs de la journée du 10 mars. Je vous le demande, citoyens, est-il probable qu'un homme soudoie contre lui des assassins?

Hébert. Valazé vient de dire qu'on voulait l'assassiner; c'est une calomnie, le peuple n'a jamais eu cette idée.

Je reproche à Valazé, qui est de la ville où j'ai pris naissance, d'y avoir répandu les écrits de Roland et ceux de la députation de la Gironde; d'avoir voulu fédéraliser le département de l'Orne; d'avoir écrit à nos sociétés populaires d'Alençon des faits mensongers et calomnieux sur le compte de la ville de Paris; je l'accuse d'avoir tenu des conciliabules chez lui, où les Girondins et les Brissotins se rendaient pour préparer le fédéralisme.

Citoyens, il y a quelque temps que j'eus l'occasion de voir le neveu de Valazé, jeune homme de grande espérance; il me demanda quelle était mon opinion sur son oncle? Pour toute réponse je lui fis lire les journaux. Il me dit: Je regrette bien ses liaisons avec Roland; car j'avais cru mon oncle un homme probe.

L'accusé Valazé. Il est vrai que plusieurs députés se sont rendus chez moi pour y conférer sur les intérêts de la République; mais jamais il n'y a été question de fédéralisme.

On a dit que j'avais écrit dans mon département des faits mensongers, je n'ai jamais fait connaître à mes concitoyens que le résultat de mon opinion.

Hébert. L'accusé Brissot a fait l'apologie de Roland; il a soutenu qu'il lui était impossible de corrompre des écrivains mercenaires, puisqu'il n'a jamais eu de fonds à sa disposition. Cependant il est constant que Roland payait des libelles, et les opinions des membres du côté droit, et je vais à cet égard citer une anecdote qui m'est personnelle. Un député de la Convention nationale vint un jour chez moi pour faire imprimer une opinion qu'il avait prononcée; quand cette opinion fut imprimée, et qu'il fut question de payer, il me dit qu'il attendait pour le faire, que Louvet, que tout le monde sait être l'agent de Roland, lui remît des fonds. Ce député est Durand de Maillanne.

Chaumette. Je demande à dire un fait relatif à Valazé. Il parut une affiche rouge à Paris, dans un moment où cette ville éprouvait quelques difficultés dans son approvisionnement. On invitait, dans cette affiche, à massacrer les Jacobins et les Cordeliers pour avoir du pain. L'auteur de ce placard, adressé aux *honnêtes gens*, fut long-temps inconnu. Enfin, un officier de paix crut reconnaître qu'il était de Valazé ou de Valady, son complice. Je ne puis affirmer lequel des deux.

Vous devez vous rappeler, citoyens, la fête de la fraternité qui eut lieu à la place de la Réunion. Eh bien! au milieu de cette fête, Valazé, sous prétexte de prétendus dangers que courait la Convention, sortit comme un furieux avec des pistolets à la main, en criant: Aux armes! Valazé fut arrêté; mais il fut bientôt relâché par l'influence de la faction. Ce fait me persuada, dès lors, que Valazé était un conspirateur.

L'accusé Valazé. Je répondis dans le temps au premier fait par un placard, dans lequel je déclarai que je n'étais point l'auteur de l'affiche qu'on m'imputait. Il a été reconnu depuis que Valady en était l'auteur.

Le président. Quelles sont les personnes qui se rendaient ordinairement chez vous?

L'accusé Valazé. Buzot, Barbaroux, Salles, Bergoing, Guadet, Chambon, Lidon, Gensonné, Duprat, Lacaze, Lehardy, Brissot, Duperret et plusieurs dont je ne me rappelle pas les noms.

Un autre témoin est entendu.

François Chabot, député à la Convention nationale. Citoyens jurés, l'acte d'accusation contre Brissot et ses complices, porte sur le fait d'un complot tramé contre l'unité, l'indivisibilité, la sûreté intérieure et extérieure de la République. J'espère que ma déposition en démontrera l'existence. J'en ferai connaître l'origine et les principaux auteurs ; mais je suis obligé de remonter aux premiers jours de l'assemblée législative, et de parler de moi quelquefois.

Avant la fin de l'assemblée constituante, je fis insérer dans les journaux qui avaient alors quelque réputation de patriotisme, une invitation à tous les députés amis du peuple, de se réunir aux Jacobins, pour déjouer les perfidies de la cour et de ses agens. J'eus occasion d'y voir Jean-Pierre Brissot, à qui j'étais déjà recommandé par mon évêque Grégoire. Je parlai dans cette réunion avec énergie contre la révision, et contre le machiavélisme de la cour. Brissot prit dès lors quelque affection pour moi, et m'invita à aller le voir. A cette époque il m'accordait quelques talens. Je ne le vis cependant qu'aux Jacobins et à l'assemblée législative. Quelques semaines après sa présidence aux Jacobins, Jean-Pierre Brissot me dit : Nous nous réunissons en particulier avec Vergniaud, Guadet, Gensonné, Condorcet et autres députés bien intentionnés : vous devriez vous réunir avec nous : nous dînerons ensemble une fois la semaine, et là, nous concerterons une marche à tenir dans l'assemblée. Je lui répondis : Je ne veux reconnaître d'autre réunion qu'aux Jacobins. Il n'en est pas de cette assemblée comme de l'assemblée constituante, dont les élémens nécessitaient des meneurs et des menés. Ici nous sommes tous députés du peuple pour lutter contre l'influence que cette maudite constitution a donnée à la cour et au ministère. Nous avons le peuple pour nous, il faut agir ouvertement ; tant que nous voudrons le bien du peuple, nous n'avons pas besoin de nous cacher de lui pour le faire. Il faut au contraire à la tribune des Jacobins, l'intéresser aux décrets que nous voulons faire passer, en lui démontrant qu'ils nous ont été dictés par le désir de son bonheur. Si vous faites des *réunions* partielles, vous inspirerez des méfiances, parce que l'homme qui fait le bien, n'a pas besoin de se cacher ; quant à moi, je vous le répète, je n'irai jamais dans aucun conciliabule ; je ne verrai mes amis qu'à l'assemblée et aux Jacobins. Si dans votre *réunion*, il se fait quelque bon projet de décret, je l'appuierai de toutes mes forces ; mais sans aucune tactique, que celle du courage et de l'énergie. Je le quittai. La *réunion* eut lieu ; mais je persistai dans le refus d'y aller. Grangeneuve me témoignait alors l'affection d'un père. Je lui fis part de l'invitation de Brissot, et de mon refus. Tu as bien fait, me répondit Grangeneuve, ce sont des intrigans ; je ne connais pas Condorcet, j'ai de la vénération pour ses talens ; mais Brissot a une mauvaise figure et une mauvaise réputation, et quant à mes trois collègues de la députation de la Gironde, je les connais pour des ambitieux et des intrigans. Gensonné est le plus hypocrite de tous. C'était un aristocrate, qui n'a fait le patriote que pour avoir des places. Il ne fut pas plutôt procureur de la commune à Bordeaux, que pour faire la cour au ci-devant duc de Duras, il fit tout son possible pour dissoudre le club national. Vergniaud est encore l'ami et le protecteur des aristocrates, comme il l'était en 1789. Guadet aspirait à une place de commissaire du roi. Son titre était un grand dévouement à la cour. Il vint la solliciter à Paris. Le ministre la lui refusa ; et depuis cette époque, il est devenu ennemi de la cour ; jugez quelle confiance méritent ces hommes parmi les patriotes ?

Déjà l'Assemblée législative m'avait nommé, au comité de sûreté générale, avec Bazire, Merlin et autres. Béthune-Charost nous y fut dénoncé comme entretenant à la frontière du Nord un certain nombre de Brabançons réfugiés. Nous invitâmes Béthune-Charost à se rendre au comité de sûreté générale, afin de lui arracher son secret par des caresses ; mais le mandat d'amener était lancé en cas qu'il refusât de se rendre à notre invitation. Béthune-Charost s'y rendit : là, après plusieurs explications, il nous dit : Je comprends qu'il entre dans votre plan de renverser la cour. Eh bien ! je puis vous être utile ; mais il faut que vous ne me traversiez pas dans mes desseins. Les choses sont fort avancées. Vous allez voir au ministère de la guerre un homme qui se popularisera ; il appellera au généralat La Fayette ; pendant son ministère, il ira visiter les armées ; il aura des partisans très-chauds dans les deux côtés de l'Assemblée ; à lui seul il renversera le ministère. La méfiance qu'inspire la cour vous donnera lieu de proposer de faire nommer un conseiller du roi, par chaque administration de département, parmi les hommes les plus remarquables par leur fortune, leurs talens et leurs vertus. La proposition en sera faite à l'Assemblée par un homme qui jouit de la confiance des deux côtés ; et, si l'Assemblée la rejette, il est sûr de la faire adopter par le roi, en lui montrant dans cette mesure, le seul moyen de se concilier la confiance du peuple, et de se décharger de tout ce que le *veto* peut avoir d'odieux.

Le même ministre proposera la guerre contre l'Autriche ; elle entre dans nos plans. Je vous ferai, en Brabant, une heureuse diversion ; les nobles et les prêtres de ce pays-là me fourniront assez d'argent pour soutenir mon armée qui se recrute tous les jours. Si les ministres refusent de déclarer la guerre, les quatre-vingt-trois conseillers qui arriveront des départemens, la feront déclarer ; car on a soin d'en prêcher la nécessité dans tous les papiers patriotiques. Le ministère sera alors remplacé par ces conseillers. Alors le ministre de la guerre seul restera comme ministre principal. On appellera à l'administration générale des finances, peut-être Necker, peut-être Clavière, suivant que le parti des banquiers ou des Brissot dominera ; car, pour les caresser tous les deux, on promettra les finances à l'un et à l'autre. Alors on tâchera de faire partir le roi ; et, si on ne peut pas l'y déterminer, on s'en défera de toute autre manière. Le ministre principal, d'accord avec La Fayette et le ministre des finances, se partageront le gouvernement, et il faut passer par cet état pour arriver à la République ; mais surtout la guerre avec l'Autriche. Merlin, Bazire et moi, fûmes dépositaires de ce secret. Nous mîmes des hommes sûrs à la piste de cet intrigant, en concluant de l'ouverture qu'il nous avait faite que la guerre devait être désastreuse. Jean-Pierre Brissot, Rœderer et ses autres adhérens, nous proposèrent cette guerre aux Jacobins, sous prétexte de municipaliser toute l'Europe.

Robespierre, qui a toujours pressenti la fausseté des mesures proposées par les intrigans, Robespierre combattit le système de la guerre offensive avec cette éloquence et cette énergie qui le caractérisent. Plusieurs fois nous fûmes tentés de lui communiquer les ouvertures que nous avait faites Béthune-Charost; mais, voyant que son amour pour la patrie le dirigeait si bien, nous ne communiquâmes ce secret à personne.

Cependant Narbonne était déjà au ministère, et vérifiait une partie des déclarations de Béthune; il visitait les armées, se faisait des partisans dans les deux côtés de l'assemblée, se popularisait autant qu'un intrigant peut le faire. Nous chargeâmes plusieurs citoyens de suivre ses démarches et ses relations avec nos collègues. Les rapports qui nous en furent faits démontrèrent jusqu'à la conviction qu'il secondait tous les projets des accusés pour la guerre offensive, et que ceux-ci à leur tour exaltaient Narbonne dans leurs journaux, en accusant même ceux de leurs collègues les plus estimables, qui dénonçaient les vices de son administration, ses liaisons avec les traîtres qui commandaient nos armées, et la haine qu'il avait jurée à nos braves défenseurs de la patrie.

Brissot, et Condorcet en particulier, se signalèrent dans cette prostitution de leurs journaux. Une dénonciation de Narbonne, faite aux Jacobins, nous valut bien des épigrammes dans le *Patriote* et dans la *Chronique*; dès-lors j'eus le courage, sur la fin de janvier, de dénoncer la faction de Brissot et de la Gironde. Elle était parvenue, non pas à me dépopulariser dans l'assemblée, mais à me ridiculiser sous les titres *de capucin, de frère quêteur, d'ignorant, de mauvaise tête*; de manière que je n'ai jamais pu ouvrir la bouche sans être couvert des murmures de tous ceux que la faction avait fait ses dupes dans le côté gauche, et de tout le côté droit, ministériel par principe, comme la faction l'était par intérêt. N'oubliez pas, citoyens jurés, que Charrier, chef des rebelles de la Lozère, l'un des principaux agens des émigrés, condamné à mort par le tribunal de Rodez, après avoir longtemps refusé de faire la déclaration des secrets dont il était dépositaire, fit enfin en présence de Châteauneuf-Randon, et des commissaires de l'Aveyron, entre autres déclarations, la plus importante sur la guerre déclarée à l'Autriche.

Il avoua que les émigrés s'étaient en vain agités pour engager les puissances étrangères à une guerre désastreuse pour l'humanité ; que, pour les y contraindre, les princes avaient dépensé en France deux cents millions, pour obtenir le décret de la guerre. Lorsque nous aperçûmes que la déclaration de Béthune se vérifiait tous les jours, sans le nommer, pour ne pas neutraliser ses moyens de servir la France, nous fîmes part à quelques bons Montagnards des projets de Narbonne. Montaut était du nombre. Nous interpellâmes Fauchet, pour savoir ce qu'il pensait de son idée de protectorat, de *triumvirat*. Fauchet nous répondit qu'il en était instruit, puisque c'était lui-même qui l'avait fait tâter sur cet article, dans le cas du départ du roi, et qu'il avait répondu à la femme avec laquelle lui Fauchet vivait, qu'il se mettrait à la tête des affaires lorsque le roi serait parti.

Trois fois le départ a été tenté ; trois fois nous l'avons fait échouer, quelquefois une heure avant son exécution ; car Bazire, Merlin et moi, formions un comité de sûreté générale au milieu de celui que l'assemblée avait créé. Les quatre-vingt-trois conseillers du roi avaient été proposés à l'assemblée législative par un homme qui avait été surpris par nos agens chez le ministre Narbonne, déguisé en robe de chambre. Montaut me dit alors : Le plan s'exécute, si nous ne nous hâtons de le faire échouer. Guadet, qui entendit ce propos, interrompit l'orateur ; mais Narbonne et ses adhérens firent adopter le système au ci-devant roi. Ce fut alors que j'eus le courage de dire aux Jacobins que dans le côté gauche il y avait autant d'intrigans que dans le côté droit, et qu'à peine le peuple pouvait compter dans l'assemblée trente amis désintéressés et dévoués à sa cause. J'y dénonçai la faction de Brissot et de la Gironde. Depuis cette époque, Brissot ne m'a plus pardonné, et il est peu de numéros de son journal, où on ne trouve une injustice et une calomnie contre moi, Merlin ou Bazire. La guerre avait été discutée au conseil du ci-devant roi. Narbonne avait été seul de cet avis ; mais il allait culbuter les autres ministres par le plan des conseillers départementaires. Nous fîmes prévenir secrètement Delessart de tout le plan de Narbonne. Delessart en fit part à la reine, et, d'accord avec elle, il montra au roi le précipice dans lequel Narbonne l'entraînait. Il ne lui manquait que le crime du poison ou de l'assassinat pour arriver à ses vues ambitieuses.

Le roi chasse Narbonne; alors ses partisans et ceux de la guerre entrent dans des fureurs. Fauchet fut engager Cambon à lui faire voter des regrets par l'assemblée; et Cambon en aurait fait la motion, si je ne l'avais instruit d'une partie des manœuvres de Narbonne et de ses partisans. Brissot, qui travaillait depuis quelque temps, d'accord avec Narbonne, à dresser l'acte d'accusation de Delessart, passa la nuit à terminer son ouvrage. Gensonné, de son côté, prépare un discours au roi, dans lequel il témoigne les regrets de l'assemblée sur la disgrace de Narbonne. Nous n'étions qu'un très-petit nombre dans le mystère de cette disgrace; mais presque tous les vrais Montagnards connaissaient la scélératesse de Narbonne. Lecointre avait la preuve de ses friponneries; Duhem, celle de sa négligence à défendre nos frontières; Albitte, celle des persécutions qu'il avait fait éprouver aux patriotes, et tous, le sentiment de son incivisme et de son immoralité. L'adresse de Gensonné fut mise aux voix par le président, qui était de la faction; il prononça le décret d'impression; mais la Montagne fit une telle résistance, que Gensonné, pour la ménager, retira lui-même son adresse. Brissot demande alors à lire son discours contre Delessart, et nous, qui avions culbuté le ministre de la guerre par celui des affaires étrangères, fûmes enchantés de voir culbuter ce dernier par les amis du premier. La désorganisation était à l'ordre du jour. Du moment qu'il fut monté à la tribune, nous fîmes garder le ministre par nos agens; et ce fut par nos soins qu'on parvint à saisir Delessart.

Ce fut alors que la faction intrigua pour faire placer des ministres à sa dévotion. Dumourier dut sa nomination, non pas directement à Brissot, mais à Gensonné et à un nommé Sainte-Foi qui voulait sauver la cour par les Jacobins, ou perdre, comme Brissot, les Jacobins, en les mettant aux pieds de la cour et des ministres. *Quand la cour fera de ces actes, disait alors Brissot, en parlant de la guerre, les Jacobins seront ministériels et royalistes.* La nomination de Dumourier, intrigant, vendu à la faction, en releva les espérances ; et ce fut par le moyen de Dumourier que Brissot parvint à placer ses créatures, Roland, Clavière et Servan. C'est de Dumourier lui-même que je tiens ces promotions. Bernard de Saintes peut rendre le même témoignage. Une note trouvée chez Roland, échappée à toutes leurs précautions révolutionnaires, prouve que, si Brissot ne recommandait personne en particulier, c'est qu'il avait un vaste plan de placement de toutes ses créatures. Il se mettait ordinairement derrière la toile. Ses agens, Girey-Dupré, Boisguyon, Millin et autres, étaient chargés de prôner les chefs dont on voulait se servir. Ainsi ces messieurs venaient dans des repas de députés montagnards pour exalter La Fayette, Narbonne et les ministres de la faction. Ils s'étaient emparés de tous les bureaux des Jacobins ; ils avaient formé un parti formidable de Brissotins. Plusieurs fois ce parti y a tenté de populariser la guerre ; mais la mâle éloquence de Robespierre et la force de la vérité triomphaient de toutes les intrigues de Brissot, Sillery, et de toute la faction. Les déclamations de Guadet, de Lasource et autres, n'y firent pas fortune. Tout ce que l'intrigue put y obtenir, ce fut d'y neutraliser les principes de la Constitution qui s'opposaient à la nomination de La Fayette. Boisguyon et Girey-Dupré ont souvent dit que j'avais tort de le persécuter ; que c'était un ennemi de la cour, qu'il avait l'ambition d'être dictateur, et qu'il fallait passer par-là pour arriver à la république. Et pourquoi en effet, si Brissot n'était pas l'ami de La Fayette, forcé dans un discours de faire sa profession de foi sur le compte de cet intrigant, lorsque les Jacobins en eurent ordonné l'impression, en a-t-il supprimé tout le mal qu'il avait dit de La Fayette ? Pourquoi, s'il n'était pas l'ami de Narbonne, lorsque notre vertueux collègue, Lecointre, accusait cet ex-ministre de friponneries et de dilapidations criminelles, Brissot et

Condorcet, et toute la faction, préférèrent-ils de calomnier leurs collègues plutôt que de vérifier les faits qu'ils alléguaient? pourquoi se sont-ils empressés de l'envoyer aux frontières avant la reddition de ses comptes? pourquoi cette exception à la loi qui consigne les ministres à Paris jusqu'à l'apurement de leurs comptes, en faveur du premier accusé de dilapidations?

Il est essentiel que le tribunal apprenne un fait que j'ai dénoncé dans le temps aux Jacobins.

Un intrigant, nommé *Rotondo*, vint me trouver quelque temps après l'expulsion de Narbonne du ministère, et me dit : Vous savez que je poursuis La Fayette, et je n'ai plus d'argent pour le mener à l'échafaud; je n'en ai pas même pour avoir du pain pour moi, ma femme et mes enfans qui meurent de faim! Eh bien! il ne tient qu'à vous de me procurer six mille francs qui me sont nécessaires pour poursuivre La Fayette, à peu près autant pour l'entretien de ma famille, et il restera encore treize mille francs, que vous distribuerez comme vous l'entendrez. Je ne veux rien prendre ni distribuer, lui dis-je, mais, s'il faut vous donner du pain, parlez. Je sais que vous n'aimez pas Narbonne, reprit-il; mais enfin, quand il vous aurait volé, vous pourriez lui faire rendre compte partout où il sera. Nous ne manquerons pas de députés pour faire la motion de l'envoyer aux frontières, mais il ne veut devoir cette jouissance qu'à un patriote des plus ardens. Je vous conjure de faire cette motion; vous aurez culbuté La Fayette avec l'argent de Narbonne, et ensuite nous culbuterons Narbonne de quelque autre manière. Je ne dirai pas comment je repoussai cette proposition astucieuse qui mettait ma sensibilité et mon amour pour la patrie aux prises avec la probité et les devoirs de ma conscience.

La même proposition fut faite à Grangeneuve, chez lequel j'étais en pension. Grangeneuve refusa, mais dit à Rotondo : Guadet fera votre affaire. A dîner, Grangeneuve nous fait part du renvoi officieux qu'il a fait à Guadet. Je lui dis : Si Guadet refuse, tu auras toujours à te reprocher d'avoir fait l'infâme métier de tentateur envers un ennemi; s'il fait la motion, et qu'elle soit rejetée, tu te reprocheras de l'avoir fait tomber dans un piége ; si la motion est adoptée, tout le crime de ce décret tombe sur ta tête. Cependant, le même soir, Guadet propose à l'assemblée de dispenser Narbonne de sa résidence à Paris, et de l'envoyer aux frontières. Nous demandons à combattre cette motion, on nous refuse la parole, et le décret passe, malgré les réclamations de la Montagne. Que les accusés disent après cela qu'ils n'ont pas eu de relations, qu'ils n'ont pas été les amis les plus intimes de tous les conspirateurs. S'ils se sont momentanément brouillés avec Dumourier, celui-ci m'en a dit la raison, ainsi qu'à Bernard de Saintes. Ces messieurs lui avaient fait accorder six millions pour des dépenses secrètes. Dumourier voulut les dépenser à sa tête, et non à la leur. Dès ce moment, il fut à leurs yeux ce qu'il avait toujours été aux yeux de tous les vrais républicains, un intrigant, un homme immoral, un vrai scélérat. Dumourier se vengea de leurs persécutions sur leurs créatures ; il fit disgracier Roland, Clavière et Servan.

Ce fut alors qu'ils jetèrent les hauts cris contre les ministres qui restèrent en place ; ils ne cessèrent cependant pas de diriger ceux qui avaient en eux encore quelque confiance, et le ministre Lacoste, qui a été traduit au tribunal pour avoir nommé Desparbès, commandant dans les îles, aurait pu y traduire ses accusateurs, qui lui ont forcé la main dans cette nomination. — Vous vous souvenez, citoyens jurés, de la dénonciation du fameux comité autrichien. Carra, Gorsas, Brissot, l'auteur de la Chronique, et plusieurs autres journalistes, avaient dénoncé ce comité. La cour les fait poursuivre comme calomniateurs. Bazire, Merlin et moi, apprenons l'arrestation de Carra ; sans délibérer, nous allons le couvrir de notre manteau, en l'engageant, lui et tous les autres patriotes, à déclarer que c'est nous qui les avons chargés de parler d'un comité autrichien. Nous ne nous dissimulâmes pas que ce mensonge officieux devait nous conduire au tribunal contre-révolutionnaire d'Orléans ; mais nous voulions sauver la liberté de la presse, et celle de notre patrie, aux dépens de nos propres têtes, et même de l'honneur de nos familles. Ce que nous avions prévu commençait à s'exécuter ; Larivière nous fit amener devant lui, et le mandat d'arrêt allait être lancé ; la faction nous défendit alors ; le croiriez-vous, citoyens ! elle se défendait elle-même, car Pétion nous fit appeler à deux heures au comité de sûreté générale, où Bazire, Bernard et moi, luttions alors contre ces Feuillans. Nous nous retirâmes chez Bernard, et là Pétion avertit Brissot, Guadet, Gensonné, Lasource, et quelques autres, que la cour ne voulait pas s'arrêter à l'arrestation du trio-cordelier ; qu'il y avait trente mandats d'arrêt prêts à être exécutés la même nuit contre Vergniaud, Lasource, Brissot, Guadet, Gensonné, Pétion, etc., etc., etc.; qu'il fallait prévenir ces manœuvres en faisant décréter d'accusation le juge Larivière. Là, les rôles furent distribués ; on chargea notre vertueux collègue Romme de demander que nous fussions entendus ; tout le reste les regardait ; qu'on lise le discours que fit Lasource à cette époque, et l'on verra que dans sa prétendue défense du trio-cordelier, que la cour venait d'honorer de ses premiers coups, il s'appliqua à faire répandre sur nous le mépris, et à intéresser l'assemblée sur le sort de la faction girondine.

Cependant il fallut bien se préparer à prouver les crimes du comité autrichien ; car Gensonné et Brissot en avaient pris l'engagement, le lendemain du décret contre Etienne Larivière ; d'un autre côté, nous nous occupions de recueillir les pièces. J'avais remis à Bazire toutes celles qui regardaient la garde constitutionnelle du tyran. Les accusés m'en firent demander communication.

Le rendez-vous fut chez Gensonné. J'y fus exact, et j'y trouvai Sers, Brissot et quelques autres. Guadet arriva tout effaré, en disant: Tout est perdu, le ministre Lacoste ne veut plus envoyer Desparbès aux colonies ; il faut absolument lui forcer la main. Brissot, qui savait qu'aucune de leurs démarches ne m'échappait, et que je suivais le fil de leurs intrigues, fit une diversion ; et, voyant que Guadet continuait à être indiscret devant moi, il le prit en particulier, et lui dit que ce n'était pas le lieu de parler de cette affaire. Alors, plus occupé de la nomination de Desparbès que des pièces que j'allais leur communiquer, il me prie d'en faire un extrait, et de le porter le lendemain matin chez Vergniaud. Je passai la nuit à extraire ces pièces. Je fus exact au rendez-vous, mais ils n'en voulurent faire aucun usage. Il fut convenu dès-lors que Brissot ferait l'exorde de cette dénonciation, que Gensonné en ferait la division, Bazire la première partie, et moi la dernière et la plus longue. Parmi les pièces que j'avais à produire, il y avait une correspondance d'un agent que nous avions à Coblentz, auprès du prince Condé. Cet agent correspondait avec le club des Cordeliers. Il nous avait prévenus un mois en avant du pillage du sucre qui eut lieu sur la fin de janvier; et ces lettres nous avaient mis en mesure pour empêcher des malheurs à cette époque, et dans bien d'autres occasions. Sous ce rapport, il méritait la confiance du trio-cordelier. Dans ses lettres il nous dénonçait les manœuvres des généraux, et en particulier de La Fayette; et la faction y était elle-même dénoncée comme d'intelligence avec ce dernier, et comme favorisant les complots des émigrés. Brissot était expressément désigné comme auteur d'un discours qui avait rempli de joie les Français d'outre-Rhin, et d'une conversation secrète dont La Fayette lui avait fait passer l'extrait. Fauchet, y disait-on, secondera nos projets, il ne tient pas à son évêché. Ces lettres, malgré notre discrétion, avaient eu quelque publicité, et Fauchet en avait demandé un extrait au club des Cordeliers.

Dans mon rapport sur le comité autrichien, l'auteur de la première dénonciation de ce comité, Brissot, s'en trouvait membre; on m'avait fait dire de ne faire usage que des pièces choisies qui pouvaient écraser les feuillans. Gensonné lui-même m'avait prié de supprimer la correspondance de Coblentz. Je fus écouté avec intérêt jusqu'à ce que j'arrivasse à cette correspondance; mais, lorsqu'on entendit prononcer le nom de La Fayette, qu'on savait accolé avec celui de Brissot et de la faction, les murmures de ces messieurs couvrirent ma voix; car, citoyens jurés, le côté droit était consterné et atterré par la force des preuves que je venais de produire. Ce furent les partisans de la Gironde qui firent la motion de me décréter d'abord d'accusation, ensuite de folie, d'envoi à l'Abbaye, etc., etc. — Enfin Guadet, qui voyait que le côté droit et l'extrémité de la Montagne voulaient entendre toute la vérité, fit la motion de passer à l'ordre du jour, en vouant au mépris la correspondance de Coblentz qui compromettait la faction et son ami La Fayette. Toute les pièces furent renvoyées au comité diplomatique, où Brissot dirigeait le parti des patriotes. Je ne les ai pas retrouvées; mais enfin, elles ont été assez publiques, et les membres du club des Cordeliers pourraient être assignés à cet effet.

Brissot et ses adhérens ne retirèrent cependant aucun fruit de leurs déclamations contre la cour. Ils auraient voulu régner par le ministère de leurs créatures, Roland, Clavière et Servan. Ils projetèrent de faire intervenir le peuple des faubourgs. Le peuple était disposé à un mouvement; mais c'était le dernier qu'il voulait faire.

Il voulait renverser le trône, et il en était temps. Si les Brissotins alors, au lieu de vouloir des ministres à leur gré, avaient sincèrement voulu la République, le peuple de Paris était prêt à la fonder, et les départemens s'ébranlaient pour seconder nos efforts; mais les Brissotins voulaient éterniser nos chaînes constitutionnelles par des ministres de leur choix. Je fis part de ces craintes à Robespierre. Jusque-là il les avait combattues par son attachement naturel aux principes, en supportant même trop patiemment leurs injures et leurs diatribes. Du 8 au 20 juin, il se convainquit comme moi que c'étaient des intrigans; il me chargea d'aller au faubourg Saint-Antoine, pour empêcher un mouvement qui n'avait d'autre but que celui de faire rentrer en place les instrumens de l'intrigue. Les amis de Brissot, Girey-Dupré, Boisguyon et quelques autres, ne négligèrent rien pour nous mettre dans leurs systèmes, et il fallut nous dérober à eux pour aller, avec quelques amis de Robespierre, conjurer le peuple de ne faire de mouvemens que pour le renversement du trône, d'attendre à cet effet l'arrivée des Marseillais, et de se contenter d'une simple pétition, pour faire sanctionner les décrets utiles au peuple. J'avais réussi à faire prendre l'arrêté, à la section des Quinze-Vingts, qu'on irait aux Tuileries et à l'assemblée, sans armes, par une députation conforme à la loi. Je quittai la section à une heure après-minuit, et à quatre heures les émissaires de la faction firent armer ce même peuple; elle eut soin cependant d'aller entourer le trône constitutionnel, et d'empêcher que le peuple ne se fît justice de ses ennemis. Elle ne voulait que des ministres de son choix.

Le 21 au matin je trouvai Brissot dans l'allée des Feuillans. Je lui dis : Vous avez fait reculer la liberté de trois siècles par ce mouvement irrégulier. Vous vous trompez, me dit-il, il a produit tout l'effet que nous en attendions. Roland, Clavière et Servan vont rentrer au ministère. La cour ne leur tint pas parole. Alors ils sentirent qu'ils allaient être poursuivis pour cette insurrection. J'ai de violens soupçons et quelques commencemens de preuves que ce sont les amis de Brissot qui fabriquèrent la lettre pseudonyme qui me dénonçait comme ayant soulevé les faubourgs le 20 juin. Il fallait bien donner le change sur les véritables auteurs de ces mouvemens.

A cette époque Brissot et ses complices comprirent qu'ils devenaient tous les jours plus suspects aux vrais patriotes. Ils ne pouvaient plus mener la cour, ils voulaient mener le côté gauche de l'assemblée. Ils firent proposer une réunion ailleurs qu'aux Jacobins. Là, ils demandèrent qu'on s'expliquât sur leur compte. Bernard de Saintes le fit avec franchise. Ils répondirent avec art, et intéressèrent les hommes vertueux à l'oubli de leurs torts. Ils se réconcilièrent surtout avec nous, lorsqu'ils promirent de faire prononcer la déchéance; mais c'était encore un moyen d'intrigues pour eux; ils voulaient effrayer la cour pour la mieux gouverner. J'en fus moi-même convaincu lorsqu'après les discours de Vergniaud je l'entendis conclure par un message au roi, dans lequel perçait le désir de remettre en place les trois ministres Brissotins. Le trio-cordelier persistait dans ses méfiances. Pétion nous invita avec les Brissotins pour nous expliquer. J'interpellai Brissot sur plusieurs points. Je lui demandai en particulier s'il n'était pas convaincu que Narbonne était un contre-révolutionnaire : il me répondit qu'il l'avait toujours considéré comme tel. Je lui demandai pourquoi donc lui, et Condorcet, et toute sa clique, l'avaient défendu? Il me répondit qu'il fallait oublier ce tort, ainsi que tous les autres, et se réunir pour demander la déchéance. Il fit en effet un discours le jour que Pétion fut suspendu. Mais le baiser de Lamourette avait été préparé la veille par les intrigans pour abjurer la République ; et Brissot ne voulut pas troubler cette fête qu'on donnait à la cour par le discours qu'il m'avait promis. Il disait même à cette époque que les républicains et les régicides devaient porter la tête sur l'échafaud. Jusque-là on pouvait ne voir en lui que de la faiblesse ; mais sa perfidie se montra, lorsque, après avoir parlé le premier de la déchéance, il fit quelques jours après un discours justement applaudi par les Feuillans, dans lequel il blâmait la conduite des fédérés et des Jacobins, qui demandaient que cette mesure salutaire ne fût pas plus longtemps retardée.

A cette époque Bazire et moi fûmes interpellés par Crublier-d'Optère, pour savoir s'il ne conviendrait pas mieux de ne pas traiter la déchéance, ni la suspension, mais de suspendre le roi en effet, et transporter, sans en parler à l'assemblée, son pouvoir à la commission des Vingt-Un; que tous les membres, à l'exception de Guyton-Morveau, étaient de cet avis, ainsi que le roi et les ministres. Je lui répondis que ce n'était pas la déchéance même dont nous nous contentions, mais que nous voulions la République, et que nous l'aurions. Les chefs de la faction ne la voulaient pas ; car le 26 juillet ce fut Pétion qui, par sa funeste influence, calma le peuple et les fédérés réunis sur la place de la Bastille pour se préparer au siége des Tuileries, et l'insurrection, ce jour-là, n'aurait pas coûté une larme au patriotisme. A cette époque Lasource exhortait les Jacobins à renvoyer les fédérés; il accusait même les Jacobins de ne garder ces fédérés que pour commettre un grand crime, un régicide.

Cependant la question de la déchéance se traitait sollennellement aux Jacobins, au club des fédérés, et au comité secret d'insurrection ; mais Brissot, Pétion et les agens de la faction, traitaient avec la cour, et je ne doute pas que Brissot n'ait été l'instigateur de la lettre trouvée chez le roi, signée Vergniaud, Guadet, et Gensonné ; mais, à son ordinaire, il en aura formé le projet, et l'aura fait exécuter par ses amis, pour rester toujours derrière la toile.

Vaujoie, président du comité secret d'insurrection, logé chez moi, ancien compagnon de portefeuille de Brissot et de Pétion, m'a dit, à cette époque, que Brissot et Pétion paraissaient liés à la cour. Le peuple ne s'y trompa pas, même le 26 juillet, lorsqu'ils empêchèrent l'insurrection.

J'étais obligé, pour ranimer le courage du comité secret, dont le président était circonvenu par ses anciens condisciples, d'offrir ma tête pour garant de l'insurrection. Plus les Jacobins en parlaient, plus la faction s'agitait pour donner à la cour le temps de préparer ses massacres, et Brissot, appelé à *la réunion* pour s'expliquer sur la contradiction de ses deux opinions sur la déchéance, après s'être mal défendu, se retira et remonta tout effaré, en disant que les Jacobins prêchaient l'insurrection pour obtenir la déchéance ; qu'il fallait que les députés prissent tous les moyens pour arrêter ces factieux. Alors Lasource renouvela sa motion du renvoi des fédérés. Isnard promit de demander le décret d'accusation contre les chefs des Jacobins, Robespierre et Antoine, et ils furent appuyés par toute la faction. Le juré peut entendre là-dessus Montaut, Ruamps et quelques autres. La faction pressée par l'opinion publique voulut la calmer par le décret contre La Fayette qui ne servait pas entièrement leurs projets ; mais les voix étaient comptées, et on savait que le décret ne passerait pas. Gensonné même engagea Sers à voter contre le décret d'accusation. C'est à Grangeneuve que Sers a fait cette déclaration. Dès ce moment, je sentis que l'assemblée ne voulait pas sauver le peuple, que le peuple devait se sauver lui-même.

Je sonnai donc le même soir le tocsin aux Jacobins, et je promis d'aller le sonner le lendemain au soir au faubourg Saint-Antoine. Pétion, le lendemain 9, me fit appeler au comité de sûreté générale. Il y avait Bazire, Merlin et Montaut, autant que je m'en souviens. Vous aurez donc toujours, nous dit Pétion, une mauvaise tête? Comment avez-vous pu sonner le tocsin aux Jacobins? Les députés de la Gironde et Brissot m'ont promis de faire prononcer la déchéance; je ne veux point de mouvemens; il faut attendre que l'assemblée prononce. Je lui répondis, parce que je croyais à sa bonne foi : Vous êtes dupe de ces intrigans; ils vous avaient bien promis le décret contre La Fayette, et cependant votre ami Gensonné a engagé Sers à voter contre ce décret. L'assemblée ne peut pas sauver le peuple, et je crois que vos amis ne le veulent pas; ainsi, le tocsin sonnera ce soir au faubourg. Je sais, me répliqua Pétion, que vous avez une influence au faubourg; mais j'en ai autant que vous dans la ville, et je vous arrêterai; j'userai de toute mon influence et de toute l'autorité que m'a donnée la loi pour empêcher ce mouvement. Vous serez arrêté vous-même, lui dis-je; et je me retirai pour prévenir le comité secret des dispositions de Pétion. Le tocsin sonna; et vous savez la conduite que tinrent ces messieurs. Environ minuit, nous nous trouvâmes une quarantaine de députés sans président. Vergniaud logeait alors près de l'assemblée; nous l'envoyâmes prendre, et il y vint. Je fus visiter le faubourg Saint-Laurent.

Déjà le peuple menaçait le château. Les satellites du tyran se préparaient à massacrer le peuple. Pétion avait visité les postes; le carnage aurait pu être cruel, si les esclaves du château avaient été animés par la présence d'un tyran constitutionnel. Il fallait l'engager à quitter les Tuileries; mais la faction avait son plan de son côté. N'ayant pu empêcher l'insurrection, elle voulait en profiter. Elle était décidée à sacrifier la tête du tyran; alors elle aurait proclamé roi le *prince royal*, auquel elle voulait donner Pétion pour gouverneur. Philippe d'Orléans était justement conspué, et ils avaient eu soin de faire proclamer à l'avance la régence de leur ami Roland, dont ils vantaient tant les prétendues vertus. Les chaînes constitutionnelles auraient alors été doublement rivées par l'intérêt de la faction et celui des royalistes. Merlin le sentit : il pénétra dans le château, deux pistolets à la main, et s'adressa à Rœderer qui dirigeait alors les forces du château, et leur proclamait la loi martiale. Merlin lui dit que le peuple voulait la tête du roi. Rœderer trahit alors, sans le vouloir, le secret de la faction. C'est égal, répondit-il, il restera le prince royal. Non, répliqua Merlin, toutes les têtes royales tomberont, et même la vôtre, si vous ne vous retirez promptement. Déjà l'on pensait à envoyer la famille royale à l'assemblée, et le roi devait rester dans le château; mais la frayeur que Merlin inspira à Rœderer fit changer leurs desseins. Le roi se rend avec sa famille à l'assemblée ; alors j'y rentrai, et l'on me dit que le président Vergniaud venait de lui faire une réponse digne du plus vil esclave. Nous fîmes la motion de chasser cette famille proscrite du sein de l'assemblée, et de l'envoyer dans un comité. Nous observâmes que le président mit toutes les lenteurs possibles dans la délibération, et la faction fut assez forte pour ne reléguer la famille que dans une tribune de journalistes, ne pouvant pas résister au texte de la loi. C'est de là que la reine dicta quelquefois des décrets; car, lorsque Gensonné occupait le fauteuil, il fit appeler Bazire pour l'engager à faire mettre en état d'arrestation toutes les personnes attachées à la cour, afin de les soustraire à la juste fureur du peuple, et c'est la reine qui lui avait demandé ce décret ; le seul que nous fîmes rendre, fut le serment de l'égalité. Ils nous conjurèrent alors de les sauver de l'indignation populaire qui les poursuivait depuis quelque temps. Lasource en particulier venait nous conjurer à la Montagne de ne pas les abandonner aux préventions que le peuple avait conçues contre eux.

On nous envoya en commission pour y haranguer les sections et sauver les Suisses, et nous l'avons remplie avec quelque succès. Mais, tandis que les vrais amis du peuple lui portaient des paroles de paix, la faction profitait de notre absence pour trahir la cause populaire, et faire rendre des décrets royalistes. Ils firent décréter un gouverneur pour le prince royal, lorsque le peuple avait triomphé de son tyran; ils se contentaient de transporter sa cour du château des Tuileries à celui du Luxembourg ou à l'hôtel de la Justice. S'ils rapportèrent tous ces décrets, il fallut les menacer de toute la colère du peuple; leur tactique fut cependant de ne nous laisser faire aucun décret populaire. Tous ceux que nous proposâmes, ils les firent toujours renvoyer à leur fameuse commission des Vingt et Un, dont ils avaient eu soin de nous exclure, et où tous nos projets furent au moins modifiés suivant les intérêts de la faction. Si la cour ne fut pas satisfaite des décrets rendus à cette époque, elle n'a rien à reprocher aux Brissotins. Aussi, s'il faut en croire Camboulas, que je prie le tribunal de faire assigner, parce qu'il a varié à cet égard dans la Convention; s'il faut, dis-je, en croire Camboulas, la cour avait fait consigner six millions qui devaient être distribués dans l'assemblée, dans la garde nationale et la municipalité, pour empêcher l'insurrection du 10, ou pour la faire tourner à son profit. Son but ne fut pas rempli, et cependant ils eurent l'impudeur de demander les six millions à Thiéry. Celui-ci parut indigné de leur demande; mais il promit d'en parler au roi. Le roi répondit que ces messieurs avaient gagné leur argent, en faisant leur possible pour remplir ses vues, et le 12 août il ordonna de compter les six millions déposés. C'est du payeur même que Camboulas tient l'anecdote; et, s'il la niait, je citerais les témoins devant lesquels il me l'a dite. Sans doute, pour finir de gagner leur argent, ces messieurs ont essayé de perdre Paris, qui avait fait la révolution du 10, et de sauver le tyran et ses complices. Trois ou quatre jours après cette fameuse journée, Brissot déclamait contre le conseil révolutionnaire de la Commune. Je sentis que ses déclamations ne tendaient à rien moins qu'à faire le procès à la révolution. Je fus donc à la commission des Vingt et Un, que Brissot dirigeait alors; je lui dis qu'il avait été arrêté au comité secret d'insurrection que ce conseil provisoire ne garderait les pouvoirs révolutionnaires que trois jours, qu'il n'y avait donc qu'à le faire renouveler par le sections; mais les sections du 14 étaient encore moins royalistes que celles du 10. Brissot n'aurait pas eu lieu d'être content de leurs élections; il me répondit que la constitution s'opposait à mes mesures. Je fus alors avec Merlin chez Pétion; il y avait Manuel. Nous les engageâmes à retourner à la Commune; ils refusèrent sous prétexte qu'ils n'approuvaient pas ces arrêtés, et que, s'ils s'y opposaient, ils perdraient leur popularité.

Cependant Brissot continuait à déclamer contre ce conseil de la Commune qui avait sauvé la patrie. Il l'accusait de vouloir régner par le meurtre et le pillage; je renouvelai ma motion au comité des Vingt et Un. Je dis même à Pétion : Je vois le but que se proposent Brissot et ses complices; ils veulent décrier Paris, qui a conquis la liberté, afin d'empêcher la Convention d'y arriver; ruiner cette ville pour prix de ses sacrifices, et perdre la liberté dans quelque ville, où l'opinion sera moins prononcée.

Pétion me dit : Ce n'est pas à Paris que doit se faire la constitution.

Observez, citoyens jurés, que c'était en lui parlant des massacres que l'on nous faisait craindre. Enfin, le 2 septembre au matin, Brissot, dans l'allée des Feuillans, m'assura que des massacres auraient lieu le même soir. Je ne lui parlai plus de Paris qu'il voulait déshonorer, mais de la révolution qu'il n'avait pas le courage de maudire. Je lui dis qu'il fallait que l'assemblée se portât en masse aux prisons; que le peuple respecterait ses représentans comme au 10 août, et que je m'engageais à lui faire entendre le langage de l'humanité et de ses propres intérêts. Je n'en eus pas d'autre réponse que la première fois. Cependant, sur les deux heures, le conseil-général de la Commune, qu'on a accusé de ces massacres, vint conjurer l'assemblée de prendre des mesures pour les empêcher, en confessant sa propre impuissance. La faction dominait alors dans l'assemblée, et l'on passa à l'ordre du jour.

Enfin, le conseil vient annoncer que trois cents prêtres viennent d'être immolés dans une église. C'était le cas d'aller encore en masse apaiser cette fureur ; on se contenta de nommer des commissaires ; et quels commissaires ! l'évêque Fauchet, l'un des accusés, qui refusa cette commission. Cet homme, qui nous a reproché le sang impur qui coula dans ces fameuses journées, refusa la mission honorable qui le chargeait de l'arrêter. On venait de massacrer des prêtres, et l'on nomma pour commissaire un prêtre pris de vin, des hommes inconnus au peuple. Bazire fut le seul qui eut la confiance du peuple, et qui put lui parler avec quelque succès, quoique à cette époque les Brissotins eussent tout fait pour le circonvenir. Ils savaient que j'avais sauvé les Suisses au 10 août, plus de deux cents gardes nationales ; que je les avais sauvés eux-mêmes de la juste colère du peuple. Je ne sais s'ils craignaient que je sauvasse ce jour-là les prisonniers ; mais je ne fus pas nommé commissaire ; je n'y fus qu'à la prière de Bazire et de quelques autres commissaires. Dusaulx, leur ami, l'ami surtout de Brissot, voulut absolument haranguer le peuple ; et je ne sais s'il avait le mot d'ordre de la faction ; mais, au moment où je voulais faire entendre ma voix, il nous ordonna de nous retirer, et je fus mis hors des rangs.

C'est donc sur Brissot, ce déclamateur éternel contre les journées de septembre, que doit retomber le sang impur qui a coulé ce jour-là ; il en est tout couvert à mes yeux. Et il faut que la France, l'Europe, et l'univers entier, apprennent aujourd'hui que ces hommes, qui se disaient ennemis du sang, n'en ont pas empêché l'effusion, lorsqu'ils le pouvaient, lorsqu'ils le devaient. Oui, ces journées entraient dans leurs combinaisons machiavéliques. Il fallait porter la terreur dans les départemens, les effrayer sur la situation de Paris, afin d'empêcher, selon le vœu de Pétion, les députés d'y arriver, et transférer ailleurs le siége du gouvernement, comme l'avaient tenté Roland, Clavière, Lebrun et Servan, ministres de la faction brissotine. C'était à la révolution du 10 qu'elle voulait faire le procès ; c'était Paris qu'ils voulaient punir de l'avoir faite, parce qu'elle n'avait pas été conçue par leur génie, ni dirigée par leurs agens. Et pourquoi en effet ces messieurs qui savaient que les principaux auteurs de ces scènes tragiques étaient les fédérés du 10 août (car Gorsas en est convenu lui-même); pourquoi, dans leurs diatribes virulentes, ont-ils affecté de taire cette vérité? pourquoi monsieur Brissot a-t-il osé mentir à l'Europe entière en écrivant que ce n'était le crime que d'une cinquantaine de brigands parisiens? pourquoi n'a-t-il pas prévenu le peuple contre ces malheurs, lorsqu'on les méditait? pourquoi n'en a-t-il pas parlé les premiers jours de son exécution. Danton lui a arraché la réponse à cette dernière question. C'est que le peuple n'avait point massacré Morande, ennemi de Brissot. C'est lui-même qui l'a dit à Danton.

Je vais tâcher de résoudre les autres questions. D'abord Gorsas en avait fait l'éloge. Interpellé par moi, au comité de sûreté générale, pourquoi il avait applaudi à ces journées, il m'a répondu que c'était par ordre de Pétion et de Manuel, qui le 4 septembre lui avaient envoyé la note approbative qui se trouve dans son journal. Il fallait donc que, les premiers jours de ces massacres, les journalistes de la faction gardassent le silence comme Brissot, et que les autres en fissent l'éloge comme Gorsas, pour ne pas ouvrir les yeux du peuple sur son égarement, et le laisser couvrir de sang. Aussi, le 3 ou le 4 septembre, ceux que la faction a appelés *massacreurs* furent chez Pétion dans le temps qu'il dînait. Brissot était du nombre des convives. Ce qu'on appelle les *massacreurs* annoncèrent qu'ils avaient fini leur ouvrage dans une certaine prison (je ne me souviens pas de laquelle); ils demandèrent à Pétion, ce qu'il restait à faire. Pétion au lieu de leur répondre, leur fit apporter du vin, et ces hommes débonnaires, ces hommes vertueux, ces ennemis du sang, burent à la santé de ce qu'ils ont appelé depuis hommes atroces, altérés de sang. Que l'on assigne Panis et Sergent, ils certifieront la vérité de ce fait, sur lequel la postérité jugera les déclamations virulentes avec lesquelles on poursuivit, depuis, ces malheureuses journées. La postérité apprendra que ces déclamations étaient aussi nécessaires à leurs projets liberticides, que le sang qu'ils avaient laissé couler, quand ils pouvaient et devaient en arrêter l'effusion.

L'opinion publique poursuit depuis longtemps Brissot comme un agent de Pitt. Ce ministre voyait avec désespoir les principes révolutionnaires de la France, faire de nombreux prosélytes en Angleterre. Il fallait donc dégoûter l'Angleterre, il fallait donc dégoûter les Anglais de ces mêmes principes, en leur traçant le hideux tableau des premiers jours de septembre, en exagérant même les malheurs de ces fatales journées. A cette époque le peuple anglais voulait être notre allié, et le cabinet de Saint-James voulait l'armer contre nous. Il fallait donc que les amis de Pitt nous présentassent comme des brigands à ce peuple qui a des prétentions à la philosophie. Jean-Pierre Brissot a parfaitement rempli les vues de ce ministère machiavélique. Il s'est appliqué, depuis les 5 et 6 septembre, à représenter les Parisiens, qui avaient détrôné Louis XVI, et conquis la liberté par les plus généreux sacrifices, comme un ramas de brigands et d'assassins. Et pourquoi en effet calomnier la Commune de Paris, qui avait fait la révolution, si l'on ne voulait armer contre la révolution tous les peuples de l'Europe, et populariser ainsi la guerre de la tyrannie contre la liberté? Il n'y avait plus moyen d'éloigner la Convention de Paris; nous avions déjoué cette intrigue, en engageant François (de Neufchâteau), que les journalistes de la faction poursuivaient depuis longtemps, à faire la motion de ne quitter Paris, que lorsque la Convention y aurait pris ses séances. On n'avait donc plus de ressources qu'en armant contre Paris les puissances étrangères, et même les départemens, et en intéressant les peuples eux-mêmes à la cause des tyrans.

Un grand plan diplomatique fut présenté dès-lors par un de mes amis au ministre Lebrun, qui ne se dirigeait que par les conseils de Brissot et de la faction. Dans ce plan, on proposait un moyen facile de faire une heureuse diversion dans le nord et à l'orient de l'Europe. L'Autriche pouvait donc être forcée à nous demander la paix; le ciel combattait pour nous les Prussiens; il ne tenait qu'à Dumourier de les exterminer dans les plaines de la Champagne, et d'amener leur chef à Paris; mais, aux yeux de la faction, nous n'avons pas encore assez d'ennemis, il fallait ménager une retraite aux Prussiens, dont l'existence était nécessaire à leurs complots du printemps. Le plan diplomatique, que l'on est obligé de suivre aujourd'hui, fut alors méprisé, parce que la diplomatie était entre les mains de Brissot et ses complices, et l'on envoya, pour sauver les Prussiens, Sillery, l'un des plus chauds partisans de la guerre brissotine, et Carra, que Roland avait mis dans son parti par une place de bibliothécaire, et qui nous avait exalté Brunswick et le duc d'York, qu'il proposait de mettre sur le trône des Français.

Enfin ce qui acheva d'exaspérer Brissot et ses complices contre la ville de Paris qui avait fait la révolution, c'est que le corps électoral était mal disposé contre les chefs de la faction. J'étais électeur à cette époque: les agens de Brissot, et Ducos en particulier, me demandèrent ce qu'on pouvait attendre à Paris pour la nomination des chefs de cette faction. Sur ma réponse, ils envoyèrent des émissaires dans les départemens, intriguèrent par lettres à Bordeaux pour les faire nommer. C'est de Grangeneuve lui-même que j'ai appris cette intrigue. Grangeneuve, qui est devenu leur complice dans leurs déclamations sur les journées de septembre, doit être accusé d'en être un des auteurs.

Le peuple, dans ces jours de vengeance et de justice, avait sauvé les conspirateurs mêmes dont il croyait n'avoir plus rien à craindre. Il trouva Jouneau dans les prisons, Jouneau dont le nom seul était un crime, depuis qu'il avait donné des coups de pied au cul à Grangeneuve, lorsque celui-ci défendait encore les intérêts du peuple. Jouneau se déclare député, le peuple à ce mot retient son bras vengeur, vient demander à l'assemblée si elle reconnaît Jouneau pour un de ses membres, lui porte le décret, le lui attache sur la poitrine, et le reconduit avec respect dans le sein de ses collègues, dont les yeux se baignèrent de larmes d'admiration et d'attendrissement. Les yeux de Grangeneuve et ceux de ses complices furent secs à ce touchant spectacle. Grangeneuve fut même insensible lorsqu'il nous vit à ses pieds, nous ses amis encore, implorant le pardon de Jouneau. Il vit à ses pieds Tallien, son défenseur officieux, la femme et les enfans de Jouneau, qui réclamaient un père nécessaire à leur existence, et Grangeneuve fut insensible à leurs larmes. Il n'a pas tenu à lui que Jouneau ne fût massacré dans les prisons, et il lui a fait perdre un état qui donnait du pain à sa famille. Je prédis alors que Grangeneuve abandonnerait la cause du peuple, et je ne me suis pas trompé. Il s'est lié avec les hommes qu'il m'avait appris à mépriser, pour calomnier Paris et sauver le tyran.

C'est sur la tête de ces scélérats que j'appelle toutes les vengeances pour le sang qui a coulé, au mois de septembre, à Paris et sur nos frontières. Pourquoi n'en ont-ils fait que le crime de cinquante brigands? N'est-ce pas dire que tous les citoyens et citoyennes de Paris en étaient les complices, puisque, pouvant arrêter cette poignée de scélérats dès le premier jour, ils les ont laissés continuer les jours suivans? Pourquoi Jean-Pierre Brissot a-t-il raconté les actes de discernement du peuple qui ne condamna aucun innocent, et le respect qu'il porta à un de ses représentans, avec une froideur qu'il n'a pas eue lorsqu'il a parlé des massacres qu'une erreur nécessaire faisait commettre à ce même peuple? Pourquoi la commission des Vingt et Un, qui était alors le centre du gouvernement, qui réunissait tous les pouvoirs, lorsqu'elle vit le respect que le peuple portait à un représentant coupable, ne s'est-elle pas portée aux prisons pour faire aux prisonniers un rempart de sa propre inviolabilité, et arrêter le mouvement qu'elle regardait comme criminel? Pourquoi s'est-elle opposée à ce que l'assemblée y fût en masse? Un législateur honnête homme doit prévenir toutes les mesures que l'exacte justice peut réprouver, et que les ennemis de la révolution peuvent calomnier. Il doit éclairer le peuple lorsqu'il voit qu'on l'égare. Il doit perdre la vie plutôt que de lui laisser commettre un crime dans son égarement. Mais lorsque, après avoir tout tenté, le mal a été fait, il doit jeter sur ce mal le voile officieux de la nécessité ou de l'erreur ; il doit s'accuser lui-même plutôt que le peuple qu'il est appelé à sauver.

Est-ce là ce qu'ont fait Brissot et compagnie? Eh bien ! ils sont coupables du crime qu'ils reprochent aux Parisiens, et des calomnies par lesquelles ils ont armé l'Europe entière contre Paris. Oui, l'Europe ! sans en excepter même la France ; car c'est de là que sont nées ces motions séditieuses de gardes départementales, et ces arrêtés liberticides par lesquels on établissait le fédéralisme dans les administrations corrompues par la faction.

Je fus consulté sur cette garde départementale par les agens mêmes de la faction ; je prévoyais que les administrations, presque toutes vendues à Roland, feraient ce premier acte de fédéralisme, de lever cette garde sans un décret.

Je repondis : Mes principes s'opposent à l'adoption de ce projet de décret ; mais je désire qu'il passe, soit pour éviter le fédéralisme, soit pour vous confondre aux yeux de la France entière, et lui prouver par ses propres yeux que vous êtes des calomniateurs et des conspirateurs. Vous voulez rétablir la royauté, ou du moins sauver le tyran par cette mesure : Eh bien ! c'est cette mesure même qui doit tuer votre faction. Elle craignait que le peuple n'oubliât le faste royal pour prendre les vertus républicaines ; ils conçurent donc le projet, au commencement de la Convention, de loger le président aux Tuileries, et de l'entourer du faste de la ci-devant cour. La motion en fut arrêtée dans un petit conciliabule des principaux membres de la faction, et ce fut Pétion, premier président, qui proposa la motion. Manuel se chargea de la présenter à la Convention ; et, sans le courage des Montagnards, je n'aurais pas même été écouté lorsque je la combattis. On peut entendre à ce sujet Tallien et Guirot, auteurs du Logotachigraphe.

Cependant c'était nous qui, à leurs yeux, étions des royalistes, lorsque nous défendions les principes conservateurs de la représentation nationale. Ils étaient des Brutus, de vrais républicains. Et lorsque Robespierre, Duhem, Saint-Just, Merlin, moi-même, après l'établissement de la République, demandions que le tyran fût jugé révolutionnairement ; lorsque Saint-Just disait que c'était un crime de régner ; lorsque nous disions tous que ses mains étaient dégouttantes du sang des Français, ces messieurs nous traitaient de scélérats et d'assassins. Ils voulaient juger le tyran avec des formes, parce qu'ils savaient bien qu'il n'y avait pas de tribunal compétent pour le juger suivant les formes. Ils prétendaient que nous ne voulions pas discuter la Constitution, et ils amusaient la Convention en dénonçant Robespierre comme dictateur, et la députation de Paris, comme un ramas de brigands et d'assassins. Pourquoi, lorsque nos armes étaient victorieuses, lorsque le ciel applaudissait à l'établissement de la République, et faisait pleuvoir ses fléaux sur nos ennemis, ne se sont-ils pas réunis à nous pour envoyer le tyran à la guillotine, et fonder ensuite une Constitution digne du peuple qui nous avait chargés de cette double mission ? C'est qu'il était entré dans leur plan de ruiner la République par la conquête du Brabant, d'y faire égorger l'élite de nos défenseurs, d'immoler les meilleurs républicains, et de revenir ensuite, avec les satellites du traître Dumourier, royaliser la France en détruisant la Montagne et ses partisans.

C'est pour sauver le tyran et arrêter le grand plan de la conspiration, qu'ils appelèrent Dumourier à Paris ; Drouet en a fait la déclaration à la Convention. Il a été tenté, ainsi que moi, par les agens de Dumourier. Ce traître lui dit à lui-même qu'il était sûr de tout le côté droit pour sauver le tyran. Achille Viard avait porté la même nouvelle de Londres ; et le jugement de Louis-le-Dernier n'a que trop vérifié la dénonciation, quelque ridicule qu'on ait voulu la faire passer. Cependant ils avaient été forcés, au commencement de la Convention, de prononcer sur les crimes de Louis Capet ; ils avaient été forcés de convenir qu'il méritait la mort ; ils ne pouvaient pas prononcer d'autre peine sans se déshonorer. Il fallait donc avoir recours aux subterfuges, à la diplomatie, et Brissot l'employa avec l'art que tout le monde lui connaît. Ils avaient ici un bataillon de Marseillais, à qui ils faisaient crier : *Vive Roland, vive le roi!* Ils le chargèrent de venir s'emparer des postes de l'assemblée, pendant le jugement du roi, et de demander la tête de Robespierre, de Marat et des plus intrépides Montagnards, qu'ils avaient eu soin de calomnier dans les départemens. Ils avaient soin d'apitoyer sur le sort de la ci-devant famille royale ; et, tandis qu'ils préparaient une couronne à l'un des complices de Dumourier, ils nous accusaient de vouloir élever d'Orléans sur le trône. Ces calomnies étaient répandues avec profusion par Roland, qui refusait d'envoyer ou qui tronquait la justification des amis du peuple. Ainsi, en appelant aux sections de la République tous les royalistes, les modérés et les aristocrates, que le peuple avait justement éloignés depuis le 10 août, et en traitant la Montagne de royaliste, lorsqu'elle demandait la tête du tyran, ils intéressaient les républicains eux-mêmes à conserver cette tête proscrite, et ils étaient sûrs de la sauver par le peuple lui-même, qui avait demandé, depuis le 10 août, qu'elle tombât sur l'échafaud. Dès-lors leur hypocrisie trouva un moyen de salut au roi, dans la souveraineté même du peuple ; et Gensonné fit la motion de faire ratifier ce jugement par le peuple lui-même. Il savait bien que cet appel au peuple était le tocsin de la guerre civile, et le plus sûr moyen de fédéralisme ; mais, dans un comité de députés bretons, un membre complice des accusés avait annoncé qu'il fallait arriver à ce fédéralisme par tous les moyens possibles, même par la guerre civile.

L'appel au peuple fut rejeté. Alors ils votèrent pour la mort, avec la restriction du sursis. Ils croyaient encore sauver le tyran ou nous enlever la majorité par ces restrictions. Ils furent chercher leur complice malade, pour assurer cette majorité à leur parti. Ils contestèrent cette majorité, même en faussant des décrets qui n'étaient pas applicables au jugement du tyran.

Le sursis fut rejeté. Croiriez-vous, citoyens jurés, qu'on essaya encore de sauver Louis Capet du châtiment qu'il avait mérité ? Ocariz, ministre d'Espagne, qui m'avait jusque-là inutilement fait demander plusieurs entrevues, et que j'évitais soigneusement, me fit demander, la veille de l'exécution, dans le bureau des commis du comité de sûreté générale. Je luttai alors dans ce comité contre Gorsas, Chambon, Duperret, et autres chefs de la faction. Je crus que c'était un bon citoyen qui venait me dénoncer quelque trame de cette même faction. C'était le chargé d'affaires d'Espagne. Je crus qu'il venait prendre congé. Quel fut mon étonnement, quand il me dit qu'il y avait encore un moyen de sauver le roi, et, par ce moyen, l'Europe d'une guerre générale.

Vous pouvez, me dit-il, opérer ce grand œuvre sans vous compromettre. J'ai dépensé vingt millions inutilement pour sauver le roi ; j'ai encore quatre millions à vous offrir, avec des lettres de crédit chez toutes les puissances de l'Europe. Il ne s'agit ce soir, sans dire votre opinion aux Jacobins, que de mettre en question si le peuple a droit de faire grâce. Vous aurez une chaise de poste à la porte des Jacobins, si vous craignez leur censure; et, si vous allez en Espagne, vous êtes sûr d'être accueilli par ma cour, et d'y occuper les premières places. Après tous les sacrifices qu'a faits ma cour pour sauver son parent, il vous sera glorieux d'y avoir réussi à vous seul sans vous compromettre.

Je rejetai avec horreur ces propositions, et j'aurais fait arrêter Ocaritz, si le comité de sûreté générale eût été mieux composé ; mais on peut assigner la maîtresse de ce ministre, qui indiquera d'autres témoins qui prouveront la corruption qui a été employée pour sauver le tyran, et l'énergie avec laquelle j'y ai résisté. Je partis deux ou trois jours après pour les départemens.

Les calomnies de Brissot et de ses complices m'y avaient précédé. Il avait eu soin, avec Clavière et Roland, de s'emparer de quelques membres de chaque députation, de les circonvenir, et de leur inspirer des préventions contre la Montagne. Je puis citer un de mes collègues, le vertueux Forestier, qui en désignera d'autres. Lasource était leur agent pour le Tarn ; Valady, mis hors de la loi, pour l'Aveyron. Leur correspondance nous avait noircis. Ils nous ont traversés pendant notre mission. Ils ont engagé les administrations fédéralistes à annuler les arrêtés que nous leur avions fait prendre contre le fanatisme, le royalisme et l'aristocratie. Sous la présidence de Lasource j'envoyai une adresse à la Convention. J'avais vu dans les débats qu'on s'était servi de mon nom pour décréter Marat d'accusation. A cette époque, j'avais détruit dans les départemens du Tarn et de l'Aveyron l'effet des calomnies que les correspondances et les journaux de la faction avaient répandues sur ce vertueux ami du peuple. Quand j'avais demandé le décret d'accusation contre lui, c'était parce que je prévoyais que la faction en rejetterait la motion venant de ma part, et parce qu'elle était décidée à la faire elle-même. Cette adresse pouvait me faire du tort ; mais je savais sacrifier ma réputation au bien public.

J'écrivis donc à la Convention pour lui notifier que mon vœu sur Marat était absolument conforme à celui des Montagnards ; et, pour reprocher à la faction la plupart de ses crimes, je sonnai dès-lors le tocsin de l'insurrection contre elle ; mais ma lettre fut supprimée sous la présidence de Lasource, et, il n'en resterait aucune trace, si je n'avais eu le soin d'en envoyer une copie aux Jacobins.

Enfin à peine sommes-nous partis des départemens que, par les manœuvres de la faction, les administrations se sont fédéralisées. C'est elle qui a fait couler le sang de deux cent mille citoyens aux frontières ! C'est elle qui a soulevé le Calvados et la ci-devant Bretagne, Lyon, Bordeaux et tout le midi ! C'est elle qui a fait couler le sang des patriotes de Marseille, fomenté et peut-être suscité les troubles de la Vendée ! C'est elle qui a livré Toulon aux Anglais, et Lyon à la dévastation ; en un mot, elle est la cause des malheurs de la République, qu'elle a voulu fédéraliser. N'est-ce pas la fédéraliser que de prêcher, comme Carra l'a fait à Blois et à Saumur, d'envoyer des troupes contre Paris, lorsqu'il n'avait d'autre mission que d'armer les citoyens contre les brigands de la Vendée.

Lorsque nous avons voulu mander à la barre les administrations usurpatrices, qui levaient des impôts et une force armée contre Paris, ne les ont-ils pas défendues, dans cette exécution du fédéralisme? N'est-ce pas prêcher le fédéralisme que de chercher à armer les départemens contre la ville qui a fait la révolution, que d'y appeler des forces ennemies, que de calomnier cette ville, ses magistrats, ses sections; que de présenter ces dernières comme n'étant composées que d'une poignée de brigands, où Lanjuinais, par la plus cruelle des ironies, faisait régner l'aristocratie de la misère? N'est-ce pas fédéraliser la République que de la diviser comme Brissot en deux parties? Le peuple de Robespierre, des tribunes des Jacobins, le peuple des assassins, de Marat, la Montagne, et le peuple des honnêtes gens?

Citoyens jurés, je crois vous avoir prouvé que la faction a existé pendant la législature, qu'elle a attiré sur la France les fléaux de la guerre civile et de la guerre étrangère, qu'elle a été liée avec tous les conspirateurs et avec le tyran, qu'elle a voulu scinder la République. Dans la suite des débats, j'aurai occasion de reprocher aux accusés des faits qui peuvent m'avoir échappé.

Les accusés obtiennent la parole.

L'accusé Duperret. Quatre ou cinq jours après mon arrestation, le citoyen Chabot est venu à l'Abbaye me donner communication de l'interrogatoire que j'avais subi à la Convention nationale. Je lui dis, en le signant : Chabot, je vous demande si en votre ame et conscience vous me croyez coupable de l'action noire dont on m'accuse? Chabot répondit : Je crois que tu as été la dupe de Barbaroux. Je te prie de déclarer si ce fait n'est pas exact?

Chabot. Ce fait est vrai, et je crois que Duperret s'est rendu coupable par égarement, plutôt que par un caractère naturel de malveillance.

L'accusé Brissot. Je ne répondrai qu'aux faits nouveaux avancés par le citoyen Chabot. Il a parlé d'une réunion qui avait lieu chez les députés de la Gironde, et du refus qu'il avait fait de s'y rendre.

Voici le fait : lors de la convocation de l'assemblée législative, les députés de la Gironde, qui arrivaient à Paris, recherchèrent mon amitié, à cause de mes opinions sur les colonies. Nous convînmes de nous voir trois fois la semaine avant l'heure où l'assemblée nationale ouvrait sa séance. Mais je dois dire que Gensonné, vu son éloignement, y était fort inexact. Nous nous entretenions, dans ces déjeuners, des objets qui allaient se traiter à l'assemblée. Chabot me parla un jour de ces rendez-vous ; je lui dis : Il n'y est question que des objets d'intérêt public, venez-y. Il s'y refusa par les mêmes motifs qu'il vient d'alléguer.

Quant à Bethune-Charost, que je n'ai jamais vu, mais que je connaissais pour l'ami de la maison d'Autriche, et comme l'appui du roi de France, il a dû dire du mal de moi. Béthune-Charost a été l'ennemi de la liberté des Belges ; il voulait bien qu'une révolution s'opérât dans la Belgique ; mais c'était afin de s'en faire déclarer duc. C'est pour cet objet qu'il a levé une armée, et qu'il a intrigué auprès des comités de l'assemblée nationale pour avoir des fonds.

Chabot a cité une lettre d'un émigré, où il est question de moi et de Fauchet ; je déclare que jamais je n'ai eu de correspondance avec aucun émigré.

Chabot a jeté des doutes sur ma dénonciation du comité autrichien. Il est vrai que je m'avançai trop, n'ayant pas de pièces pour prouver ma dénonciation, et Chabot nous ayant refusé, à Gensonné et à moi, celles qu'il avait entre les mains. Heureusement que j'en trouvai quelques-unes au comité diplomatique qui ne laissèrent aucun doute sur l'existence de ce comité. Cependant je dois rendre l'hommage à la vérité, c'est que Chabot qui avait travaillé de son côté à démontrer l'existence du comité autrichien, fit ce qu'il put pour nous soutenir ; mais le mauvais triage qu'il avait fait des pièces qu'il avait entre les mains fit perdre tout le prix de la dénonciation. Il doit se rappeler que ce fut le côté gauche qui murmura et le fit descendre de la tribune, tandis qu'au contraire le côté droit l'appuyait.

Chabot a dit que j'avais eu des liaisons avec La Fayette, La

Fayette m'a trompé, mais il a trompé un honnête homme.

Chabot m'a reproché d'avoir fait nommer Roland et Clavière ministres. Voici le fait : Dumourier parut au ministère, me demanda quels étaient les hommes qui pourraient le mieux remplir les places de ministres des finances et de l'intérieur. Je nommai Clavière dont les connaissances en finances étaient connues, et Roland dont la probité était attestée de tous ceux qui le connaissaient. Dumourier les fit nommer ; mais il ne tarda pas à s'apercevoir qu'il avait avec lui deux collègues qui ne convenaient pas à son immoralité. Quelque temps après leur nomination, je dis à Roland : J'ai la preuve que Bonne-Carrère a promis de faire passer un marché qui doit être fort avantageux à un fournisseur, moyennant un don de cent mille livres ; il faut en avertir Dumourier afin qu'il le chasse de ses bureaux. Dumourier répondit que Bonne-Carrère lui était utile, qu'il le conserverait. Le lendemain de cette réponse, je dénonçai Dumourier. Ce fut après cette dénonciation qu'une affiche fut placardée dans Paris, dans laquelle on disait que je m'étais brouillé avec Dumourier, parce qu'il avait refusé de partager avec moi les six millions qui lui avaient été accordés par l'assemblée, pour dépenses secrètes, lorsqu'il passa au ministère des affaires étrangères. C'était Bonne-Carrère qui était l'auteur de ce placard, pour se venger de moi ; car il savait bien que les six millions n'étaient pas dépensés.

J'arrive à l'affaire du 26 juillet. Chabot a prétendu que j'avais entravé l'insurrection que le peuple avait préparée pour renverser la cour, sans répandre une seule goutte de sang. Ici je répondrai au témoin que *Vaujoie*, qui était membre de ce comité, attesta que ce mouvement n'était pas assez bien organisé, et qu'il aurait pu compromettre la sûreté des patriotes.

L'accusé, passant à l'accusation d'avoir travaillé à amener les massacres du mois de septembre, répond par une verbeuse apologie de son humanité, de la douceur de son caractère, de son horreur pour l'effusion du sang, même légale, etc.

L'audience est suspendue.

Séance du 6 brumaire.

L'accusé Brissot. Je me suis arrêté hier aux massacres du mois de septembre.

Je passe à l'accusation portée contre la commission des Vingt et Un, d'être royaliste. La même accusation fut portée à la Commune de Paris, nous y fûmes dénoncés comme des agens de Brunswick et du duc d'Yorck. Cette dénonciation parvint même à l'assemblée, et des commissaires furent envoyés dans les sections pour tranquilliser les esprits. Rulh, qui en était un, dit : On accuse Brissot de vouloir placer Brunswick sur le trône, mais c'est une infâme calomnie.

L'accusé récapitule ainsi successivement tous les autres faits de la déposition de Chabot, et sans les réfuter il se borne à des dénégations pures et simples, et à l'éloge de son patriotisme. — Récriminant ensuite contre le témoin, il lui reproche de n'avoir pas parlé plus tôt du complot de Béthune-Charost.

Chabot. Que l'on compulse les journaux des Jacobins, et l'on verra que je dénonçai cette conspiration. Il est vrai que je ne nommai pas Béthune, parce que je le croyais encore utile aux frontières.

L'accusé Brissot. On m'accuse comme membre de la commission des Vingt et Un, d'avoir gardé le silence sur la révolte qui se préparait dans la Vendée. C'est le ministre qui doit être coupable de ne pas en avoir averti l'assemblée, dans le cas où il en aurait eu connaissance.

Chabot a parlé d'une réunion aristocratique formée par la faction, dans la rue d'Argenteuil. Je n'y allai que deux ou trois fois.

Le président. Où alliez-vous quand vous avez été arrêté dans le département de l'Allier?

L'accusé Brissot. Quand je fus décrété d'arrestation, j'étais persuadé que la Convention n'était pas libre. Je crus ne devoir pas y obéir, et j'allai à Chartres, ma patrie, pour y trouver un asyle. Je fus trompé. Ne pouvant passer outre, parce qu'il y avait des commissaires de la Convention, je rebroussai chemin et j'allai du côté d'Orléans. Croyant pouvoir arriver en sûreté à Bordeaux, je voulais y rester jusqu'à ce que la liberté fût rendue à la Convention nationale.

Le président. N'est-il pas plutôt vrai que vous n'alliez à Bordeaux que parce que vous saviez que le fédéralisme y triomphait?

L'accusé Brissot. Je ne lisais point les papiers publics, et j'ignorais absolument ce qui se passait à Bordeaux.

Le président. Vous avez dit que la nouvelle de la Vendée n'avait été publique que le 18 mars. Comment vous, qui étiez lié avec Roland, n'en aviez-vous pas eu plus tôt connaissance? Roland ne vous avait-il pas confié les mouvemens qui se préparaient dans la Vendée, et n'est-ce pas par un projet criminel, et pour en laisser toute la responsabilité à son successeur, qu'il a, à cette époque, abandonné le ministère.

L'accusé Brissot. Je n'ai jamais eu connaissance de ce qui se tramait dans la Vendée, et, lorsque cette guerre a éclaté, je demandai à Clavière comment le ministère n'en avait pas eu connaissance.

Le président. Il est difficile de croire à la véracité de votre réponse. Vous étiez membre du comité de défense générale, et, comme tel, vous deviez être instruit de tout ce qui se passait dans l'intérieur de la République?

L'accusé Brissot. C'était au comité de sûreté générale à suivre les conspirations.

Chabot. Brissot a fait une longue dissertation pour prouver qu'il n'a pas été le chef d'une conspiration contre la sûreté de la République. Je lui avais reproché ses liaisons avec Narbonne et La Fayette, et il n'a pas répondu à ce reproche. Pourquoi Brissot, qui connaissait Narbonne pour un contre-révolutionnaire, comme il en était convenu chez Danton; pourquoi, dis-je, l'a-t-il défendu dans son journal et dans l'assemblée législative? Et pourquoi lui et Gensonné voulurent-ils lui faire voter des remercîmens quand il fut chassé du ministère?

Il a dit que je lui avais reproché son discours contre Lessart, c'est une erreur. Je l'ai même appuyé, et j'ai insisté pour que le décret d'accusation contre lui fût adopté. Je pensais qu'ayant fait culbuter Narbonne par un intrigant, il fallait abattre Lessart par d'autres intrigans, tels que Brissot et Gensonné.

L'homme que nous avions auprès du prince nous avait instruit de tous les projets de la faction. Nous devions avoir d'autant plus de confiance en ce qu'il nous écrivait, que déjà plusieurs de ses avis s'étaient réalisés. J'ai parlé de cette lettre aux Jacobins. Fauchet en a eu connaissance, puisqu'il a été au secrétariat des Cordeliers, où cette lettre a été déposée, pour en prendre communication.

Brissot m'a reproché d'avoir, dans la lecture que je fis de cette lettre à l'assemblée législative, passé la phrase qui l'inculpait lui et Fauchet. Il est vrai que je commençai la lecture de cette lettre; mais, lorsque j'arrivai à la partie qui dénonçait La Fayette, la faction m'interrompit; à plus forte raison si j'avais dénoncé Brissot, qui était alors tout-puissant. Au reste il prétend qu'on ne doit pas ajouter foi à cette lettre, parce qu'elle vient d'un émigré, parce qu'il avait provoqué contre eux un décret; par conséquent ils devaient être ses ennemis. Eh bien! c'est là justement son crime; car Charrier, en mourant, a dit que les émigrés avaient dépensé plus de 200 millions pour faire décréter la guerre.

Nous n'avons cessé de dénoncer La Fayette, et Brissot n'a cessé de le défendre. Forcé de convenir aux Jacobins que La Fayette était un contre-révolutionnaire, un scélérat, Brissot raya ce passage dans le discours dont la société avait arrêté l'impression.

Je reviens encore sur les massacres du 2 septembre. Brissot a dit qu'il avait parlé contre. Pourquoi, puisqu'il prétend avoir justifié le peuple de Paris de ces journées malheureuses, n'a-t-il pas parlé de la scène touchante de Jouneau, confondu avec les scélérats et ramené en triomphe par le peuple au milieu de l'assemblée législative? Grangeneuve, qui était alors de la faction, et qui pouvait, en se désistant de sa poursuite, rendre la liberté à Jouneau, eut la cruauté de résister aux larmes de sa femme, et de le renvoyer en prison quand les massacres continuaient encore. Lorsqu'on n'a pas eu le courage de s'opposer aux massacres, il fallait au moins jeter sur ces journées malheureuses un voile charitable. Lors du procès du tyran, Brissot, pour le sauver, nous fit voir l'Angleterre prête à tomber sur nous. Cependant, huit jours après sa condamnation, l'Angleterre ne se déclarait pas encore, et Brissot nous força de lui déclarer la guerre. Qu'il explique cette contradiction dans sa conduite, et l'on verra s'il n'est pas le chef d'une conspiration.

Brissot a calomnié Paris dans ses lettres à ses commettans. Qu'on les lise, et l'on verra qu'il veut détruire la liberté. Dans ces lettres, il divise méchamment le peuple en deux classes. La première classe, il l'appelle *le peuple de Robespierre*; et la seconde, il la compose du parti *des honnêtes gens*.

Il dit n'avoir pas participé aux événemens de Lyon. Certes celui qui préparait un décret d'accusation contre Legendre, Rovère et Bazire, qui s'opposait aux mouvemens que préparaient les factions de Lyon, n'est-il pas évidemment l'auteur de la guerre que fait cette ville à la République? Brissot a calomnié le tribunal révolutionnaire, qu'il a osé appeler *un tribunal de sang*, et qui ouvrait un chemin au royalisme.

Je ne fais point un crime aux accusés de leurs opinions, mais je leur en fais un de s'être coalisés pour faire passer tel ou tel décret.

Quant à l'affaire de la Vendée, Lebrun en était instruit, et par son organe Brissot, chef du comité diplomatique, puisque cette affaire se traitait diplomatiquement.

L'accusateur public. Je vais faire lire deux lettres trouvées parmi les papiers de Lacaze, qui pourront répandre quelque jour sur les projets des accusés.

« Libourne, 16 novembre 1792.

» Votre lettre, mon cher cousin, annonce votre satisfaction du désir qu'ont nos concitoyens de voler au secours des députés patriotes. Vous désirez qu'ils ne partent pas encore. Ils voient ce retard avec peine ; mais dites un mot, et deux cent cinquante de nos jeunes gens partent pour Paris ; les autres villes de la République en font autant. Que la Convention nationale montre cette fermeté qui en impose toujours aux scélérats populaciers, qu'elle se repose sur l'amour du peuple ; au premier signal il volera au secours des députés patriotes.

Que dira maintenant Marat de Dumourier ? L'écrit de Pétion sur Robespierre est un trait de lumière répandue sur les projets de ce scélérat ; il a fait beaucoup d'effet sur nos citoyens. Pétion, par cet écrit, a bien mérité de la patrie. »

Autre lettre au même, datée de Libourne, le 11 novembre, l'an premier de la République.

« Le départ de nos volontaires pour Paris est suspendu jusqu'à ce que nous ayons reçu votre réquisition. La société populaire de cette ville écrit aux Jacobins de Paris, pour les engager à chasser les agitateurs qui sont parmi eux. Cette mesure, je le sais, ne fera pas beaucoup d'effet ; mais nous devions, avant de rompre entièrement avec cette société, ce ménagement aux Jacobins de 90 et 91. Nous avons reçu le compte moral de Roland : que la France est heureuse de posséder ce ministre vertueux ! »

L'accusateur public fait lecture de la fin de la lettre de Brissot à ses commettans ; elle est ainsi conçue :

» Voilà le peuple à qui nous ne devons pas taire la vérité, à qui nous la devons entière ! Eh bien ! c'est à ce peuple que je dis : la Convention n'est pas libre à Paris ; la Convention actuelle ne peut pas vous sauver. Il faut en nommer une autre, il faut la placer ailleurs, on vous n'aurez ni Constitution ni gouvernement.

» Quel bonheur pour moi, si je me trompais en portant ce jugement ! Mais puis-je en imposer à ma conscience ; je connais trop bien les anarchistes, et le passé m'a trop éclairé, pour me laisser abuser par quelques momens d'un calme perfide, par quelques séances où la raison l'emporte. Départemens, écoutez-moi, voici mon thermomètre, il doit être le vôtre : Quand on vous dit que la Convention est libre, obéie, demandez si la municipalité est cassée, si les provocateurs à l'assassinat, à la dissolution de cette Convention, ont porté leur tête sur l'échafaud. Sont-ils punis ? Renouvellent-ils avec la même audace leurs excès chaque jour : dites que la Convention n'est pas libre, et par conséquent ne peut vous sauver. Qui affirme le contraire est égaré ou vous trompe. *Force ici, ou loin d'ici*, voilà mon dernier mot.

» Anarchistes, brigands, vous pouvez frapper maintenant, j'ai fait mon devoir ; j'ai dit des vérités qui me survivront ; des vérités qui effaceront au moins l'opprobre dont vous vouliez couvrir à jamais nos noms ; des vérités qui prouveront à toute la France que les gens de bien ont constamment déployé tous leurs efforts, pour lui dessiller les yeux et sauver la liberté. »

L'accusateur public fait ensuite lecture de la lettre suivante, datée de Libourne, le 31 octobre 1792 :

« Je viens d'apprendre, mon cher cousin, la prise de Mayence par les alliés ; tout va bien ; mais les crimes de Marat resteront-ils donc toujours impunis ! » (Et Marat, citoyens jurés, a été assassiné.)

L'accusé Lacaze. J'ai été opposé à Marat dans la Convention nationale ; mais je déclare que, quand il a été assassiné, j'aurais autant aimé recevoir le coup dans mon sein.

L'accusé Brissot. Je ferai une seule observation sur le passage de ma lettre qui vient d'être lue. C'est que dans l'état où était l'assemblée, je croyais qu'il était impossible qu'elle fît une bonne Constitution. C'est là le motif qui m'a engagé à demander la convocation des assemblées primaires.

Le président. La preuve que les accusés s'opposaient à ce que la France eût une Constitution, c'est que ce n'est que depuis leur arrestation qu'elle a pu être faite par la Convention nationale, et qu'elle a été acceptée par tous les Français.

L'accusé Brissot. Le procès-verbal de la Convention nationale prouvera que depuis le 15 avril nous avons fait tous nos efforts pour que trois fois par semaine l'on discutât la Constitution.

A l'égard de ce qu'on a fait depuis le 31 mai, je l'avais conseillé avant mon arrestation. J'avais dit qu'il fallait que les députés des différens partis se rassemblassent pour discuter entre eux la Constitution, et la présenter ensuite à la Convention en s'embrassant.

Le président. S'il y a quelque chose de vrai dans ce qu'a dit l'accusé, c'est qu'il a demandé qu'on discutât la Constitution feuillantine de Condorcet.

L'accusé Brissot. Cette Constitution était la plus démocratique qui ait jamais existé, et je pourrais citer celle des États-Unis, qui l'est bien moins qu'elle.

Le président. La plus grande preuve que l'on puisse donner du projet qu'avaient les accusés de fédéraliser la République, c'est la citation que Brissot vient de faire de la Constitution des États-Unis; citation que les accusés faisaient sans cesse.

L'accusé Vergniaud. Chabot a dit que, lorsqu'un mandat d'amener fut lancé contre lui par Larivierre, la faction se rendit chez Bernard, de Saintes, pour savoir quelle conduite elle tiendrait dans cette circonstance, et si elle saisirait cette occasion de se débarrasser du trio-cordelier; mais que quand elle sut qu'elle même était comprise dans la proscription, elle résolut de les défendre.

Je ne crois pas que Chabot ait entendu parler de moi; car je n'ai jamais été chez Bernard de Saintes. Ce fut d'un mouvement spontané que je me rendis à l'assemblée, et que j'y luttai pendant deux heures contre le côté droit qui voulait passer à l'ordre du jour.

Chabot. Je déclare que Vergniaud n'a pas assisté à ces assemblées, et je réponds à Brissot que ce ne fut pas moi, comme il l'a dit, qui le convoquai chez Bernard, mais bien *Pétion.*

Vergniaud et Lasource nous défendirent, à la vérité; mais ce dernier le fit d'une manière injurieuse, ce qui prouve qu'il aurait volontiers abandonné nos têtes s'il n'avait pas été compris dans la proscription.

L'accusé Vergniaud. Chabot a annoncé que Narbonne avait

été culbuté par le trio-cordelier, que c'était par l'entremise de Delessart; j'ignorais absolument ce fait, et Chabot a dit que la faction avait voulu voter des remerciemens à Narbonne. Je dirai, à la décharge de ceux qui parurent regretter Narbonne, que ce ne fut pas parce qu'il était patriote, mais bien parce qu'il paraissait être l'ennemi de la maison d'Autriche.

Chabot. Je réponds à l'interpellation qui m'a été faite par Vergniaud, que ce fut Gensonné qui, avec un discours préparé, proposa de voter des remerciemens à Narbonne. La faction demanda l'impression de ce discours, et ce fut le côté droit et la crête de la Montagne, qui s'y opposèrent. La Montagne ne regardait pas Narbonne comme l'ennemi de la maison d'Autriche, mais comme l'ennemi de la France, et c'est pour cela qu'elle le dénonça aux Jacobins. La faction au contraire voyait en lui un partisan de la guerre offensive, et c'est pour cela que Gensonné et Brissot devinrent ses protecteurs.

L'accusé Vergniaud. On m'a accusé d'avoir eu des liaisons avec Dumourier. Voici comme je le connus. Il avait été nommé commissaire civil avec Gensonné dans les départemens des Deux-Sèvres et de la Vendée. De retour à Paris, il fut voir Gensonné, qui me le présenta. Delessart, ministre des affaires étrangères, chancelait alors, et tout assurait qu'il ne resterait pas longtemps au ministère. Dumourier me dit qu'il avait quelque espérance de le remplacer. Je lui dis : tant mieux, si vous vous conduisez aussi bien que vous avez fait dans la Vendée. Dumourier, parvenu au ministère, vint me trouver chez un négociant de Bordeaux où je dînais. Il me dit : Le roi vient de renvoyer son ministre de la justice, et j'ai fait nommer à sa place le procureur de la commune de Bordeaux. Ducos et moi prévîmes alors ce qui est arrivé, et nous lui dîmes : Vous nous perdez, on nous accusera de faire nommer les ministres; car jamais nous n'en avons nommé.

L'accusé Ducos. Ce fait est de la plus grande vérité.

L'accusé Vergniaud. Crublier d'Opterre a dit à Chabot que la commission des Vingt et Un avait le projet de s'emparer du gouvernement et de suspendre le roi. Que résulte-t-il de ce fait ? Crublier d'Opterre a calomnié la commission.

Chabot. Je demande qu'on entende sur ce fait Bazire et Guyton-Morveau ; ils étaient présens lorsque Crublier d'Opterre me tint ce discours.

L'accusé Vergniaud. On m'accuse d'avoir intrigué pour faire nommer Condorcet et Syeyes ; ces deux hommes jouissaient alors d'une grande réputation. C'est pourquoi j'écrivis à Fonfrède que je croyais utile que Condorcet et Syeyes fussent membres d'une assemblée qui devait donner une constitution à la France.

L'accusé termine par protester que jamais il n'a écrit une seule ligne pour diviser et calomnier les patriotes ; il attribue à la prudence l'opposition constante qu'il mit au projet de nationaliser l'armée.

L'accusé Gensonné. Chabot a parlé de ma conduite dans l'assemblée législative ; il m'a reproché mes fréquentes visites à Vergniaud. Citoyens, quelques patriotes étaient convenus de se réunir trois fois par semaine chez Vergniaud, d'y attendre l'heure où l'assemblée ouvrait ses séances. J'ai assisté à ces réunions ; il n'y était question que des objets qui allaient se traiter à l'assemblée, et Chabot s'est trompé lorsqu'il a dit que c'était pour faire passer tel ou tel décret que nous nous rassemblions.

Chabot a prétendu que j'avais proposé à l'assemblée d'approuver l'administration de Narbonne. Le discours que Chabot a cité n'était point directement relatif à l'administration de ce ministre ; c'était une adresse que je proposais d'envoyer au roi, dans laquelle, en faisant la censure du choix qu'il faisait de ses ministres, je disais qu'il était extraordinaire que le seul qui jusqu'à présent eût montré quelque activité fût éloigné par lui. Nous crûmes que Narbonne était contraire à la reine ; au reste je n'ai vu Narbonne que deux fois.

Chabot a parlé de mes relations avec Dumourier. Lorsque je fus envoyé avec Dumourier pendant la session de l'assemblée constituante, en qualité de commissaire-civil, dans la Vendée, je ne l'avais jamais vu. Arrivé à l'assemblée législative, Dumourier m'adressa plusieurs mémoires sur la partie militaire. Lui ayant reconnu beaucoup de talens, je ne balançai pas à communiquer ces mémoires au comité militaire. Ils y furent beaucoup applaudis. Tout ce que j'entendais chaque jour me persuadait que Dumourier pouvait servir utilement la chose publique; mais il ne fut pas nommé au ministère par mon influence.

Chabot. Je déclare que Dumourier m'a dit que Gensonné avait fait tout son possible pour le faire nommer ministre; mais que cependant ce n'avait pas été par son canal qu'il avait été nommé.

Gensonné ne fait aucune réponse à cette déclaration. Il parle du zèle qu'il mit à poursuivre le comité autrichien; il fait ensuite une longue digression pour justifier sa conduite à Bordeaux avant sa nomination à l'assemblée législative; enfin il s'excuse sur l'inculpation relative à Desparbès, en disant que ce n'était pas lui, mais le ministre Bertrand qui l'a nommé au gouvernement de Saint-Domingue.

Chabot répond que c'est le ministre Lacoste qui a nommé Desparbès; mais il l'a fait sur l'instigation de Gensonné. Et je m'étonne, ajoute-t-il, que, lorsque ce ministre a été traduit au tribunal révolutionnaire, il n'ait pas fait cet aveu pour sa justification.

L'accusateur public. Desparbès a été acquitté par le tribunal, parce qu'il avait été décrété d'accusation par l'effet d'une intrigue.

Chabot. Brissot, Vergniaud et Gensonné ont prétendu se justifier de leur conduite équivoque, vacillante et coupable dans la dénonciation contre le comité autrichien, en alléguant que je ne leur avais pas communiqué les pièces qui devaient appuyer cette dénonciation. C'est une fausseté, je les ai portées chez Vergniaud, et Ducos doit se le rappeler.

L'accusé Ducos. Je me rappelle confusément que Chabot a apporté chez Vergniaud les pièces dont il a parlé.

L'accusé Brissot. On ne me reprochera pas non plus d'avoir fait nommer Desparbès; je n'ai dit aucun mal de cet homme, ni de Lacoste, avec lequel j'étais brouillé, mais je blâmais sa nomination au comité des Vingt et Un ; c'est Guadet qui la soutint. J'ai voté pour le décret d'accusation contre Desparbès.

L'accusateur public. Je ne veux pas prendre la défense de Desparbès, dont je connais l'incivisme ; mais il est de fait qu'il a été décrété d'accusation, parce qu'il n'a pas voulu répondre aux vues des commissaires civils envoyés dans les colonies, et qui étaient les agens de Brissot.

Chabot. Pourquoi Brissot, qui, en 1792, a déclamé contre Blanchelande, s'est-il opposé cette année à ce qu'on le décrétât d'accusation ? Comment ce conspirateur a-t-il trouvé grâce à ses yeux ?

L'une et l'autre interpellation restant sans réponse, l'accusé Gensonné obtient la parole.

Il nie avoir jamais concouru au système de diffamation contre Paris, ni aux massacres du 2 septembre. Il prétend que la commission des Vingt et Un, dont il était membre, voulut d'abord les arrêter ; mais que, le ministre de la justice lui ayant dit qu'ils étaient les suites d'une insurrection générale, elle ne sut à quelle mesure s'arrêter.

Chabot. Gensonné prétend qu'il voudrait qu'on pût effacer de notre histoire les journées de septembre. Cependant il n'est pas une seule époque où Gensonné n'ait saisi l'occasion d'en parler. La commission des Vingt et Un devait empêcher ce massacre. Ne l'ayant pas fait, le crime le plus grand qu'aient commis les membres de cette commission, est d'en avoir parlé.

J'ajoute un fait. Le 3 septembre, des gens dont les mains dégouttaient encore d'un sang impur, vinrent trouver Pétion, chez lequel Brissot était : tout est fini aux prisons, dirent-ils ; où voulez-vous maintenant que nous allions ? Pétion, pour toute réponse, les fit boire. Remarquez, citoyens jurés, que c'est le même homme qui, dans la crainte de se dépopulariser, a refusé de se porter aux prisons, pour mettre fin aux scènes qui se passaient. Et c'est celui qui a reçu chez lui les massacreurs, auxquels il a fait distribuer du vin, qui n'a cessé de déclamer contre les massacres du 2 septembre.

L'accusé Brissot. Je nie formellement qu'aucun homme se soit présenté chez Pétion les mains dégouttantes de sang, et que j'aie bu avec lui.

Chabot. Pétion a été forcé d'avouer lui-même dans un écrit qu'ils étaient venus lui demander leur salaire.

L'accusé Gensonné. Chabot a dit dans sa déposition que la commission des Vingt et Un était revêtue de tous les pouvoirs; elle n'en avait d'autres que celui de présenter les décrets que l'assemblée adoptait ou rejetait ensuite; il est faux qu'elle ait voulu s'emparer de la domination.

Chabot. J'ai accusé les membres de la commission des Vingt et Un, non pas de vouloir suspendre le roi, mais de vouloir remplir les fonctions de pouvoir exécutif, en laissant toujours le roi sur le trône, mais sans pouvoir.

L'accusé Gensonné. Je reprends la suite des faits relatifs à mes relations avec Dumourier, après sa sortie du ministère. Lorsqu'il eut pris le commandement du camp de Maulde, il m'adressa plusieurs mémoires sur ce qui se passait dans l'armée de La Fayette jusqu'au 5 novembre, et m'envoya une double copie des dépêches qu'il faisait parvenir au ministre de la guerre.

A l'époque de son premier voyage à Paris, je le vis une seule fois chez lui, et une autre chez moi. Lorsqu'il y revint après son expédition de la Belgique, je le vis encore; voilà toutes mes relations.

Chabot. Il est donc à présent avoué par vous-même que vous avez eu avec Dumourier les relations dont on vous accuse.

Le président. Tout le monde sait que les commissaires envoyés par la Convention nationale dans les départemens ont été nommés par les accusés Vergniaud, Brissot et Gensonné. Je leur demande quel est le motif qui les a empêchés d'aller eux-mêmes dans les départemens.

L'accusé Vergniaud. Comme on m'accusait alors d'ambition, c'aurait été donner des armes contre moi.

Brissot et Gensonné font la même déclaration.

Séance du 7 brumaire.

Chabot. Je vais préciser et résumer ici plusieurs faits de ma déposition. Carra a été envoyé dans la Vendée pour dissiper la horde des brigands qui ravageaient ce pays. Je lui demande pourquoi, au lieu d'inviter les citoyens à s'opposer à ces rebelles, il prêcha à Blois que la Convention nationale n'était pas libre, et qu'il fallait envoyer une force armée à Paris pour lui rendre sa liberté. J'ajoute un autre fait : c'est que, malgré les sentimens qu'il dit avoir toujours eus contre Roland, il reçut de lui la place de bibliothécaire national. Dès ce moment, il fit partie de la faction.

L'accusé Carra. Depuis onze ans, je travaillais à la bibliothèque.

Chabot. Vous vous rappelez, citoyens, que Brunswick et son armée furent cernés par les soldats de la République ; sans doute il eût été facile aux généraux et aux représentans du peuple près cette armée de les amener à Paris pieds et poings liés. Au lieu de tenir cette conduite, qui aurait sauvé la République, il est prouvé que Dumourier, d'accord avec Carra et Sillery, alors commissaires, facilitèrent la retraite des ennemis.

L'accusé Carra. Nous n'eûmes pas le temps de nous entendre avec Dumourier, pour faciliter la retraite des ennemis, puisque cette retraite s'est effectuée peu après notre arrivée. Les ennemis avaient encore soixante mille hommes, et le mauvais temps avait rendu même les grands chemins impraticables.

Sillery fait la même réponse.

Le président. Comme représentant du peuple auprès des armées, Sillery aurait dû s'assurer si Dumourier n'avait point eu de conférence avec les ennemis.

L'accusé Sillery. Nous avons demandé à Dumourier le détail de sa correspondance.

L'accusé Carra. Chabot m'a accusé d'avoir engagé le peuple de Blois à marcher sur Paris. Voici le fait : en passant par Orléans, je rencontrai deux citoyens du département de la Charente, qui allaient proposer à la Convention nationale, au nom de ce département, de s'entourer d'une garde départementale. Je leur dis que si leur proposition était adoptée, je la croyais propre à calmer tous les esprits, et à fixer la Convention nationale à Paris. Arrivé à Blois, les officiers municipaux m'engagèrent à assister à une séance du conseil-général de la commune : je me rendis à leur invitation, et je leur fis part de la mission dont étaient chargés les deux citoyens de la Charente, que j'avais rencontrés à Blois. Voilà les faits.

Le président. Votre mission n'était-elle pas d'engager les citoyens de Blois à s'opposer aux ravages des brigands de la Vendée.

L'accusé Carra. Oui.

Le président. Vous avez donc fait tout le contraire de ce que vous prescrivait votre mission. De là je tire la conséquence que vous étiez de la faction à laquelle nous faisons le procès, et que vous vouliez le fédéralisme.

L'accusé Carra. Cette garde départementale n'est pas venue à Paris.

Chabot. Je demande à Carra s'il n'a pas cassé les membres du comité de salut public de Blois, pour les faire remplacer par des fédéralistes.

L'accusé Carra. Les corps administratifs de Blois se plaignirent de ce comité, ils m'en demandèrent le renouvellement : je les autorisai à le faire. Je n'eus pas le temps de m'informer du civisme des membres qui le composaient.

L'accusé Lasource. Chabot a cité quelques faits qui me sont personnels, je vais y répondre : il m'a accusé d'avoir fait aux Jacobins, quelques jours avant le 10 août, la motion de chasser les fédérés de Paris. Le témoin est dans l'erreur. Après avoir manifesté les craintes que me causait la conduite de La Fayette, j'engageai les fédérés à se rendre à Soissons, et voici quel était mon motif, c'est que je croyais que la cour désirait qu'ils restassent à Paris afin de les mettre dans l'impossibilité de s'opposer à l'entrée des Prussiens sur notre territoire.

Chabot m'a reproché d'avoir, dans la réunion qui avait lieu rue d'Argenteuil, demandé le décret d'accusation contre Robespierre et Antoine : il s'est trompé, je ne me rappelle pas si j'ai appuyé cette proposition ; mais elle fut faite par Isnard.

L'accusateur public. A l'époque du 8 août, où l'accusé a proposé de chasser de Paris les fédérés, les préparatifs de la cour étaient connus. Ces mêmes fédérés s'assemblaient dans le lieu des séances des Jacobins pour concerter entre eux les mesures propres à faire échouer les projets du tyran. Sans doute Lasource était instruit et des préparatifs de la cour, et du motif des rassemblemens des fédérés : ainsi l'interprétation qu'il vient de donner à la motion qu'il fit pour faire chasser les fédérés n'est pas la véritable.

L'accusé Lasource. J'ignorais absolument la révolution qui se préparait pour le 10 août, et je ne fus tranquille sur le sort des patriotes, qu'après que la victoire se fut déclarée en leur faveur.

Chabot. J'interpelle Lasource de déclarer si, en parlant des fédérés, il n'a point dit aux Jacobins qu'on les gardait ici pour consommer un grand crime. Je lui demande si, dans sa correspondance avec un ministre protestant de Castres, il ne s'exhalait pas beaucoup contre Marat et les monstres par lesquels il prétendait avoir été dénoncé.

L'accusateur public. J'ajoute à la première déclaration du témoin que dans la séance des Jacobins, qu'il a citée, Lasource ajouta le mot de régicide.

L'accusé Lasource. J'ai dit à la vérité aux Jacobins qu'on cherchait à retenir ici les fédérés pour leur faire commettre un crime ; mais je croyais que la cour cherchait à les exciter contre l'assemblée.

Un juré. Lasource s'est entendu avec ses collègues pour dire que les massacres du 2 septembre étaient l'ouvrage de cinquante brigands ; et tout le monde sait que la faction a fait courir le bruit que ces brigands avaient été soudoyés par Robespierre et Marat. Je demande à l'accusé Lasource où sont les preuves qu'il a de la vérité de ce fait?

L'accusé Lasource. Je n'ai jamais tenu ces propos.

Un juré exhibe un discours de Lasource, qui prouve qu'il a publié ces calomnies pour égarer l'opinion des départemens.

L'accusé Fauchet. L'objet principal de la déposition de Chabot à mon égard est relatif à mes liaisons avec Narbonne.

A l'époque de son renvoi du ministère, Narbonne se présenta au comité militaire et de sûreté générale, pour se justifier de l'accusation que lui avait faite le prince de Hesse d'avoir laissé Perpignan dans un dénuement absolu, et d'avoir négligé même de ravitailler cette barrière de la France. Narbonne se justifia de cette inculpation. Je fus chargé, au nom des comités réunis, de faire un rapport de cette dénonciation à l'assemblée, et de déclarer qu'il n'y ait pas lieu à accusation contre Narbonne. Je le fis, et je dis qu'il avait plus fait en trois mois que Duportail en deux ans, et qu'il avait contrarié les projets de Bertrand et de Delessart.

Quant à la lettre dont a parlé Chabot, je sais qu'elle a existé, mais je ne l'ai jamais vue. Au reste il est vrai que j'ai été, comme beaucoup d'autres personnes, la dupe du faux patriotisme de La Fayette.

Le témoin a dit que j'avais refusé d'aller aux prisons le 2 septembre, afin de m'opposer aux massacres: cela est vrai, mais j'avais encore à cette époque l'habit ecclésiastique que je ne voulais pas quitter.

Chabot. J'interpelle Fauchet de déclarer s'il n'est pas vrai qu'un jour, au comité de sûreté générale, rapprochant la conduite de Narbonne avec la prophétie de Béthune-Charost, je lui dis: Que dites-vous, Fauchet, du projet de Narbonne de se faire déclarer protecteur de la France? Il me répondit: je n'en suis pas étonné, je l'ai fait tâtonner là-dessus. Il connaissait donc les projets de Narbonne, lors même qu'il faisait son apologie à la tribune.

L'accusé Fauchet. Désirant connaître les projets de Narbonne, je lui fis demander, dans le cas où le roi s'évaderait, ce qu'il pensait faire? Il fit réponse qu'il entendait trop bien ses intérêts pour le suivre. Je tirai de cette réponse la conséquence qu'il avait de grands projets, aussi je dis au comité que je croyais que son ambition lui faisait désirer d'être protecteur.

Chabot. L'accusé vient de dire qu'il connaissait l'ambition de Narbonne. Pourquoi fit-il donc son panégyrique; car c'est ainsi que je nomme le rapport qu'il a fait sur ce ministre? Il était seulement chargé de donner des explications sur la faute militaire que Hesse lui avait reprochée, mais non pas de déclarer que son administration était exempte de reproches. Je demande à Fauchet, et à tous les accusés indistinctement, qui se prétendent anti-royalistes, le motif qui les a portés à prolonger le procès du tyran, surtout après le discours de Robespierre, qui avait prouvé qu'il devait être jugé révolutionnairement, et la demande de Duhem, que j'appuyai, de l'envoyer à la guillotine, le jour où la République fut proclamée. Ce fut après cette proposition que Fauchet nous accusa d'être avides du sang des rois et de celui des prêtres.

L'accusé Fauchet. Les vues ambitieuses que je supposais à Narbonne d'avoir, dans le cas où le roi s'évaderait, ne devaient pas lui ôter le mérite du bien qu'il avait fait; le rapport que je fis à l'assemblée était approuvé du comité de sûreté générale, auquel je l'avais lu.

L'accusé Vigée. Je demande au témoin s'il a entendu me comprendre dans sa déposition.

Chabot. Vigée proposa à la Convention nationale de s'ouvrir un passage au milieu du peuple, le sabre à la main, et d'aller tenir ses séances à Versailles.

Un juré. De quel côté l'accusé se plaçait-il dans l'assemblée?

Vigée. Du côté droit, n'entendant rien de l'oreille droite.

On entend un autre témoin.

Louis Maribond Montaut, député à la Convention nationale. Citoyens jurés, je ne ferai point le récit en entier des trames qu'ont employées les accusés pour perdre la République : je me bornerai à citer quelques faits particuliers dont j'ai été le témoin.

Avant l'époque à jamais mémorable du 10 août, la cour était toute-puissante ; elle l'était d'autant plus qu'il y avait dans l'assemblée législative une faction qui la protégeait ; il existait cependant à cette époque des défenseurs du peuple, non-seulement dans l'assemblée, où ils étaient en très-petit nombre, mais encore dans les sociétés populaires, et ils avaient résolu de sauver la chose publique ou de mourir. Les sociétés populaires, dans lesquelles se trouvaient des patriotes, étaient devenues justement suspectes à la faction dont j'ai déjà parlé ; elle résolut donc de les anéantir, et ce fut pour y parvenir, et leur ôter tout appui, que Lasource demanda le départ, pour Soissons, des fédérés que les dangers de la patrie avaient appelés à Paris, à l'époque du 10 août.

Je me trouvai le 8 août à l'assemblée qui se tenait rue d'Argenteuil, à qui l'on avait donné faussement le nom de *réunion*. Brissot y arriva tout essoufflé, et dit qu'on venait de faire la motion la plus incendiaire aux Jacobins. Il proposa des vues générales pour en arrêter l'effet. Après avoir représenté les Jacobins comme des factieux qui voulaient une insurrection, Lasource ajouta qu'il fallait envoyer les fédérés à Châlons, afin de rendre impossible cette insurrection. Isnard proposa le décret d'accusation contre Robespierre et Antoine, afin, disait-il, de couper les têtes de l'hydre. J'avoue, citoyens, que je fus indigné d'entendre faire de pareilles propositions, et Ruamps et Nioud, qui faisaient partie de cette société, déchirèrent leur carte et sortirent, en disant qu'ils ne voulaient plus être membres d'une réunion où l'on tramait la perte du peuple. Je les suivis pour les engager à rentrer, persuadé qu'il était bon que des patriotes connussent les projets de ces scélérats. Ne pouvant parvenir à les faire rétrograder, je remontai seul, et demandai à Isnard sur quels motifs il fondait le décret d'accusation qu'il venait de demander. Sans me donner aucune raison, Isnard répondit qu'il l'obtiendrait ou qu'il serait assassiné le lendemain. Je lui dis : Eh bien ! moi, je dénoncerai ton atrocité. Citoyens jurés, si Isnard et Lasource avaient pu réussir dans leurs projets, la journée du 10 août n'aurait jamais eu lieu.

L'accusé Brissot. Je ne me rappelle point le fait déposé par le témoin, en ce qui me concerne.

Le président. Avez-vous dit précipitamment en entrant à la réunion : Robespierre fait des motions incendiaires aux Jacobins.

L'accusé Brissot. Je ne me le rappelle pas.

L'accusé Lasource. J'ai dit qu'on cherchait à égarer les fédérés ; mais je n'ai jamais dit que les fédérés fussent de mauvais citoyens.

Quant au décret d'accusation contre Robespierre et Antoine, je ne le proposai pas, et sur ce fait j'interpelle Montaut lui-même.

Montaut. Ce n'est point Lasource qui a proposé le décret d'accusation ; mais il a demandé qu'on prît des mesures pour empêcher ce qui se préparait aux Jacobins. Citoyens, ce qu'on préparait alors aux Jacobins, était l'insurrection du 10 août.

L'accusé Lasource. Je déclare qu'il n'a jamais été dans mon intention d'empêcher l'insurrection contre le château.

Montaut. Le 10 août, vers six heures du matin, les révoltés se portèrent au château, et moi à l'assemblée nationale, où je trouvai Lasource qui me dit : Qu'allons-nous devenir ? quoi ! tout le monde en armes ? L'affaire allait s'engager ; alors les propositions les plus extravagantes, et dont un républicain doit rougir, furent faites, telles que d'envoyer une députation au roi, etc., etc. Le tyran, réfugié dans l'assemblée, Vergniaud lui fit une réponse extrêmement tendre, et lui témoigna combien il était sensible à son malheur.

L'accusé Lasource. Je prends acte de ce que vient de dire le témoin ; il a prouvé que j'ignorais l'insurrection du 10 août.

Chabot. Brissot savait qu'il y avait un comité d'insurrection,

Lasource le savait aussi; ils savaient que ce comité demandait la déchéance du tyran.

Montaut. Je vais citer un autre fait. Tout le monde se rappelle les deux bataillons de Paris que Dumourier avait déshonorés pour s'être fait justice de deux émigrés. Marat le dénonça à cette occasion, et, désespérant d'obtenir justice de la Convention dont la faction s'était rendue maîtresse, s'adressa aux Jacobins; il demanda que Bentabolle et moi lui fussions adjoints pour aller demander des explications à Dumourier. Nous trouvâmes Dumourier dans une maison où l'on donnait une fête superbe; il était environné de Guadet, Vergniaud, Kersaint, Lasource et plusieurs autres dont je ne me rappelle pas les noms. Après lui avoir expliqué l'objet de notre mission, il se fit un mouvement général; je me mis sur mes gardes, et la suite prouvera que je n'ai pas eu tort, car il ne s'agissait pas moins que de nous assassiner. Guadet, qui était l'auteur de la proposition, l'a déclaré à Soulès qui me l'a rapporté, et qui m'a dit qu'on en voulait encore plus aux jours de Marat qu'aux miens. Citoyens jurés, Gensonné et Vergniaud pourront vous donner des éclaircissemens sur ce projet d'assassinat qui me parut être prémédité.

L'accusé Gensonné. Je ne me rappelle pas ce fait.

L'accusé Vergniaud. J'ai été invité à une fête qui se donnait chez Talma, et où Dumourier s'est trouvé. Je sais que lorsqu'on a annoncé Marat, il s'est fait un mouvement, mais causé par l'inquiétude des femmes.

L'accusé Lasource. Je me trouvai chez Talma, mais je n'ai pas entendu parler du projet d'assassiner Marat.

Montaut. Je continue le récit des faits pour lesquels je suis appelé en témoignage. Barbaroux, autrefois révolutionnaire, changea de caractère à la Convention nationale. Il fit un jour un discours très-éloquent; il avait trait au tyran. En sortant de l'assemblée, j'étais à côté de lui; un particulier lui dit: Vous avez bien parlé; je dis: Oui; mais il aurait un plus grand mérite à mes yeux, s'il avait conclu au prompt jugement du roi. Il me répondit: Mais vous vous trompez, il ne faut pas juger le roi; il y a souvent des insurrections à Paris : c'est au Temple qu'il faut diriger le peuple. Tu es un scélérat, lui dis-je ; c'est le roi que tu veux faire périr et non la royauté. Je rapporte ce fait, parce qu'il tient au procès, quoique Barbaroux ne soit pas présent.

J'arrive à un fait qui a rapport à Brissot. Dans le jugement du tyran, j'avais, comme tous mes collègues, écrit mon opinion. J'avoue que dans cette opinion je persiflais ces messieurs sur leur humanité envers le tyran. Brissot, qui était à côté de la tribune, m'interrompit plusieurs fois par ses vociférations. Il m'appela *buveur de sang*. Indigné de cette apostrophe, je mis mon opinion dans ma poche, et je votai purement et simplement la mort du tyran. Ceci prouve, citoyens, qu'il y avait une cabale pour empêcher de dire son opinion dans le procès du ci-devant roi.

L'accusé Brissot. Je répondrai à Montaut que je n'ai jamais voté contre un décret en faveur de l'humanité ; elle seule a toujours guidé mes démarches. Mais je ne me rappelle pas avoir insulté le témoin.

Le témoin persiste dans sa déposition, et déclare qu'il n'a plus rien à dire.

Le président. Citoyen témoin, avez-vous connaissance du commencement de procédure contre le club des Marseillais, et à quel comité de la Convention elle a été déposée?

Montaut. Il est venu au comité de sûreté générale, dont j'étais membre, un individu dénoncer Barbaroux pour avoir ordonné aux bataillons de Marseille, qui étaient à Paris, de marcher à la Convention nationale, sous prétexte qu'on voulait en égorger les membres. La procédure qui a été commencée à ce sujet a été déposée au comité de législation, composé des accusés ou de leurs partisans ; je crois qu'elle en a été soustraite.

L'accusé Duprat. Je n'ai jamais été membre de ce club.

Montaut. On nous a attesté, au comité de sûreté générale, que Duprat, Duperret, Barbaroux et Buzot, allaient tantôt au club des Marseillais, et tantôt aux Jacobins pour savoir ce qui se passait, et prendre leurs mesures en conséquence.

On entend un autre témoin.

Pierre-François Réal, substitut du procureur de la Commune. J'ai peu de faits particuliers à dire. Je demeurais dans la même maison où logeait Valazé; je déclare qu'il se tenait chez lui des conciliabules nocturnes, que deux ou trois fois j'ai vu sortir à minuit une grande quantité de personnes dont j'ignore les noms; mais mon fils, qui allait souvent chez Valazé, pourra les faire connaître. Ce que je puis affirmer, c'est que Gorsas et Barbaroux y allaient.

Le lendemain de l'insurrection qui éclata à Paris au sujet du sucre il y eut plusieurs personnes d'arrêtées, et notamment un domestique qui excitait le peuple au pillage, et que nous fîmes conduire en prison. Ducos vint réclamer ce domestique, qui était étranger, ou qui appartenait à un étranger; je ne puis affirmer lequel des deux. Je dis à Ducos que, s'il était coupable, il serait puni. Nous renvoyâmes cet homme par-devant le comité de police de la commune, et j'ignore quel a été le résultat de cette affaire. Je me rappelle encore que Ducos, à qui je fis le rapport du danger qu'avait couru Pache en s'opposant au pillage, parut entrer dans mes peines, et je ne fus pas peu étonné de voir le lendemain Ducos, qui rédigeait la *Chronique*, dire beaucoup de mal de cette journée, calomnier et le peuple et ses magistrats. Voilà tous les faits qui sont à ma connaissance.

L'accusé Ducos. C'est la citoyenne Rousseau, qu'on accuse faussement d'être une ci-devant, qui m'avait prié d'aller réclamer un domestique d'un de ses amis qui avait été dans les pillages.

L'accusé Valazé. La déposition du témoin est parfaitement exacte. Je lui reproche seulement d'avoir donné le nom de conciliabules aux visites que me rendaient mes collègues. Il est vrai que c'était le soir qu'ils se rendaient chez moi, mais les séances de la Convention nationale finissant tard, nous ne pouvions nous voir que la nuit.

Un autre témoin est entendu.

Philippe-François Fabre-d'Eglantine, député à la Convention nationale. Je dois commencer par un fait qui fera connaître la théorie et la manière de penser de la faction. Les citoyens Freminger et Loiseau, députés du département de l'Eure, m'ont rapporté qu'étant un jour réunis rue Saint-Florentin, avec Brissot, Guadet et plusieurs autres membres de la faction, après une discussion où il était question de savoir quelle était la part que le peuple prenait aux révolutions, Brissot dit : Le peuple est fait pour servir la révolution ; mais quand elles sont faites, il doit rentrer chez lui, et laisser à ceux qui ont plus d'esprit que lui la peine de diriger.

L'accusé Brissot. Le peuple n'est souverain que lorsque la masse des citoyens est réunie. Voilà sans doute ce que j'ai dit.

Fabre-d'Eglantine. Je persiste à dire que les deux témoins que j'ai désignés m'ont déclaré le fait tel que je le rapporte. Le second fait est l'éloignement des Brissotins pour la révolution du 10 août, et le refus qu'ils ont fait de se réunir aux patriotes. Il faut d'abord rappeler aux jurés que les Jacobins, inquiets de la dispute qui s'était élevée entre les patriotes au sujet de la déclaration de guerre, résolurent de réunir les deux partis, afin d'agir en commun pour opérer le renversement du trône. Les Jacobins firent des démarches auprès des Brissotins et des Girondins, et auprès de Pétion avec lequel ils étaient intimement liés. Je n'ai rien négligé pour opérer cette réunion ; mais toutes mes démarches ont été infructueuses. Je fus un jour avec Danton dîner chez Pétion : nous le suppliâmes d'être propice à la révolution du 10 août. Nous ne reçûmes pour réponse que des affronts sanglans. Une grande partie des accusés y étaient ; ils n'osèrent pas ouvertement s'opposer à un mouvement populaire ; mais ils le désiraient dans le sens de celui du 20 juin, pour intimider seulement la cour, et non l'abattre.

Le président. Vous rappelez-vous les noms des personnes qui étaient chez Pétion, et parmi les accusés s'en trouve-t-il plusieurs ?

Fabre-d'Eglantine. Brissot ne se trouva pas au commencement du dîner ; mais, lorsqu'il arriva, nous jugeâmes, par l'accueil qu'on lui fit, de l'influence qu'il avait sur cette réunion.

L'accusé Brissot. Il a toujours été dans mon caractère de désirer la réunion de tous les patriotes. Je crois me rappeler que ce ne fut qu'après la journée du 10 août que Fabre me parla de réunion. Il me dit : « Les patriotes veulent porter Danton au ministère, vous opposerez-vous à sa nomination? » Je répondis : « Non, au contraire, ce doit être le sceau de notre réconciliation. »

Fabre. J'ai dit que c'était Pétion qui s'opposait davantage à la réunion. Trois jours après le 10 août, Brissot témoigna un grand intérêt pour la personne de Capet; dans l'espace de trois heures il est venu plusieurs fois à l'Hôtel de la Justice pour y faire loger le tyran. Danton crut voir dans cette démarche un projet formé par la faction, pour l'embarrasser dans sa marche révolutionnaire; cependant Danton aurait cédé son logement si la Commune de Paris n'était venue lever tous les obstacles, en proposant de placer le tyran au Temple. Citoyens, la faction voulait le laisser près de l'assemblée, afin d'être plus à portée de le protéger.

L'accusé Brissot. La commission des Vingt et Un était obsédée par un grand nombre de membres de l'assemblée, qui voulaient qu'on chassât le roi de son enceinte, c'était naturel; mais il fallait trouver un logement; et comme l'Assemblée n'avait pas encore prononcé sur le roi, la commission des Vingt et Un ne voulut pas l'éloigner du lieu de ses séances.

Fabre d'Églantine. Je passe à un autre fait. Je me trouvai un jour chez le ministre des affaires étrangères où étaient rassemblés Roland, Servan, Clavière, Lebrun, Danton et Pétion. Au bout du jardin une espèce de conseil fut tenu. Roland prit la parole et dit : Les nouvelles sont très-alarmantes, il faut partir. Danton lui demanda où il comptait aller? à Blois, reprit Roland, et il faut, ajouta-t-il, emmener avec nous le trésor et le roi. Clavière appuya la proposition de Roland. Servan dit qu'il n'y avait pas d'autre parti à prendre, et Kersaint, qui arrivait de Sedan, ajouta : Il faut absolument partir; car il est aussi impossible que dans quinze jours Brunswick ne soit pas à Paris, qu'il est impossible que le coin n'entre pas dans la bûche, quand on frappe dessus. Danton s'opposa fortement à cette proposition, et l'on convint de ne prendre aucune détermination avant d'avoir reçu des nouvelles plus positives.

L'accusé Vergniaud. Je ne sais pas ce qui s'est passé au conseil exécutif; mais ce que je sais, c'est qu'au comité des Vingt et Un on était très-alarmé.

Fabre-d'Eglantine. Après le 10 août, la première opération que le ministre de la justice se promit de faire fut de changer le sceau de l'état. Il s'adressa à la commission des Vingt et Un, pour opérer ce changement. Il éprouva une résistance qui lui donna beaucoup d'humeur, et il sollicita des artistes pour lui présenter un type qui fût adapté aux circonstances. On lui en présenta un qu'il adopta; c'était un Hercule terrassant le royalisme entouré de quatre-vingt-quatre étoiles, symbole de l'amitié qui liait les quatre-vingt-quatre départemens de la France. Il présenta ce type au comité des Vingt et Un, qui l'adopta, après avoir fait retrancher les étoiles et tout signe d'union; fait qui, quoique minutieux, prouve que dès ce temps les membres de ce comité avaient des idées de fédéralisme.

L'accusé Gensonné. J'ai été nommé le 12 ou le 13 d'août membre de la commission des Vingt-Un. On y discutait la question de savoir si provisoirement on changerait le sceau de l'état. J'ai appuyé l'avis. Voilà ce que je sais sur ce fait.

Fabre. En sortant un jour de la Convention nationale, nous nous rassemblâmes sept patriotes pour aller dîner ensemble; Ducos nous aborda et nous demanda s'il pouvait venir avec nous. Nous lui dîmes que oui. Pendant le dîner, la conversation se passa de notre part en peintures du caractère des membres de la faction et de leur marche et de celle de Ducos en atténuation. Cependant, à la fin du dîner, Ducos nous dit : Vous les jugez très-bien; ce que vous dites est vrai; mais vous avez oublié de parler du plus scélérat d'entre eux, c'est Gensonné.

L'accusé Ducos. Il est vrai que l'indépendance de mon caractère et de mon opinion me permettait de fréquenter les députés des deux partis. J'assistai au dîner dont a parlé Fabre. La conversation tomba sur les personnes avec lesquelles j'étais lié dans l'assemblée législative. La partialité n'entrait point dans le portrait qu'on faisait d'eux. Alors je dis : Vous jugez vos adversaires sans prévention ; mais il en est qui mettent de la haine dans leur jugement. Quant au propos que le témoin me prête sur Gensonné, je déclare qu'il avait des opinions politiques qui ne me plaisaient pas, qu'il avait des liaisons dont je voulais éclaircir le motif ; mais je n'ai jamais dit qu'il fût un scélérat.

Fabre persiste dans sa déclaration ; il ajoute que Danton, Camille-Desmoulins et Tallien pourront attester le fait.

Fabre. Je vais citer un fait relatif à l'armoire de fer. Roland, après avoir enlevé le dépôt des Tuileries, fut arrêté par la sentinelle qui avait ordre de ne laisser sortir aucun paquet sans un laissez-passer signé *Roussel* ; les personnes qui me rapportèrent ce fait, me dirent que Roland avait l'air fort embarrassé ; heureusement pour lui qu'un de ses affidés lui donna un laissez-passer, et lui procura ainsi le moyen de soustraire les papiers qui pouvaient le compromettre ainsi que la faction. Citoyens, si Roland n'avait point eu d'intentions criminelles lorsqu'il trouva cette armoire, n'aurait-il pas fait part de la découverte qu'il venait de faire, aux commissaires de la Convention qui étaient dans le château même des Tuileries ?

Nous ne tardâmes pas à nous apercevoir après les premières séances de la Convention que toutes les démarches de la faction tendaient à perdre le peu de Montagnards qui existaient alors.

Ce fut Kersaint qui sonna la charge, et il fut suivi par tous les conjurés. Le silence fut la seule réponse que nous fîmes à leurs diatribes.

Je dois faire connaître aux citoyens jurés les remarques que j'ai faites sur les circonstances du vol du Garde-Meuble. Nommé par la Convention nationale pour, conjointement avec Cambon et Andrein, assister à la levée des scellés du Garde-Meuble, nous entrâmes par la même fenêtre où les voleurs s'étaient introduits ; nous trouvâmes les scellés rompus ; j'examinai cet endroit par où les voleurs étaient entrés, et je me convainquis qu'ils n'avaient pu le faire sans enlever une lourde espagnolette qui traversait la croisée; si cette barre de fer était à sa place, les voleurs n'ont pu l'enlever par la fracture qu'ils ont faite à la fenêtre; si elle n'y était pas, pourquoi cette négligence de la part de celui qu'on avait commis à la garde de ce dépôt précieux? Et cet agent était Restou, créature de Roland.

Sur la fin de sa session, l'assemblée législative avait créé une commission des monumens; après la journée du 10 août, Lemoine Crécy, garde général du Garde-Meuble, se présenta à cette commission, et la pria de venir vérifier l'état de ce dépôt; elle y alla. Lemoine-Crécy reporta, dans la salle des bijoux, la boîte qui renfermait les diamans de la couronne, et qu'il tenait cachée chez lui depuis le commencement des troubles. Les membres de la commission se firent ouvrir ces boîtes par curiosité; ils virent tous les diamans qu'elles renfermaient, et, ennuyés d'attendre les bijoutiers qui en devaient faire l'examen, ils les refermèrent, les laissèrent dans la salle, et apposèrent les scellés sur la porte.

Il fut pris jour avec Lemoine-Crécy pour faire l'inventaire de ces bijoux, afin de lui en donner décharge; ce fut dans cet intervalle que Roland donna ordre à Crécy de céder sa place à Restou. On écrivit aux bijoutiers de venir faire l'examen des bijoux : ils ne vinrent pas; on récrivit une seconde fois. Un d'eux était en chemin pour se rendre à l'invitation; mais il rencontra un quidam qui lui dit : vous allez faire des pas inutiles, car vous ne trouverez personne; il retourna sur ses pas, et le lendemain le vol fut fait.

Dans la procédure qui a été faite contre les voleurs qui ont été mis à mort, il n'a été nullement question de la cassette de bijoux dont je viens de parler, et que Crécy avait déposée, en présence des membres de la commission des monumens, dans l'une des salles du Garde-Meuble. J'observe d'ailleurs que, si des hommes, pressés par les circonstances, eussent trouvé cette cassette, ils s'en seraient contentés, et ne se seraient pas amusés à briser des vases pour en retirer le peu d'argent qui les décorait. Voilà ce que j'avais à dire sur ce vol extraordinaire. J'ajoute un fait; c'est que Thuriot m'a dit qu'un de ces voleurs arrêté dans le faubourg Saint-Antoine, fut assassiné au moment où il allait donner des éclaircissemens. J'appelle sur ce vol la responsabilité de Roland, et celle de toute la coalition dont il faisait partie.

L'accusateur public. J'ajoute un fait. Les voleurs du Garde-Meuble se sont échappés des prisons le 2 septembre. J'envoyai quinze mandats d'arrêt au ministre de l'intérieur, Roland, pour les faire réintégrer dans les prisons; ces mandats d'arrêt sont restés sans exécution.

Fabre-d'Eglantine. Lorsque nous fûmes au Garde-Meuble, après le vol, nous y trouvâmes du feu, du pain, du vin, enfin un établissement complet; ce qui prouve que ces voleurs étaient privés, et qu'ils étaient là depuis plusieurs jours.

L'accusé Vergniaud. Je ne me crois pas réduit à l'humiliation de me justifier d'un vol.

Fabre. Les calomnies que l'on n'a cessé de répandre contre les patriotes, relativement aux massacres du 2 septembre, les ont forcés à rappeler dans leur souvenir tout ce qui s'était passé à cette époque. Nous nous sommes persuadés que les hommes qui tiraient un si grand parti de ce désastre pouvaient être soupçonnés d'en être les auteurs, et je vais citer à l'appui de cette présomption, un fait que je tiens de Duhem.

Les massacres avaient duré trois jours; ils étaient interrompus. les massacreurs se présentèrent chez Pétion et lui dirent : M. le Maire, nous avons dépêché ces coquins-là, il en reste encore quatre-vingts, que voulez-vous que nous en fassions? Citoyens, ce moment était favorable pour arrêter ces scélérats; eh bien! au lieu de le faire, Pétion leur dit : Mes amis, ce n'est pas à moi qu'il faut s'adresser....... Vous êtes bons citoyens...... Donnez à boire à ces messieurs; ils burent et retournèrent massacrer.

Lorsque la faction a fait décréter qu'on poursuivrait les auteurs des massacres du 2 septembre, il est bon de vous faire remarquer que Maillard, l'un des principaux auteurs de cette journée, n'a pas même été arrêté.

Le président. Savez-vous, citoyen témoin, si Kellerman, lorsqu'il est venu à Paris, était porteur de dépêches pour Gensonné, de la part de Dumourier?

Fabre. Kellerman me l'a dit.

Gensonné. Je déclare n'en avoir reçu que deux des mains de Kellerman.

Fabre-d'Eglantine. Au commencement de l'établissement du comité de défense générale, il n'était composé que des membres de la faction; j'assistai à toutes ses séances. Un jour où des nouvelles des armées ne nous avaient pas été favorables, Brissot, Guadet et le général Laclos vinrent au comité; les deux premiers avec des discours préparés, proposèrent de porter la guerre en Espagne, et d'entrer sur le territoire de cette puissance par l'Aragon et par la Catalogne. Leur plan était de tirer toutes les troupes du Midi. Le général Laclos l'appuya fortement; je demandai la parole, quoique je ne fusse pas membre du comité; je démontrai combien ce plan était désastreux, et combien il était imprudent d'employer la moitié des forces de la République, contre une puissance qui ne s'était point encore déclarée, tandis que le Nord exigeait toute notre sollicitude. Ils abandonnèrent ce plan, et il ne fut plus reproduit.

L'accusé Brissot. La conférence dont parle Fabre a eu lieu le 5 janvier, et je dois vous faire connaître, citoyens jurés, quelle était à cette époque notre situation vis-à-vis de l'Espagne. Si vous consultez la correspondance de Bourgoin, vous y verrez ces propres mots: « La reine d'Espagne est furieuse contre la République française; elle vient de faire chasser d'Aranda qui paraissait incliner à la paix, etc. » Le conseil exécutif fit demander par Bourgoin la cessation des armemens; mais ce fut inutilement. Que devait faire le comité de défense générale? prendre des mesures vigoureuses contre l'Espagne. Mon opinion était de tenter une descente en Espagne, en même temps que nos armées navales lui enlèveraient le Mexique. On discutait donc la question de savoir si cette guerre serait offensive ou défensive. Laclos voulait qu'on attaquât, Carnot s'y opposait; mais j'observe qu'il n'était pas question de désorganiser le Midi. On avait demandé aux départemens de l'Hérault et de la Gironde s'ils pouvaient fournir cent mille hommes : ils répondirent que oui.

Fabre. Comme témoin, je ne juge pas les intentions des accusés ; mais il est certain que, si l'on eût adopté la proposition de Brissot, les cent mille hommes qui devaient opérer une descente en Espagne auraient été pris parmi les patriotes, et la révolution sectionnaire qui a eu lieu dans quelques parties du Midi se serait opérée dans toute l'étendue de ces départemens. Voilà les motifs qui m'ont fait juger que ce plan pouvait être formé afin d'opérer une révolution sectionnaire. D'ailleurs nous n'avions aucune force dans la Méditerranée, et la proposition de s'emparer du Mexique était ridicule.

Voici un autre fait.

Dans le courant du procès du ci-devant roi, j'allai avec Meaulle, me rafraîchir aux Champs-Élysées ; il me dit en parlant des accusés : « Ils ont voulu me gagner, mais j'ai résisté à leurs promesses. Leur projet est de faire assassiner tous les patriotes de la Montagne. » Je termine par un fait. Dix jours avant le passage du Roër, j'étais étonné que Dumourier eût laissé Maëstricht de côté pour s'engager dans la Hollande ; car nous devions être infailliblement coupés par les ennemis. Je voulus dénoncer Dumourier ; mais Brissot m'en empêcha et me dit : « Miranda est devant Maëstricht avec quarante mille hommes. » Quelle dut être mon indignation, lorsque j'appris la défaite de notre armée sur le Roër, et que Miranda n'avait que quatorze mille hommes à sa disposition !

Le président. Je demande au citoyen témoin s'il n'a pas connaissance que quelques accusés se soient vantés que la constitution qu'ils avaient d'abord proposée à la Convention était inexécutable ?

Fabre. Ce fait m'a été attesté par Delmas.

Le président. Citoyen témoin, n'était-ce pas la faction qui faisait nommer les généraux ?

Fabre. C'est un fait généralement reconnu.

Le président. Je demande à Brissot s'il n'a pas envoyé à Roland une liste des personnes qu'il devait placer dans ses bureaux ?

L'accusé Brissot. La première fois que Roland arriva au ministère, il me demanda mon opinion sur les hommes que je croyais propres à remplir des places dans les bureaux de l'intérieur ; je fis une liste que je lui envoyai. J'ai cru qu'il était de mon devoir, lorsqu'un ministre me demandait mon opinion sur tels et tels individus, de la donner.

Les accusés Duprat et Lacaze déclarent qu'ils n'ont jamais sollicité les ministres pour personne.

Séance du 8 brumaire.

Léonard Bourdon, député à la Convention nationale, est entendu.

Léonard Bourdon. Quelques jours avant le 10 août 1792, Pétion, chez lequel je me trouvais, me tira à l'écart et m'invita de la manière la plus pressante à me servir de tout le crédit que j'avais sur l'esprit du peuple, pour empêcher l'insurrection ou au moins pour en différer l'effet.

Deuxième fait. Dans la nuit du 9 au 10, étant occupé dans la commission révolutionnaire à interroger le commandant-général Mandat, sur les ordres que ce traître était accusé d'avoir donnés de tirer sur le peuple ; au moment où le coupable pressé par la force de la vérité allait s'expliquer, un officier municipal survint et demanda à rendre compte d'événemens importans qui venaient de se passer sous ses yeux : il raconta les prétendus dangers que Pétion avait courus dans le château des Tuileries, où l'on avait voulu le retenir en otage ; il annonça ensuite que le crime dont Mandat était accusé était évident ; qu'il en avait lu les preuves ; et dans le moment Mandat fut entraîné au-dehors, où le peuple indigné se précipita sur lui et lui donna la mort. J'ajoute que j'ai entendu dire depuis par la voix publique que deux citoyens inconnus s'étaient jetés sur Mandat au moment où il tomba par terre, et lui avaient enlevé tous ses papiers. Il faut rapprocher ces faits des faits aujourd'hui connus ; Pétion n'avait couru aucun danger dans le château, il avait visité lui-même tous les postes, et Mandat tenait de lui l'ordre qu'il avait transmis aux commandans de bataillon de tirer sur le peuple.

Troisième fait. Le onze au matin, allant avec plusieurs de mes collègues à l'assemblée législative pour l'instruire des événemens de la nuit, nous passâmes chez Pétion que nous trouvâmes couché ; Pétion, au lieu de nous féliciter sur les mesures aussi sages que vigoureuses que nous avions prises pour le salut du peuple, nous témoigna beaucoup d'humeur, nous reprocha le sang des traîtres que le peuple avait versé, et nous demanda si cela finirait bientôt. Moi et mes collèges n'attribuâmes alors la morosité du maire, dont nous ne pouvions soupçonner encore la moralité, qu'à son défaut d'énergie, et qu'à son peu de caractère.

Quatrième fait. Les commissaires du salut public ne se sont jamais présentés à la commission extraordinaire de l'assemblée législative, sans y avoir des querelles très-vives avec la plupart des membres qui la composaient (et l'on sait qu'à l'exception de trois ou quatre membres tous les autres étaient de la faction) ; que, dès le 12 août, Brissot, l'un d'eux, les traitait de dictateurs, d'hommes de sang ; qu'il leur reprochait avec aigreur que leurs pouvoirs avaient déjà trop duré, et que, s'ils ne se hâtaient de les déposer, on verrait qui, du corps législatif ou de la Commune de Paris, l'emporterait. Je fus si indigné d'une conduite qui démasquait si bien la rage que la faction avait de voir ses projets de bienveillance pour la cour prêts à échouer, que je quittai brusquement la commission, et je fus à la barre de l'assemblée me plaindre, et déclarer, au nom de mes collègues, que nous nous regarderions comme des lâches, si nous abandonnions, avant que la liberté fût établie, le poste périlleux auquel la confiance publique nous avait placés ; mais aussi que, si nous restions un quart d'heure après que le peuple serait sauvé, nous appellerions contre nous les poignards de tous les bons citoyens.

Voyant toutes les difficultés qui s'élevaient dans la commission extraordinaire sur la question de la déchéance, et que ceux qui y favorisaient cette opinion ne le faisaient que parce qu'ils espéraient que cette question entraînerait des discussions interminables, nécessiterait un jugement et conséquemment une instruction, et que pendant ce temps la cour conserverait tous ses moyens de nuire et de corrompre ; j'insistai de toutes mes forces pour que l'on prononçât sur-le-champ la suspension du pouvoir royal, le séquestre de la liste civile, la formation d'un conseil exécutif provisoire et la convocation d'une Convention nationale : et alors enfin la commission, n'ayant plus de moyens d'évasion, fut obligée d'acquiescer à ces quatre propositions.

Cinquième fait. (Le déposant parle des intrigues pratiquées par la faction pour faire nommer, eux ou leurs affidés à la Convention nationale ; il cite une lettre écrite par Brissot au corps électoral de Beaugency, pour faire nommer M. Louvet.)

Sixième fait. Ce sont les relations qui existaient entre les lâches qui m'avaient assassiné à Orléans, et la faction ; je cite pour preuve le rapport infâme que Noël, accusé contumace, avait présenté à cette occasion à la Convention nationale, au nom du comité de législation qui alors, ainsi que les autres comités, était rempli par les conspirateurs ; Buzot entre autres était de ce comité, Rabaut, etc. ; je cite encore la conduite des quatre commissaires envoyés par la faction dans le Loiret : Lesage, Mariette, Dumont et Beaupréau, qui, au lieu de s'occuper de leurs missions, ont fait essuyer mille vexations aux patriotes, ont fait emprisonner nommément, et comme par prédilection, trois d'entre eux, et précisément ceux qui avaient été assassinés avec moi à Orléans, et qui avaient le plus contribué à faire reconnaître les coupables. Je dépose deux lettres à l'appui de ce fait.

Septième fait. Quelques jours avant le 31 mai, le jour où l'on avait annoncé une députation de citoyennes, instruit qu'il avait été remis une garde extraordinaire autour de la Convention, je proposai à Chasles, mon collègue, de vérifier ce fait par nous-mêmes ; étant sortis de la salle, nous eûmes à traverser une haie d'hommes armés, qui occupaient tout le terrain depuis la porte intérieure de la salle jusqu'aux cours ; nous entendîmes des menaces de la part de ces satellites. Parvenus dans la cour, nous en vîmes trois rangs, et, en passant au milieu, nous fûmes insultés de la manière la plus grave ; alors je dis à mon collègue : Arrêtons-nous, et sachons enfin ce que tout cela signifie. Nous étions occupés à faire appeler le commandant de cette troupe composée d'hommes choisis dans la Butte-des-Moulins, le Mail et les Champs-Elysées, sections alors entièrement livrées à la faction, lorsque Pache vint à passer ; nous nous réunîmes à lui pour savoir par quels ordres on avait osé violer l'enceinte intérieure de la Convention ; nous apprîmes de Raffet, commandant, que c'était de l'ordre de la commission des Douze. Nous nous y transportâmes sur-le-champ ; y étant étant rentrés, Pache fut maltraité de paroles par Lidon ; il survint à ce sujet une querelle très-vive entre cet insolent factieux et plusieurs de nous. Rabaut survint : après beaucoup de tergiversations, Rabaut fut enfin forcé de convenir que c'était lui et ses complices qui avaient appelé cette force, et qui avaient indiqué les sections dans lesquelles il fallait la choisir. Je fis alors les reproches les plus vifs à Rabaut : je le traitai de conspirateur, j'enjoignis de dissiper sur-le-champ cet attroupement d'assassins. Au milieu de la dispute survint Vigée, qui promit que la commission allait faire ce que nous désirions. Etant retourné à l'assemblée pour dénoncer ce fait, et demander le décret d'accusation contre ceux qui avaient osé, au mépris d'une loi positive, envelopper la Convention d'une force armée, j'appris que pendant mon absence Raffet avait été mandé à la barre et avait même reçu les honneurs de la séance.

Le déposant finit par faire un rapprochement de différens faits connus, avec les événemens du 2 septembre, du 20 juin et du 10 mars ; il prouve que c'est la faction qui avait elle-même provoqué ces mouvemens irréguliers, afin d'avoir des prétextes pour calomnier le peuple.

L'accusé Brissot. La proposition de renouveler la Commune de Paris fut faite à l'assemblée par Gensonné.

Léonard Bourdon m'a reproché d'avoir intrigué pour faire nommer Louvet à la Convention nationale. Il est vrai que j'ai désigné Louvet au citoyen Lepage, président du club électoral du département du Loiret; mais mon intention n'avait pas été que cette lettre fût lue à l'assemblée électorale.

Le président. Brissot, de concert avec Louvet, Gorsas et son collègue Girey-Dupré, n'a cessé de diffamer les patriotes dans l'opinion publique, par les journaux que ces hommes dirigeaient.

L'accusé Brissot. Je n'ai jamais diffamé personne.

L'accusateur public. Pour prouver la vérité de ce que vient d'avancer l'accusé, je vais lui lire un article de son journal. Le voici:

« Le discours de Robespierre n'a point trompé l'attente de ceux qui sont familiarisés depuis longtemps avec sa tactique de tribune. Robespierre ne veut que des applaudissemens; il doit donc toujours flagorner le peuple (des tribunes). Robespierre a peur; il aura donc toujours devant les yeux des poignards. Robespierre craint la raison; il parlera donc toujours aux passions. Il est profond en perversité; il parlera donc toujours de la profonde perversité des autres. Il ne cesse de calomnier ses ennemis; il déclamera donc éternellement contre la calomnie. Prenez au hasard un discours de Robespierre, vous y verrez toujours ce langage, cette marche. Le discours qu'il a prononcé aujourd'hui en offre un nouvel échantillon.

« Les discours prononcés par Salles et Buzot avaient trop fortement ébranlé les esprits, pour que Robespierre ne s'attachât pas à détruire cette conviction naissante; mais il s'est bien gardé de discuter, la logique à la main; il a eu recours aux insinuations, à la calomnie d'intention, à l'exagération des conséquences. Aussi il a fait entendre que ce renvoi aux assemblées primaires de la question de la peine à infliger au ci-devant roi était un plan désastreux, combiné par des intrigans pour bouleverser la République, pour occasionner la guerre civile, faciliter l'entrée de la République aux rois étrangers, et transiger ensuite aux dépens du bon, du pauvre peuple... Demandez à Robespierre ses preuves; il vous répondra : Je ne prouve rien, je dénonce; ai-je prouvé à la Commune, quand je dénonçais mes adversaires à la bonne volonté de mes satellites?...

» Il voyait ce plan écrit dans l'ignorance des assemblées primaires; les bavards, les intrigans y domineraient infailliblement.... Certes, l'histoire du corps électoral de Paris pourrait venir à son appui; mais ce serait offenser les départemens que de les juger d'après ce modèle.

» La plupart des motifs donnés par Robespierre contre le renvoi au peuple, sont tous à peu près de cette force; mais il les a entremêlés de diatribes contre ses adversaires, d'insinuations plus dangereuses que la calomnie, d'éternels appels au peuple des tribunes, de figures de rhétorique sur les dangers qu'il courait, de jérémiades sur les persécutions éprouvées par ce qu'il appelle les patriotes, et qui ne sont que les anarchistes...

» Tel est à peu près le caractère de cette pièce, qui paraissait assez bien combinée pour enflammer les tribunes. Mais le petit projet d'inflammation a été dérangé par le décret qui a défendu les applaudissemens, et qui n'a été violé qu'une seule fois. »

L'accusateur public. Je vous demande, citoyens jurés, si c'est ainsi qu'écrit un homme qui ne s'est pas fait un système de diffamer les patriotes.

L'accusé Brissot. On ne peut me faire un crime de mon opinion.

L'accusateur public. Je réponds à l'accusé Brissot qu'en lisant le discours de Robespierre, qu'il a morcelé dans son journal, je n'ai point prétendu en tirer la preuve de l'existence de la conspiration, mais faire connaître aux citoyens jurés qu'il y avait un plan de formé pour diffamer les patriotes.

L'accusé Vigée. Je n'ai rien à répondre à la déposition de Bourdon, relativement à la commission des Douze, sinon que ce qu'il a dit est de la plus exacte vérité.

Le président. Je demande aux accusés qui étaient membres de la commission des Douze s'ils ont concouru à l'ordre donné à la force armée par cette commission pour entourer la Convention nationale.

Les accusés Vigée, Boyer-Fonfrède, Gardien et Boileau répondent qu'ils n'ont point concouru à cet ordre.

Le président. Si les accusés n'ont point donné cet ordre, au moins en ont-ils eu connaissance. Ils ont dû savoir qu'il était contraire aux lois, et que par conséquent il n'avait pu être donné que par des malveillans. Si les accusés avaient été aussi patriotes qu'ils veulent le faire croire, ils auraient, dès ce moment, donné leur démission de membres d'une commission qui violait ouvertement les lois.

L'accusé Vigée. Je dois faire une déclaration; c'est que Rabaud, secrétaire, fit arrêter par le comité que ses délibérations seraient signées de tous les membres, afin qu'aucun en particulier ne fût compromis.

L'accusateur public. Cette déclaration fait connaître la composition et les projets de ce comité.

Hébert. Pendant le long espace que je restai à la commission des Douze, je remarquai la manière dont elle délibérait. Les membres se divisaient en sections, parce que le nombre des proscrits était considérable. On me fit passer dans une autre salle pour interroger Varlet, qui avait été mutilé par les agens de la faction. Mais quand il fut question de prononcer sur mon sort, tout le comité s'assembla, et sans doute ils participèrent tous à l'arrêté qui me renvoya à l'Abbaye.

Brissot et Gorsas écrivirent dans leurs feuilles que j'avais été arrêté pour avoir formé un complot contre la Convention nationale. Cependant, citoyens jurés, je n'avais usé que de la liberté de la presse.

Léonard Bourdon dépose entre les mains du président du tribunal une lettre que lui a écrite l'accusé Boileau.

Le greffier en fait lecture.

Par cette lettre, l'accusé Boileau prie Léonard Bourdon d'être son défenseur. Il avoue qu'au milieu des accusations que se lançaient les deux partis, il a été un moment dans l'erreur; mais à présent que le bandeau est tombé de ses yeux, et qu'il sait où siége la vérité, il déclare qu'il est montagnard. Il est clair à mes yeux, dit-il, qu'il a existé une conspiration contre l'unité de la République, comme il est clair que les jacobins ont toujours servi la République. Pour finir, je reconnais que tant que le côté droit aurait été en force, il aurait paralysé les mesures les plus vigoureuses. Je déclare n'avoir jamais été chez Valazé, quoiqu'il m'en ait beaucoup invité.

L'accusé Boileau reconnaît la lettre dont on vient de faire lecture pour être celle qu'il a écrite à Léonard Bourdon.

Le président. Je demande à Valazé s'il a engagé Boileau à se rendre chez lui.

L'accusé Valazé. Oui.

Le président. Nommez, Boileau, ceux d'entre les accusés que vous avez entendu désigner dans votre lettre au citoyen Léonard Bourdon, comme des conspirateurs.

L'accusé Boileau. Je n'ai entendu accuser personne; j'ai cherché la vérité, je l'ai trouvée parmi les jacobins, et je suis maintenant jacobin. La trahison des Toulonnais m'a fait voir qu'il y avait des coupables; mais je ne puis les désigner; j'attends pour les connaître le jugement du tribunal.

L'accusateur public. Il résulte de la lettre de Boileau qu'il a la conviction intime qu'il a existé une conspiration contre l'unité de la République; il en résulte encore que, flottant entre les partis, et ne pouvant distinguer les vrais patriotes, il a cru que la commission des Douze pouvait les lui faire reconnaître. J'observe à Boileau que si ce qu'il dit est vrai, il a dû être détrompé sur le compte de la commission des Douze dès les premiers jours de son établissement; l'arrestation arbitraire d'un magistrat du peuple, les insultes faites par Rabaut au maire de Paris, et en sa personne au peuple entier de cette ville, et les déclarations faites à ce comité par le perruquier de Buzot et un ancien garde du corps, suffisaient pour lui faire voir que l'aristocratie dirigeait les opérations de cette commission, qui avait juré la perte de la République. Je lui demande quels sont les motifs qui l'ont engagé à garder le silence, lorsqu'il aurait dû dénoncer ces vexations à la Convention nationale.

L'accusé Boileau. Quant à Hébert, je ne me rappelle pas d'avoir signé le mandat d'arrêt.

Le président. Il est précieux qu'un homme traduit devant la loi comme conspirateur dise qu'il est persuadé qu'il a existé une conspiration contre l'unité de la République.

L'accusé Boileau. Il est vrai que je n'ai pas toujours eu cette persuasion; mais la vérité m'arrache l'aveu que je viens de faire; je ne sais rien que ce que je viens de dire.

Le président. Il est étonnant que Boileau soit si ignorant sur les événemens provoqués par le côté droit de la Convention, quand il entendait traiter journellement les défenseurs du peuple de buveurs de sang, tandis que Lepelletier et Marat, qui siégeaient parmi eux, ont été assassinés?

L'accusé Boileau. Certes, si j'avais su que le côté droit eût coopéré à l'assassinat de Lepelletier, je l'aurais abhorré.

Le président. Boileau dit qu'il n'a pas vu que Lepelletier fût assassiné par l'influence du côté droit; mais il ne disconviendra pas au moins que le monstre qui a tranché les jours de Marat ne fût venu par le côté droit.

L'accusé Boileau. C'est peut-être cet événement qui m'a éclairé.

Le président. Je demande à Vigée s'il n'est pas convaincu qu'il a existé une conspiration contre la République.

L'accusé Vigée. Je n'ai jamais cru qu'il existât une conspiration contre la République.

Le président. A quelle époque êtes-vous parti pour la Vendée?

L'accusé Vigée. Au mois de février dernier.

Le président. N'étiez-vous pas auparavant procureur-syndic du district d'Angers?

L'accusé Vigée. Oui ; mais je donnai ma démission au mois de mai 1791.

Le président. N'est-il pas plutôt vrai que vous fûtes obligé de donner votre démission à cause de votre incivisme?

L'accusé Vigée. Non.

L'accusé du Chastel. L'accusateur public a dit que j'avais envoyé, de concert avec Pétion et autres, Charlotte Corday, pour assassiner Marat ; à l'époque où j'ai vu Pétion dans le Calvados Marat n'était plus, et je n'ai point conspiré contre l'unité de la République.

Le président. Comment l'accusé fera-t-il croire qu'il n'a point conspiré, quand il est constant qu'il était lié avec Pétion?

L'accusé du Chastel. Je n'ai été dans le Calvados que le 2 juillet ; et à cette époque, plusieurs départemens s'étaient déjà révoltés.

Le président. Avez-vous vu à Caen Pétion, Buzot et Barbaroux?

L'accusé du Chastel. Oui.

Le président. N'êtes-vous pas arrivé à Caen à la tête de la force départementale qu'envoyait contre Paris le département d'Ille-et-Vilaine?

L'accusé du Chastel. Quand je suis arrivé, j'étais seul.

Le président. Ne vous rendîtes-vous pas à Caen, afin de renforcer les conspirateurs qui y étaient et qui soulevaient les départemens contre la Convention nationale?

L'accusé du Chastel. Si j'avais su cela, je ne m'y serais pas rendu.

Le président. Quels étaient les passagers qui étaient avec vous dans le bâtiment sur lequel vous avez été arrêté?

L'accusé du Chastel. Ils avaient des noms différens des leur l'un s'appelait *Mérin*, l'autre *Dubois*, etc., etc.

Le président. N'est-ce pas vous qui en bonnet de nuit êtes venu voter contre la mort du tyran?

L'accusé du Chastel. Comme je n'ai à rougir d'aucune de mes actions, je déclare que c'est moi.

On entend un autre témoin.

André Sandos, officier de paix, dépose avoir été chargé de conduire au Luxembourg Valazé, l'un des accusés, et que celui-ci, d'un air courroucé et furieux, prononça ces mots : *Je suis forcé d'obéir à la loi; mais f.... j'aurai des vengeurs.*

Le citoyen Arbaletier, aussi juge de paix, fait la même déclaration que le précédent témoin.

L'accusé Valazé. Je me souviens qu'un jour le déposant vint chez moi pour opérer ma translation au Luxembourg ; j'avoue que cette démarche de la part du témoin, qui n'aboutissait à rien, m'indisposa beaucoup, et je lui dis : Je considère votre démarche comme une vexation, et j'en tirerai, tôt ou tard, une vengeance éclatante.

On entend un autre témoin.

François Deffieux, négociant. Je déclare que huit mois après la révolution, Vergniaud, Gensonné, et généralement la députation de la Gironde, n'étaient pas patriotes. Mes affaires m'ayant appelé à Bordeaux, je profitai de mon séjour dans cette ville pour demander l'établissement d'un club de sans-culottes. Je fus tourné en ridicule par les accusés. Quelque temps après, ils singèrent le patriotisme et créèrent la société des Récollets. Vous connaissez, citoyens, tout le mal que cette société a fait à la République. Gensonné, devenu procureur de la commune de Bordeaux, persécuta le club national, et protégea le ci-devant duc de Duras.

Les accusés Ducos, Gensonné, Vergniaud, Fonfrède, interpellés de répondre sur ces premiers faits, récriminent diversement contre cette déposition ; le dernier vante les sacrifices qu'il a faits pour la révolution.

Le président à Fonfrède. Durant la révolution, n'êtes-vous pas allé en Hollande ?

L'accusé Fonfrède. Marié contre le vœu de mon père, je me suis retiré pendant quelque temps en Hollande.

Le président. N'avez-vous pas pris dans ce pays le titre de comte?

L'accusé Fonfrède. Non.

Deffieux. Vous vous rappelez, citoyens, avec quelle énergie j'ai dénoncé la faction. La ville de Bordeaux fit un don patriotique de cent mille francs ; elle l'envoya à Paris par les citoyens Marandon et Delpêche, membres de la société des Récollets; ils vinrent me trouver et me dirent : Vous avez quelque influence dans la société des Jacobins ; il faut que vous fassiez établir une commission secrète ; nous en avons une à Bordeaux, et par là nous saurons tout ce qui se passe, et nous ne dirons au peuple que ce que nous voudrons. Je leur dis : Vous êtes des coquins qui voulez donner des nouveaux fers au peuple. Je rapportai à Grangeneuve, qui alors n'était pas de la faction, la conversation qui venait d'avoir lieu entre Marandon et moi. Quelque temps après je me rendis à Bordeaux. J'avais l'intention de dénoncer la faction connue sous le nom de girondins et de brissotins. Je me proposais aussi de dévoiler les perfidies de Marandon. Eh bien ! citoyens, Fonfrède écrivit à Fulnerail qu'il fallait me jeter dans la rivière. Comme j'avais rendu des ervices, le peuple ne fit aucun mouvement.

Roland lança contre moi un mandat d'arrêt; j'étais alors à Montpellier. A mon retour à Paris je fis connaître les intrigues de Roland; enfin le mandat d'arrêt fut retiré. Cependant on chercha les moyens de me perdre. Dans un souper qui eut lieu chez madame Roland, Vergniaud promit de me faire décréter d'accusation. Effectivement, Vergniaud fabriqua un roman contre moi; mais je me présentai à la barre, je le démasquai, et je fis voir l'absurdité de ce dont il m'accusait, et le décret ne passa pas. Cependant Roland substitua dans les papiers trouvés dans l'armoire de fer, à une lettre de Gensonné à Vergniaud, une autre lettre qui n'était adressée à personne, et dont on a prétendu que j'étais l'auteur, afin de me perdre.

L'accusé Vergniaud. Deffieux a dit que Roland avait ôté la lettre que j'avais écrite à Boze, pour y substituer celle qu'il vient de citer. Citoyens, si nous avions voulu perdre quelqu'un, ce n'aurait pas été Deffieux, qui n'était pas d'une assez grande importance, mais bien Danton et Robespierre; ainsi, si Roland avait substitué des papiers dans l'armoire de fer, ce n'aurait point été une lettre qui inculpait Deffieux, mais des pièces qui auraient pu perdre ces deux représentans du peuple.

Deffieux. La députation de la Gironde arrivée à Paris, je me défiai des hommes qui la composaient; je les ai observés, et j'ai vu qu'avant la journée du 10 août, lorsqu'on dénonçait aux Jacobins les généraux et les ministres, ils en prenaient la défense.

Gensonné et Brissot firent un discours pour prouver l'existence du comité autrichien; nous leur dîmes : Oui, ce comité existe; mais pour l'anéantir il faut détruire le château. Quand Vergniaud vit que nous voulions couper le mal dans sa racine, il nous dit : Ne vous attendez pas que le comité propose la déchéance. Brissot le dit aussi : cela nous fit voir qu'ils étaient des royalistes.

Vous connaissez, citoyens jurés, tous les moyens qu'employaient les accusés pour calomnier Pache, alors ministre de la guerre, qui n'était pas de la faction de Roland. Ils firent dire par tous les généraux que ce ministre vertueux les laissait manquer de tout. J'étais alors à Toulouse, où je fus à portée de connaître toutes les manœuvres qu'employait la faction pour discréditer Pache. Je vins à Paris pour la dénoncer; je reçus à mon arrivée une lettre du commissaire-ordonnateur Yon, dans laquelle il me disait que Servan, qu'il avait cru jusqu'alors son ami, se disposait à dénoncer Pache, d'après l'invitation qu'il en avait reçue de Brissot. Servan vint ensuite à Paris, où il vit très-souvent Brissot.

L'accusé Brissot. Il est vrai que dans ses lettres Servan disait beaucoup de mal de Pache, mais ce n'est pas une conspiration.

Deffieux a dit que Servan, de retour à Paris, vint chez moi, et que j'eus avec lui de longues conférences. Citoyens, Servan vint un jour chez moi, mais il me dit en sortant : Mon ami, quand on vient chez vous on risque d'être pendu. Et je ne l'ai point revu depuis.

Deffieux. Beurnonville remplaça Pache. Les patriotes le crurent un moment brouillé avec Dumourier; c'est ce qui les détermina à le porter au ministère. Mais ils furent bientôt détrompés, et ils le dénoncèrent. Ce fut la faction qui le soutint. Certes, soutenir Beurnonville, quand les patriotes, quand tous les faits l'accusaient, c'est être criminel de lèse-nation.

Je reproche encore à Brissot d'avoir proposé sept guerres dans une semaine. Robespierre et Danton étaient fortement opposés à Brissot, mais l'influence de la faction l'a emporté, et nous a entraînés dans la guerre que nous éprouvons.

J'écrivis au club des Récollets pour dénoncer la faction, ainsi que la commission des Douze, qui a fait beaucoup de mal, et qui se promettait d'en faire davantage. Fonfrède écrivait, tous les courriers, à un nommé *Clignac*. C'était lui qui dirigeait les opérations de cette société, qui a égaré l'opinion publique sur la journée du 31 mai, et qui a écrit à Huningue pour retirer de l'armée nos bataillons et les faire marcher sur Paris. Lyon ne se fût pas insurgé s'il n'avait pas été soutenu par la commission des Douze et par le club des Récollets de Bordeaux.

On faisait imprimer les lettres de Fonfrède avant la distribution des papiers, et c'était par ces lettres mensongères, dans lesquelles l'auteur disait : Ne croyez pas ce que vous dira tel ou tel papier (les papiers patriotes), car ils sont vendus à la faction, qu'on apprenait ce qui se passait à Paris. Ce fut le testament de Gensonné qui détermina l'établissement de la commission populaire à Bordeaux. Vergniaud, après son arrestation, a envoyé des écrits à Bordeaux, et ce sont ces écrits qui ont déterminé les habitans de cette ville à marcher sur Paris.

L'accusé Fonfrède. Il est vrai que j'ai écrit plusieurs lettres à Clignac; mais je ne lui ai jamais dit de ne pas croire aux bonnes nouvelles.

L'accusé Vergniaud. Depuis mon arrestation, j'ai écrit plusieurs fois à Bordeaux; dire que dans ces lettres je fis l'éloge de la journée du 31 mai, ce serait une lâcheté ; et pour sauver ma vie, je n'en ferai point. Je n'ai pas voulu soulever mon pays en ma faveur ; j'ai fait le sacrifice de ma personne.

Deffieux. N'ayant pu maintenir le tyran sur le trône, la faction a voulu le sauver par l'appel au peuple. Quand sa tête fut tombée, elle voulut fédéraliser la République.

J'oubliais un fait qui a eu lieu pendant le procès du ci-devant roi. Soullès, qui connaît Vergniaud, fit une pièce intitulée : *La Révolution de Syracuse*, dans laquelle on condamnait un tyran après avoir rejeté l'appel au peuple ; mais au moment de l'exécution, le peuple demandait la grâce du coupable et l'obtenait. La représentation de cette pièce a été interdite à Paris ; mais Soullès fut envoyé par la faction à Bordeaux pour la faire jouer.

Depuis la révolution du 31 mai, plusieurs émissaires de Bordeaux sont venus à Paris pour se concerter avec les accusés sur les mesures qu'il convenait de prendre dans les circonstances.

Le système de fédéraliser la République était si bien établi que Vergniaud, quelques jours avant la journée du 31 mai, dit à la tribune de la Convention nationale : On parle de nous mettre en état d'arrestation, mais je déclare que la ville qui se permettra cette violation de tous les droits n'aura plus de communication avec notre département.

La nomination de Polverel et de Santonax est l'ouvrage de Brissot et de Vergniaud qui ont forcé la main au ministre Monge ; c'est Fonfrède qui a fait nommer Delpêche secrétaire de cette commission ; ainsi je les accuse des troubles de Saint-Domingue, et de tout le mal que ces commissaires civils ont fait à nos colonies.

L'accusé Brissot. C'est le ministre Lacoste qui a nommé Polverel.

Deffieux. C'est Raimond, l'homme de couleur, et Brissot, qui ont fait nommer Santonax.

Un autre témoin est entendu.

Pierre-Joseph Duhem, médecin et député à la Convention nationale. J'ai quelques faits particuliers à ajouter à l'acte d'accusation. Premier fait. Le 5 septembre 1792, j'étais à dîner chez Pétion ; Brissot, Gensonné et plusieurs autres députés s'y trouvèrent aussi. Vers la fin du dîner, les deux battans s'ouvrirent, et je fus fort étonné de voir entrer quinze coupe-têtes, les mains dégouttantes de sang ; ils venaient demander les ordres du maire sur quatre-vingts prisonniers qui restaient encore à massacrer à la Force. Pétion les fit boire, et les congédia en leur disant de faire tout pour le mieux.

Deuxième fait. Après la conquête de la Belgique, Dumourier vint à Paris pour y arrêter le plan de la campagne prochaine ; je me trouvai à la séance d'un comité où étaient Kersaint, Guadet et Ducos. Il était question de déclarer la guerre à la Hollande ; je fis des objections ; je dis qu'il fallait d'abord fortifier nos armées. Guadet me répondit : *Ce n'est pas fortifier les armées qu'il faut faire ; il faut tuer tous les scélérats de l'intérieur*, en me désignant, ainsi que plusieurs autres patriotes qui se trouvaient au comité.

Troisième fait. Il vint un jour chez moi un particulier qui me parut être un aristocrate ; il était porteur d'un billet signé *Gensonné*, *Ducos* et *Fonfrède*. Cet individu me demanda ma protection pour un achat de grains qu'il devait faire à Dunkerque ; je le reçus fort mal ; cependant je ne le fis pas arrêter. Ducos et Fonfrède, à qui j'en parlai, m'avouèrent qu'ils avaient signé ce billet, mais que cette personne avait une attestation de la commune de Bordeaux, et que les grains qu'elle allait acheter à Dunkerque étaient pour l'approvisionnement de cette ville. Ce fait prouve que la faction avait aussi le projet d'affamer la République, et surtout nos armées, en retirant des frontières les grains qui s'y trouvaient.

L'accusé Fonfrède. Ces grains étaient pour Bordeaux.

Duhem. Les comités de défense et de sûreté générale étaient un jour réunis ; plus de cent membres de la Convention assistèrent à cette séance. Le ministre Lebrun vint proposer l'arrestation de trente-neuf conspirateurs, parmi lesquels se trouvaient Dumourier et les enfans du ci-devant duc d'Orléans ; je demandai qu'on ajoutât à cette liste le nom de Roland. A cette proposition la faction ne put retenir son indignation, et Lasource, tirant deux pistolets de sa poche, et les posant sur la table, dit, en me menaçant, que ce mandat d'arrêt ne passerait point ; on se borna donc à expédier des mandats d'arrêt contre les trente-neuf individus désignés par Lebrun ; mais quand il fut question de les signer, Lasource, qui était alors membre du comité de sûreté générale, et d'autres membres, avaient disparu. Ce fait prouve combien la faction avait peur qu'on brisât l'idole qu'elle avait élevée, et devant laquelle il fallait fléchir le genou.

L'accusateur public. Voici une lettre qui prouve que Roland et sa femme étaient les principaux chefs de la faction, et que Duperret était le point central de leur correspondance. La lettre est datée de la prison de Sainte-Pélagie ; elle est adressée à Duperret. En voici l'extrait :

Après avoir fait à Duperret des complimens sur son énergie et sur son patriotisme, la femme de Roland s'exprime ainsi :
« Si toute communication n'est pas encore interrompue avec nos amis (les députés conspirateurs réfugiés à Caen), dites-leur que leurs peines sont les seules que j'éprouve. Ce peuple aveugle laissera donc périr ses meilleurs amis ! Ce pauvre Brissot vient d'être décrété d'accusation ; est-il arrivé ? Mais que me sert de vous faire cette question ? vous ne pouvez me répondre. Adieu, vous ferez bien de brûler ma lettre. Signé *Roland*, née *Philippon*. »

L'accusé Duperret. J'avoue avoir reçu cette lettre ; mais j'ignore quelles étaient les liaisons de Brissot avec Roland.

On fait lecture de la lettre suivante :

Réponse de Duperret à la lettre de la femme Roland.

« Je me suis intrigué depuis votre arrestation pour vous faire rendre la liberté ; mais les tyrans qui vous retiennent en prison ont toujours mis des obstacles au succès de mes démarches. Comptez sur ma persévérance. J'ai reçu deux lettres de Barbaroux et de Buzot, mais je ne sais comment vous les faire parvenir, attendu qu'elles sont maintenant entre les mains de Pétion. J'avertirai aujourd'hui ces citoyens des moyens que j'ai de recevoir leur correspondance d'une manière assurée; je ne reçois pas une lettre d'eux qui ne parle de vous avec le témoignage du plus grand respect.

» Quant à moi, vertueuse concitoyenne, j'ai l'ame déchirée sur vos malheurs; mais la France va se lever tout entière, et je vois déjà les couronnes civiques ceindre votre front et celui de votre auguste époux. Vous êtes plus heureuse dans votre prison que ne le sont sur leur siége de sang les tyrans qui vous persécutent. La majeure partie des départemens s'est prononcée; on prend les plus grandes mesures pour faire cesser le règne de l'anarchie; vingt-deux de nos collègues proscrits sont réunis à Caen, et y travaillent nuit et jour pour éclairer l'opinion publique, et faire réussir ce *vaste plan*. Signé *Duperret*. »

L'accusateur public. Vous voyez, citoyens jurés, qu'une partie de la faction préparait à Caen une insurrection contre la représentation nationale, tandis que l'autre partie était restée à Paris pour seconder et faire réussir leurs infâmes projets.

L'accusé Duperret. C'est Barbaroux qui m'écrivait qu'on prenait ces mesures à Caen.

L'accusateur public fait lecture d'une autre lettre trouvée dans les papiers de l'accusé Duperret. L'auteur provoque, de la part des Marseillais, l'envoi d'une force départementale à Paris, pour protéger la *partie saine* de la Convention nationale, et sa translation à Bourges.

L'accusé Duperret. Cette lettre a été laissée chez moi, avec beaucoup d'autres papiers, par les trente-deux députés de Marseille qui sont venus à Paris.

Le président. Je demande aux accusés qui étaient membres de la commission des Douze, si Rabaut de Saint-Étienne leur avait communiqué le rapport qu'il devait faire au nom de cette commission.

L'accusé Vigée. Rabaut s'est retiré à l'hôtel Jean-Jacques

Rousseau pour faire ce rapport, et c'est de là qu'il est parti avec Bergoing.

Les accusés Gardien, Boileau et Fonfrède déclarent que ce rapport ne leur a point été communiqué.

Le président. Je demande à l'accusé Duperret s'il n'a point reçu, par la fille Corday, le discours de Bergoing et le rapport de Rabaut:

L'accusé Duperret. Charlotte Corday m'a remis un paquet dans lequel étaient renfermés plusieurs imprimés; peut-être les pièces que vient de citer le président s'y trouvent-elles.

Le président. Ces pièces vous seront remises, citoyens jurés; vous verrez quels sont les personnages qui figuraient dans ce fameux complot.

Voici une autre lettre qui a été écrite à Duperret, elle est datée d'Évreux. En voici l'extrait.

« Salles, Lesage, Larivière, et moi, nous allons en pèlerinage pour encourager les braves citoyens à marcher sur Paris. Dans ce moment-ci, Girey-Dupré arrive, etc. »

Duhem. J'ajouterai un fait à ma déposition : c'est que madame Roland m'a voulu accaparer pour la révolution départementale. Elle m'écrivit un jour d'aller dîner chez elle et d'y amener le plus de patriotes qu'il me serait possible. En me rendant à son invitation, je rencontrai Lesage-Sénault qui m'accompagna. Lanthenas et Louvet étaient chez Roland. La conversation s'engagea sur la Commune de Paris. Je démontrai à Roland que le conseil exécutif devait aller de front avec elle, et que la Convention nationale lui devait son existence. Louvet et Roland me dirent qu'il était impossible d'être d'accord avec cette Commune anarchique. On entra ensuite dans le cabinet de madame Roland, où il fut question de fédération ; ce qui me fit croire qu'on voulait m'accaparer comme député des départemens du Nord.

Séance du 9 brumaire.

L'accusateur public requiert la lecture de la loi sur l'accélération des jugemens criminels. Cette lecture est faite. Le tribunal ordonne la transcription de la loi sur ses registres.

Le président. Citoyens jurés, en vertu de la loi dont vous venez d'entendre lecture, je demande si votre conscience est suffisamment éclairée. — Les jurés se retirent pour délibérer.

Les jurés de retour, Antonelle déclare en leur nom que leur religion n'est pas suffisamment éclairée.

L'accusateur public fait lecture d'une lettre des représentans du peuple dans le département des Bouches-du-Rhône. Cette lettre accuse Duprat et Mainvielle de la révolte qui a éclaté à Marseille.

On fait lecture d'une autre lettre de Duprat à Sabin-Tournal. Dans cette lettre, Duprat apprend à Tournal que la Convention a décrété l'organisation du département de Vaucluse; que Rovère et Bazire étaient nommés pour aller dans ce département établir le pouvoir des Jacobins. Je m'étonne, dit-il, de ce que Rovère a accepté cette mission. Il pourra bien pénétrer dans Avignon, mais je doute qu'il en sorte. Cette lettre est ainsi terminée : « Je pars demain pour Versailles ; on pille ici, et l'on pillera jusqu'à ce que les départemens y mettent ordre. La révolution du 31 mai a relevé l'audace des factieux, mais d'ici à la fin de juillet la France sera sortie de cette crise actuelle. »

L'accusé Duprat. Cette lettre est de moi ; elle prouve que je n'étais pas le partisan de l'insurrection du 31 mai.

Citoyens, c'est moi qui ai fait la révolution de mon pays, et qui l'ai donnée à la France ; et certes si j'étais tombé entre les mains des Marseillais qui sont entrés à Avignon, ils m'auraient fait un mauvais parti.

Le président. Qu'avez-vous entendu dire par cette phrase de votre lettre, d'ici à la fin de juillet nous serons sortis de la crise actuelle?

L'accusé Duprat. J'ai entendu dire qu'à cette époque la France se serait expliquée sur cette révolution. Elle l'a fait, et j'approuve maintenant la journée du 31 mai.

Le président. Avez-vous été chez Valazé?

L'accusé Duprat. J'y ai été quatre ou cinq fois.

Le président. Quel a été le motif qui vous a déterminé à signer la protestation du 21 juin?

L'accusé Duprat. C'est que je n'approuvai pas la journée du 31 mai.

L'accusateur public fait lecture de cette protestation.

Le président. Qui est-ce qui vous a dit qu'on avait apporté des grils devant la Convention nationale pour faire chauffer les boulets?

L'accusé Duprat. Plusieurs des signataires.

Le président. Qui est-ce qui vous a dit que les pillages continueraient à Paris jusqu'à l'arrivée de la garde départementale?

L'accusé Duprat. Je l'ai cru.

L'accusateur public. Les accusés avaient une affectation de patriotisme qui ne suffit pas pour les justifier. Ils voulaient le fédéralisme, et c'est pour cela qu'ils sont traduits devant ce tribunal. Plusieurs départemens, où ils exerçaient la plus grande influence, ont en effet tenté de se fédéraliser, et une ville du Midi vient de proclamer Louis XVII pour roi.

L'accusé Duprat. Je ne puis résister à ce reproche de royalisme. Souvenez-vous, citoyens, qu'en 1790 ce fut moi qui chassai le tyran de mon pays.

Le président. Il est impossible de croire au patriotisme de Duprat, quand son frère, que tout le monde connaît pour un bon patriote, s'est prêté à le dénoncer comme mauvais citoyen.

L'accusé Duprat. Mon frère ne m'a pas dénoncé comme mauvais citoyen, il m'a reproché d'avoir reçu de l'or des intrigans; or ce fait était une indigne calomnie.

Le président. Il est constant que Mainvielle a été chez Duprat aîné pour l'assassiner par ordre de son frère.

L'accusé Mainvielle. En arrivant à Paris, j'ai lu une affiche de Duprat aîné, dans laquelle il accusait son frère d'avoir reçu de l'argent des aristocrates, et de l'avoir partagé avec moi. Je fus chez lui ; nous eûmes une altercation ensemble, et depuis nous nous sommes raccommodés.

L'accusateur public. Je vais faire lecture d'une lettre datée du 28 juillet, adressée à Barbaroux à Caen, qui établit la correspondance des accusés avec le fugitif. La voici :

« On a guillotiné aujourd'hui Sévestre ; demain il y aura une messe des morts pour les victimes de l'année dernière. On t'attend à Marseille. »

L'accusateur reprend. Il n'y a pas de doute que ceux qui étaient liés avec Rébecqui ne fussent instruits de ce qui se passait à Marseille.

Mainvielle, avez-vous connu Rébecqui ?

L'accusé Mainvielle. Je n'ai connu Rébecqui qu'au moment où il vint me délivrer des cachots d'Avignon.

Le président. Lacaze, avez-vous signé la protestation du 21 juin ?

Lacaze. Ce fut chez Lanjuinais que je signai la déclaration dont il est question.

Un juré. N'étant pas persuadé qu'on en voulait à la Convention nationale, pourquoi Lacaze a-t-il entretenu une correspondance contre-révolutionnaire avec son cousin Gaston Lacaze ?

L'accusé Lacaze. J'envoyais à mon cousin l'historique de la Convention nationale ; mais ma correspondance n'a jamais été contre-révolutionnaire.

L'accusateur public. Lacaze avait prononcé un discours dans le jugement du tyran. Ce discours était en entier contre la mort du ci-devant roi ; il l'envoya à son cousin Gaston. Voici la réponse que celui-ci lui fit : « J'ai lu votre opinion sur le jugement du ci-devant roi avec intérêt ; j'avoue qu'avant la lecture j'étais persuadé que la mort de cet homme devait assurer la liberté de la France; mais je suis maintenant de votre avis. » Vous voyez, citoyens jurés, par sa correspondance, comme Lacaze pervertissait l'opinion de son département.

L'accusé Lacaze. Je n'ai point voté la mort du tyran, parce que je croyais quelle ferait verser beaucoup de sang.

Le président. Je demande à Lesterp-Beauvais s'il n'a pas signé une protestation qu'il a envoyée à ses commettans du département de la Haute-Vienne.

Lesterp-Beauvais. Je l'ai signée.

L'accusateur public. Les auteurs de cette adresse peignent des horreurs qui n'ont jamais existé, afin d'égarer les départemens, et les forcer à marcher sur Paris, pour détruire l'unité de la République. Dans cette adresse, les autorités constituées de Paris sont outragées. On y appelle *honnêtes gens, honnêtes citoyens*, la partie gangrenée de la section des Champs-Élysées, qui avait jeté le cri de la guerre civile dans la Convention nationale.

Lesterp-Beauvais. Je ne suis ni l'auteur ni l'écrivain de cette lettre, je la signai de confiance, et l'assemblée, dans le temps, se borna à notre égard à une mesure de sûreté générale.

Le président. L'accusé a dit qu'il avait toujours correspondu avec les patriotes de son département; vous allez en juger par la lettre dont je vais vous faire lecture, qui lui était adressée par un particulier de Magnac. La voici : « *J'ai proposé à la société populaire de cette ville l'adresse contre Marat; elle a refusé de la souscrire; je la représentai de nouveau.* » Vous voyez, citoyens jurés, qu'on mendiait de toutes parts des pétitions pour perdre cet ami du peuple.

L'accusé Beauvais. Par qui est signée cette lettre?

Le président. J'observe qu'en général ces sortes de lettres ne sont pas signées, celle-ci est souscrite d'un A et d'un F.

L'accusé Beauvais. Cela veut dire *Amable Frichon*. Je ne sais pas ce qu'il a voulu dire; car je n'ai jamais proposé l'adresse dont il est question dans la lettre.

Le greffier fait lecture d'une autre lettre adressée à Lesterp-

Beauvais. Marat est peint dans cette lettre comme un buveur de sang, dont il fallait se défaire.

L'accusé Beauvais. Je ne connais pas la lettre dont on vient de faire lecture.

Le président. Avez-vous eu une correspondance dans la ville de Niort?

L'accusé Beauvais. J'en avais une avec Amable Frichon.

Le président. Ce correspondant ne vous avait-il pas donné le conseil de suivre l'exemple de Kersaint?

L'accusé Beauvais. Je ne m'en rappelle pas.

On fait lecture d'une lettre de Niort, écrite à Beauvais par Amable Frichon. Dans cette lettre, Frichon engage Beauvais à suivre l'exemple de Manuel et Kersaint, afin de se soustraire au poignard des assassins.

L'accusateur public. Comment a-t-on pu représenter le peuple de Paris comme un peuple de brigands et d'assassins, après l'avoir vu, le 2 juin, dans toute sa majesté.

L'accusé Beauvais. Je n'ai jamais dit que le peuple de Paris fût un peuple d'assassins. Quant à la lettre qu'on vient de lire, le jeune homme qui en est l'auteur l'a écrite d'après les papiers publics. Suis-je responsable de l'infidélité de ces papiers?

L'accusateur public. Quelles étaient vos relations avec Lessac?

L'accusé Beauvais. Je n'en ai eu aucune.

On lit une lettre souscrite de Lessac, adressée à Lesterp-Beauvais. L'auteur de cette lettre annonce à Beauvais qu'il a passé à Magnac un apôtre de la liberté, qu'il soupçonnait d'être maratiste; il n'a pas fait connaître son opinion; il a agi avec prudence, car il aurait pu ne pas sortir de cette ville.

L'accusateur public. Vous voyez, citoyens jurés, que les apôtres de la liberté étaient appelés *maratistes* par les partisans de la faction, afin d'empêcher le bien qu'ils pouvaient faire.

L'accusé Beauvais. L'auteur de cette lettre est un jeune homme de dix-neuf ans.

Le président. Avez-vous assisté aux conciliabules de Valazé?

L'accusé Beauvais. Non.

Le président. Quelle a été votre opinion dans le procès du ci-devant roi.

L'accusé Beauvais. La mort et non l'appel.

Le président. Antiboul, avez-vous été chez Valazé ?

L'accusé Antiboul. Non.

Le président. Avez-vous voté la mort du tyran ?

L'accusé Antiboul. J'ai voté contre l'appel au peuple, et pour la détention.

Le président. N'avez-vous pas été condamné pour avoir entretenu une correspondance dans le département du Gard ou dans les contrées voisines ?

L'accusé Antiboul. Je n'ai écrit qu'à mes parens.

Le président. N'étiez-vous pas lié avec Rébecqui et Barbaroux ?

L'accusé Antiboul. Très-peu.

Le président. N'est-ce pas par suite de cette intimité que vous avez habité la partie de la Convention connue sous le nom de Marais ?

L'accusé Antiboul. En arrivant à la Convention, je me suis placé à la Montagne; mais n'entendant pas assez distinctement l'orateur, je me suis rapproché de la tribune.

Le président. Quelle a été votre opinion dans le décret d'accusation contre Marat ?

L'accusé Antiboul. J'ai voté contre.

Le président. N'avez-vous pas été signer la protestation du 21 juin ?

L'accusé Antiboul. Non.

Le président. Lehardy, quelle a été votre opinion dans le décret d'accusation contre Marat ?

L'accusé Lehardy. J'ai voté pour le décret.

Le président. N'avez-vous pas, dans ces séances tumultueuses et scandaleuses pour la République, qui était l'ouvrage de la faction, montré le poing à la Montagne ?

L'accusé Lehardy. Je ne m'en rappelle pas,

Le président. Depuis l'instant de votre arrivée à la Convention nationale, n'avez-vous pas annoncé une conduite contre-révolutionnaire, soit en mouvement, soit en gestes, soit en intrigues ?

L'accusé Lehardy. Non.

Le président. Quel a été votre vœu dans le jugement de Capet?

L'accusé Lehardy. J'ai voté pour sa détention ; mais je ne crois pas être traduit ici pour mes opinions.

Le président. Vous n'êtes pas traduit ici pour vos opinions ; mais comme elles sont le résultat des conciliabules qui se tenaient chez Valazé, et auxquels vous assistiez, il est bon de les faire connaître. N'avez-vous pas eu des liaisons particulières avec Barbaroux, Pétion et Brissot?

L'accusé Lehardy. Je ne connaissais mes collègues qui sont ici avec moi que par leurs talens ; et je déclare qu'ils ont toute mon estime, parce que je crois qu'ils la méritent.

Le président. Ne vous placiez-vous pas dans la Convention nationale du même côté de Barbaroux, de Buzot, etc. ?

L'accusé Lehardy. Dans l'ancienne salle, j'étais du côté gauche; dans la nouvelle, j'étais en face du président.

L'accusateur public. L'observation qu'a faite l'accusé, qu'il ne croyait pas être traduit ici pour ses opinions, me force de dire aux jurés que s'il était question d'un délit précis, je n'appuierais pas sur cet objet ; mais comme il s'agit d'une conspiration contre l'état, on doit la faire connaître par la coalition des accusés ; et cette coalition ne peut être établie que par l'identité de leurs opinions ; résultat naturel du plan qu'ils avaient arrêté dans les conciliabules tenus chez Valazé.

L'accusé Lehardy. Les pièces que mon défenseur a dans les mains prouveront que, depuis 1788, j'ai combattu les aristocrates qui me donnaient du pain. Si j'ai voté pour l'appel au peuple, c'est que je croyais son jugement plus infaillible que le nôtre.

Le président. Je demande à l'accusé si, relativement à la pièce de l'*Ami des lois*, il n'a pas voulu investir l'assemblée de la police de Paris?

L'accusé Lehardy. Non.

Le président. Fauchet, avez-vous écrit une lettre pastorale en qualité d'évêque du Calvados?

L'accusé Fauchet. Oui.

Le président. A quelle époque?

L'accusé Fauchet. Je ne m'en rappelle pas.

Le président. Comment avez-vous pu écrire cette lettre au moment où le fanatisme agitait une partie de la République? Vous vous élevez, dans cette lettre, contre le mariage des prêtres: N'était-ce pas dans l'intention de faire éclater des troubles dans le Calvados?

L'accusé Fauchet. Je disais dans cette lettre qu'un prêtre pouvait se marier comme citoyen; mais que moi simple évêque, je ne pouvais pas anéantir la discipline universelle, qui ne permettait pas qu'un prêtre marié pût remplir les fonctions ecclésiastiques.

Le président. Pourquoi avez-vous pris le temps où l'on jugeait le tyran pour publier cette lettre?

L'accusé Fauchet. Cette lettre était antérieure au jugement du ci-devant roi. Je l'ai envoyée dans le Calvados, et c'est dans ce département qu'on l'a fait imprimer.

Le président. N'est-ce pas la faction qui vous a engagé à publier cette lettre?

L'accusé Fauchet. Non.

Le président. Dans le jugement du ci-devant roi, votre opinion sur la détention n'a-t-elle pas été motivée sur la douceur de votre caractère?

L'accusé Fauchet. Non. L'Assemblée m'a décrété d'accusation sur le soupçon que j'avais conduit Charlotte Corday à la Convention.

Le président. Je demande à l'accusé Sillery si, comme membre de l'Assemblée constituante, il n'a pas été chargé de faire le rapport sur l'affaire de Nancy.

L'accusé Sillery. Oui.

Le président. Dites aux citoyens jurés les renseignemens que vous avez eus sur cette affaire.

L'accusé Sillery. Les citoyens jurés doivent se rappeler qu'à cette époque, les rapports que l'on faisait devaient être appuyés par des faits, et les faits par des pièces. Les pièces qu'avait le comité de surveillance n'étant pas suffisantes, l'Assemblée constituante envoya des commissaires sur les lieux pour avoir de plus grands renseignemens; et ce fut sur les pièces qu'ils rapportèrent que je fis ce rapport. Les conclusions que je donnai furent adoptées. Mais j'ai su depuis que j'avais été trompé par la municipalité gangrenée de Nancy qui ne m'avait pas dit la vérité.

Le président. Je demande si l'accusé s'est bien assuré de l'exactitude des renseignemens qu'on lui avait donnés, ou plutôt, s'il n'avait pas assisté à des conciliabules où se trouvaient La Fayette et d'autres partisans de Bouillé, dans lesquels il a été arrêté qu'on voterait des remerciemens aux assassins de Nancy.

L'accusé Sillery. Je ne me suis jamais trouvé dans aucun conciliabule, ni même avec La Fayette. Quand le rapport sur l'affaire de Nancy fut fait, je le lus à quatre commissaires que le comité avait nommés à cet effet; ils y firent quelques changemens, et je les adoptai.

Le président. Citoyens jurés, je n'approfondirai pas davantage cette page honteuse de notre révolution. Vous vous rappelez tous que des patriotes ont été assassinés à Nancy, et que l'assemblée constituante, trompée par le rapport de Sillery, vota des remerciemens à leurs féroces assassins. Vainement l'accusé a-t-il dit que la municipalité de Nancy l'avait trompé sur les faits; il était alors reconnu par tous les hommes de bonne foi que ces massacres étaient l'ouvrage de la cour et de La Fayette.

L'accusé Sillery. Le décret que l'assemblée constituante a rendu en faveur de Bouillé est antérieur à mon rapport.

Le président. A cette époque étiez-vous lié avec Pétion?

L'accusé Sillery. Sur la fin de l'assemblée constituante il existait très-peu de citoyens purs, et je distinguai Pétion dans ce petit nombre. Je cherchai à faire sa connaissance, mais à cette époque je n'étais pas intimement lié avec lui.

Le président. Vos liaisons avec lui n'ont-elles pas été plus intimes dans la Convention nationale?

L'accusé Sillery. Au mois de décembre dernier je priai Pétion d'écrire une lettre aux officiers municipaux de Calais, afin de leur certifier que ma femme, qui se trouvait en cette ville, était une bonne patriote, et qu'elle n'avait été en Angleterre que pour suivre l'éducation de sa fille. Depuis cette époque je ne l'ai pas vu.

Le président. Cependant, citoyens jurés, il est constant que la famille de l'accusé était liée avec Pétion, Dumourier et d'Orléans. Il fallait aussi que l'accusé le fût avec Pétion au mois de décembre, puisqu'il lui demandait de certifier le patriotisme de sa femme, afin de la faire échapper, ainsi que la fille d'Orléans, à la loi des émigrés. Vous voyez, citoyens jurés, que deux législateurs s'entendent ensemble pour violer une loi à laquelle ils ont concouru. Je demande à l'accusé Sillery quel a été le motif de sa conduite dans cette occasion?

L'accusé Sillery. Ma femme fut en Angleterre à l'époque où il était encore permis de voyager. Lorsque je sus qu'on allait porter une loi contre les émigrés, craignant qu'elle ne fût comprise dans cette loi, je lui écrivis de revenir.

Nommé par la Convention nationale pour aller en Champagne, je partis pour remplir ma mission. Pendant mon absence la loi contre les émigrés fut rendue; je fis une pétition à la Convention nationale, dans laquelle je lui apprenais le motif du voyage de ma femme. L'assemblée passa à l'ordre du jour, motivé sur ce que l'exception était en sa faveur, et ce fut Buzot qui fit rapporter ce décret, et qui causa ainsi la perte de ma fille.

L'accusateur public fait lecture d'une lettre qu'écrit Pétion à Sillery, dans laquelle il lui témoigne le plaisir que lui fait le retour de madame Sillery, qu'il a accompagnée en Angleterre.

L'accusé Sillery. Il est vrai que le citoyen Pétion a accompagné mon épouse en Angleterre; mais à son arrivée à Londres, ils se sont séparés.

Le président. En 1792, n'avez-vous pas été commissaire dans les départemens envahis par les ennemis de la République?

L'accusé Sillery. Oui.

Le président. Quelques jours avant la retraite des Prussiens, Dumourier écrivit une lettre à l'assemblée, dans laquelle il disait qu'il leur était impossible d'échapper; cependant leur retraite s'est faite paisiblement, et sous les yeux des représentans du peuple. Comment l'accusé n'a-t-il pas dénoncé les généraux qui n'ont pas fait leur devoir? car s'ils l'eussent fait à cette époque, la France serait délivrée de ses ennemis.

L'accusé Sillery. Ce fut le 29 septembre que nous arrivâmes à l'armée, et le 30 les ennemis décampèrent. Nous n'eûmes donc pas le temps de connaître les mesures qu'avait prises Dumourier, de concert avec les généraux, pour couper leur retraite. D'ailleurs, nos pouvoirs étaient *ad hoc*, et nous ne pouvions connaître des opérations des généraux que ce qu'ils voulaient bien nous communiquer.

Le président. Votre devoir était de surveiller les généraux à qui l'on prodiguait à cette époque les noms pompeux d'*Ajax*, d'*Agamemnon* et d'*Achille*, et qui trahissaient la République.

L'accusé Sillery. Nous n'avons pas suivi les opérations des généraux passé le 30 septembre; car nous sommes restés à Sainte-Menehould pour organiser la partie administrative.

Le président. Je demande à l'accusé si ce n'est pas à cette époque que ses liaisons avec Dumourier sont devenues plus étroites.

L'accusé Sillery. Tout le monde sait quelle était mon opinion sur Dumourier avant mon départ pour la Champagne; mais il se conduisit au camp de Maulde d'une manière à mériter quelque estime. Comme je ne garde de haine contre personne, je lui écrivis : « Lorsque je vous ai cru intrigant, je vous ai dénoncé; mais la manière dont vous défendez la République a changé mon opinion à votre égard. Vous défendez si bien mes vignes, que je vous envoie cinquante bouteilles de mon vin. »

Le président. Avez-vous assisté au souper qu'a donné Talma à Dumourier?

L'accusé Sillery. A cette époque j'étais en Champagne, auprès de Kellermann; et la manière dont Dumourier fut reçu à Paris me fit croire que l'assemblée était contente de ses services.

Le président. On se rappelle le motif de ce voyage. Dumourier n'est venu à Paris que pour culbuter Pache et pour le faire remplacer par Beurnonville. Aussi n'est-ce qu'à l'époque de l'entrée de Beurnonville au ministère qu'il a trahi la République.

L'accusé Sillery. Je n'ai point vu Dumourier à cette époque.

Le président. Cela se peut; mais la famille Sillery a suivi Dumourier dans la Belgique; et d'Orléans, dont la famille entourait aussi ce traître, est resté aussi à Paris, où il jouait le rôle de patriote. Sillery ne niera pas qu'il n'ait été lié avec d'Orléans.

L'accusé Sillery. Quand ma famille fut obligée de sortir de France, elle alla se réfugier à Tournay; mais lorsque les ennemis eurent passé la Roër, je craignis qu'elle ne tombât entre leurs mains; j'écrivis à Dumourier de la prendre sous sa sauvegarde; je lui écrivis une seconde lettre pour le prier de prendre pour aide-de-camp un jeune homme que je lui envoyais. Je n'eus pas d'autre correspondance avec lui.

Le président. Quelle a été votre opinion dans le jugement du tyran?

L'accusé Sillery. Je n'ai point voté pour la mort.

L'accusateur public. Je ferai une observation aux jurés. C'est que tandis que Sillery votait pour la détention du tyran, d'Orléans, qui a constamment suivi ses conseils, votait pour la mort, afin de faire croire qu'il n'aspirait point à la royauté.

L'accusé Sillery. L'époque de ma liaison avec d'Orléans remonte à l'époque de son mariage. Ma femme était dame de compagnie de la sienne; il fut nommé gouverneur du Poitou, il me fit son capitaine des gardes. Lorsque je logeais au ci-devant Palais-Royal, je voyais souvent d'Orléans; j'ai eu pour lui de l'amitié, parce que je n'ai jamais entendu sortir de sa bouche aucun propos qui pût marquer de l'ambition.

En 1786, je me retirai dans ma campagne, et à l'époque des états-généraux, j'y fus nommé, et je revis d'Orléans. Mais j'ai pu le connaître, sans être son conseiller.

Il est deux heures. Le président suspend l'audience jusqu'à cinq.

Les juges et les jurés s'étant réunis à six heures, le président du tribunal rouvre l'audience.

Antonelle, organe du jury. Je déclare que la conscience des jurés est suffisamment éclairée.

Le président. Je vous invite, au nom de la loi, citoyens jurés, à vous retirer dans la chambre du conseil, pour y délibérer.

Les jurés sortent de l'audience. — Il est sept heures.

Le président ordonne aux gendarmes de faire sortir les accusés. — Ils les emmènent.

Après trois heures de délibération, les jurés rentrent dans l'audience. — Le plus grand silence règne parmi les assistans.

Le président interpelle les jurés sur les questions suivantes :

Est-il constant qu'il a existé une conspiration contre l'unité et l'indivisibilité de la République, contre la liberté et la sûreté du peuple français ?

Jean-Pierre Brissot, etc., sont-ils convaincus d'en être les auteurs ou les complices ?

La réponse unanime des jurés est affirmative. — En conséquence, le tribunal condamne à la peine de mort Jean-Pierre Brissot, et les autres dénommés en tête de ce procès.

Les accusés sont ramenés à l'audience. Le président leur fait lecture de la déclaration des jurés, et du jugement du tribunal. Un grand mouvement se fait parmi les condamnés. — Les citoyens présens à l'audience conservent un calme majestueux. — Gensonné demande la parole sur l'application de la loi. — Le tumulte redouble parmi les condamnés. Plusieurs crient : *Vive la République !* D'autres invectivent leurs juges. — Le président ordonne aux gendarmes de faire leur devoir, et de faire sortir les condamnés. — Ceux-ci sortent, jettent des assignats au peuple, en s'écriant : *A nous, nos amis !* Une indignation universelle se manifeste dans l'auditoire. — Le peuple foule aux pieds les assignats, les met en pièces, au milieu des cris de *vive la République !* et prouve, par cette conduite vraiment admirable, qu'il est inaccessible à la corruption. — Le calme renaît.

L'accusateur public. Sur le fait qui vient de m'être dénoncé par l'officier de la gendarmerie, qu'un des condamnés, au moment où on lui a prononcé son jugement, s'est poignardé, je requiers : 1° que deux huissiers aillent s'informer de son nom, et conduisent près de lui des officiers de santé ; 2° que dans le cas où le condamné se serait, par la mort, soustrait à son jugement, son cadavre soit porté sur une charrette et exposé au lieu du supplice.

Un huissier annonce au tribunal que le condamné qui s'est poignardé est *Valazé*, et qu'il vient de mourir.

Le tribunal, délibérant sur le réquisitoire de l'accusateur public, ordonne que le cadavre de *Valazé* soit porté dans une charrette pour être enterré dans le même cimetière que les autres condamnés.

Le président lève la séance à onze heures un quart.

Les citoyens font retentir la salle des cris de *vive la République ! périssent tous les traîtres !*

HISTOIRE PARLEMENTAIRE

DES MOIS

DE NOVEMBRE ET DÉCEMBRE 1793, JANVIER, FÉVRIER, MARS, AVRIL ET MAI 1794.

Pendant la période de cinq mois comprise entre l'insurrection du 31 mai et le supplice des girondins, la révolution a été surtout une question de fait. La lutte a été matérielle de part et d'autre, tant dans son objet, que dans ses résultats. Il s'est agi, pour les fédéralistes, non point de résister à une doctrine, mais de résister à des individus; non point de défendre leurs idées, mais de défendre leur fortune et leur vie. Il s'est agi, pour les monarques étrangers, de traiter la France comme ils traitaient la Pologne en ce même temps, de la conquérir, et de se la partager, et non pas d'y restaurer le droit royal héréditaire au profit des successeurs de Louis XIV. Il s'est agi, pour la Convention, de conserver à la France son territoire, et d'en maintenir l'intégrité contre les ennemis extérieurs, pendant qu'elle en maintiendrait l'unité contre le fédéralisme girondin. Ce n'est pas que le sentiment moral ait manqué, sans exception, à chacun des divers intérêts que nous avons vus aux prises; il a été, au contraire, le premier mobile, le seul ressort vraiment énergique de l'action par laquelle a été garanti l'intérêt dont les révolutionnaires ont assuré le triomphe. De leur côté la guerre n'a pas cessé un moment d'avoir une cause morale; car s'ils ont combattu pour le territoire, c'est qu'ils ont voulu sauver la nation; et s'ils ont voulu sauver la nation, c'est qu'ils ont voulu sauver la nationalité, c'est-à-dire le principe de la fraternité universelle, où réside, en effet, notre unité de croyance et notre unité de but, et partant toutes les unités instrumentales de gouvernement, d'administration et de territoire. Mais la pureté des motifs qui déterminent les révolutionnaires à se dévouer ne change rien, ni à la nature, ni à l'aspect général des événemens racontés dans nos deux précédens volumes. Il n'y a là que des intérêts matériels en rivalité, et entre lesquels la force est appelée à décider. Pour que des principes contradictoires y fussent réellement en présence, il faudrait que les parties belligérantes ne suspectassent pas réciproquement leur bonne foi. Alors la question posée pour toutes, et acceptée par toutes, serait une question de principes. Or, bien loin qu'il en soit ainsi, le reproche capital qu'elles se renvoient mutuellement, c'est un reproche de mauvaise foi. Celle de la coalition étrangère est prouvée par la manière dont les Anglais se sont emparés de Toulon, et ont cherché à s'emparer de Dunkerque ; en cela ils ont montré que la coalition, dont ils sont les chefs prépondérans, travaille pour elle-même, et non pour la monarchie française ni pour les possesseurs prétendus légitimes de cette monarchie. Celle des Girondins est prouvée par toutes les apparences de la conduite qu'ils ont tenue lorsqu'ils occupaient le pouvoir, et par les séditions qu'ils ont excitées après leur chute : il est manifeste que les hommes de ce parti ont préféré leur personne à la révolution et à la France : celle des Jacobins n'est prouvée par rien, non plus que leur bonne foi, car ils n'ont fait encore que saisir le pouvoir et l'affermir dans leurs mains. Mais ils sont en suspicion jusqu'à ce qu'ils aient obtenu le libre usage de l'autorité, et qu'ils aient témoigné par leurs actes si leur but est le règne d'un principe ou celui de leur intérêt. Tout le temps que la mauvaise foi a été démontrée chez les uns, et qu'elle a pu être soupçonnée chez les autres, il n'y a donc eu en question que des égoïsmes, et le fait a lutté contre le fait.

L'histoire de l'époque où les Jacobins prirent possession du pouvoir, et de celle où ils en commencèrent l'application morale, se trouve résumée dans deux notes écrites par Robespierre quelques jours après le 31 mai. Nous induisons cette date du contenu même de ces notes, qui font partie des pièces justificatives imprimées à la suite du rapport de Courtois sur Robespierre. Dans la première il pose les conditions de fait, la force, son nom politique, ses obstacles, et ses moyens matériels ; dans la seconde, les conditions de principe, le but, son esprit, ses moyens et ses obstacles moraux. Voici la première :

« Il faut une volonté une.

» Il faut qu'elle soit républicaine ou royaliste.

» Pour qu'elle soit républicaine, il faut des ministres républicains, des papiers républicains, des députés républicains, un gouvernement républicain.

» La guerre étrangère est une maladie mortelle (fléau mortel), tandis que le corps politique est malade de la révolution et de la division des volontés.

» Les dangers intérieurs viennent des bourgeois; pour vaincre les bourgeois il faut rallier le peuple. Tout était disposé pour mettre le peuple sous le joug des bourgeois, et faire périr les défenseurs de la République sur l'échafaud. Ils ont triomphé à Marseille, à Bordeaux, à Lyon ; ils auraient triomphé à Paris, sans l'insurrection actuelle. Il faut que l'insurrection actuelle continue, jusqu'à ce que les mesures nécessaires pour sauver la République aient été prises. Il faut que le peuple s'allie à la Convention, et que la Convention se serve du peuple.

» Il faut que l'insurrection s'étende de proche en proche sur le même plan.

» Que les sans-culottes soient payés, et restent dans les villes.

» Il faut leur procurer des armes, les colérer, les éclairer.

» Il faut exalter l'enthousiasme républicain par tous les moyens possibles.

» Si les députés sont renvoyés, la République est perdue ;

ils continueront d'égarer les départemens, tandis que leurs suppléans ne vaudront pas mieux.

« Custine à surveiller par des commissaires nouveaux bien sûrs.

» Les affaires étrangères. Alliance avec les petites puissances ; mais impossible aussi long-temps que nous n'aurons pas une volonté nationale. »

Après avoir considéré et déterminé l'action, Robespierre considère et détermine le but. Cette seconde note est ainsi conçue.

« Quel est le but? — L'exécution de la Constitution en faveur du peuple.

» Quels seront nos ennemis? — Les hommes vicieux et les riches.

» Quels moyens emploieront-ils? — La calomnie et l'hypocrisie.

« Quelles causes peuvent favoriser l'emploi de ces moyens? — L'ignorance des sans-culottes.

» Il faut donc éclairer le peuple. Mais quels sont les obstacles à l'instruction du peuple? Les écrivains mercenaires qui l'égarent par des impostures journalières et impudentes.

» Que conclure de là? 1° Qu'il faut proscrire les écrivains comme les plus dangereux ennemis de la patrie; 2° qu'il faut répandre de bons écrits avec profusion.

» Quels sont les autres obstacles à l'établissement de la liberté? — La guerre étrangère et la guerre civile.

» Quels sont les moyens de terminer la guerre étrangère? — De mettre les généraux républicains à la tête de nos braves, et de punir ceux qui nous ont trahis.

» Quels sont les moyens de terminer la guerre civile? — De punir les traîtres et les conspirateurs, surtout les députés et les administrateurs coupables; d'envoyer des troupes patriotes, sous des chefs patriotes, pour réduire les aristocrates de Lyon, de Marseille, de Toulon, de la Vendée, du Jura, et de toutes les autres contrées où l'étendard de la rébellion et du royalisme a été arboré, et de faire des exemples terribles de tous les scélérats qui ont outragé la liberté, et versé le sang des patriotes.

» 1° Proscription des écrivains perfides et contre-révolutionnaires ; propagation des bons écrits ;

» 2° Punition des traîtres et des conspirateurs, surtout des députés et des administrateurs coupables ;

» 3° Nomination de généraux patriotes ; destitution et punition des autres ;

» 4° Subsistances et lois populaires. »

Ces deux notes étaient écrites de la main de Robespierre, à ce qu'affirme Courtois. Il suffit d'en faire une simple lecture pour se convaincre qu'elles se succédèrent dans l'ordre que nous avons adopté. Courtois, qui classa les pièces du dossier selon les citations tout-à-fait décousues de son rapport, les plaça dans un ordre inverse du nôtre, sous les n. XLIII et XLIV. Il intitula le n. XLIII, qui est ici la seconde pièce cotée : « Espèce de catéchisme de Robespierre, écrit de sa main » ; et le n. XLIV, qui est notre première citation : « Note essentielle écrite de la main de Robespierre. » Dans celle où il s'agit du but, il se rencontrait quelques phrases raturées, ce dont Courtois avertit en les transcrivant ; les voici :

« Quel autre obstacle y-a-t-il à l'instruction du peuple ? — La misère.

» Quand le peuple sera-t-il donc éclairé ? — Quand il aura du pain, et que les riches et le gouvernement cesseront de soudoyer des plumes et des langues perfides pour le tromper ; lorsque leur intérêt sera confondu avec celui du peuple.

» Quand leur intérêt sera-t-il confondu avec celui du peuple ? — Jamais. »

Il est évident que dans une note écrite par Robespierre, pour son usage particulier, et comme pour se rendre compte de ses pensées, ce qui est raturé est rejeté. Les lignes qui précèdent sont de celles qu'il arrive si souvent à chacun de tracer de premier mouvement, et que la moindre réflexion annulle aussitôt.

Le mot JAMAIS, ainsi souligné par Courtois, a fait recueillir cette rature, et elle a été mise au nombre des griefs les plus odieux contre Robespierre. Or, de la manière dont la question d'unité nationale est envisagée ici, ce mot est parfaitement vrai. Du point de vue des intérêts il y a, en effet, incompatibilité absolue, non-seulement entre les diverses classes d'une société, mais encore entre tous les membres indistinctement, car l'intérêt est de son essence exclusif et inconciliable. Les hommes ne peuvent pas être confondus dans le même intérêt; ils ne peuvent être confondus que dans le même devoir. Si, par l'intérêt du peuple, Robespierre entendait la meilleure conservation de la morale sociale d'abord, puis la meilleure conservation du corps social, enfin la meilleure conservation des individus, et il n'est pas douteux que ce ne fût là l'esprit de son sentiment, ses paroles reviennent à celles-ci : Quand les riches et les puissans pratiqueront-ils le devoir commun aussi bien que les pauvres ? Quand cesseront-ils d'être égoïstes ? La réponse, jamais, n'est ni plus dure, ni moins certaine que cette sentence de l'Évangile : « Un chameau passera plutôt par le trou d'une aiguille qu'un riche n'entrera dans le royaume des cieux. »

Nous reprenons les considérations que nous avons cru devoir interrompre pour éclaircir et pour apprécier la variante ajoutée par Courtois à la note qu'il appelle « Catéchisme de Robespierre. » Ces deux fragmens caractérisent, avons-nous dit, l'un, l'époque qui va du 31 mai au 31 octobre, et où la révolution fut surtout une question de fait; l'autre, qui va du 1er novembre 1793 au 7 mai 1794, et où la révolution fut surtout une question de principe. Nous entrons dans celle-ci.

Maintenant le comité de salut public a vaincu le fédéralisme; il a réduit à quelques bandes errantes les rebelles Vendéens; il a battu sur les points les plus importans la coalition étrangère, et il a su donner à nos armes une supériorité désormais insurmontable, tant à cause de la tactique nouvelle dont il a fait la règle de toutes ses opérations militaires, que de la vigueur avec laquelle il l'a mise en œuvre. Il ne faut plus qu'il combatte partout, et qu'il soit partout un général d'armée. A mesure des défaites de ses ennemis intérieurs, ou de leur soumission, il doit étendre son action gouvernementale, il doit administrer et juger là où il a été victorieux ; et parce que le pouvoir va user de son triomphe, parce qu'aux voies de fait vont succéder les voies de droit, il devient indispensable que le sens moral de la révolution soit hautement proclamé, et que les révolutionnaires qui se sont montrés les plus forts se montrent aussi les plus justes. Le pouvoir restera dans les mêmes mains, à la condition que les hommes, à qui la France a confié l'emploi illimité de son sang et de ses richesses, marcheront franchement au but dont s'est inspiré le dévouement national. Ils auront à s'expliquer devant leurs partisans, aussi bien que devant leurs ennemis. Ils diront les rapports véritables de la France avec le reste de l'Europe, et prouveront clairement que la morale est le seul lien entre les peuples, que la république française est dans ce lien à l'égard des populations armées contre elle, et que celles-ci en ont été entièrement retirées par les chefs auxquels elles obéissent. Après avoir démontré la bonté de leur cause sur le terrain du droit des gens, ils la démontreront également sur le terrain du droit politique, en déclarant que le seul rapport entre les gouvernans et les gouvernés, c'est la morale ; et que dans une société menacée de périr par des désordres intérieurs, c'est la base que l'on doit songer avant tout à consolider. Pour eux, le gouvernement révolutionnaire sera le règne absolu des bonnes mœurs ; ils travailleront à la fois à maintenir la force et à maintenir le principe moral qui en est le titre et la sanction, résistant à ceux qui voudraient, soit désarmer le principe moral en diminuant l'énergie du pouvoir, soit dépouiller la force de sa légitimité en niant le principe moral lui-même. Telle est l'esquisse de la conduite que tiendra le comité de salut public du 1er novembre 1793 au 7 mai 1794. Les détails de cette histoire sont dans des rapports, dans des manifestes, dans les dernières séances du club des Cordeliers, dans les débats du club des Jacobins, dans les procès faits à deux factions qui attaquent l'une et l'autre la morale : celle des hébertistes, en voulant détruire par la violence le dogme fondamental, sans lequel elle serait un vain mot ; celle des dantonistes, en prêchant la tolérance et l'indulgence, parce qu'elle en a plus de besoin que personne. La conclusion de cette époque est le discours de Robespierre sur le rapport des idées religieuses et morales avec les principes républicains, et sur les fêtes nationales, discours suivi du fameux décret qui proclama l'existence de Dieu et l'immortalité de l'ame.

Nous avons à exposer des faits, ou complétement ignorés, ou méconnus et défigurés pour la plupart. Nulle époque de la révolution n'a été obscurcie de plus de mensonges ni souillée de plus de calomnies que celle dont nous venons de tracer le sommaire ; comme aussi nulle autre n'en présente le puissant intérêt. Nous allons assister à la lutte du bien contre le mal, dégagée enfin de tout intérêt secondaire, et de toute apparence trompeuse. A cette heure les deux principes vont se heurter sans intermédiaire, se saisir corps à corps, et donner au monde une des preuves les plus éclatantes de leur antagonisme intime, et de leur inconciliabilité absolue. Ceux qui ont fait prévaloir la révolution, du 31 mai au 31 octobre, au nom du salut de la France, la feront prévaloir du 1er novembre 1793 au 7 mai 1794 au nom du salut de la morale, qui comprend celui de toutes les sociétés humaines en général, et de la France en particulier. La force née du sentiment moral, justifiée et entretenue par les dogmes et par les théories que ce sentiment suppose, croîtra avec la prédominance du bien sur le mal. Mais cette prédominance sera de courte durée. Le mal ne tardera pas à s'emparer du pouvoir ; il tarira progressivement par ses exploitations et par son égoïsme les sources du dévouement, et à partir du 9 thermidor la force nationale décroîtra jusqu'aux invasions de 1814 et de 1815.

Un seul homme porte le poids de cette époque. Les Thermidoriens, les royalistes, les Girondins s'accordent à lui imputer tout qu'il y eut d'odieux pendant le régime de la terreur, et il en est résulté jusqu'a ce jour contre sa mémoire une telle unanimité, que la tradition a regardé comme une preuve des faits, l'identité d'un témoignage auquel concouraient tant d'intérêts divers et même opposés. On dirait que chaque histoire écrite par l'un des partis plus haut désignés est un pamphlet dirigé contre celui qui les attaqua tous indistinctement. Or le parti jacobin ayant été anéanti presque tout entier, nous ne possédons aucune histoire émanée de lui. Ce qui arriva au chef, le 9 thermidor, est arrivé depuis à ses partisans. Nul n'a obtenu la parole dans des conditions de publicité qui lui permissent d'être entendu de la France et de l'Europe depuis qu'elle a été refusée à Robespierre par les thermidoriens. C'est là un grave inconvénient, pour nous surtout, qui, plaçant face à face les narrations de tous les partis, afin d'établir la vérité des faits par tous les élémens d'une critique historique digne de ce nom, n'en trouvons aucune rédigée par les Jacobins, et sommes obligés d'y suppléer en relevant avec soin toutes les circonstances qu'ils n'auraient pas manqué de relever eux-mêmes s'ils eussent raconté la révolution française. Il résulte de cette position que des recherches poursuivies dans un but d'impartialité peuvent nous être imputées à partialité, car nous sommes obligés de beaucoup omettre en ce qui touche les partis anti-jacobins, pour ne pas tomber dans la superfétation, et à ne rien négliger de ce qui concerne les Jacobins eux-mêmes, pour réunir au moins les pièces indispensables.

De tous les historiens que nous avons lus, ceux dont il faut le plus se méfier sont les historiens militaires. La partie de leurs livres relative à l'administration intérieure de la France pendant les années 1793 et 1794 est un commentaire fastidieux du mot que tous les genres de préventions ont contribué à accréditer, savoir, que l'honneur s'était alors réfugié aux armées. Il est vrai que leurs déclamations sont le plus souvent empreintes d'un si mauvais goût qu'il est difficile d'y voir autre chose que des affectations littéraires. C'est ce qui arrive à Jomini toutes les fois qu'il quitte son rôle de stratégiste pour se livrer à des réflexions politiques. Dans le t. IV, liv. 5, de son histoire des guerres de la révolution, il emploie, pour qualifier les membres du comité de salut public, des expressions tout à fait à contre-sens lorsqu'elles ne sont pas d'un ridicule outré. C'est *l'impétueux Saint-Just*, c'est *l'implacable Couthon qui dans un corps paralytique renfermait l'ame d'un tigre*; c'est *le farouche Amar*. Cette dernière épithète, accolée au nom du rapporteur du comité de sûreté générale, ferait presque croire que la ressemblance de son nom avec celui du calife Omar a seule déterminé l'imagination de l'écrivain. Ce fondateur d'une des plus puissantes sectes musulmanes est en effet vulgairement traité de farouche. Mais il n'y a pas le moindre rapport entre Omar qui brûla la bibliothèque d'Alexandrie, et le conventionnel Amar que nous appellerions, nous, intrigant de bas étage, si la sévérité de l'histoire permettait que l'on descendît au ton qui convient à des hommes semblables. L'ouvrage intitulé *Victoires et conquêtes*, où sont résumés en style de bulletin les mémoires et les journaux militaires, et qui fut rédigé pour exploiter le sentiment bonapartiste pendant les premières années de la restauration, nous offre une citation qui nous dispensera de toute autre. Les auteurs font servir de préambule à leur récit de la campagne de 1794 un tableau du gouvernement révolutionnaire, dans lequel il y a autant de griefs, mais aussi autant d'erreurs que de mots. Ils commencent par comparer la situation de la France en 1793 à celle de Rome après la bataille de Cannes. Si l'on s'en rapporte à leur parallèle, la république française était encore en des conjonctures plus fâcheuses que ne l'avait été la république romaine, car « Rome avait alors un gouvernement libre, un gouvernement en qui tous les citoyens mettaient leur plus intime confiance, un gouvernement aussi juste qu'il était grand, et qui croyait de son devoir d'encourager, en l'honorant, la valeur malheureuse. Le sénat sortit en corps de son palais pour aller au-devant de Varron ramenant sous ses murs menacés les légions vaincues à Cannes, et le remercia solennellement par un décret, de n'avoir pas désespéré du salut de la patrie. » En France au contraire « la Convention nationale, qui avait fondé la tyrannie sur les ruines du trône, étendait de toutes parts son sceptre de fer. C'est en couvrant de sang et de deuil leur patrie infortunée qu'elle prétendait engager les Français à défendre leur territoire. C'est au nom de la mort qu'elle ordonnait la victoire à ses généraux, c'est par les supplices ou la dégradation qu'elle punissait ou récompensait indistinctement les défaites et les triomphes. Custine périt pour n'avoir pas conservé Mayence; Houchard fut mené au supplice après avoir vaincu les Anglais à Hondtschoote; Jourdan fut destitué après avoir délivré Maubeuge. Quelle autre marche auraient pu suivre des hommes soudoyés par les ennemis pour la dissolution de ce pays? Cependant telle est la force de l'honneur dans les Français, tel était l'amour de la patrie qui les enflammait, qu'à l'aspect des étrangers s'avançant sur leur territoire, ils oublièrent d'un commun accord les malheurs causés par un gouvernement qu'ils détestaient, et s'armèrent tous sous une tyrannie qu'en temps de paix ils eussent cherché à renverser. Aux généraux suppliciés ou destitués succédèrent d'autres généraux, bravant ainsi le même sort, et n'écoutant que cette voix généreuse qui leur disait que la patrie avait besoin de leurs bras et de leurs conseils. Nouveaux Décius, ils se dévouèrent pour le salut de tous, et ce n'est qu'en opérant des miracles qu'ils forcèrent enfin la Convention à les respecter. — Il y a quelque chose de plus éloquent et de plus concluant surtout que les amplifications de rhétorique, ce sont les faits.

Tous les hommes de bonne foi qui ont étudié l'histoire des campagnes de la révolution, sont unanimes sur ce point, qu'il était impossible de sauver la France par la guerre si le Comité de salut public n'eût déployé contre les généraux et contre les états-majors une impitoyable sévérité. Nos lecteurs savent combien cette réforme fut lente et difficile! combien on essuya de trahisons et de défaites avant de recourir aux mesures extrêmes! Ignorans, débauchés, pillards, accessibles à toutes les intrigues politiques du dedans et du dehors, pourvu qu'elles fussent profitables à leur intérêt ou à leur vanité, tels étaient la plupart des généraux, lorsque la Convention résolut de commencer par eux la discipline de l'armée. Et c'était, en effet, le seul moyen efficace, car partout où il y a des chefs et des subordonnés; c'est toujours de l'exemple des chefs que procède la corruption ou la moralité des subordonnés. Au lieu de cette rage aveugle et gratuite que l'on prête ici au comité de salut public, lorsqu'on en vient à vérification, on trouve à la vérité des juges inflexibles d'une part, mais aussi de grands coupables de l'autre. Quel innocent fut donc condamné? Après avoir rapporté le procès de Custine, après avoir enregistré nous-mêmes dans le corps de notre histoire les preuves de la conduite équivoque, disons mieux, de la trahison de ce général, nous ne ferons pas à nos lecteurs l'injure de réfuter cette assertion singulière, qu'il fut puni de mort « pour n'avoir pu conserver Mayence. » Houchard fut condamné, non après avoir vaincu les Anglais à Hondtschoote, mais pour n'avoir pas voulu les vaincre. Il avait fallu le forcer à combattre. Sans la violence que lui firent les deux représentans commissaires de la Convention, il se retirait du champ de bataille, laissant Dunkerque sous la main des coalisés, et il manquait ainsi totalement le but de l'expédition. Eût-il obtenu d'ailleurs de son propre mouvement l'avantage qu'il remporta malgré lui, qu'il n'en eût pas moins été digne d'un châtiment exemplaire. Ce succès plutôt moral que réel était entièrement disproportionné avec celui que le comité de salut public avait fondé sur des plans et des calculs infaillibles. Houchard refusa d'obéir, et non seulement il ne fit pas l'armée du duc d'Yorck prisonnière, ce qui eût été le résultat certain d'une exécution littérale des ordres qu'il avait avait reçus, mais encore, il ne tint pas à lui que sa propre armée ne battît en retraite. Indépendamment de la gravité des circonstances dans lesquelles Houchard désobéissait, il s'agissait alors pour la Convention de faire prévaloir sur la vieille tactique un nouveau système militaire; et comment y aurait-elle réussi si les généraux avaient pu s'opiniâtrer impunément à appliquer la routine antérieure? C'est mal choisir ses griefs contre le pouvoir conventionnel que de lui reprocher sa conduite envers les généraux. Tous ceux qu'il a frappés de mort, incarcérés ou destitués étaient coupables de quelque crime ou de quelque faute impardonnable. La suite prouva que le Comité de salut public ne s'était pas trompé en employant toute sa sollicitude à épurer les états-majors. Bientôt il put dire qu'il avait organisé la victoire; et long-temps après son règne, long-temps après la chute de ceux qui en étaient l'ame, son esprit, ainsi que le remarque de Maistre, continua de gagner des batailles. La responsabilité des généraux disparut avec la responsabilité du pouvoir. Entouré d'égoïstes qui travaillaient à leur fortune, comme lui-même travaillait à la sienne, Bonaparte sentit que la base sur laquelle il avait pris appui, la gloire et l'intérêt bien entendu, fléchirait sous son effort, s'il faisait tomber la tête d'un de ses généraux pour fait de discipline. Si l'immoralité du principe de la race qu'il restaura à son profit fut la cause première de sa ruine, l'impunité assurée à ses généraux par le vice intime de son système impérial en fut certainement la cause seconde. L'histoire véritable des guerres de l'empire sera faite un jour, et l'on y verra qu'il est peu de revers qu'il ne faille attribuer aux petites et basses passions, aux jalousies, aux lâchetés, aux négligences, aux insubordinations, en un mot à l'égoïsme effréné que l'on rencontre à chaque pas dans les sommités de la hiérarchie militaire.

Quant à ce que l'honneur français se serait réfugié aux armées sous la dictature des terroristes, c'est là une phrase faite, un lieu commun oratoire, et rien de plus. L'honneur français fut alors partout où le dévouement des citoyens à la nation se témoigna par des sacrifices, et à cet égard l'on peut dire que Paris fut le champ de bataille où le mal combattit avec plus de fureur et plus de danger pour le bien, et où par conséquent il fallut plus de courage, plus de persévérance et plus de probité qu'ailleurs à ceux qui y défendirent la bonne cause.

Avant d'entrer dans les faits, il nous reste à tracer un aperçu de la manière dont se composaient les partis dont le comité de salut public eut à repousser les agressions, à expliquer les dénominations qui servirent à les abattre, à montrer pourquoi ces dénominations étaient les seules rationnelles, et pourquoi elles furent si facilement acceptées par les masses. Nous dirons également à quel point de vue il convient de se placer pour juger les acteurs qui dominent la scène révolutionnaire pendant les six mois dont nous allons entreprendre l'histoire.

Le parti des *enragés* avait perdu ses chefs. Depuis la séance des Jacobins du 16 septembre (voir le précédent volume), où Leclerc de Lyon fut dénoncé, ce nom ne reparaît plus, ni dans les documens historiques officiels, ni dans aucune des autres pièces que nous avons pu consulter (1). Jacques Roux était en prison. Traduit au tribunal révolutionnaire le 14 janvier 1794, il se suicida (2). Les hommes qui suivaient le parti de ces deux anarchistes marchaient maintenant avec Chaumette, Hébert, Vincent, Momoro, et les autres meneurs cordeliers dont l'exagération révolutionnaire dépassait alors de beaucoup celle qui venait de perdre J. Roux et son ami Leclerc. Il y avait toutefois cette différence notable entre les *Enragés* et les Hébertistes, que si les premiers avaient réclamé des mesures violentes, c'était parce qu'ils ne comprenaient pas autrement la garantie et la stabilité de l'intérêt populaire, de ce qu'ils appelaient la subsistance et le

(1) M. Bouchotte, alors ministre de la guerre, et du petit nombre des révolutionnaires qui survivent encore, a bien voulu nous communiquer des observations manuscrites sur l'Histoire de M. Thiers, auxquelles nous aurons lieu d'emprunter des critiques intéressantes. A l'égard de Leclerc de Lyon, M. Thiers avance (t. VI, p. 179) que ce « jeune Lyonnais, devenu chef de division dans les bureaux de Bouchotte, » figura parmi les complices d'Hébert. Il est très-vrai qu'un Leclerc fut condamné à mort comme hébertiste, mais ce n'était pas le *jeune Lyonnais*. M. Bouchotte en fait la remarque et le prouve en citant l'acte d'accusation qui porte en effet : « Leclerc, âgé de quarante-quatre ans, natif de Cany (Seine-Inférieure), qui a donné sa démission de chef de la deuxième division de la guerre. » Il est évident, ajoute M. Bouchotte, que M. Thiers n'a pas travaillé d'après les pièces. — Ce dernier Leclerc avait les prénoms d'Armand Hubert. Membre du comité de correspondance du club des Jacobins, il en fut chassé le 5 mars 1794, pour avoir écrit à des sociétés affiliées des lettres qui n'étaient pas dans les principes de la société-mère. Nous le retrouverons dans le procès d'Hébert. *(Note des auteurs.)*

(2) Voici ce que nous lisons à ce sujet dans le *Moniteur* du 18 janvier 1794. — « J. Roux, ci-devant prêtre, a paru aujourd'hui au tribunal de police correctionnelle. Ce tribunal, après avoir examiné l'accusation intentée contre lui, a déclaré son incompétence, et a renvoyé l'accusé par devant le tribunal révolutionnaire pour être statué ce que de droit. Aussitôt après le prononcé de son jugement, Jacques Roux a tiré un couteau de sa poche, et s'en est frappé de cinq coups. Le couteau est déposé au greffe du tribunal de police correctionnelle ; les secours de l'art ont été donnés à l'accusé ; et il a été conduit à Bicêtre pour y être soigné à l'infirmerie. »

bonheur du peuple ; tandis que les hébertistes s'étaient faits furieux dans le même esprit et dans le même but qui les avait portés naguère à se faire méfians. Ils visaient au pouvoir, comme le démontra clairement la démarche qui les conduisit à l'échafaud. A cause de cela ils affectaient, selon les circonstances, de réunir à un plus haut degré que les autres nuances républicaines les qualités nécessaires pour exercer le pouvoir. Lorsqu'il fallut s'armer d'une méfiance sévère envers les ennemis intérieurs, mais dans les limites que prescrivait le salut de la patrie, les hébertistes se méfièrent sans discernement, et ils élargirent jusqu'à l'absurde le cercle des suspects. Magistrats civils, pour la plupart, et chargés d'exécuter la loi sur l'emprisonnement des suspects, ils emprisonnèrent à tort et à travers, cherchant surtout le nombre, parce que là était la montre de leur zèle. Lorsqu'il fallut punir, ils voulaient qu'on tuât tout le monde. Ils faisaient consister leur patriotisme à demander plus de têtes que le comité de salut public ne paraissait disposé à en faire tomber. L'opposition qu'ils vont faire d'abord aux dantonistes, ensuite à la Convention elle-même tout entière, contre laquelle ils prêcheront et prépareront ouvertement un second 31 mai, roulera sur le refus de celle-ci de livrer à la guillotine les soixante-treize députés girondins condamnés à la détention jusqu'à la paix. Pendant le temps employé à diminuer leur influence, à les laisser se compromettre par des actes qui les fissent connaître et permissent de les arrêter et de les frapper, il fut versé plus de sang sur les échafauds qu'à aucune autre époque de la révolution, sauf cependant les quatre dernières décades de la vie de Robespierre, et durant lesquelles il s'abstint de toute participation aux affaires. Les commissaires conventionnels qui se signalèrent dans les départemens par les plus infâmes cruautés, Carrier, Fouché de Nantes, etc., appartenaient à ce parti, ainsi que les chefs de l'armée révolutionnaire. Il n'y avait d'autre lien entre ces hommes que celui de leur intérêt et de leurs passions. Les uns étaient réellement des forcenés, mais leur fanatisme n'était pas exempt d'un retour personnel; les autres étaient des ambitieux;

les autres avaient commis des crimes dans l'exercice de leurs fonctions, et ils voulaient non-seulement échapper au châtiment, mais encore à la destitution. Maniaques ou hypocrites, l'excès en tout était leur forme commune, et ils saisissaient avidement toutes les indications révolutionnaires, afin de s'en emparer et de s'en faire les chefs en les exagérant. Ainsi aux premières alarmes sur la disette, ils voulaient que l'on plantât en pommes de terre tous les jardins publics et particuliers, et de nombreuses vexations furent exercées contre ceux qui s'y refusèrent. Ainsi, pour faire baisser le prix du cuir, ils déclarèrent qu'il était d'un bon patriote de porter des sabots, et ils en donnèrent l'exemple. Quiconque continuait à se servir de souliers conspirait, selon eux, contre la chaussure de l'armée. Ainsi, prenant à la lettre un mot par lequel les classes supérieures avaient cherché à flétrir les classes pauvres, et que celles-ci avaient accepté comme un mot de guerre, ils affichèrent un véritable sans-culotisme par la malpropreté, par la grossièreté et par le désordre de leurs habits. Le même sentiment les poussa dans un athéisme furibond. Toutes les prédications matérialistes du dix-huitième siècle, tout ce qui avait été dit depuis 1789 contre la superstition et contre le fanatisme, la conduite du clergé pendant la révolution, sa haine pour la République et son dévouement à la monarchie, enfin la juste indignation du peuple contre ce qu'il y avait de vénal dans le culte, parurent aux hébertistes autant d'indices certains qu'ils pouvaient se donner carrière dans la destruction totale des idées et des pratiques religieuses. Calculant que le risque était plutôt pour ceux qui serviraient mollement ce besoin révolutionnaire, et qui entreprendraient de le limiter, que pour ceux qui l'exciteraient et en combleraient la satisfaction, ils furent persuadés que leur opposition triompherait par le seul fait de leur initiative athéiste. On a cru à tort que le culte de la Raison, la profanation des temples catholiques et la négation de l'existence de Dieu avaient été un dévergondage sans but et sans motifs, une orgie où les passions humaines, mettant bas toute pudeur et toute retenue, souillèrent les choses saintes pour le plaisir de les souiller. Ce ne fut pas non plus, comme on l'a avancé, un acte de basse et imprudente flatterie envers les sentiments de la Convention, encore moins envers ceux du comité de salut public; car comment aurait-on songé à flatter, par une profession d'athéisme une assemblée qui avait juré la Constitution en présence de l'Être suprême, et un comité mené par le spiritualiste Robespierre ? La vérité est que les instaurateurs du culte de la Raison ne travaillèrent en cela qu'à une intrigue politique, par laquelle ils étaient assurés de renverser et de remplacer le pouvoir. Or, tous y étaient intéressés. Après l'achèvement de la Constitution, après les décrets évidemment nécessaires à consolider l'insurrection du 31 mai, Hébert, Chaumette, Vincent, Momoro, avaient incliné timidement pour que la Convention se déclarât dissoute, et appelât une législature. La réputation qu'ils s'étaient acquise y marquait une place à chacun d'eux. Cependant ils n'osèrent pas émettre avec insistance un vœu si conforme à celui des Girondins. Ils se contentèrent de demander l'organisation constitutionnelle du pouvoir, et ils tournèrent de ce côté toute leur impatience ambitieuse. Repoussés par la Convention, et sachant bien que le comité de salut public ne leur pardonnerait pas cette tentative, au lieu de tendre simplement à régner à leur tour, ils visèrent à faire tomber la dictature des mains de leurs ennemis mortels. Cette position groupa dans la même querelle tous ceux qui avaient quelque motif de craindre. Vincent avait été hué aux Jacobins. On se souvient de quel ton d'autorité Robespierre avait fermé la bouche à ce dénonciateur universel, et de quelle confusion il l'avait couvert. Hébert, qui ne se consolait point d'avoir échoué dans sa candidature au ministère de la justice, et qui attribuait à l'influence de Danton la préférence accordée à Paré; Hébert, qu'un dépit aveugle avait entraîné à attaquer Danton, voyait maintenant que ses coups n'avaient pas porté. Il redoutait d'être, au fond, plus séparé de Robespierre, et plus exposé de sa part à quelque agression soudaine et irrésistible, que l'adversaire encore puissant qu'il avait menacé le premier. La mauvaise conscience d'Hébert était pour lui une source de continuelles frayeurs. Il s'attendait à chaque instant à ce qu'on lui reprocherait en face des actes tellement vils, qu'il suffirait de les nommer pour le couvrir de boue. Chaumette, uni à son substitut, *le père Duchesne*, par une longue camaraderie administrative, par une communauté de vues et de projets politiques, et dernièrement par les mêmes imprudences contre les dantonistes, partageait entièrement sa fortune. Anacharsis Clootz, panthéiste en spéculation et en pratique, rêvant au bonheur du genre humain, et soignant beaucoup le sien propre, s'échauffant l'esprit sur les théories de la République universelle, et couvrant du bruit de ses paroles celui de ses cent mille livres de rente, n'ignorait pas que sa rupture avec les Girondins n'était point un bouclier impénétrable. Sa brochure intitulée : *Ni Marat, ni Roland*, avait prouvé qu'il était ennemi des Jacobins par ses principes et par sa conduite, et qu'il n'y avait dans sa boutade contre Roland que les aigreurs d'un amour-propre blessé. Lié avec Hébert, il dînait souvent avec lui chez le banquier Kock, où se réunissaient également Ronsin et Vincent. Robespierre était l'homme que ces gens-là redoutaient le plus. Aussi, pendant qu'Hébert le flagornait bassement dans son journal, la faction à laquelle il donna son nom méditait-elle la perte de ce moraliste religieux, en préparant le mouvement contre le culte. On se tromperait fort si l'on supposait qu'il existât dans la tête des hébertistes une conviction distincte de leur égoïsme, et à laquelle ils fussent disposés à sacrifier même un fétu. Ils étaient convaincus de leur danger, et de l'opportunité des circonstances pour confondre dans une ruine commune le clergé catholique et ceux qui osaient encore tenir ouvertement pour Dieu. Le peuple était alors en verve contre les prêtres réfractaires. Il ne se passait pas de jour que la Convention ne reçût dans son sein des députations chargées de l'or, de l'argenterie et des ornemens des églises. En ce moment, André Dumont, en mission dans les départemens du Nord, envoyait par tous les courriers d'ignobles pasquinades sur les *animaux noirs* qu'il mettait *en cage*, et qu'il avait l'habitude de compter par douzaines ; Fouché désolait le département de la Nièvre ; Carrier inventait à Nantes les bateaux à soupapes, et les noyades appelées par ce Néron de mauvais lieu : *Les mariages républicains*. Les conjonctures parurent si favorables pour saper toute croyance spiritualiste et en proscrire le plus ferme appui, que certains conventionnels ennemis acharnés des hébertistes, qu'ils aidèrent à accabler après leur déconvenue, mais plus ennemis encore de Robespierre, prirent une part directe et active aux machinations matérialistes. Tel fut entre autres Bourdon (de l'Oise), qui assista chez l'évêque Gobel aux conciliabules où Clootz, Hébert, Chaumette, Momoro, etc., préparèrent la journée du 7 novembre. Et il faut bien que cette manifestation présentât une grande chance de succès, puisque l'opinion dominante, et ceux qui la représentaient, jugèrent un instant que les hébertistes étaient les plus forts, et applaudirent à leur comédie. Mais il en était alors comme de nos jours : les incrédules ne voyaient qu'eux, n'entendaient qu'eux, et ils se persuadaient qu'ils étaient tout le monde. Heureusement le peuple, qui séparait la cause des prêtres de la cause de Dieu, et qui croyait profondément que, sans le dogme d'une autre vie où les méchans seraient punis et les bons récompensés, la morale ne signifierait rien, improuva aussitôt les athées. En vain une foule de prêtres s'empressèrent d'abjurer, et de reconnaître qu'ils n'avaient été que des charlatans et des imposteurs, le peuple attribua ces palinodies à des motifs méprisables. Comment des hommes qui déclaraient eux-mêmes n'avoir été que des hypocrites, et qui maintenant poussaient la lâcheté jusqu'au cynisme, auraient-ils inspiré quelque confiance? Le scandale de ces abjurations révolta le sentiment moral, et les hébertistes, laïques ou déprêtrisés, qui proclamèrent et célébrèrent ensemble le culte de la raison, parurent, dès leur première cérémonie, la plus ridicule et la plus dangereuse espèce de jongleurs. L'opinion populaire était donc toute disposée à accueillir une guerre immédiate contre l'hébertisme. Les spiritualistes attendaient une occasion politique, car la liberté des cultes, la seule arme qu'ils pussent opposer à l'intolérance des athées, était un moyen constitutionnel, et non pas révolutionnaire. Le manifeste par lequel les puissances étrangères annoncèrent sur-le-champ à leurs peuples, que les républicains français venaient de lever le masque, et de prouver qu'ils n'étaient qu'une tourbe de blasphémateurs et de scélérats, donna cette occasion. Robespierre en profita, et il était temps d'en finir. Depuis le 7 novembre, la salle du conseil général de la Commune servait de théâtre à des scènes dégoûtantes. C'était un concours de prêtres catholiques, de ministres protestans et de rabbins, où chacun luttait d'hypocrisie athéiste, comme il avait précédemment lutté d'hypocrisie religieuse. Au nombre des offrandes figurent la chape de Moïse et des morceaux de la verge d'Aaron. Déjà des arrêtés dont l'exécution eût été à jamais déplorable avaient été portés. Le 12 novembre, le conseil arrêta que le département serait invité à faire abattre les clochers, « qui, par leur domination sur les autres édifices, semblaient contrarier les principes de l'égalité. » A cette même séance, et sur le réquisitoire de Chaumette, il fut décidé que l'on démolirait « tous les saints qui se trouveraient au portail de la ci-devant métropole, présentement le temple de la Raison. » Ce même Chaumette avait fait brûler en place de Grève la châsse d'une grande sainte vénérée pour des œuvres nationales, et patronne de Paris depuis le berceau du christianisme. Cet outrage à sainte Geneviève indigna ceux que les athées appelaient la populace ignorante et superstitieuse. En plusieurs endroits des faubourgs, les colporteurs du *Père Duchesne* furent saisis, dévalisés et maltraités par le peuple. On ne sait cependant où se serait arrêtée cette folie qui prétendait régénérer la nation en déchirant sa tradition et en insultant la mémoire de ses fondateurs, s'il ne s'était rencontré, pour répondre au vrai sentiment des masses, une parole probe et courageuse, et une occasion pour elle de se faire entendre semblable à celle que nous avons rapportée. Aussi il suffit à Robespierre d'élever la voix pour faire rentrer dans leur néant tous ces ennemis de

Dieu. Le côté politique de la question, si grossièrement manqué par eux, servit à les vaincre et à les atterrer jusque dans leur propre conscience. L'évidence de leur bêtise les foudroya. Ils balbutièrent à l'instant même des rétractations; Chaumette abjura ses réquisitoires avec éclat; Hébert imprima dans son journal l'éloge de Jésus-Christ. Cette faction, obligée de réparer promptement un si rude échec, tourna son exagération révolutionnaire contre les dantonistes. N'ayant pu renverser Robespierre en attaquant Dieu, elle espéra d'y réussir en attaquant Danton et ses amis. Ceux-ci, en effet, indulgens et modérés par calcul personnel plus encore que par les faiblesses d'une sympathie inférieure, offraient une ample matière à dénonciations. Leur immoralité était si connue, leur modérantisme systématique si inopportun, qu'en demandant au comité de salut public de les frapper, les hébertistes comptaient se réhabiliter dans cette poursuite. Ou le comité épouserait la cause des indulgens et périrait avec elle, ou il les livrerait au glaive des lois : ainsi raisonnaient les ultra-révolutionnaires. Ils poussèrent donc tête baissée vers cette double issue, sûrs que la première les porterait au pouvoir, et que la seconde couvrirait leur républicanisme d'un gage sacré. Malheureusement pour les hébertistes ce dilemme avait un milieu, c'était leur propre condamnation. La faction immorale qui pardonnait à tout le monde, fut défendue contre la faction immorale qui ne pardonnait à personne. Celle-ci tenta sur ce terrain une insurrection dont l'idée ne lui était pas même venue au sujet du culte. Elle prépara dans des réunions un nouveau plan de gouvernement, répandit des placards, et proclama un soir aux Cordeliers, aux grands applaudissemens de cette société, que le peuple était encore une fois debout contre une représentation infidèle. Ce fut Hébert qui lança le brûlot. Mais il était sorti de ses dernières luttes avec Camille Desmoulins tellement humilié et tellement annulé à ses propres yeux, qu'il n'osait même plus faire de grandes phrases. Il n'eut de verve que pour accabler Paré, son compétiteur au ministère de la justice. En une nuit, ils furent tous mis en arrestation, et la peur dont la plupart déshonorèrent leur mort montra le mobile secret de leur rage révolutionnaire.

Les dantonistes étaient aussi bien que les hébertistes un parti formé par l'intérêt des individus qui le composaient. L'ordre du jour des Jacobins, la probité et la vertu, effrayait justement des hommes de mœurs faciles, sinon dissolues, et dont chacun avait à se reprocher quelque acte scandaleux contraire à ces principes, et commis dans l'exercice de ses fonctions de représentant. Les vols de Lacroix et de Danton en Belgique étaient dévoilés et publics. Chabot, Julien de Toulouse, Delaunay (d'Angers) et Bazire avaient trempé dans un vol que Chabot dénonça pour obtenir sa grace, feignant d'avoir joué en cela un rôle d'espion. Camille Desmoulins, homme sans conviction et sans caractère, grand coureur de repas et ami de quiconque était son hôte ou son commensal, comprit que si la sévérité du comité de salut public n'était point contredite et tempérée, il ne tarderait pas à avoir avec lui quelque démêlé fâcheux. Imitateur très-spirituel du style, du scepticisme et de la fausse bonhomie de Montaigne, il cachait avec beaucoup d'art, sous l'aveu plein d'abandon de peccadilles très-vénielles, des fautes très-répréhensibles chez un représentant du peuple. Mu par l'instinct de son propre danger, et monté par Danton et par Fabre d'Églantine, il écrivit son journal du *Vieux Cordelier* que nous reproduirons en entier. Camarade de collége de Robespierre et son prôneur enthousiaste pendant la révolution, les dantonistes fondaient un grand espoir sur cet intermédiaire pour fléchir et amollir *l'incorruptible*. Sans des imprudences capitales, ils auraient peut-être réussi à se sauver. Le comité de salut public ordonna (18 novembre) l'arrestation des quatre *indulgens* convaincus de vol; Chabot, Delaunay d'Angers et Bazire furent saisis; Julien de Toulouse parvint à s'échapper. Mais on se borna à cette mesure, et bien loin d'attenter à la liberté des autres *indulgens*, on les défendit chaudement contre les hébertistes, qu'on leur sacrifia. Il est vrai qu'ils se conduisirent dans cette querelle avec une incapacité politique qui les mena à l'échafaud, et cependant malgré l'énormité de leur crime

Robespierre protégea Camille Desmoulins tant qu'il consentit à en être protégé; et s'il ne voulut point absoudre Danton, du moins s'abstint-il de le juger. Pour rendre exécrable l'opposition des ultra-révolutionnaires, ils composèrent des tableaux hideux de ce qui se faisait; ils exagérèrent les horreurs de la suspicion et de la détention, quoiqu'ils sussent bien que les prisons des suspects étaient, comme on le verra plus bas, de véritables lieux de délices, où la bonne compagnie menait joyeuse vie, filait des intrigues amoureuses, faisait des bouts rimés, des pots-pourris et des chansons de tous les styles. Ils exagérèrent le nombre de ceux que frappait le régime actuel, afin que la France et l'Europe indignée reculassent d'épouvante devant les monstres qui voulaient enchérir sur tant de cruautés. Ces coups portés à l'hébertisme tombaient donc sur le gouvernement révolutionnaire. Tandis que les efforts des uns concluaient à le faire passer pour athée, les efforts des autres tendaient à en prouver la férocité et à la rendre révoltante. Toutefois l'homme qui gouvernait cette époque, et qui avait toujours devant les yeux le salut de la France, se contentait, pour son propre compte, de signaler de vrais coupables, et faisait en silence la part de la fatalité à l'égard des individus que moissonnait le glaive révolutionnaire. Il déplorait même cette fatalité qui ne permettait pas un discernement exact, et qui imprimait le sceau du crime à des actes qui, en d'autres temps, n'eussent pas même été des fautes. Il en gémissait avec ses amis, s'il faut en croire des témoins contemporains en présence de qui il se serait écrié un jour, en parlant des guillotinades que sollicitaient impérieusement les hébertistes, *toujours du sang!* Un fait avéré donne du poids à ce témoignage. Camille Desmoulins communiqua à Robespierre les premiers numéros du *Vieux Cordelier*, et celui-ci les approuva pleinement. Il les lut et les approuva tous successivement, même ceux qui furent dénoncés aux Jacobins, sauf un point qu'il avait dit à Camille de retrancher, ce qui fut promis, et non pas accompli par l'auteur. Là fut la première imprudence des Dantonistes. Philippeaux, rappelé de Vendée où il avait été longtemps en mission, commença par dénoncer au comité de salut public la plupart des collègues qui avaient partagé son commissariat, et presque tous les généraux républicans. Ses dénonciations renfermaient des avis utiles, mêlés à des diatribes extravagantes; on profita des uns, ou négligea les autres, et on se tut sur le tout. Humilié de son rappel, et de la volonté du comité de ne pas servir d'instrument à sa vengeance contre ceux qu'il en accusait, Philippeaux fit une brochure et la publia. Ce n'était plus maintenant Ronsin, Rossignol, etc., qu'il attaquait en première ligne, c'était le comité de salut public lui-même, auquel il imputait les mauvais succès et les lenteurs de la guerre vendéenne; Camille trouva dans ces écrits de nombreux et solides argumens contre les créatures des hébertistes, et ses amis espérèrent en tirer parti contre le comité, qu'il devenait, pour quelques-uns, urgent de prévenir. Fabre d'Églantine allait être arrêté comme complice des quatre députés accusés de vol; c'était lui qui avait satisfait aux conditions de cette fraude en surchargeant et en falsifiant un décret relatif à la compagnie des Indes. (Voir plus bas.) Il intrigua en proportion de ses dangers, il chercha et rapprocha tous ceux qui avaient quelque raison de craindre, exagéra leur frayeur, et accrut ainsi d'une manière assez alarmante le parti des Indulgens. Bourdon de l'Oise, hébertiste un moment lors du mouvement contre le culte, jugeait à cette heure l'opposition des modérés plus utile à ses fins, et il s'y rangeait. Celui-là n'était occupé que de mettre à profit tout ce qui lui semblait un moyen de renverser Robespierre. Philippeaux, une fois compromis par sa brochure, reçut des ouvertures de Fabre, et se lia avec les Dantonistes; ils recrutaient en lui un excellent auxiliaire pour la guerre qu'ils soutenaient alors contre la faction d'Hébert, et son pamphlet fut l'arme offensive dont ils se servirent le plus. Témoins et juges de ces discussions, les Jacobins laissèrent tirer de cet écrit toutes les conséquences qui ne tombaient que sur les individus et où le pouvoir n'était pas directement attaqué; en vain les hébertistes poussaient des cris de fureur et demandaient justice, la société n'aurait pas instruit cette affaire, si Philippeaux et ses nouveaux amis ne s'étaient obstinés à remonter jusqu'aux ministres et à leur imputer à trahison les choix des généraux et des agens accusés de malversations plus ou moins criminelles dans la guerre de l'Ouest. Or, mettre le ministère en cause, c'était y mettre le comité de salut public en personne, car les ministres n'agissaient que d'après ses ordres. La querelle éclata le 7 janvier 1794 au sein de la Convention. Bourdon de l'Oise lut une opinion sur la mauvaise organisation du ministère, et sur les moyens qu'un « petit nombre d'hommes pourrait employer pour se perpétuer et ruiner la liberté. » Philippeaux appuya vivement ce discours, et donna un caractère officiel à sa brochure en en prononçant l'analyse à la tribune nationale. Choudieu fut le seul qui se leva contre Philippeaux; il l'accusa d'être l'instrument d'une faction qui voulait diviser les patriotes : « Il n'y a pas un mot de vrai, s'écriait-il, dans tout ce qu'il vient de dire; et s'il n'est pas fou, il est le plus grand des imposteurs : il ment à sa conscience, en accusant Rossignol de lâcheté; ce qui l'a engagé à cette démarche, c'est la crainte d'être lui-même accusé. » Parmi ceux qui participèrent à divers degrés à la sortie de Bourdon et de Philippeaux contre l'organisation ministérielle, et répétèrent, en les adoucissant, les dénonciations de ce dernier, nous remarquons Bentabolle, Merlin de Thionville, Charlier, Lecointre (de Versailles), et Bellegarde. Après un tel esclandre, il fallut que la société des Jacobins se prononçât; les débats y étaient ouverts depuis quelques jours sur le fond de la question. Philippeaux, Bourdon, Fabre-d'Églantine et Camille Desmoulins étaient invités à venir s'expliquer à la séance du 6; on les appela trois fois de suite, et ils ne répondirent pas. « Puisque les champions qui ont provoqué cette lutte fuient le combat, dit Robespierre, que la société les appele au tribunal de l'opinion publique; elle les jugera. » Camille Desmoulins parut vers la fin de la séance ; Robespierre parla de lui avec une bienveillance extrêmement ingénieuse; il sépara sa personne de ses écrits, et demanda que la société conservât Desmoulins tout en lui infligeant une punition paternelle. Cette punition consistait à brûler, pour l'exemple, les numéros du *Vieux Cordelier*, « que Brissot même n'eût osé avouer » — Camille répondit par un bon mot aux conclusions d'un ami intelligent qui cherchait sincèrement à le sauver : « Brûler n'est pas répondre », s'écria-t-il. Là, ces débats, dont nos lecteurs trouveront plus bas les détails, commencèrent à s'envenimer. Le lendemain eut lieu la séance de la Convention plus haut mentionnée, et dès-lors il ne fallut plus songer à pacifier ces dissensions. Les hébertistes firent effacer de la liste des Jacobins Bourdon de l'Oise, Fabre-d'Églantine et Camille Desmoulins; ils expulsèrent Philippeaux lui-même, ce qui était une simple marque de sa condamnation, car il n'était pas membre de la société. Robespierre continua à défendre Desmoulins, et à parler de lui comme s'il n'eût pas été compris dans l'arrêté de radiation. Il eut là-dessus une altercation fort vive avec Dufourny à la séance du 10 janvier 1794, et fit révoquer la mesure prise contre Camille. Il est probable que tout en serait resté là, que Fabre, arrêté (la nuit du 12 au 13 janvier 1794) pour le faux qu'il avait commis, eût été le seul puni, si les dantonistes n'étaient pas tombés dans une dernière et irrémissible imprudence. Lorsque Fabre, le chef le plus actif du modérantisme, fut décrété d'accusation comme faussaire, le parti d'Hébert se crut victorieux. Il vit ses adversaires condamnés et avilis dans la personne du plus implacable et du plus habile d'entre eux. Chaque jour, à chaque instant, il en invoquait le supplice. Chabot, naguère dénonciateur ardent d'Hébert, partageait, avec Fabre, les malédictions et les vœux homicides de gens qui étaient leurs ennemis les plus acharnés, par les mêmes raisons qui, dans d'autres circonstances, en auraient fait leurs plus vils complices. Mais ce parti eut beau vociférer, s'agiter, marquer de ses dénonciations d'innombrables victimes, et secouer avec fureur la guillotine, le couteau ne s'en détacha à la fin que sur sa propre tête. Ce fut le tour des dantonistes de crier victoire. La joie du modérantisme éclata d'abord indiscrètement, et bientôt avec audace. Au premier moment on croyait et on se disait que les prisons allaient s'ouvrir, et qu'un pardon général serait la moindre des conséquences de la chute des ultra-révolutionnaires. On s'enhardit peu à peu; les bustes de Marat et de Chalier furent brisés et proscrits en plusieurs endroits. A Lyon, les fédéralistes, qui la veille encore imploraient à genoux la grace de leur crime, osaient maintenant demander vengeance. Ce n'était pas tout : les indulgens menaçaient du sort des hébertistes un certain nombre de conventionnels, et même la plupart des membres du comité de salut public. Ennemis personnels de Billaud-Varennes, de Saint-Just et de Collot-d'Herbois, Danton et Camille Desmoulins pouvaient au moins inspirer à ce dernier une crainte réelle. Il leur était facile, en effet, de prouver qu'il appartenait à la faction vaincue, tant par ses déclamations sanglantes que par le zèle de cruauté, et non point de justice, qu'il avait déployé contre les Lyonnais. En outre, il avait défendu un des hébertistes les plus influens, le général de l'armée révolutionnaire Ronsin, son exécuteur des hautes œuvres à Lyon. Les seuls dantonistes ennemis de Robespierre étaient Philippeaux et surtout Bourdon de l'Oise, lequel sut encore se retirer assez à temps pour ne pas être enveloppé avec les modérés, comme il en avait usé avec les hébertistes. Tous les autres prônaient et respectaient l'*incorruptible*. Aussi, lorsqu'ils comprirent que la réaction dont ils avaient donné le signal devait être réprimée, et que le salut de la révolution en dépendait, ils se turent, et tendirent vers Robespierre des mains suppliantes. Mais il était trop tard. En excitant la confiance des contre-révolutionnaires, les modérés avaient mis le pouvoir dans la nécessité de prouver qu'il n'était ni désarmé, ni disposé à mollir. Il lui fallut maintenir la révolution en mettant son énergie et sa sévérité hors de doute. Le comité de salut public procédait à la discipline des partis avec les mêmes principes qu'à celle de l'armée. Il sévissait contre les chefs, et l'on ne peut nier que cette justice ne fût la bonne. Danton et ses principaux amis n'avaient donc qu'à s'envelopper la tête, car leur vie était désormais le gage matériel qu'exigeait la sécurité révolutionnaire. On a divagué jusqu'à ce jour sur les véritables motifs qui les firent abandonner par Robespierre. Ceux qui ont dit que ce fut à cause de leur immortalité nous ont appris seulement pourquoi il ne les défendit pas, et non pas pourquoi il les condamna. Un examen attentif des pièces nous a démontré, comme il démontrera bientôt à nos lecteurs, que Robespierre avait uniquement les yeux sur la question politique. Or, cette question commandait fatalement le supplice des chefs du modérantisme. Qui en distraire? qui épargner? Peut-être eût-il cédé aux instantes sollicitations qui lui furent faites, peut-être eût-il essayé de négocier le salut de Danton et de Camille Desmoulins; mais comment pouvait-il dépouiller Danton de la prépondérance que sa réputation lui donnait, dans son propre parti, aux yeux de l'opinion publique? Comment tirer du premier rang, pour le cacher dans les derniers, le plus illustre personnage de la faction des modérés? Il le tenta néanmoins. C'était lui qui s'était chargé de porter la parole contre cette faction, et il l'avait composée autrement qu'elle ne parut devant le tribunal révolutionnaire. Un projet de rapport trouvé dans ses papiers, et que nous allons bientôt transcrire, ne renferme pas le nom de Danton. C'est à Fabre-d'Églantine que toutes les intrigues sont rattachées, que tout le mal est attribué. Danton y est à peine désigné sous des termes généraux, et dans une énumération des dupes de Fabre. « Par lui, dit Robespierre, le patriote indolent et fier, amoureux à la fois du repos et de la célébrité, était enchaîné dans une lâche inaction, ou égaré dans les dédales d'une politique fausse et pusillanime. » Les complices directs de Fabre, groupés dans l'accusation de Robespierre, étaient Lacroix, Desmoulins, *égaré par une impulsion étrangère*; Dubois-Crancé, Merlin de Thionville, Bourdon de l'Oise, Philippeaux, les deux Goupilleau; Maribon-Montaut, Boursaut, Charlier et Pressavin. Le système de Robespierre ne prévalut point dans le comité, et son rapport ne fut pas achevé. Collot, Billaud-Varennes, Saint-Just, et même Barrère, si cruellement moqué dans le *Vieux Cordelier*, se vengeaient en punissant. Leurs ennemis étaient coupables, et il fallut renoncer à les leur disputer, car une protection aussi insensée, et qui n'était qu'une faiblesse amicale, aurait infailliblement perdu son auteur. Quel côté respectable de ses clients Robespierre eût-il pu, en effet, montrer au public, s'il en eût été sommé ? Obligé de les condamner, parce qu'ils étaient les membres le plus en évidence d'une opposition dont le salut public exigeait l'anéantissement ; dans l'impossibilité de les défendre, parce qu'ils n'avaient ni mœurs, ni probité, et que leur *modérantisme* avait dès lors tout le caractère d'un calcul personnel, et nullement celui d'une bonne foi désintéressée, Robespierre se dirigea par des vues nationales. Il condamna le parti en masse, et laissa à d'autres le privilége de choisir les plus coupables pour les livrer au glaive des lois. Aucun de ceux qu'il avait signalés, sauf Fabre-d'Églantine et Philippeaux, ne se trouva sur la liste dressée par ses collègues. Aussi Robespierre se tut, et n'eût-il point rompu le silence, si Legendre, dans la séance du 31 mars 1794, n'avait tenté sur la Convention la puissance du nom de Danton.

Pour faire connaître la manière dont s'étaient formées la faction hébertiste et la faction dantoniste, ainsi que le mobile secret qui les opposa l'une à l'autre, et toutes les deux au pouvoir conventionnel, il nous a été nécessaire de tracer rapidement leur histoire. Maintenant nous expliquerons les dénominations politiques qui servirent à les combattre et à les vaincre. Nous l'avons déjà dit ailleurs, le bon sens du peuple ne pouvait pénétrer et voir clair dans le chaos des luttes dont il était témoin qu'à l'aide de son *criterium* ; pour lui il n'y avait que deux partis, celui de la France et celui de l'étranger, et jamais on n'eût sanctionné à ses yeux aucune proscription, s'il n'eût été convaincu d'abord que la France y était directement ou indirectement intéressée. Or, il était facile de concevoir que rendre tout pouvoir impossible dans la France révolutionnaire, c'était la livrer aux étrangers. Les diverses oppositions faites au pouvoir existant, et qui voulaient lui imposer des conditions qui l'eussent évidemment annulé, agissaient donc réellement au profit de l'étranger. Les hébertistes et les dantonistes étaient dans ce cas. Les premiers firent un appel à l'insurrection pour établir un pouvoir athée et féroce, c'est-à-dire impossible. Les seconds relevèrent toutes les têtes suspectes ou criminelles que tenait courbées la main de la terreur; par eux, de la pensée d'une amnistie, les ennemis intérieurs passèrent à des projets de réaction; ils appelèrent la contre-révolution pour obtenir un pouvoir qui pardonnât sans discernement, c'est-à-dire aussi immoral, et partant aussi impossible que celui des hébertistes : lorsqu'il faut juger, pardonner ou punir, sans distinguer l'innocent du coupable, sont, en effet, une seule et même iniquité. Les hébertistes concluaient à l'invasion par l'anarchie; les dantonistes y concluaient par la contre-révolution. Ce simple raisonnement suffisait pour démontrer au peuple que ces deux factions étaient l'une et l'autre du parti de l'étranger. Mais ce n'était pas tout. Des faits matériels, qui n'auraient rien signifié s'ils n'eussent été mis en relation avec cette logique, concoururent à la rendre palpable. On savait, et il est certain, que les puissances coalisées, l'Angleterre surtout, entretenaient en France de nombreux espions. L'or de Pitt et de Cobourg était un levier dont on soupçonnait la présence sous toutes les manœuvres contraires au salut public. Avec une préoccupation habituelle de cette nature, comment ne pas admettre que des factions où figuraient des étrangers étaient vendues à l'étranger? et il y en avait dans toutes les deux : Kock, banquier hollandais, Anacharsis Clootz, baron prussien, le belge Proly, étaient hébertistes; l'Espagnol Gusman, le Danois Deiderichsen, les banquiers autrichiens Junius et Emmanuel Frey, étaient dantonistes. Ces faits n'étaient peut-être qu'une coïncidence; mais ils parlaient aux sens pendant que des considérations infaillibles d'un autre ordre déterminaient les esprits; et les factions qui en étaient l'objet furent atteintes et convaincues par toutes sortes de preuves qu'elles étaient factions de l'étranger. Cette explication diffère beaucoup, on le voit, du système adopté par certains historiens, et qui consiste à attribuer tous les excès de la révolution à l'influence étrangère. Si Dulaure, l'un d'eux, avait sondé avec bonne foi, et sans prévention, sa conscience de girondin, il aurait, à coup sûr, trouvé et signalé d'autres causes. Aux yeux du matérialisme historique, le but, les actes et les motifs, tout est individuel dans les événemens. Aux yeux du spiritualisme, au contraire, le principe d'action et le résultat sont toujours des généralités qui doivent être fixées avant qu'on puisse apprécier les actes individuels. Le premier raisonne ainsi : Un tel était payé par l'Angleterre ; donc il travaillait à gagner son argent. Le second dit : Tel principe niait la France ; tel résultat la livrait aux étrangers : quiconque a professé ce principe, et coopéré à ce résultat, a pu être payé par les étrangers. Au reste on va voir et toucher les véritables causes des excès révolutionnaires : on va comprendre que si ces excès furent des crimes pour une poignée de misérables qui ne pensaient qu'à eux, ne parlaient et ne s'occupaient que d'eux, ils furent une fatalité pour quelques hommes pleins de droiture, et qui se dévouèrent à la surmonter. On s'étonnera que leurs efforts aient pu en diminuer la rigueur et l'étendue quant au nombre des victimes individuelles qu'elle menaça ; on s'étonnera plus encore qu'ils aient réussi à en dégager saine et sauve l'existence de la nation.

Nous passons maintenant des partis au pouvoir lui-même, et nous essaierons aussi de montrer de quelle sorte il convient d'apprécier ceux qui le possédaient. L'époque que nous traitons ici renferme un enseignement politique tellement important que nous serions coupables de rien négliger de ce qui peut le mieux le faire ressortir. Les publicistes et les historiens les plus favorables à la révolution en ont attribué tout le bien à des êtres abstraits, à des appellations collectives, et tout le mal aux individus que désignent ces appellations. Cette manière de juger implique une absurdité grossière ; car si les membres de la Convention n'ont fait que du mal, comment la Convention elle-même a-t-elle pu faire du bien ? Dans l'inégale distribution du mal imputé aux individus, chacun prend pour les siens la part des erreurs, des faiblesses, des torts légers et pardonnables, et place la part des crimes du côté de ses adversaires. Voilà pourquoi un seul, s'étant trouvé l'adversaire de tous, tous les crimes ont été jetés sur sa mémoire. Combien il était aisé cependant, en se guidant par les voies de l'équité la plus vulgaire, de suivre le bien et le mal jusqu'à leur source respective ! Il ne fallait pour cela que demander compte à chacun de son degré d'influence et de ce qu'il en avait fait; c'était là l'exacte mesure de sa responsabilité. La Convention, en effet, et le comité de salut public, nous offrent un combat entre des influences individuelles, et c'est dans ce combat qu'une seule tend à primer toutes les autres. Mais avant que ce résultat ait été obtenu, avant que le pouvoir que plusieurs se partagent, avec un titre égal et personnel, ait été concentré entre les mains de celui qui paraît à la fin seul digne et seul capable de l'exercer, la responsabilité se divise nécessairement comme le pouvoir. Or, après le 31 mai, quiconque appartenait au côté gauche de la Convention, reçut fatalement dans le pouvoir une portion égale à l'importance révolutionnaire qu'il avait acquise. A qui donc imputer ses œuvres, sinon à lui-même? Tallien doit répondre de Bordeaux; Chabot, de Toulouse; Barras et Fréron, de la Provence; Collot-d'Herbois et Fouché, de Lyon; ainsi des autres. Chaque membre du comité du salut public doit répondre de sa doctrine personnelle, de sa conduite et de ses votes. En éclairant les faits à cette lumière, il devient incontestable pour un juge impartial, que Robespierre fit tout le bien qu'il était alors humainement possible de faire, que tout le mal fut l'ouvrage de ses ennemis, qu'il ne put l'empêcher, et qu'au moment où il voulut rendre à chacun selon ses œuvres, il fut égorgé. Nous l'avons déjà vu résister de toute sa force aux dénonciations systématiques des hébertistes, et commencer à sauver, contre leurs ennemis de la Convention, les soixante-treize députés girondins qu'il va sauver maintenant contre les cordeliers. Il s'opposera d'abord à ce que les nobles soient expulsés des Jacobins, malgré la demande incessante qu'en font les hébertistes; et, obligé de céder sur ce point, il exigera qu'ils soient tous expulsés, parce que la faveur des exceptions serait l'infaillible partage des intrigans. Il empêchera qu'on expulse les prêtres; il fermera la bouche aux athées;

dans cette rude et longue épuration à laquelle les Jacobins consacreront plusieurs mois, il ne montrera d'acharnement que contre les hommes perdus de crimes qui veulent tout sacrifier à leur haine, à leur ambition, ou à la peur qui les domine. Il emploiera tous ses efforts à mettre un terme à ces disputes personnelles, à ces rivalités de parti, qui détournent sur des intérêts méprisables une attention que réclament les intérêts de la France. Au moment où il verra que le même torrent de passions égoïstes est sur le point d'emporter pêle-mêle les amis d'Hébert et les amis de Danton, il posera au club un thème de discussion générale (sur les vices du gouvernement anglais), afin de séparer les combattans. Par là, en effet, les moins coupables ne seront pas compromis davantage, et les vrais scélérats seront abandonnés à la pente naturelle qui les entraîne à l'échafaud. Tous les grands rapports sur la politique intérieure et sur la politique extérieure seront pensés et formulés par lui. Enfin, durant cette lutte terrible où les influences révolutionnaires vont se disputer le pouvoir, la sienne grandira chaque jour, et ce sera lui qui fermera six mois de discordes par les fameuses conclusions du 7 mai 1794. Personne alors ne se trompa sur les œuvres de cet homme. Des documens de la diplomatie étrangère font foi que la coalition lui attribua tout le bien qui se faisait en France, et fut convaincue qu'il allait s'y rendre maître de toutes les mauvaises passions et de tous les élémens d'anarchie. Aussi se montra-t-elle disposée à traiter par lui avec la république française. Quant à la nation, représentée entièrement à cette époque militante par les Jacobins et par l'armée, elle plaça en lui une confiance illimitée. Lorsque la nouvelle du 9 thermidor parvint aux armées, la consternation fut générale. Il n'y a qu'une voix là-dessus parmi les militaires de tout rang et de tout grade dont le témoignage mérite considération. On se répétait avec effroi le mot de Robespierre : « La République est perdue; les brigands triomphent; » et on ajoutait : « Qu'allons-nous devenir? » Nous ferons une dernière remarque : la domination réelle de Robespierre commença le 7 mai 1794, et finit le 23 juin de la même année; or, ce fut pendant les six mois qui précédèrent le règne de son influence, et pendant les quarante jours qui s'écoulèrent depuis sa non-participation au gouvernement jusqu'à sa mort, qu'il fut versé le plus de sang, et qu'eurent lieu toutes les horreurs justement reprochées à certains proconsuls conventionnels.

A présent nous entrons dans les documens et dans les faits, au début d'une période que domine l'histoire des querelles sanglantes entre le comité de salut public et deux oppositions rivales, nous croyons devoir placer le projet de rapport de Robespierre sur ces deux oppositions en général, et, en particulier, sur celle à laquelle il donne pour chef Fabre d'Églantine. Nous transcrivons littéralement cette pièce, cotée n° 411 à la suite du rapport de Courtois; il ne faut pas oublier que ce discours est un simple projet, et ne s'étonner ni de quelques incorrections, ni de quelques phrases qui paraissent faire double emploi.

Discours de Robespierre sur la faction Fabre-d'Eglantine.

» Deux coalitions rivales luttent depuis quelque temps avec scandale l'une tend au modérantisme, et l'autre aux excès patriotiquement contre-révolutionnaires. L'une déclare la guerre à tous les patriotes énergiques, prêche l'indulgence pour les conspirateurs; l'autre calomnie sourdement les défenseurs de la liberté, veut accabler en détail tout patriote qui s'est une fois égaré, en même temps qu'elle ferme les yeux sur les trames criminelles de nos plus dangereux ennemis. Toutes deux étaient le patriotisme le plus brûlant, quand il s'agit d'attaquer leurs adversaires; toutes deux font preuve d'une profonde indifférence, lorsqu'il est question de défendre les intérêts de la patrie et de la vérité: toutes deux cherchent à sacrifier la république à leur intérêt particulier. Le patriotisme dont elles se vantent, n'est point absolu ni universel; il n'éclate que dans certaines circonstances, et se renferme dans la sphère des intérêts de la secte. Il n'a rien de commun avec la vertu publique. Il ressemble à la haine, à la vengeance, à l'intrigue et à l'ambition. Toutes deux ont raison, lorsqu'elles se dénoncent réciproquement ; elles ont tort, dès qu'elles prétendent conclure quelque chose en leur faveur, des vices de leurs adversaires. Toutes deux prouvent tout contre leurs adversaires, et rien en leur faveur.

» L'une cherche à abuser de son crédit ou de sa présence dans la Convention nationale; l'autre, de son influence dans les sociétés populaires. L'une veut surprendre à la Convention des décrets dangereux, ou des mesures oppressives contre ses adversaires; l'autre fait entendre des cris douloureux dans les assemblées publiques. L'une cherche à alarmer la Convention, l'autre à inquiéter le peuple; et le résultat de cette lutte indécente, si l'on n'y prend garde, serait de mettre la Convention nationale en opposition avec le peuple, et de fournir aux ennemis de la république l'occasion qu'ils attendent d'exécuter quelque sinistre dessein; car les agens des cours étrangères sont là qui soufflent le feu de la discorde, qui font concourir à leur but funeste l'orgueil, l'ignorance, les préjugés des deux partis, et tiennent tous les fils de cette double intrigue, et en dirigent tous les résultats vers leur but.

» Le triomphe de l'un ou de l'autre parti serait également fatal à la liberté et à l'autorité nationale. Si le premier écrasait l'autre, le patriotisme serait proscrit; la Convention nationale perdrait l'énergie qui seule peut sauver la république, et la chose publique retomberait entre les mains de l'intrigue, de l'aristocratie et de la trahison : si le second l'emportait, la confusion et l'anarchie, l'avilissement de la représentation nationale, la persécution de tous les patriotes courageux et sages, seraient les fruits de sa victoire.

» Dissoudre la Convention nationale, renverser le gouvernement républicain, proscrire les patriotes énergiques et remettre à la fois le commandement des armées et les rênes de l'administration révolutionnaire dans les mains des fripons et des traîtres : tel est, tel sera l'intérêt, le but de tous les tyrans coalisés contre la république, jusqu'à ce que le dernier d'entre eux ait expiré sous les coups du peuple français. Tel est aussi le véritable but de l'intrigue que je vais développer.

» Un système d'attaque se développa contre le comité de salut public, dès le moment où il commença à montrer un caractère vraiment inquiétant pour les ennemis de la République.

» Peu de temps après l'époque où il fut renouvelé, et que Lacroix et quelques autres en sortirent, on se flattait hautement qu'il ne pourrait jamais porter le poids des fonctions qui lui étaient imposées. Pour le paralyser tout à coup, on propose à la Convention de détruire le conseil exécutif, et de le charger seul de tout le fardeau de l'administration, sous le nom de comité de gouvernement (1). Le comité de salut public, à qui cette question fut renvoyée, prouva facilement que cette proposition, soutenue avec beaucoup d'opiniâtreté, tendait à détruire le gouvernement, sous le prétexte de le perfectionner, et à annuler le comité de salut public, sous le prétexte d'augmenter sa puissance; et la Convention eut la sagesse de laisser les choses dans l'état où elles étaient. Cependant le gouvernement, quel qu'il fût, comprimait vigoureusement les ennemis du dedans, et combattait avec avantage les ennemis du dehors. On continua de le harceler d'une autre manière. Non content de contrarier indirectement, par des motions insidieuses, ses mesures les plus sages, on employa contre lui l'arme la plus puissante et la plus familière des ennemis de la liberté, la calomnie (on peut se rappeler l'époque). Un représentant du peuple qui était sorti vivant de Valenciennes tombé sous le joug autrichien (Briez, séance du 25 septembre 1793) osa, dans un libelle qu'il qualifiait rapport, rejeter sur le comité de salut public l'ignominie d'une trahison, que la patrie indignée reprochait en grande partie à sa lâcheté; et cette calomnie impudente fut accueillie avec transport par les ennemis secrets de la République, que la punition récente des conspirateurs avait condamnés au silence. Elle fut même récom-

(1) Cette proposition fut faite par Danton et appuyée par Lacroix à la séance du 1er août 1793. (*Note des auteurs.*)

pensée par un décret qui adjoignait son auteur au comité de salut public, mais cette erreur fut à l'instant même reconnue et réparée.

» On n'en continua pas moins de calomnier et d'intriguer dans l'ombre. Les meneurs cherchaient un champion assez déhonté pour se lancer le premier dans l'arène. Il se présenta un homme (Philippeaux), qui avait joué dans la Vendée un rôle aussi honteux que le premier délateur dans Valenciennes ; un représentant du peuple, naguère avocat du tyran, et lâche flagorneur de Roland et de la faction brissotine dans un journal ignoré ; un homme dont l'existence équivoque était à peine aperçue des amis et des ennemis de la liberté ; un homme dont le rappel de la Vendée avait été l'un des remèdes nécessaires pour mettre fin à nos désastres, et l'époque de nos succès, cet homme répandit tout à coup un libelle où l'effronterie supplée en même temps à la vérité et à la vraisemblance, où il se constitue le panégyriste des généraux perfides et diffamés avec lesquels il a vécu ; un dénonciateur des représentans fidèles qui l'avaient dénoncé, des patriotes qu'il a constamment persécutés, enfin du comité de salut public, qui n'avait à se reprocher qu'un excès d'indulgence à son égard.

» Le comité de salut public, qu'on voulait distraire des travaux immenses sous lesquels on le croyait près de succomber, pour le forcer à répondre aux pamphlets, se reposa sur le mépris que devaient inspirer et l'ouvrage et l'auteur. Il se trompa.

» L'atrocité de la calomnie fut précisément ce qui en fit la fortune : tous les ridicules même de l'auteur ne purent nuire à ses succès. Tous les hommes faciles à tromper, tous les intrigans à qui un gouvernement patriote était redoutable, se rallièrent sous les bannières d'un homme qu'ils méprisaient. Il n'était question que de trouver quelqu'un pour ouvrir la tranchée. La sottise et la perversité lui prodiguèrent les encouragemens les plus flatteurs, et il enfanta de nouveaux libelles, tous imprimés et distribués avec une profusion scandaleuse. Chaque jour la tribune retentit de ses insolentes déclamations. Il fut secondé par tous ceux qui avaient partagé ses torts dans la Vendée. Bientôt parurent les numéros de Camille Desmoulins; égaré par une impulsion étrangère, mais qui développa par des motifs personnels la doctrine liberticide de la nouvelle coalition.

» Dès le mois de......... elle était déjà si forte, que le comité de salut public était fortement ébranlé dans l'opinion d'une partie de la Convention nationale. On avait déjà fait passer en principe qu'il était responsable de tous les événemens fâcheux qui pouvaient arriver, c'est-à-dire des torts de la fortune, et même des crimes de ses ennemis; et le triomphe de la calomnie était d'autant plus certain que l'on ne doutait pas qu'il ne succombât nécessairement sous le poids de la tâche qui lui était imposée.

» Au moment de la plus grande tourmente du gouvernement naissant, on en provoqua brusquement le renouvellement, motivé par des diatribes violentes contre ses membres; mais cette hostilité subite heurtait, choquait trop violemment l'opinion publique; et le lendemain le décret qui changeait l'existence du comité fut rapporté, au moment où les listes des meneurs étaient suspendues sur le scrutin. Parmi les noms inscrits sur ces listes, on distinguait celui de Dubois-Crancé et ceux de quelques autres membres intéressés particulièrement à la ruine du comité.

» Les intrigans poursuivirent l'exécution de leur plan avec une activité nouvelle. Calomnié au dehors par tous les tyrans et par tous les traîtres, le comité de salut public l'était d'une manière beaucoup plus dangereuse au sein de la Convention même, par tous ses ennemis. Déjà ceux-ci avaient fait passer en principe qu'il était responsable de tous les événemens malheureux qui pouvaient arriver, c'est-à-dire des torts de la fortune et des crimes mêmes de ses ennemis. C'en était fait, si le génie de la liberté n'avait opéré tout à coup les prodiges étonnans qui ont sauvé la République. Déjà on avait répandu dans tout le Midi que le comité de salut public avait pris la résolution de livrer Toulon, et d'abandonner tous les pays méridionaux au-delà de la Durance, tandis qu'au sein de la Convention on l'accusait sourdement de ne pas prendre les mesures nécessaires pour réduire Toulon. La victoire prodigieuse qui remit cette cité au pouvoir de la République, fit taire pour un moment la calomnie ; mais si cet heureux événement avait été seulement reculé, le gouvernement républicain était accablé sous le poids de la calomnie. Alors les ennemis de la révolution auraient proscrit à leur gré les défenseurs de la liberté, qu'ils avaient renfermés dans le comité de salut public, comme dans un défilé, pour les immoler. Le sort de la liberté retombait entre les mains des fripons et des traîtres ; la Convention nationale perdait la confiance publique, et la cause de la tyrannie triomphait. Aussi, quand le comité de salut public apporta à la Convention cette heureuse nouvelle, tous les amis purs de la liberté, qui siégent à la Montagne, dans les transports de leur joie civique, nous témoignèrent à l'envi leur satisfaction, sous le rapport même de la persécution suscitée aux plus zélés défenseurs de la patrie. Vous avez bien fait de réussir, leur disaient-ils, car si Toulon n'avait pas été pris si tôt, vous étiez perdus ; je crois qu'ils vous auraient fait décréter d'accusation. D'un autre côté, il était facile de lire sur les visages des calomniateurs que cet heureux événement n'était pour eux qu'un revers personnel, et que le triomphe de la République déconcertait leurs projets.

» Mais, ni Toulon enlevé, ni la Vendée détruite, ni Landau délivré, rien ne put arrêter le cours des libelles : il semblait qu'on voulût se venger de tant de succès en outrageant ceux qui y avaient coopéré. Cependant, comme on n'osait plus attaquer directement le comité de salut public, on revint au premier système, de le paralyser, en désorganisant le gouvernement et en minant tous ses appuis. On déguisa, selon l'usage, ce projet, sous des prétextes très-patriotiques. On commença par répéter, contre les agens nécessaires du gouvernement républicain, choisis par les patriotes et nommés par la Convention, tous les reproches qui s'appliquaient aux ministres de la cour. On enchérit sur les injures prodiguées naguère par la faction brissotine aux patriotes qui secondaient les vues du comité de salut public, et qui étaient investis de sa confiance. On renouvela la motion insensée de changer le gouvernement actuel, et d'en organiser un nouveau. Des commis du département de la guerre accusés d'impertinence ou d'intrigue, des rixes survenues entre eux et certains membres de la Convention, les torts plus ou moins graves de plusieurs agens du conseil exécutif, et surtout les discours ou les procédés peu respectueux de quelques-uns d'entre eux à l'égard de quelques représentans du peuple, tels étaient les prétextes dont on se servait pour tout entraver, pour tout bouleverser, pour arrêter le cours de nos succès, pour rassurer les ennemis de la République, pour encourager tous les anciens complices des Dumourier et des Custine, en avilissant le ministère actuel, et en portant le découragement dans le cœur de tous les patriotes appelés à concourir au salut de la patrie.

» Quel était leur but ? de porter le découragement dans le cœur de tous les patriotes appelés à concourir au salut de la patrie, de les remplacer par de nouveaux Dumourier et par de nouveaux Beurnonville, enfin d'arrêter le cours de nos succès, et de rassurer les ennemis de la France par le spectacle de nos divisions et de notre folie.

» En effet, quel temps choisissait-on pour déclamer contre le gouvernement, et particulièrement contre l'administration de la guerre ? celui où nos armées victorieuses faisaient oublier les époques de l'histoire les plus fécondes en exploits militaires. Pouvait-on avouer plus clairement avec quel chagrin on avait vu le succès de nos armes victorieuses de l'Europe ? La Convention, trompée par ces tristes déclamateurs, semblait regarder comme un triomphe d'écraser un commis de la guerre ou un officier de l'armée révolutionnaire. Non contente de venger l'humanité outragée, elle vengeait encore les querelles de Philippeaux. Avec quelle perfidie ils la faisaient descendre à ces débats scandaleux et à de honteuses divisions, dans le moment où elle devait se montrer si imposante à toute l'Europe !

» Et quels sont les auteurs de ce système de désorganisation ? ce sont des hommes qui tous ont un intérêt particulier et coupable de renverser le gouvernement républicain, de manière qu'on ne trouve guère, parmi les ennemis du comité de salut public et de ses coopérateurs, que des fripons démasqués, dont la sévérité contraste ridiculement avec les rapines que la voix publique leur reproche;

» C'est un Dubois-Crancé, accusé d'avoir trahi les intérêts de la République devant Lyon;

» C'est Merlin, fameux par la capitulation de Mayence, plus que soupçonné d'en avoir reçu le prix;

» C'est Bourdon, dit de l'Oise; c'est Philippeaux; ce sont les deux Goupilleau, tous deux citoyens de la Vendée, tous ayant besoin de rejeter sur les patriotes qui tiennent les rênes du gouvernement les prévarications multipliées dont ils se sont rendus coupables durant leur mission de la Vendée;

» C'est Maribon, dit Montaut, naguère créature et partisan déclaré du ci-devant duc d'Orléans; le seul de sa famille qui ne soit point émigré, jadis aussi enorgueilli de son titre de marquis et de sa noblesse financière qu'il est maintenant hardi à les nier; servant de son mieux ses amis de Coblentz dans les sociétés populaires, où il vouait dernièrement à la guillotine cinq cents membres de la Convention nationale; cherchant à venger sa caste humiliée par ses dénonciations éternelles contre le comité de salut public et contre tous les patriotes.

» (1)..... Des principes, et point de vertus; des talens, et point d'ame; habile dans l'art de peindre les hommes, beaucoup plus habile dans l'art de les tromper; il ne les avait peut-être observés que pour les exposer avec succès sur la scène dramatique; il voulait les mettre en jeu, pour son profit particulier, sur le théâtre de la révolution : connaissant assez bien les personnages qui marquaient dans tous les partis, parce qu'il les avait tous servis ou trompés; mais affectant de se tenir à côté des plus zélés

---

(1) Portrait de Fabre d'Églantine. Une lacune dans la pièce est ici signalée par des points. Existait-elle réellement dans le manuscrit? ou bien est-ce un retranchement fait par Courtois? Nous ne pouvons rien affirmer là-dessus.

(*Note des auteurs.*)

défenseurs de la liberté ; se tenant à l'écart avec un soin extrême, tandis qu'il faisait agir les autres à leur insu, moins encore pour cacher ses intrigues que pour les soustraire à la défaveur de sa mauvaise réputation, seul préservatif contre son caractère artificieux ; mais compromettant le succès de ses intrigues politiques par le scandale de ses intrigues privées, et nuisant à son ambition par sa sordide avarice. Placé au centre des opinions diverses et des factions opposées, il travaillait avec assez d'habileté à en diriger les résultats vers son but particulier : des intérêts de plus d'un genre l'attachaient au projet de renverser le gouvernement actuel. Fabre a un frère digne de lui, dont il voulait absolument faire un général ; c'est pour cela qu'à diverses époques il avait courtisé Beurnonville, ensuite intrigué pour faire nommer Alexandre et perdre Bouchotte. Un motif plus puissant encore le portait à cabaler contre le comité de salut public et contre le ministre de la guerre : sans compter le désir ambitieux de placer à la tête des affaires ses amis et lui-même, il était tourmenté par la crainte de voir la main sévère des patriotes déchirer le voile qui couvrait ses criminelles intrigues, et sa complicité dans la conspiration dénoncée par Chabot et Bazire.

» De là, le plan conçu par cette tête féconde en artifices d'éteindre l'énergie révolutionnaire, trop redoutable aux conspirateurs et aux fripons ; de remettre le sort de la liberté entre les mains du modérantisme ; de proscrire les vrais amis de la liberté pour provoquer une amnistie, en forçant les patriotes même à la désirer, et, par conséquent, de changer le gouvernement, dont les principes connus étaient de réprimer les excès du faux patriotisme, sans détendre le ressort des lois vigoureuses, nécessaires pour comprimer les ennemis de la liberté.

» Telle fut la source principale des dissensions et des troubles qui, dans les derniers temps, agitèrent tout à coup la Convention nationale. Fabre et ses pareils avaient jeté un œil observateur sur cette auguste assemblée, et ils avaient cru y trouver les élémens nécessaires pour composer une majorité conforme à leurs vues perfides.

» Il ne doutait pas d'abord que les anciens partisans de la faction girondine ne fussent prêts à saisir l'occasion de se rallier à toute secte anti-civique, et d'accabler les patriotes que leurs chefs avaient proscrits. Il comptait sur tous les hommes faibles ; il comptait sur ceux des représentans du peuple qui étaient assez petits pour regarder la fin de leur mission comme une injure, ou qui ne pouvaient pardonner au comité de salut public les fautes dont ils s'étaient rendus coupables. Il comptait sur l'ambition des uns, sur la vanité des autres, sur les ressentimens personnels de ceux-ci, sur la jalousie de ceux-là. Il comptait particulièrement sur les terreurs de ceux qui avaient partagé ses crimes ; il se flattait même d'intéresser au succès de son plan la vertu des bons citoyens, offensés de certains abus, et alarmés de certaines intrigues, dont ils n'avaient point approfondi les véritables causes.

» Le moment sans doute était favorable pour prêcher une doctrine lâche et pusillanime, même à des hommes bien intentionnés, lorsque tous les ennemis de la liberté poussaient de toutes leurs forces à un excès contraire ; lorsqu'une philosophie vénale et prostituée à la tyrannie oubliait les trônes pour renverser les autels, opposait la religion au patriotisme, mettait la morale en contradiction avec elle-même, confondait la cause du culte avec celle du despotisme, les catholiques avec les conspirateurs, et voulait forcer le peuple à voir dans la révolution, non le triomphe de la vertu, mais celui de l'athéisme ; non la source de son bonheur, mais la destruction de toutes ses idées morales et religieuses ; dans ces jours où l'aristocratie, affectant de délirer de sang-froid, croyait forcer le peuple à partager sa haine pour l'égalité, en attaquant les objets de sa vénération et de ses habitudes ; où le crime de conspirer contre l'état se réduisait au crime d'aller à la messe, et où dire la messe était la même chose que conspirer contre la République.

» La République était alors déchirée entre deux factions, dont une paraissait incliner à un excès d'énergie, l'autre à la faiblesse ; factions opposées en apparence mais unies en effet par un pacte tacite, et dont les chefs avaient le secret de les diriger par l'influence des tyrans étrangers ; factions qui, par leurs crimes mutuels, se servaient réciproquement d'excuse et de point d'appui, et qui, par des routes opposées, tendaient au même but, le déchirement de la République et la ruine de la liberté.

» Fabre prétendait faire la guerre à celle qui fut appelée, assez légèrement, ultra-révolutionnaire. Voulait-il la détruire? non, il ne voulait qu'en faire le prétexte de ses propres machinations? et le point d'appui de son système perfide. Le vit-on jamais dénoncer les grands conspirateurs qui ont, tour à tour, déchiré la République? quelle résistance a-t-il opposée à ce dernier complot où il était initié, dont le but était de mettre la liberté aux prises avec la religion? ne l'eût-il pas favorisé, même pour son compte? Il a dénoncé clandestinement le nommé Proli, et il dînait avec lui.

» Comment un coupable, tremblant devant son crime, peut-il poursuivre d'autres coupables? Les fripons de tous les partis se connaissent, se craignent et se ménagent mutuellement ; ils laissent combattre les hommes purs, et cherchent ensuite à usurper les fruits de la victoire.

» Que voulait-il ! gagner la confiance des patriotes, en leur dénonçant des abus véritables et quelques intrigues subalternes ; confondre ensuite, avec ces intrigans, les vrais patriotes, dont il voulait se défaire ; répandre des nuages épais sur les trames contre-révolutionnaires dont il était un des principaux artisans ; donner le change à l'opinion publique, et surtout à la Convention nationale, sur le but des conspirations et sur leurs chefs ; frapper les imaginations d'un grand danger, et détourner ensuite les soupçons et la sévérité de la Convention contre des personnages insignifians, et contre les patriotes qu'il voulait perdre.

» Quel est le résultat de toutes ces confidences mystérieuses, de toutes ces dénonciations sourdes? quels sont ces ennemis redoutables, qui conspirent, depuis si longtemps, contre la République? c'est un adjoint de Bouchotte ; c'est le commandant d'un escadron de l'armée révolutionnaire ; c'est le commandant de l'armée révolutionnaire, nommé par le comité de salut public, sur la proposition de Bouchotte, revêtu de la confiance des représentans du peuple à Ville-Affranchie. Voilà la première et la dernière dénonciation de Fabre-d'Églantine, voilà le fruit de toutes les recherches précieuses de ce défenseur inquiet de la liberté, et de cet espionnage civique qu'il a exercé si longtemps parmi les contre-révolutionnaires, et chez les amis de la République.

» Mais est-ce Ronsin, est-ce Mazuel, est-ce Vincent qui est le véritable but des attaques de Fabre et de ses adhérens? Non, ce n'est là qu'une fausse attaque : c'est contre le gouvernement qu'il dirige toutes ses forces; c'est le comité de salut public, c'est le ministre de la guerre, et tous les agens fidèles du gouvernement, qu'il veut atteindre. »

» Au moment où ce personnage si discret hasardait, pour la première fois, une dénonciation publique, il croyait avoir rempli les esprits d'assez de terreur, il croyait avoir assez artistement rassemblé les circonstances dont il voulait composer son système de calomnie.

» Aussi, parcourons les débats de la Convention, à commencer par ceux où ce discret personnage se détermina à cette explosion, si contraire à son tempérament politique ; voyez si tout ne se rapporte pas à ce but.

» S'il dénonce Vincent, c'est pour affirmer que le foyer des conspirations est dans les bureaux de la guerre. Avec quel art il avait saisi le moment d'apprendre à la Convention qu'il existait, au Comité de salut public, une lettre du représentant Isabeau à Bouchotte, où celui-ci était accusé de lui avoir écrit en termes despectueux! Un politique si réservé ne se serait pas permis une dénonciation publique, la première qu'il ait hasardée de sa vie, s'il n'avait compté sur les alliés qu'il s'était déjà assurés d'avance, et s'il n'avait pas regardé cette démarche comme un coup décisif.

» Mais il avait endoctriné Philippeaux, il avait inspiré Desmoulins, il s'était associé Bourdon (de l'Oise). Aussi quels étaient les conspirateurs auxquels Philippeaux imputait les maux de la République, et même la guerre de la Vendée? était-ce Biron, Brissot, Dumourier, Beurnonville, et tous les conjurés accusés par le peuple français? non; mais Bouchotte, Rossignol, Ronsin et le comité de salut public. Quels sont ceux que Desmoulins accuse de l'ordre de choses actuel, qui lui paraît si déplorable? Bouchotte, Vincent, Ronsin, les ministres et le comité de salut public. Que faut-il à Fabre et à ses pareils! indulgence, amnistie. Que demande Desmoulins! indulgence, amnistie, cessation des lois révolutionnaires, l'impunité de l'aristocratie, et le sommeil du patriotisme.

» Que dit Bourdon (de l'Oise) à la Convention? il faut détruire Bouchotte, et le conseil exécutif, et le comité de salut public.

» Il faut voir, dans la fameuse séance de frimaire (27 frimaire —17 décembre 1793), le concert de quelques fripons pour tromper la Convention. C'est Laurent Lecointre qui ouvre la tranchée, en lui annonçant, avec horreur, un grand attentat commis par un agent du conseil exécutif, qui a arrêté un courrier venant de Givet.

» Boursaut, l'honnête Boursaut, ajoute que le même agent a exigé, à Saint-Germain, la représentation de son passe-port, et n'a pas voulu le laisser passer outre, sans l'avoir visé.

» Avais-je raison, s'écrie Bourdon, de vous dire que le conseil exécutif est une puissance monstrueuse et abominable, qui veut rivaliser avec la Convention nationale? Il est vrai que c'était la quatrième fois, depuis quatre jours, que Bourdon répétait cet anathème, et qu'il demandait formellement la suppression des ministres.

» Charlier demande qu'on les frappe d'une manière terrible. Philippeaux dénonce un autre agent, qui, dit-il, a arrêté un paquet. Il invoque Fabre-d'Églantine, qui à la suite d'une terrible diatribe contre les bureaux de la guerre, fait décréter que Ronsin, Vincent et Maillard sont des contre-révolutionnaires, et mis, comme tels, en arrestation.

» Pressavin veut immoler Héron, patriote connu, qui est défendu par Vadier. On décrète aussi que les membres du conseil exécutif seront mandés à la barre, pour recevoir les témoignages de l'indignation de l'assemblée. Ils paraissent, ils se justifient d'une manière aussi simple que péremptoire : Bourdon, ne pouvant les accuser, les insulte avec grossièreté.

» Chaque jour cette lâche intrigue se reproduit sous des formes aussi ridicules. Tantôt on fait paraître à la barre un soldat qui se plaint de n'avoir pas été secouru, tantôt un général qui se plaint d'avoir été suspendu.

» Bourdon (de l'Oise) avait dénoncé, du même coup, la commune, l'armée révolutionnaire, Bouchotte et tous les bureaux de la guerre, qu'il déclare être le véritable foyer de la contre-révolution.

» Tantôt on lui fait un crime des obstacles insurmontables qui ont été apportés par d'autres à l'arrivée des secours destinés aux prisonniers de Mayence; et Bourdon lui fait un nouveau crime de s'être trop bien justifié sur ce point. Bourdon lui fait un crime, tantôt de ce que l'un de ses commis l'a dénoncé aux Cordeliers; tantôt, de ce que lui, Bourdon, s'est pris de querelle avec ce commis, dans une taverne; tantôt, de ce qu'il a mal dîné.

» Le. . . . (1), paraît une brochure, où d'Aubigny révèle quelques-uns des délits reprochés à Bourdon; et le lendemain, sur la motion de Bourdon, d'Aubigny est traduit au tribunal révolutionnaire, par un décret, sur un prétexte si frivole, qu'un instant après, la Convention, éclairée, s'empresse de le rapporter.

» Philippeaux prétend que Vincent lui a manqué de respect dans un repas, et veut que la nation entière soit insultée dans sa

---

(1) Cette brochure, par la manière dont Robespierre en fixe la date en disant : « Le lendemain, sur la motion de Bourdon, etc., » dut paraître le 25 septembre 1793. Ce fut, en effet, le lendemain que Bourdon s'opposa à ce que d'Aubigny fût nommé second adjoint à la deuxième division de la guerre. Nous ayons mentionné ce fait.   *(Note des auteurs.)*

personne, et demande qu'on fasse le siége des bureaux de la guerre; comme Junon, pour une pareille offense, provoqua jadis le siége de Troie.

» Au milieu de tous ces incidens, le comité de salut public, qui, malgré tous les efforts de la malveillance, avait proposé, établi, organisé la plus belle manufacture d'armes de l'Europe, est dénoncé par Bourdon, par Montaut, par Philippeaux, sous le prétexte qu'elle n'était point encore en pleine activité; et on confie la surveillance de cette manufacture à un nouveau comité.

C'était toujours le comité de salut public qu'on attaquait, quoiqu'on se crût obligé de protester du contraire, soit en attaquant les agens qu'il employait, en divinisant ceux qu'il destituait par l'intermédiaire du ministre, en critiquant toutes ses opérations, et surtout en les contrariant sans cesse.

» Fabre, Bourdon, et leurs pareils, dénonçaient à la fois, comme le foyer de la contre-révolution, la commune de Paris, l'armée révolutionnaire, le conseil exécutif, le ministre de la guerre, l'assemblée électorale, et le comité de salut public. On aurait cru que Brissot et ses complices étaient ressuscités; du moins on retrouvait dans la bouche de leurs héritiers, leur langage, leur esprit, leur système : il n'y avait de changé que quelques dénominations et quelques formes.

» Dans ce temps-là en effet les patriotes étaient partout persécutés, incarcérés; les fédéralistes, les brissotins, les aristocrates avaient arboré l'étendard de la Montagne et de la République, pour égorger impunément les Montagnards et les amis de la République. Les Philippeaux, les Bourdon étaient leurs patrons; les libelles de Desmoulins, leur évangile; Fabre-d'Églantine et ses complices, étaient leurs oracles.

» Qui pouvait méconnaître leurs intentions contre-révolutionnaires, en voyant les mêmes hommes qui poursuivaient avec tant d'acharnement les anciens défenseurs de la liberté, montrer tant d'indulgence pour les conspirateurs, tant de prédilection et de faiblesse pour les traîtres? Quels étaient leurs héros? un Tünck, misérable escroc, dont le nom même ne peut pas être prononcé sans pudeur ; un homme décrié parmi les escrocs eux-mêmes ; couvert des blessures que lui a faites, non le fer des ennemis, mais le glaive de la justice; digne compagnon d'armes et de table du procureur Bourdon (1); Westerman, digne messager de Dumourier, qui, destitué, a été, au mépris des lois, reprendre le commandement d'une brigade à la Vendée; qui dernièrement, contre les ordres du comité de salut public, a osé distribuer aux habitans de la Vendée trente mille fusils, pour ressusciter la rébellion; venu ensuite à Paris, sans congé, pour cabaler contre le gouvernement, avec les Bourdon, les Fabre-d'Églantine et les Philippeaux; Westerman, absous de tous les crimes aux yeux de ces derniers par quelques succès partiels dans la Vendée, exagérés par lui-même avec une impudence rare; mais destitué par le comité de salut public, comme un intrigant dangereux et coupable; voilà l'homme que ces sévères républicains ont fait venir à la barre, comme un nouveau Dumourier, pour le couronner des mains de la Convention nationale. Ce que la Convention n'a pas fait, depuis le règne des principes, pour les généraux qui ont vaincu à Toulon, sur les bords du Rhin et de la Moselle; pour ceux qui ont commandé les armées victorieuses des brigands de la Vendée, ils n'ont pas rougi de le faire pour ce ridicule fanfaron, pour ce coupable et lâche intrigant. Quelqu'un a eu l'impudeur de demander que la Convention nationale rendît un décret pour déclarer que Westerman a bien mérité de la patrie; on a fait taire la loi en sa faveur; on a fait décréter que, quoique destitué, il fût défendu au gouvernement de le priver de sa liberté.

» Ce sont les mêmes hommes qui accueillaient avec un intérêt si tendre les femmes insolentes des conspirateurs de Lyon, qui venaient à la barre outrager, menacer les patriotes de la Montagne, les vainqueurs du fédéralisme et de la royauté; ce sont les mêmes hommes qui, non contens de proscrire l'armée révolu-

---

(1) Bourdon (de l'Oise) était un ex-procureur au parlement de Paris.
(*Note des auteurs.*)

tionnaire et ses chefs envoyés à Lyon pour comprimer cette ville rebelle, calomniaient les intrépides représentans du peuple qui exécutaient contre elle les salutaires décrets de la Convention nationale. Ce sont ces mêmes hommes qui encourageaient sourdement l'aristocratie bourgeoise à reprendre cette audace contre-révolutionnaire que la faction girondine lui avait inspirée; ce sont les mêmes qui, pour faire rétrograder la révolution et flétrir toutes les mesures vigoureuses qui ont arraché la République des mains de la trahison, excitèrent la pitié de la Convention sur les parens des conjurés, constituaient les veuves et les enfans des traîtres, créanciers de la République, et les rangeaient, par cet insolent privilége, dans la même classe que les veuves et les enfans des généreux défenseurs de la patrie. Que dis-je! ils les traitaient avec beaucoup plus de faveur et de générosité.

» Ce signal de persécution, élevé par des traîtres jusque sur le sommet de la Montagne, fut bientôt entendu dans toute la République : dans le même temps, les patriotes étaient partout persécutés.

» Déjà les conspirateurs croyaient avoir atteint le but. Il semblait prouvé que nul homme de bien ne pouvait servir impunément la liberté; et il ne restait plus aux patriotes énergiques, qui avaient triomphé un instant, que de céder pour toujours le champ de bataille aux aristocrates et aux fripons.

» Mais le grand objet était la désorganisation du gouvernement.

» Bourdon se surpassa lui-même dans un discours révolutionnaire à toute outrance, où il prouva que le gouvernement ne devait plus faire aucune dépense sans un décret formel de la Convention (1).

» Rien n'était plus patriotique que ce discours. On commençait par des sorties contre la royauté et contre la défunte cour, et on y développait les grands principes de la liberté : rien de

---

(1) Ce discours fut prononcé à la séance du 7 janvier 1794.
(*Note des auteurs.*)

plus adroit. On y faisait l'éloge du peuple, de la Convention, de la révolution du 10 août et de celle du 31 mai ; et on y déployait tous les moyens qui pouvaient chatouiller l'amour-propre des auditeurs.

» Mais on concluait à une nouvelle organisation du gouvernement, et provisoirement à ce qu'il ne pût tirer aucuns fonds du trésor public sans un décret préalable. Ces dispositions furent adoptées avec enthousiasme ; car les esprits étaient préparés : aussi, dès ce moment, le service se trouva arrêté d'une manière si évidente, que les réclamations se firent entendre aussitôt de toutes parts, et que le service des armées allait manquer absolument, si le comité de salut public n'avait pris le parti de violer le décret pour conserver la République. Cette manœuvre était assez savante : aussi était-elle l'ouvrage de Fabre-d'Eglantine. Ce grand maître s'était même donné la peine de composer lui-même le beau discours que Bourdon avait lu à la tribune, tant le sujet lui semblait important ; car tel est le genre de sa politique, qu'il aime beaucoup mieux mettre les autres en action que d'agir lui-même. Fabre est peut-être l'homme de la République qui connaît le mieux le ressort qu'il faut toucher pour imprimer tel mouvement aux différentes machines politiques dont l'intrigue peut disposer. Le mécanicien ne dispose pas plus habilement les rouages de la machine qu'il veut organiser que cet artisan d'intrigue ne dispose les passions et les caractères pour concourir à l'exécution de ses intrigues.

» Personne ne connaissait mieux l'art de faire concourir à l'exécution de son plan d'intrigue la force et la faiblesse, l'activité et la paresse, l'apathie et l'inquiétude, le courage et la peur, le vice et la vertu.

» Personne ne connut mieux l'art de donner aux autres ses propres idées et ses propres sentimens, à leur insu ; de jeter d'avance, dans les esprits, et comme sans dessein, des idées dont il réservait l'application à un autre temps, et qui semblaient se lier d'elles-mêmes à d'autres circonstances qu'il avait préparées, de manière que c'étaient les faits, la raison, et non lui, qui semblaient persuader ceux qu'il voulait tromper, le patriote faible et fier de ses talens.

» Par lui le patriote indolent et fier, amoureux à la fois du repos et de la célébrité, était enchaîné dans une lâche inaction, ou égaré dans les dédales d'une politique fausse et pusillanime; par lui, le patriote ardent et inquiet était poussé à des démarches inconsidérées; par lui le patriote inconséquent et timide devenait téméraire par peur, et contre-révolutionnaire par faiblesse. Le sot orgueilleux courait à la vengeance ou à la célébrité par le chemin de la trahison ou de la folie. Le fripon, agité de remords, cherchait un asile contre son crime dans les ruines de la République. Il avait pour principe que la peur est l'un des plus grands mobiles des actions des hommes; il savait qu'elle avait souvent dicté les décrets coupables des assemblées précédentes; il savait avec quels succès les chefs de la faction girondine l'avaient souvent invoquée : il voulut lui élever un temple jusque sur la Montagne. Il entreprit de persuader aux représentans du peuple français, aux vainqueurs de la royauté et du fédéralisme, qu'ils avaient à redouter la puissance d'un commis; il voulut faire peur à la Montagne de Bouchotte, de Henriot, de Ronsin, comme Brissot avait fait peur de la Montagne au reste de la Convention. L'existence de quelques intrigans était pour lui un prétexte de donner ce titre à tous les martyrs de la liberté. Par lui des propos indiscrets, des opinions dictées par l'ignorance ou par la vanité, se changeaient en conspiration profonde; il rapportait à ce système les circonstances les plus indifférentes et les faits les plus isolés. Il avait sans cesse l'air d'un homme effrayé devant le fantôme qu'il avait formé pour en épouvanter la Convention entière, et pour la rendre faible par orgueil et injuste par faiblesse.

» Quel était le résultat de ces sourdes manœuvres ? la division des défenseurs de la République, la dégradation de la représentation nationale, la dissolution morale de la Convention, l'avilissement du gouvernement républicain, le découragement de tous les patriotes qui en portent le poids, le triomphe de la friponnerie, de l'intrigue et de la tyrannie.

» Ainsi, tel qu'un fruit de superbe apparence, qu'un insecte invisible dévore en secret, la République, minée sourdement par le ver rongeur de l'intrigue, dépérissait, malgré ses succès brillans, et mourait, pour ainsi dire, dans le sein de la victoire.

» Il est sans doute des intrigues, il est des factions : ce sont celles de l'étranger et des fripons; en se combattant elles sont d'accord sur les points essentiels, qui sont la ruine de la République et la proscription des vrais patriotes ; elles marchent quelquefois sous des bannières de diverses couleurs, et par des routes différentes; mais elles marchent au même but.

» Des hommes que l'on a vus se battre dans les tribunes, comme des champions en champ clos, se sont accordés sur les deux points essentiels, la fin de la Convention et la dissolution du gouvernement actuel.

» Hébert et Desmoulins, Fabre et Proli, Clootz et Bourdon, Lacroix et Montaut, Philippeaux et...., ont tour-à-tour calomnié et caressé le comité de salut public.

» Des intrigans subalternes, souvent même des patriotes trompés, se rangent sous l'étendard de différens chefs de conspiration, qui sont unis par un intérêt commun, et qui sacrifient tous les partis à leur ambition ou aux tyrans. Des fripons, lors même qu'ils se font la guerre, se haïssent bien moins qu'ils ne détestent les gens de bien; toujours prêts à se rallier contre l'ennemi commun, qui est pour eux la vertu et la vérité. Des brigands se disputent pour le partage d'un butin sanglant, mais ils étaient unis pour égorger leur proie. Qu'une nouvelle victime se présente à leurs yeux, ils courront ensemble l'égorger. La proie de tous les tyrans et de tous les fripons, c'est la patrie.

» Vous semblez placés aujourd'hui entre deux factions : l'une prêche la fureur, et l'autre la clémence; l'une conseille la faiblesse, et l'autre la folie; l'une veut miner le temple de la liberté, l'autre veut le renverser d'un seul coup; l'une veut faire de la liberté une bacchante, et l'autre une prostituée ; l'une veut vous transporter dans la zone torride, et l'autre dans la zone glaciale, mais remarquez bien qu'aucune d'elles ne veut avoir rien à démêler avec le courage, avec la grandeur d'ame, avec la raison, avec la justice. Il est assez difficile de démêler les individus qui appartiennent à l'une et à l'autre ; ils ne valent pas même la peine d'être distingués. Ce qui importe, c'est de les apprécier par leur but et par leur résultat ; or, sous ce rapport, vous trouverez que les deux factions se rapprochent et se confondent. Les modérés et les faux révolutionnaires sont des complices qui feignent de se brouiller pour exécuter plus facilement leur crime. Il y a plus d'esprit que de justesse dans la qualification d'ultra-révolutionnaire donnée à ces vils scélérats que la tyrannie soudoie pour parodier notre sublime révolution, et pour la surcharger d'excès ou funestes ou ridicules. Il importe de la réformer pour rectifier les fausses idées qu'elle peut répandre. Le faux révolutionnaire est encore plus souvent en-deçà qu'au-delà de la révolution ; modéré ou frénétique, selon l'intérêt de la contre-révolution, et selon les ordres de la tyrannie : outrant les mesures révolutionnaires quand il n'a pas pu les empêcher ; terrible à l'innocence, mais,.... (1) »

— Nous déroulerons maintenant, sans nous interrompre, et dans leur ordre chronologique, la série des événemens dont se compose l'histoire parlementaire de la révolution, du 1er novembre 1793 au 7 mai 1794. Nous continuerons à fixer les dates selon le vieux style ; seulement nous placerons à côté celles selon le style nouveau. Nous n'avons pas cru devoir intercaler dans notre récit les pièces relatives au calendrier républicain ; nous profiterons du premier espace libre pour les imprimer avec quelques autres, telles que la Constitution de 1793 à la fin d'un volume.

(1) Cette pièce ayant été produite à l'appui des accusations dirigées contre Robespierre par ses ennemis, on doit naturellement supposer qu'ils en ont retranché tout ce qui pouvait les charger trop fortement eux-mêmes. Courtois avertit, par un *nota*, que le reste du discours n'a pas été retrouvé. On ne peut rien affirmer à cet égard. (*Note des auteurs.*)

La séance de la Convention du dernier jour d'octobre (10 brumaire) avait été marquée par une démarche des sociétés populaires de Paris, laquelle mérite d'être rapportée. Le club des Jacobins y était totalement étranger. Ces sociétés populaires avaient été formées après le décret qui fixait à deux par semaine, le jeudi et le dimanche, le nombre des assemblées de section. Les oisifs, et les gens à qui leurs occupations permettaient de dépenser leur soirée à des intérêts, à des jeux ou à des intrigues politiques, tenaient club dans la salle de la section les jours où elle était libre. C'était là les sociétés populaires dont une députation vint, le 31 octobre, solliciter un décret portant que tous les républicains français seraient tenus à l'avenir de se tutoyer, à peine d'être déclarés suspects, comme adulateurs. Philippeaux demanda la mention honorable de l'adresse : il pensa que cette invitation équivaudrait à un décret. Bazire insista pour qu'il fût prononcé. Charlier aurait voulu que par le mot *vous* on désignât un aristocrate, comme on le ferait par le mot *monsieur*. La motion de Philippeaux fut décrétée.

A la séance du 1er novembre (11 brumaire), eut lieu une de ces scènes si fréquentes dans la Convention depuis le commencement d'octobre. Parmi plusieurs députations dont les membres se présentaient à la barre vêtus de chasubles et des autres ornemens sacerdotaux qu'ils venaient offrir à la Convention, une se fit remarquer. Elle était expédiée de Nevers, par Fouché (de Nantes). Elle apportait de grandes croix d'or, des crosses, des mitres, des saints, dix-sept malles remplies de vaisselle, une cuvette pleine de doubles louis, et plusieurs sacs d'écus de six livres. Un conventionnel, apercevant dans ce tribut une couronne ducale, demanda qu'elle fût foulée aux pieds. Aussitôt un huissier la prit et la brisa. La députation de Nevers exprima ensuite son vœu formel pour la suppression des ministres du culte catholique.

Ce dépouillement des églises, cette profanation des vases sacrés, a été traitée comme l'abomination de la désolation par ceux-là même qui en seront, devant la postérité, les seuls auteurs responsables. On a comparé les révolutionnaires aux conquérans babyloniens qui pillèrent le temple juif, et jouèrent dans leurs orgies « avec les vases de l'autel. » Nous avons dit ailleurs notre sentiment sur les crimes du clergé pendant les quatre siècles qui précédèrent la révolution. Nous avons montré qu'elle fut un châtiment de ces crimes. Si le clergé d'alors, solidaire de ses prédécesseurs, ne put point détourner ce châtiment, et en fut comme écrasé, c'est que beaucoup de ses membres les plus influens étaient des incrédules, et le reste des ignorans. Les uns repoussèrent les sacrifices que la révolution demandait au nom de la morale évangélique ; les autres ne comprirent pas. Ce corps, qui, par ses mœurs et par sa science, aurait dû être l'exemple et la lumière de la nation, la dépravait par ses scandales, ou l'abrutissait par ses enseignemens. Une manifestation éclatante du sentiment chrétien, dès 1789, lui eût fait à coup sûr recouvrer tout ce qu'il avait perdu dans la considération des masses ; et qui pourrait calculer la marche rapide qu'eussent alors suivie les réformes ? Pour cela il fallait qu'il offrît lui-même ses biens, et non point qu'il les refusât lorsqu'on les lui demanda ; pour cela il fallait qu'il comprît que tous les droits selon la naissance étaient une négation des doctrines de l'évangile, et qu'il conspirât à les faire abroger, et non pas à les maintenir. Pour cela il fallait qu'il se résolût à la pratique de l'abnégation de soi-même jusqu'à la limite où les calamités sociales de l'époque avaient reculé l'étendue de ce devoir. En calculant l'immensité des ressources nécessaires pour combattre l'Europe coalisée, pour subvenir aux besoins de ceux que le défaut de travail ou toute autre cause de pauvreté livrait au fléau de la famine, il aurait vu qu'il devait tout donner, et lui-même aurait offert à la nation les vases sacrés, les ornemens précieux, tout l'or et toute l'argenterie des églises. Ainsi en usèrent les fondateurs du christianisme dans les grandes guerres soutenues contre les ariens. Souvent même ils fondaient et vendaient les vases sacrés pour nourrir les pauvres ou racheter les captifs. Au second de ses Offices, saint Ambroise en fait un précepte aux évêques. « Le plus grand mouvement, dit-il, qui doit nous porter à exercer ces œuvres de miséricorde est enfin de compatir aux misères de nos frères, et de les aider dans leurs nécessités et leurs besoins, autant que nous pouvons, et quelquefois même plus que nous ne pouvons. Car il vaut mieux se justifier des actions de miséricorde qu'on a exercées, et en souffrir du blâme et des reproches, que de témoigner de la dureté pour les misérables, comme nous-même avons attiré sur nous le blâme et les reproches de quelques-uns de ce que nous avions fait rompre en plusieurs pièces les vases sacrés pour racheter les captifs, les ariens nous ayant accusés, non que l'action leur pût déplaire, mais parce qu'ils cherchaient un sujet de nous reprendre. Car se peut-il trouver une personne assez dure, assez inhumaine, assez de fer, pour n'approuver pas que l'on délivre un homme de la mort, et une femme des impuretés des barbares, qui sont plus insupportables que la mort même? Et comme nous n'avions pas fait cette action sans raison, nous en avons parlé devant le peuple, nous l'avons confessée hautement, et nous avons prouvé qu'il est plus utile de conserver des ames à Dieu que de lui conserver de l'or; puisque c'est lui qui sans or a envoyé les apôtres, et sans or a assemblé toute l'église en un corps. L'église n'a pas de l'or pour le garder, mais pour l'employer à soulager les nécessités des pauvres. Qu'est-il besoin de le garder, puisqu'étant gardé il ne me sert de rien? Ignorons-nous combien les Assyriens emporteront d'or et d'argent du temple de Dieu? Ne vaut-il pas mieux que l'évêque le fasse fondre pour en nourrir les pauvres, s'il manque d'autres moyens pour les secourir, que non pas que les sacriléges profanent cet or sacré, et que les étrangers le ravissent? » — Si les prêtres eussent agi selon cet esprit admirable, l'hébertisme eût été impossible en France. Mais que voulait-on que fît le peuple, lorsqu'*abbé* et *libertin* étaient devenus synonymes dans le langage ordinaire, lorsqu'il voyait une partie du clergé tenir pour les nobles et pour les rois contre les classes pauvres, lorsqu'il entendait les rétractations innombrables, et si énergiquement libellées, de la foule des ci-devant

moines et ecclésiastiques, qui, ne pouvant plus vivre du catholicisme, couraient maintenant les prébendes du culte de la Raison. La multitude de ceux qui se déprêtrisèrent et le cynisme des formules de renoncement attestent de la part des clercs une démoralisation depuis longtemps habituelle. Nous ne citerons que deux faits. On lit dans le procès-verbal de la Commune du 9 novembre (19 brumaire) : « Un ministre du culte catholique dépose au conseil-général ses lettres de prêtrise, et demande à être autorisé à substituer au nom d'*Erasme* celui d'*Apostat*. — Accordé. — Dans quelques pièces justificatives réunies par M. Deschiens en tête de sa *Bibliographie des journaux*, nous trouvons cette note : « J'ai entendu l'évêque M......, député en mission, parlant du haut d'une tribune populaire, à Vitry-le-François, proférer ces exécrables paroles : « Les prêtres sont des scélé-
» rats ; je les connais mieux qu'un autre puisque j'ai été leur co-
» lonel. Malheur à vous si vous ne faites au fanatisme une
» guerre d'extermination. Robespierre lui-même rendra compte
» aux patriotes révolutionnaires du fanatique discours qu'il a
» prononcé aux Jacobins le 1er frimaire dernier (21 novembre). »
Nous donnerons ce discours.

Nous allons mentionner, dans une analyse rapide, ce que présentent d'important les séances de la commune depuis le 1er novembre (11 brumaire) jusqu'à sa démarche du 7 (17 brumaire) à la barre de la Convention. Nous suivons le compte rendu du *Journal de Paris*. Le 1er, Chaumette déclara au conseil qu'il existait une bande d'assassins, et qu'Hébert et lui étaient sur leurs listes. « On proposera peut-être sous peu, dit-il, l'élargissement des suspects ; mais songez que, depuis leur arrestation, vous jouissez du calme ; songez que l'argent, qui était auparavant à 233 livres le marc, est actuellement à 55 livres. Ne vous laissez donc point toucher par les personnes qui sollicitent la liberté des détenus. Soyez persuadés que les assignats seront bientôt au pair de l'argent ; s'ils étaient au pair, je serais encore le premier à demander de nouvelles arrestations pour le faire encore baisser davantage ; il ne faut les relâcher que lorsqu'ils n'auront plus ni griffes ni dents. » — Le 2, le même Chaumette dit que depuis trois semaines, vers une heure du matin, il entendait rouler, depuis la rue de Thionville jusqu'au Théâtre-Français, des voitures à ressort, et qu'il soupçonnnait de nouveaux rassemblemens d'aristocrates dans Paris. Il ajouta qu'il existait encore de grands complots; que si les fédéralistes étaient morts, le fédéralisme respirait encore. Il requit en conséquence et fit arrêter que le soir à onze heures on vérifierait le signalement des citoyens qui présenteraient leurs cartes ; et que tout citoyen à pied ou en voiture qui se trouverait dans la rue, passé une heure du matin, serait conduit au lieu de sa résidence pour y être reconnu. — Le 3, il se passa, au conseil général, un fait du nombre de ceux indiqués dans notre introduction, et qui prouve le dissentiment du peuple avec l'hébertisme. Nous transcrivons le passage suivant du *Journal de Paris*, 1793, n. CCCIX: « La société des amis de la République une et indivisible vient se plaindre de ce que les femmes de la Halle invectivent les colporteurs de papiers patriotes, et notamment du *Père Duchesne*. Un citoyen colporteur, portant la parole, déclare d'une manière franche et naïve que le fanatisme roule encore fortement dans Paris : « J'aime *le Père Duchesne*, dit-il; il fait grincer les dents aux aristocrates. Un jour que mon papier crossait et daubait d'une belle manière tous les calotins, certaines de ces femmes, qui regrettent de ne plus porter des fleurs (un membre s'écrie : aux Pétion, aux Lanjuinais, etc.); ces femmes, continue l'orateur, me couvrirent de boue; je fus entouré d'une centaine d'elles qui m'auraient étranglé si j'avais raisonné. » — Il invite le conseil à faire réprimer cet acte d'incivisme. » — Le 4, la section des Piques, invitée par l'administration des travaux publics à changer le nom des rues de son arrondissement, soumit son travail au conseil général. Les noms nouveaux étaient choisis presque tous dans l'histoire romaine. Le nom de Cicéron avait été donné aux rues Baudrau et Trudon. Un membre fit observer que Cicéron avait défendu le roi Déjotarus ; un autre, que la section des Piques, composée de citoyens riches, voulait accaparer les noms de tous les grands hommes. Le projet fut renvoyé à l'administration des travaux publics. — Le 6, le conseil général arrêta que tous ses membres porteraient désormais le bonnet rouge. C'était un commencement d'hostilité contre la Convention, qui, sur une plainte de citoyennes que la Société des femmes révolutionnaires voulait forcer à porter le bonnet rouge, décréta en principe, le 29 octobre (8 brumaire), qu'on ne pouvait prescrire à personne aucun genre de vêtement.

On voit qu'il ne fut nullement question, dans les séances du conseil général de la commune, de la démarche qui devait avoir lieu le 7 novembre (17 brumaire). Ainsi que nous l'avons déjà dit, ce fut dans des réunions secrètes tenues chez Gobel, évêque de Paris, et dont les principaux habitués étaient Chaumette, Hébert, Momoro, Anacharsis Clootz et Bourdon (de l'Oise), que fut préparée la scène dont les détails suivent.

Séance de la Convention du 17 brumaire an 2 (7 novembre 1793).
— Laloi, président.

Le président donne lecture de la lettre ci-après, qui lui est adressée (1) :

« Citoyen président, les autorités constituées de Paris pré-

---

(1) Un moment auparavant on venait de lire la lettre suivante, dont l'insertion au procès-verbal fut ordonnée :

« Citoyens représentans, je suis *prêtre*, je suis *curé*, c'est-à-dire *charlatan*. Jusqu'ici charlatan de bonne foi, je n'ai trompé que parce que moi-même j'avais été trompé ; maintenant que je suis décrassé, je vous avoue que je ne voudrais pas être charlatan de mauvaise foi. Cependant la misère pourrait m'y contraindre, car je n'ai absolument que les 1200 livres de ma cure pour vivre ; d'ailleurs je ne sais guère que ce qu'on m'a forcé d'apprendre, des *oremus*.

» Je vous fais donc cette lettre pour vous prier d'assurer une pension suffisante aux évêques, curés et vicaires sans fortune et sans moyen de subsister, et cependant assez honnêtes pour ne vouloir plus tromper le peuple, auquel il est temps enfin d'apprendre qu'il n'y a de religion vraie que la religion naturelle, et que tous ces rêves, toutes ces momeries, toutes ces pratiques que l'on décore du nom de religion, ne sont que des contes de la *Barbe-bleue*.

» *Plus de prêtres !* Nous y parviendrons avec le temps. Pour se hâter, il me semble qu'il serait bon d'assurer le nécessaire à ceux qui veulent rendre justice à la vérité, et qui sont disposés à descendre d'un rang auquel l'ignorance, l'erreur et la superstition ont pu seules les faire monter.

cèdent dans votre sein le ci-devant évêque de Paris et son ci-devant clergé, qui viennent de leur propre mouvement rendre à la raison et à la justice éternelle un hommage éclatant et sincère.

» *Signé* CHAUMETTE, procureur de la Commune; MOMORO, président par *interim*; LHUILLIER, procureur-général du département de Paris; PACHE, maire. »

Les autorités et le clergé de Paris sont admis à la barre. (*Applaudissemens réitérés dans les tribunes.*)

Momoro. « Citoyens législateurs, l'évêque de Paris et plusieurs autres prêtres, conduits par la raison, viennent dans votre sein se dépouiller du caractère que leur avait imprimé la superstition. Ce grand exemple, nous n'en doutons pas, sera imité par leurs collègues. C'est ainsi que les fauteurs du despotisme en deviendront les destructeurs; c'est ainsi que dans peu la République française n'aura plus d'autre culte que celui de la liberté, de l'égalité et de la vérité, culte puisé dans le sein de la nature, et qui, graces à vos travaux, sera bientôt le culte universel!

(1) » *Signé* MOMORO, président de la députation. »

Gobel, *évêque de Paris.* « Je prie les représentans du peuple d'entendre ma déclaration :

» *Plus de prêtres!* Cela ne veut pas dire *plus de religion*. Sois juste, sois bienfaisant, aime tes semblables, et tu as de la religion, parce qu'ayant toutes les vertus qui peuvent te rendre heureux, en te rendant utile à tes frères tu as tout ce qu'il faut pour plaire à la Divinité.

» Si je pouvais ne prêcher que cette morale, à la bonne heure ; mais mes paroissiens veulent que je leur parle de neuvaines, de sacremens, de cent mille dieux... Ce n'est pas plus mon goût que le vôtre ; je vous prie donc de me permettre de me retirer, en m'assurant une pension.

» *Signé* PARENT, curé de Boissise-la-Bertrand, district de Melun. Le 14 brumaire an 2 de la République. » — Sergent demanda l'ordre du jour motivé sur ce que « un prêtre qui disait qu'il était la veille dans l'erreur, et qu'il n'y était plus le lendemain, était encore un charlatan. » Léonard Bourdon et Thuriot firent décréter l'insertion au procès-verbal.

(1) Tous ces discours et déclarations, prononcés à haute voix devant la Convention nationale, ont ensuite été *signés*, déposés sur le bureau et insérés au procès-verbal.

» Né plébéien, j'eus de bonne heure dans l'ame les principes de la liberté et de l'égalité. Appelé à l'assemblée constituante par le vœu de mes concitoyens, je n'attendis pas la déclaration des Droits de l'homme pour reconnaître la souveraineté du peuple : j'eus plus d'une occasion de faire publiquement ma profession de foi politique à cet égard, et depuis ce moment toutes mes opinions ont été rangées sous ce grand régulateur. Depuis ce moment la volonté du peuple souverain est devenue ma loi suprême; mon premier devoir, la soumission à ses ordres : c'est cette volonté qui m'avait élevé au siége de l'évêché de Paris, et qui m'avait appelé en même temps à trois autres. J'ai obéi en acceptant celui de cette grande cité, et ma conscience me dit qu'en me rendant au vœu du peuple du département de Paris je ne l'ai pas trompé; que je n'ai employé l'ascendant que pouvait me donner mon titre et ma place qu'à augmenter en lui son attachement aux principes éternels de la liberté, de l'égalité et de la morale, bases nécessaires de toute constitution vraiment républicaine.

» Aujourd'hui, que la révolution marche à grands pas vers une fin heureuse, puisqu'elle amène toutes les opinions à un seul centre politique; aujourd'hui, qu'il ne doit plus y avoir d'autre culte public et national que celui de la liberté et de la sainte égalité, parce que le souverain le veut ainsi; conséquent à mes principes, je me soumets à sa volonté, et je viens vous déclarer ici hautement que dès aujourd'hui je renonce à exercer mes fonctions de ministre du culte catholique. Les citoyens mes vicaires, ici présens, se réunissent à moi. En conséquence nous vous remettons tous nos titres.

» Puisse cet exemple servir à consolider le règne de la liberté et de l'égalité ! *Vive la République !*

» *Signé* Gobel, Denoux, Laborey, Delacroix, Lambert, Priqueler, Voisard, Boulliot, Genais, Deslandes, Dherbès, Martin, dit *Saint-Martin.* »

— Gobel, coiffé du bonnet rouge, remet sa croix et son

anneau ; Denoux, son premier vicaire, dépose trois médailles aux effigies des ci-devant rois. Beaucoup d'offrandes analogues couvrent bientôt l'autel de la Patrie.

« Je déclare que mes lettres de prêtrise n'étant pas en mon pouvoir, je les remettrai dès que je les aurai reçues. *Signé* Te-lanon. »

« Je fais la même déclaration. *Signé* Nourmaire. »

Le curé de Vaugirard. « Revenu des préjugés que le fanatisme avait mis dans mon cœur et dans mon esprit, je dépose mes lettres de prêtrise. »

Chaumette, procureur de la Commune de Paris. « Le jour où la raison reprend son empire mérite une place dans les brillantes époques de la révolution française. Je fais en ce moment la pétition que la Convention charge son comité d'instruction publique de donner dans le nouveau calendrier une place au *jour de la Raison.* »

Le président de la Convention aux pétitionnaires. « Citoyens, parmi les droits naturels à l'homme on distingue la liberté de l'exercice des cultes. Il était essentiel qu'elle fût consacrée dans la déclaration des droits de l'homme et du citoyen que le peuple français vient de proclamer : ses représentans l'ont fait. C'est un hommage rendu à la raison pour ses efforts constans.

» La Constitution vous a donc garanti ce libre exercice des cultes, et sous cette garantie solennelle, éclairés par la raison et bravant des préjugés anciens, vous venez de vous élever à cette hauteur de la révolution où la philosophie vous attendait. Citoyens, vous avez fait un grand pas vers le bonheur commun.

» Il était sans doute réservé aux habitans de Paris de donner encore ce grand exemple à la République entière ; là commencera le triomphe de la raison.

» Vous venez aussi déposer sur l'autel de la Patrie ces boîtes gothiques que la crédulité de nos ancêtres avait consacrées à la superstition ; vous abjurez des abus trop long-temps propagés au sein du meilleur des peuples.

» La récompense de ce sacrifice se retrouvera dans le bonheur pur dont vous allez jouir sous la plus belle Constitution du monde, au sein d'un état libre et dégagé de préjugés.

» Ne nous le dissimulons pas, citoyens, ces hochets insultaient à l'Etre suprême, au nom duquel on les entretenait; ils ne pouvaient servir à son culte, puisqu'il n'exige que la pratique des vertus sociales et morales : telle est sa religion; il ne veut de culte que celui de la Raison; il n'en prescrit pas d'autre, et ce sera désormais la religion nationale.

» La Convention accepte vos offrandes ; elle applaudit aux sentimens que vous venez d'exprimer, et vous invite à assister à sa séance. »

Un grand nombre de voix. « L'accolade à l'évêque de Paris ! »

Le président. « D'après l'abjuration qui vient d'être faite, l'évêque de Paris est un être de raison ; mais je vais embrasser Gobel. »

Le président donne l'accolade à Gobel. Les prêtres quittent la barre ; conduits par Chaumette, ils entrent dans la salle, le bonnet de la Liberté sur la tête. (*Nombreux et vifs applaudissemens.*) Des prêtres membres de la Convention sont à la tribune ; ils obtiennent successivement la parole.

Coupé (de l'Oise). « Je n'ai point emporté dans l'assemblée des représentans du peuple d'autre caractère ni d'autre esprit que celui d'homme libre et de citoyen ; cependant, à la vue du renoncement solennel que l'évêque de Paris et ses vicaires épiscopaux viennent de faire ici, je dois me rappeler que j'ai aussi été curé à la campagne.

» Je me suis comporté avec probité dans une portion congrue, et dans un temps où d'ailleurs toutes les lois en faisaient un état louable et bienfaisant.

» Je dois déclarer à la Convention nationale que depuis quelque temps j'en ai quitté le titre et les fonctions, et que je ne suis plus qu'un simple citoyen.

» Il me reste ici une chose à faire, c'est de lui déclarer encore que je renonce à la pension que la nation nous laissait espérer.

» Quoique âgé et sans fortune, je ne veux pas être à charge à mes concitoyens : j'ai toujours vécu de mon travail ; je veux continuer à plus forte raison sous la République, et donner encore cet exemple à nos successeurs lorsque je sortirai du sénat national.

Signé, J.-M. COUPÉ (de l'Oise), ci-devant curé de Sermaires, près de Noyon. »

Thomas Lindet. « Je n'ai point à rougir aux yeux de la nation du charlatanisme ou du fanatisme ; je n'ai employé les moyens de la religion que pour contribuer au bonheur de mes concitoyens. La morale que j'ai prêchée sera celle de tous les temps. Je n'ai accepté l'évêché de l'Eure dans des momens difficiles que parce que je pouvais servir la révolution. Dès 1789 j'avais professé l'incompatibilité des fonctions du culte avec les fonctions civiles. Fidèle à mes principes, j'ai donné ma démission de cet évêché dans l'assemblée électorale qui m'a nommé à la Convention nationale : on ne l'accepta pas alors. Tous les habitans de l'Eure sont témoins de ce que j'ai fait pour combattre le fanatisme, le fédéralisme, le royalisme. La seule ville d'Evreux a été ébranlée par les déclamations de quelques scélérats échappés du sein de cette assemblée. J'ai été en butte à la fureur de leurs complices ; mais j'ai contribué à garantir le reste du département de la séduction. J'ai la satisfaction de pouvoir annoncer à la Convention nationale que les ministres employés au culte dans la ville d'Evreux et dans tout le département ont été fidèles à maintenir les principes de la République, qu'ils ont propagé les lumières de la raison, et qu'ils ont mérité la proscription des fédéralistes. La religion de la loi sera celle de tout le département de l'Eure. Depuis longtemps j'y ai dit avec succès que la cause de Dieu ne devait pas être une occasion de guerre entre les hommes, que chaque citoyen devait se regarder comme le prêtre de sa famille en la formant à toutes les vertus sociales. Toute la République sait que j'ai été le premier des évêques qui ait osé, par un grand exemple, détruire les préjugés superstitieux.

» Lorsque l'abdication des prêtres avait quelque danger, les prêtres devaient s'empresser de se faire citoyens. La volonté du peuple annonce que le moment de cette abdication est arrivé. Un bon citoyen ne doit plus être ministre d'un culte public. J'abdique l'évêché du département de l'Eure, et je renonce à l'exercice de toutes les fonctions du culte.

» Lorsque la raison remporte une victoire aussi éclatante sur la superstition, le législateur ne doit rien négliger pour en assurer le succès et la stabilité. Les fêtes et les solennités religieuses étaient devenues des institutions publiques : mesurez le vide immense qu'opérera la désertion de ces fêtes. Remplacez ce que vous détruisez; prévenez les murmures qu'occasionneraient dans les campagnes l'ennui de la solitude, l'uniformité du travail et la cessation de ces assemblées périodiques; que des fêtes nationales promptement instituées préparent le passage du règne de la superstition à celui de la raison. Tous les départemens ne sont pas également mûrs pour cette grande révolution; les habitans des campagnes n'ont pas les mêmes moyens d'instruction qui se trouvent dans les grandes cités. Le moyen d'accélérer le développement de l'opinion publique, c'est le prompt établissement de ces assemblées civiles où tous les citoyens se réuniront pour apprendre leurs droits, pour célébrer la liberté, et se former à la vertu.

» Je demande que le comité d'instruction publique soit chargé de présenter incessamment un rapport sur les fêtes nationales.

» *Signé* : R.-T. Lindet, ci-devant évêque du département de l'Eure. »

Julien (de Toulouse), *ministre protestant*. « Je n'eus jamais d'autre ambition que celle de voir s'établir sur la terre le règne de la raison et de la philosophie. Ministre d'un culte longtemps proscrit par la barbarie de nos lois gothiques, j'ai prêché hautement les maximes de la tolérance universelle; je me suis attaché à resserrer entre tous les hommes les liens de la fraternité, et dès longtemps on m'a entendu jeter les bases d'une famille universelle.

» Né dans le département du Gard, transplanté successivement dans celui de l'Hérault et de la Haute-Garonne, les ministres alors appelés catholiques m'ont entendu rendre hommage à la justice de l'Être suprême, en prêchant que la même destinée attendait l'homme vertueux qui adorait le Dieu de Genève, celui de Rome, de Mahomet ou de Confucius.

» Je préparais alors les approches du flambeau de la raison qui devait un jour éclairer ma patrie, et je me félicite d'avoir vu arriver ce jour où la bienfaisante philosophie, mère des vertus sociales, n'a fait de tous les Français qu'un peuple de frères, et qui les donne pour modèles au reste de l'univers, encore courbé sous les chaînes des tyrans orgueilleux et des prêtres fanatiques.

» Gobel a manifesté des sentimens qui étaient gravés dans mon ame; j'imite son exemple.

» On sait que les ministres du culte protestant n'étaient guère que des officiers de morale; cependant il faut en convenir, quoique débarrassés de l'appareil fastueux du charlatanisme, tous les cultes, tous les prêtres n'étaient pas sans reproche à cet égard dans l'exercice des pratiques austères à l'aide desquelles ils prétendaient conduire les hommes à l'éternelle félicité. Il est satisfaisant de faire cette déclaration sous les auspices de la raison, de la philosophie, et d'une Constitution tellement populaire qu'elle annonce la chute de tous les tyrans, et qu'elle ensevelit sous les décombres des abus de toute espèce les erreurs superstitieuses du fanatisme et les brillans priviléges de la royauté anéantie.

» J'ai rempli pendant vingt ans les fonctions de ministre protestant; je déclare que dès ce jour j'en suspends l'exercice: désormais je n'aurai d'autre temple que le sanctuaire des lois, d'autre idole que la liberté, d'autre culte que celui de la patrie, d'autre évangile que la Constitution républicaine que vous avez donnée à la France libre, et d'autre morale que l'égalité et la douce bienveillance.

» Telle est ma profession de foi politique et religieuse ; tel est l'exemple que je crois devoir donner aux sectateurs des anciens préjugés ; mais en cessant d'exercer des fonctions que j'ai tâché d'honorer par une conduite exempte de reproche, je ne cesserai pas mes devoirs d'homme et de citoyen ; je ne me croirai pas moins obligé de prêcher les principes de cette morale sublime que l'auteur de toutes choses a gravée dans nos ames, d'être en bon exemple à mes concitoyens, d'instruire les hommes dans les sociétés populaires, sur les places publiques, dans tous les lieux où ils seront réunis sous les enseignes de la paix, de l'union, de la tendre fraternité ; de leur inspirer l'amour de la liberté, de l'égalité, la soumission aux lois et aux autorités constituées, qui en sont les organes.

» Je ne puis remettre sur le bureau les titres qui me donnaient le pouvoir d'annoncer aux hommes les vérités morales puisées dans l'Évangile, qui imprimèrent sur mon front un caractère dont je n'ai jamais abusé : je les déposerai, et je me flatte que la Convention voudra bien en faire un auto-da-fé, qui sera d'autant plus brillant que sa lumière terminera la lutte ridicule qui existe entre le fanatisme et la saine raison.

» *Signé*, JULIEN (de Toulouse). »

GAY-VERNON. « Citoyens, j'ai toujours soupiré après le moment où nous sommes. En 1790, étant alors curé de Compreignac, je remis mes lettres de curé à mes bons paroissiens, et leur dis : *Choisissez un autre pasteur si quelque autre peut vous rendre plus heureux* ; *je ne consentirai à demeurer au milieu de vous qu'autant que vous m'élirez vous-mêmes* : *toutes les places doivent être nommées par le peuple*. Ils m'élurent ; je cédai à leurs instances fraternelles, et je prêtai le serment. En 1791, j'acceptai l'épiscopat pour contribuer aux progrès des lumières et hâter l'empire de la raison et le règne de la liberté. Lorsque Torné, évêque du Cher, proposa l'abolition des costumes, je fus le premier à déposer ma croix sur le bureau de l'assemblée législative. Aujourd'hui, libre de suivre l'impulsion de ma conscience sans aucun danger pour ma patrie, et d'exprimer les sentiments de mon ame, j'obéis à la voix de la raison, de la philosophie et de la liberté, et je déclare à la nation, avec la joie d'un cœur pur et républicain, que je ne veux être que citoyen, et que je renonce aux fonctions ecclésiastiques.

» *Signé*, GAY-VERNON, ci-devant évêque. »

VILLERS. « Citoyens, curé pendant douze ans dans une campagne, je me suis occupé à rendre mes paroissiens heureux : je ne leur ai enseigné que la vérité ; je leur ai fait aimer la révolution par mes actions et par mes discours. Je déclare que j'aime ma patrie, et que je l'aimerai toujours. Je renonce à la place où l'on pourrait me soupçonner d'enseigner l'erreur ; je renonce à ma qualité de prêtre. Je ne puis déposer sur le bureau mes lettres de prêtrise ; les brigands de la Vendée les ont brûlées avec mes propriétés.

» *Signé*, VILLERS, ci-devant curé. »

LALANDE. « Citoyens, sans l'opinion et la confiance publique, les ministres des cultes ne sont plus que des êtres inutiles ou dangereux, et comme il paraît qu'ils ne sont plus investis ni honorés de cette confiance, il est de leur devoir de quitter leurs places.

» Voilà pourquoi je m'empresse d'annoncer à la Convention que dans ce moment je renonce pour toujours aux fonctions de l'épiscopat.

» La démarche que je fais aujourd'hui, je l'ai déjà faite il y a plus d'un an, en donnant ma démission de l'évêché du département de la Meurthe ; mais les autorités constituées me pressèrent et me firent les plus vives instances pour m'engager à continuer mes fonctions, parce qu'on s'imaginait que ma présence était encore utile pour combattre l'aristocratie et les prétentions extravagantes de la cour de Rome.

» Ce motif ne subsiste plus aujourd'hui : l'aristocratie est anéantie, détruite ; l'autorité du pape est réduite à sa juste valeur, et le peuple, éclairé par le génie de la liberté, n'est plus esclave de la superstition et des préjugés. Je déclare donc encore une fois à la Convention que j'abdique pour toujours mes fonctions au ministère ecclésiastique, et que désormais je ne veux plus avoir d'autre titre que celui de citoyen et de républicain français : je n'en connais point qui puisse être aussi beau et aussi précieux !

» Je déclare donc que désormais je ne veux plus avoir d'autre objet que de répandre et propager partout les vrais principes de la liberté, les dogmes éternels qui sont tracés dans le grand livre de la nature et de la raison ; ce livre où toutes les nations peuvent lire et apprendre leurs devoirs ; ce livre qui, bien loin d'avoir besoin d'être augmenté, corrigé et commenté, doit servir à abréger, corriger et augmenter tous les autres. Si, à l'exemple de plusieurs de mes confrères, je ne remets point aujourd'hui sur le bureau mes lettres d'ordination, c'est que je les ai laissées à Nancy ; mais au lieu de ces parchemins gothiques qui ne sont plus bons à rien, je vais déposer sur l'autel de la Patrie mon anneau et ma croix d'or : pourrais-je en faire un meilleur usage que de les consacrer au bien de l'état et à l'utilité publique ?

» *Signé* : LALANDE, ci-devant évêque du département de la Meurthe. »

Plusieurs autres députés, qui sont en même temps évêques ou curés, font des déclarations semblables, et toutes ces professions de foi sont couvertes des plus vifs applaudissemens.

Cette scène allait se terminer sans avoir été troublée par la moindre opposition : Grégoire arrive ; on le presse d'imiter l'exemple de Gobel ; il monte à la tribune, et dit :

Grégoire, évêque de Blois. « J'entre ici n'ayant que des notions très-vagues sur ce qui s'est passé avant mon arrivée. On me parle de sacrifices à la patrie... J'y suis habitué.

» S'agit-il d'attachement à la cause de la liberté ? mes preuves sont faites depuis longtemps.

» S'agit-il du revenu attaché aux fonctions d'évêque? je vous l'abandonne sans regret.

» S'agit-il de religion? cet article est hors de votre domaine, et vous n'avez pas droit de l'attaquer.

» J'entends parler de fanatisme, de superstition..... je les ai toujours combattus. Mais qu'on définisse ces mots, et l'on verra que la superstition et le fanatisme sont diamétralement opposés à la religion.

» Quant à moi, catholique par conviction et par sentiment, prêtre par choix, j'ai été désigné par le peuple pour être évêque; mais ce n'est ni de lui ni de vous que je tiens ma mission. J'ai consenti à porter le fardeau de l'épiscopat dans un temps où il était entouré d'épines; on m'a tourmenté pour l'accepter : on me tourmente aujourd'hui pour me forcer à une abdication qu'on ne m'arrachera pas ! Agissant d'après les principes sacrés qui me sont chers, et que je vous défie de me ravir, j'ai tâché de faire du bien dans mon diocèse : je reste évêque pour en faire encore. J'invoque la liberté des cultes. »

Plusieurs voix. « On ne veut forcer personne. »

Thuriot. « Que Grégoire consulte sa conscience, pour savoir si la superstition est utile aux progrès de la liberté et de l'égalité. C'est la superstition qui a donné naissance au despotisme. »

La noble fermeté de Grégoire, le courage avec lequel il fit une profession de foi catholique, et protesta qu'il voulait conserver son caractère d'évêque au sein d'une abjuration devenue générale chez les prêtres dits constitutionnels, lui attira des injures et des persécutions de la part des hébertistes. Chargé par la Convention de recueillir les annales du civisme, il écrivit à la société des Jacobins le 13 novembre (23 brumaire) pour l'inviter à rassembler toutes les preuves éclatantes de dévouement à la patrie données par ses membres. Bourdon (de l'Oise) prit la parole pour s'étonner que cette demande fût faite par un homme qui avait voulu *christianiser* la révolution. La lettre fut néanmoins renvoyée au Comité de correspondance.

Au sortir de la Convention le cortége des prêtres défroqués se répandit dans Paris, célébrant le triomphe définitif de la raison sur le fanatisme et la superstition. Pendant tout le courant de brumaire, il ne se passa pas de jour où la tribune de la Convention ne retentît de quelque abjuration nouvelle. Le 10 novembre (20 brumaire) ce fut le tour de l'abbé Sieyès. Son discours est le dernier de ce genre, que nous avons cru devoir conserver; le voici :

Sieyès. » Citoyens, mes vœux appelaient depuis longtemps le triomphe de la raison sur la superstition et le fanatisme. Ce jour est arrivé; je m'en réjouis comme d'un des plus grands bienfaits de la république française. Quoique j'aie déposé depuis un grand nombre d'années tout caractère ecclésiastique, et qu'à cet égard ma profession de foi soit ancienne et bien connue, qu'il me soit permis de profiter de la nouvelle occasion qui se présente pour déclarer encore, et cent fois s'il le faut, que je ne connais d'autre culte que celui de la *liberté*, de l'*égalité*; d'autre religion que l'amour de l'*humanité* et de la *patrie*. J'ai vécu victime de la superstition; jamais je n'en ai été l'apôtre ou l'instrument; j'ai souffert de l'erreur des autres, personne n'a souffert de la mienne; nul homme sur la terre ne peut dire avoir été trompé par moi; plusieurs m'ont dû d'avoir ouvert les yeux à la vérité. Au moment où ma raison se dégagea saine des tristes préjugés dont on l'avait torturée, l'énergie de l'insurrection entra dans mon cœur; depuis cet instant, si j'ai été retenu dans les chaînes sacerdotales, c'est par la même force qui comprimait les ames libres dans les chaînes royales, et les malheureux objets des haines ministérielles à la Bastille : le jour de la révolution a dû les faire tomber toutes.

» Je n'ai paru, on ne m'a connu que par mes efforts pour la liberté et l'égalité. C'est comme plébéien député du peuple, et non comme prêtre (je ne l'étais plus), que j'ai été appelé à l'assemblée nationale; et il ne me souvient plus d'avoir eu un autre caractère que celui de député du peuple. Je ne puis pas, comme plusieurs de nos collègues, vous livrer les papiers ou titres de mon ancien état, depuis long-temps ils n'existent plus. Je n'ai point de démission à vous donner, parce que je n'ai aucun emploi ecclésiastique ; mais il me reste une offrande à faire à la patrie, celle de dix mille livres de rentes viagères que la loi m'avait conservées pour indemnité d'anciens bénéfices. Souffrez que je dépose sur votre bureau ma renonciation formelle à cette pension, et que j'en demande acte, ainsi que de ma déclaration. (On applaudit.)

Le succès obtenu par ceux qui avaient organisé les mascarades du 7 novembre leur donnèrent la confiance de tout oser. Le département et le conseil général de la Commune ordonnèrent une fête pour le 20 brumaire (10 novembre), qui serait célébrée dans la ci-devant église métropolitaine. L'arrêté portait que les musiciens de la garde nationale et autres viendraient chanter des hymnes patriotiques devant la statue de la Liberté, « élevée en lieu et place de la ci-devant Sainte-Vierge. »

L'un des ordonnateurs de cette fête, alors rédacteur du journal de Prudhomme, Momoro en a fait une longue apologie dans le 215ᵉ numéro des *Révolutions de Paris*. Nous empruntons à cet article la description de la cérémonie : « On avait élevé, dans la ci-devant église métropolitaine, un temple d'une architecture simple, majestueuse, sur la façade duquel on lisait ces mots: *à la philosophie*; on avait orné l'entrée de ce temple des bustes des philosophes qui ont le plus contribué à l'avénement de la révolution actuelle par leurs lumières. Le temple sacré était élevé sur la cime d'une montagne ; vers le milieu, sur un rocher, on voyait briller le flambeau de la vérité ; toutes les autorités constituées s'étaient rendues dans ce sanctuaire. *La seule force armée n'y était point*. Une musique républicaine, placée au pied de la montagne, exécuta, en langue vulgaire, l'hymne que le peuple entendait d'autant mieux qu'il exprimait des vérités naturelles, et non des louanges mystiques et chimériques (1). Pendant cette musique majestueuse, on voyait deux rangées de jeunes filles,

---

(1) L'hymne était de M. J. Chénier, et la musique de Gossec.
(*Note des auteurs.*)

vêtues de blanc et couronnées de chêne, descendre et traverser la montagne un flambeau à la main, puis remonter dans la même direction, sur la montagne. La Liberté, représentée par une belle femme, sortait alors du temple de la Philosophie, et venait sur un siége de verdure recevoir les hommages des républicains et des républicaines qui chantaient une hymne en son honneur, en lui tendant les bras. La Liberté descendait ensuite pour rentrer dans le temple, s'arrêtant avant d'y rentrer, et se tournant pour jeter encore un regard de bienfaisance sur ses amis. Aussitôt qu'elle fut rentrée, l'enthousiasme éclata par des chants d'allegresse et par des sermens de ne jamais cesser de lui être fidèles. — La Convention nationale n'ayant pu assister à cette cérémonie le matin, elle fut recommencée le soir en sa présence (1). »

Après la cérémonie du matin, les acteurs et les assistans, se rendirent à la Convention. Voici dans quels termes le *Journal de Paris* rend compte de l'accueil qu'ils y reçurent. Ce journal, étant une propriété de spéculateurs qui suivaient pas à pas la majorité conventionnelle, et ne se risquaient à soutenir que l'opinion dominante, nous a paru très-propre à faire voir combien l'athéisme réunissait alors de chances en sa faveur parmi les influences révolutionnaires; il s'exprime ainsi :

« C'est aujourd'hui que l'on peut dire que *le jour du repos* a tué le *dimanche:* il vient de recevoir le coup de la mort dans la ci-devant archi-métropolitaine, actuellement *temple de la Raison*. Les citoyens de Paris, après en avoir enlevé tous les attributs du catholicisme, y ont substitué les emblèmes et la statue *de la Raison*, et, par des hymnes à cette déesse, ont reconsacré républicainement un édifice que le charlatanisme avait à grands frais élevé à la sottise et à la superstition.

» Cette cérémonie devait avoir lieu en présence des représentans du peuple ; mais la discussion précédente ayant employé

(1) Dufourny était venu le matin même à la barre inviter la Convention, au nom des départemens, à assister à la fête. Charlier convertit cette demande en motion et la fit décréter. (*Note des auteurs.*)

toute la séance, les citoyens de Paris, de retour du temple, sont venus annoncer que *la Raison* venait d'y recevoir son premier et solennel hommage.

» Toutes les cérémonies qui avaient eu lieu au temple de *la Raison*, ont été recommencées dans celui de la Loi.

» Les sections de Paris ont précédé dans la salle de la Convention les magistrats de cette ville et la statue de la *Raison*, qui bientôt y ont été introduits au bruit des tambours, au son des instrumens, et aux cris mille fois répétés de *vive la République! vive la Raison! à bas le fanatisme!*

» Assise sur un siége de simple structure, qu'une seule guirlande de feuilles de chêne entrelaçait, et qui était posé sur une estrade que portaient quatre citoyens, la statue de *la Raison*, est entrée dans le sanctuaire des lois, précédée d'une troupe de très-jeunes citoyennes vêtues en blanc et couronnées d'une guirlande de roses.

» Arrivées en face du président, ces jeunes filles ont fait un cercle autour d'elles, tandis que tous les citoyens défilaient en répétant les hymnes qu'ils venaient de chanter au temple en l'honneur de la raison.

» Chaumette, procureur de la Commune, était à la barre avec les autorités constituées du département, il a prononcé le discours suivant :

« Législateurs. Le fanatisme a lâché prise : il a cédé la place
» à la raison. Ses yeux louches n'ont pu soutenir l'éclat de la
» lumière. Nous nous sommes absentés de ses temples; ils sont
» régénérés. Aujourd'hui un peuple immense s'est porté sous
» les voûtes gothiques, qui, pour la première fois, ont servi
» d'écho à la vérité; là, les Français ont célébré leur vrai culte,
» celui de la liberté, celui de la raison. Là, nous avons formé
» des vœux pour la prospérité des armes de la République; Là,
» nous avons abandonné des idoles inanimées pour *la raison*,
» pour cette image animée, chef-d'œuvre de la nature. »

» En effet, la statue de *la Raison* était représentée par une femme belle et jeune, comme la Raison. Toutes deux étaient à leur printemps. Une draperie blanche, recouverte à moitié par un manteau bleu céleste, ses cheveux épars, et un bonnet de la Liberté sur la tête, composaient tous ses atours ; elle tenait une pique dont le jet était d'ébène.

» Chaumette a continué, et a demandé que la ci-devant église de Notre-Dame fût désormais consacrée au culte de *la Raison*. La Convention s'est empressée de concéder à ce vœu, et de nouveaux chants ont remercié les législateurs (1).

» *La Raison*, descendue de son trône, a été conduite auprès du président (Laloi), elle en a reçu l'accolade, et tous les regards portés vers cette scène fraternelle, et mille bravos qui l'accompagnaient, indiquaient que tous les cœurs s'unissaient pour rendre le même hommage à la nouvelle divinité.

» Tout le cortège est retourné par un temps superbe au temple nouvellement épuré. La Convention elle-même l'a suivi pour y chanter elle-même l'hymne à *la Raison*.

» Toutes les sections l'ont accompagnée, et la joie brillait sur tous les visages, avec d'autant plus de justice que Barrère venait d'annoncer une victoire complète sur les rebelles de Noirmoutiers. » (*Journal de Paris*, 1793, n. CCCXV.)

Nous ne nous arrêterons pas à enregistrer les folies qui se succédèrent pendant la courte durée du règne de l'athéisme. Le jour même de l'abjuration du clergé métropolitain, un membre rendit compte au conseil-général de la Commune de la translation de la châsse de sainte Geneviève à la Monnaie. « Ce transit de la patronne des Parisiens, dit l'orateur, s'est opéré avec beaucoup de tranquillité, et *sans miracles*, par le comité révolutionnaire de la section de cette sainte docile. » — Ainsi s'exprime le *Moniteur*. Une circonstance omise par cette feuille, et que nous trouvons dans le *Journal de Paris*, nous explique cette grande tranquillité qu'affecte de constater le rapporteur municipal. On était si loin de compter sur l'indifférence du peuple à l'égard

---

(1) Ce fut Chabot qui convertit cette demande en motion et la fit décréter.
(*Note des auteurs.*)

de cette profanation, qu'on jugea nécessaire d'y procéder nuitamment. La translation eut lieu dans la nuit du 6 au 7 novembre (16,17 brumaire). Le journal qui nous apprend ce détail ajoute que la châsse de la sainte était de la valeur d'environ 1,500,000 liv. Selon le procès-verbal de l'ouverture de cette relique (séance du 21 novembre — 1er frimaire), le prix réel de l'or, de l'argent et des pierreries dont elle était ornée ne s'élevait, après estimation, qu'à la somme de 23,830 liv. Entre autres preuves d'une ignorance grossière, ou peut-être d'une mauvaise foi que nous nous dispenserions alors de qualifier, les rédacteurs de ce procès-verbal donnèrent celle-ci. Ils prirent une image de saint Jean l'évangéliste ayant à ses pieds l'aigle, qui est son symbole, pour « un vil Ganymède, enlevé par l'aigle de Jupiter pour servir de giton au maître des dieux. » — Au nombre des reliques que rendaient vénérables la mémoire toute nationale des grands saints à qui elles avaient appartenu, et que la Commune détruisit, nous citerons la chemise de saint Louis conservée aux Quinze-Vingts. Ce fut la section de ce nom qui vint offrir ce tribut à l'hébertisme. Elle se distingua parmi celles qui s'occupèrent de remplacer le culte catholique. Le 21 novembre (1er frimaire), elle demanda au conseil-général « de conserver l'église de l'abbaye Saint-Antoine à la Liberté, et d'y faire élever un autel sur lequel brûlerait un feu perpétuel, qui serait entretenu par de jeunes vestales. » Le conseil passa à l'ordre du jour, motivé sur ce que la *Raison* et la *Vérité*, ne permettaient plus qu'aucun simulacre frappât les regards ou l'imagination du peuple. Nous rappellerons ici deux citations de notre préambule, la motion contre les clochers, et l'arrêté pour la démolition des sculptures de Notre-Dame. Le *Moniteur* ne nomme pas l'auteur de la motion. Le *Journal de Paris*, 1793, n. CCCXVIII, nous apprend que ce fut Hébert. Cette feuille dit : « La société populaire du Muséum entre au conseil en criant : *Vive la Raison !* et portant au bout d'un bâton les restes d'un livre encore fumant, elle annonce que les bréviaires, les missels, les heures de Sainte-Brigitte, l'ancien et le nouveau Testament, ont expié, dans un grand feu, sur la place du temple de la Raison, toutes les sottises qu'ils ont fait commettre à l'espèce humaine. — Hébert instruit ensuite le conseil que, dans la section de Bonne-Nouvelle, on fera, chaque décadi, dans le temple de la Raison, un cours de morale ; il ajoute que cette section a fait abattre son clocher ; il propose en conséquence que l'on abatte tous les clochers de Paris, parce qu'ils semblent contrarier les principes de l'égalité. Le conseil adopte le principe, et renvoie cet arrêté au département. » — Aussitôt après (séance du 11 novembre — 21 brumaire), Chaumette se leva pour requérir la démolition des statues de saints qui décoraient les trois entrées principales de la cathédrale. L'arrêté fut prononcé sur-le-champ. Mais une considération matérialiste y fit ajouter une exception demandée par Chaumette lui-même. On décida que les deux portails latéraux seraient conservés, « parce que Dupuis y avait reconnu son système planétaire (1). » — L'arrêté de la Commune qui marqua le point culminant de l'hébertisme fut celui par lequel elle ordonna (séance du 25 novembre — 5 frimaire) la clôture de toutes les églises et la surveillance des prêtres. Cinq jours après, elle fut forcée de proclamer la liberté des cultes et d'en assurer l'exercice. Ces deux arrêtés sont liés à des événemens où se généralisent tous les actes parlementaires et extra-parlementaires, et ils nous conduisent naturellement à les exposer.

Pendant que la faction d'Hébert montrait par ses jongleries athéistes sur quelle base elle prétendait fonder le pouvoir, elle faisait assez voir, par des démarches d'une autre nature, comment elle entendait en user. La section de Mucius Scévola, diri-

---

(1) Au moment où nous écrivons ces lignes, on vient de publier la seule réfutation sérieuse que méritent les interprétations astronomiques de Dupuis appliquées à l'histoire du genre humain. Il est prouvé, dans une brochure sur laquelle a été fixée un moment l'attention générale, que Napoléon n'a jamais existé, et que son histoire est un mythe solaire. En voyant tout le parti que l'on peut tirer de l'art étymologique et des quatre saisons de l'année, on demeure convaincu qu'il est facile à chacun de démontrer qu'il est le soleil en personne, aussi bien pour le moins que Dupuis l'a démontré à l'égard de Jésus-Christ.

(Note des auteurs.)

gée par Vincent, avait arrêté, le 26 octobre (5 brumaire), qu'il serait fait une adresse à la Convention pour lui demander un décret qui accordât aux sections « la faculté de nommer chacune dans son sein, un membre pour former le conseil général du département de Paris, pour, après sa formation, passer au scrutin épuratoire des sections et sociétés populaires. » Les sections étaient invitées par cet arrêté à nommer deux commissaires qui se réuniraient dans une des salles de l'évêché pour la rédaction de ladite adresse. C'était là un vrai coup de parti; les considérations dont on avait essayé de colorer cette demande consistaient : 1° en ce que la plupart des administrations départementales avaient embrassé la cause du fédéralisme; 2° dans l'importance que donnait à son directoire la prépondérance morale de Paris sur les autres villes de la République; 3° en ce que « le scrutin épuratoire auquel s'était passé le conseil général du département était de toute nullité, puisqu'il s'était trouvé juge dans sa propre cause. » De ces trois motifs, les deux premiers sont des généralités qui ne signifient rien, car elles ne sont ni appliquées ni applicables à l'espèce dont il s'agit; et si le troisième pouvait être allégué contre le département, il aurait pu l'être également contre la Commune, car elle aussi avait été juge dans sa propre épuration. Or on ne réclamait pas à l'égard de celle-ci; ce n'était donc qu'en vue de donner à Momoro de dignes collègues, et afin de posséder le département comme ils possédaient la Commune, que les hébertistes agissaient. Leur arrêté fut dénoncé vivement au conseil général de la Commune par la section des Arcis, à la séance du 5 novembre (15 brumaire). Le conseil envoya des commissaires pour s'enquérir auprès de la section incriminée. Leur rapport fut tout-à-fait favorable; ils déclarèrent que la section Mucius Scévola était dans les meilleurs principes. Cependant les sections ne se rendirent pas à l'invitation qui leur était adressée et l'arrêté n'eut point de suite.

Un autre arrêté de la même section, porté aussi le 27 octobre, mérite d'être inscrit en entier.

» L'assemblée générale de la section de Mucius Scévola arrête,

1° que tous les gens suspects qui ont été enfermés dans les maisons d'arrêt et dans les prisons publiques, comme suspectés d'aristocratie, ne pourront plus à l'avenir entrer dans les assemblées du peuple;

» 2° Que, conformément à un précédent arrêté, leurs cartes seront retirées, qu'il leur en sera donné de rouges jusqu'à la paix ;

» 3° Que leurs noms seront affichés à la porte de l'assemblée, et inscrits au procès verbal;

» 4° Que le comité révolutionnaire sera chargé de faire imprimer cette liste dans le plus court délai, pour être envoyée aux quarante-sept autres sections et aux sociétés populaires;

» 5° Arrête aussi que tous les signataires de pétitions anti-civiques, et tous ceux qui en assistant aux sociétés anti-populaires pour entraver l'énergie du peuple et la liberté, ont mérité d'être couverts de l'infamie de tous les républicains, seront aussi privés de leurs cartes, et qu'il leur en sera donné de rouges jusqu'à la paix;

6° Arrête que le présent sera imprimé, affiché, envoyé aux quarante-sept autres sections et aux sociétés populaires, avec invitation d'y adhérer. — *Signé*, Vincent, *vice-président.* — Lemaitre, *secrétaire.*

La section des Arcis dénonça cet arrêté en même temps que le précédent; les premières listes des signataires des pétitions anti-civiques ayant été brûlées, elle déclara ne vouloir pas les renouveler; un membre du conseil général trouva dans ces paroles un ton de *modérantisme*. Phulpin, juge de paix, orateur de la députation, répliqua et dit que « sa section était au pas; qu'elle ne voulait pas de nouvelles listes, parce que, les anciennes ayant été brûlées, elle craignait que les nouvelles ne fussent pas exactes ; que d'ailleurs les signataires seraient surveillés, et n'occuperaient aucune place. » (*Journal de Paris*, 1793, n° 311.) Cette autre initiative des hébertistes fut négligée aussi par presque toutes les sections; du moins n'y avons-nous rencontré d'adhésion formelle que dans un acte émané de la section de Bondy,

Son comité révolutionnaire écrivit au conseil général le 2 décembre (12 frimaire), « qu'il suspendait la délivrance des passeports, jusqu'à ce qu'il eût la liste des signataires des pétitions anti-civiques. » Le conseil de la Commune prit occasion de cet incident pour transformer en mesure de police révolutionnaire l'arrêté de la section de Mucius Scévola ; il ordonna que « les listes des signataires des pétitions anti-civiques seraient envoyées, dans le plus court délai, aux quarante-huit sections ; mais qu'en attendant cet envoi aucune section ne suspendrait les passeports des citoyens non suspects, qui se présenteraient avec des motifs suffisans pour en obtenir. » Détruire et proscrire tel était l'ordre du jour des hébertistes. Dans le zèle public que les circonstances commandaient, ils avaient choisi la part du bourreau ; aussi faisaient-ils consister le véritable républicanisme dans la tâche facile de sacrifier les autres. Heureusement pour la civilisation moderne, l'immense majorité des Français d'alors plaça la vertu républicaine dans le devoir de se sacrifier soi-même. Il fut question, pour la dernière fois, des signataires des pétitions anti-civiques, le 19 mars 1794 (29 ventose), deux jours avant la comparution d'Hébert et de ses complices devant le tribunal révolutionnaire. Mercier, un des commissaires nommés par la Commune de Paris pour rechercher les noms de ceux qui avaient signé la pétition dite des *huit mille* et celle dite des *vingt mille*, demanda la parole pour cet objet, dans la société des Jacobins. « Il est singulier, s'écria Robespierre, que nous ayons toujours dans les questions importantes des incidens à écarter. On a toujours parlé des pétitions des *huit mille* et des *vingt mille*, quand nous nous sommes trouvés dans des circonstances difficiles. C'était le manége de Chaumette dans les instans d'orage, et lorsque des troubles se préparaient. Je demande que la société, au lieu de s'occuper d'un objet particulier, s'occupe au contraire d'étouffer toutes les factions, et particulièrement celle de l'étranger. » — Adopté.

L'allure des hébertistes, au commencement de novembre, inspira des craintes sérieuses à certains conventionnels. Ce n'est pas qu'ils improuvassent la frénésie anti-religieuse de ce parti ; ceux en effet que nous allons voir témoigner le plus de terreur, appuyèrent vivement les abjurations du 7 novembre ; mais ce qui les épouvantait, c'étaient les dénonciations et les menaces de mort dont Hébert et ses partisans poursuivaient jusqu'à la moindre apparence d'une erreur. Comment la Convention, déjà si sévère envers ses membres, pourrait-elle ne pas ajouter à sa rigueur, pressée qu'elle serait par des exigences toujours croissantes? Or, ils avaient besoin qu'elle se relâchât jusqu'à la faiblesse, et même jusqu'à la complicité, car ils avaient commis des crimes. La Convention donna le premier exemple de la manière dont elle traiterait les représentans du peuple accusés de vol, dans la personne de Perrin (Pierre Nicolas), ancien maire de Troyes, député de l'Aube. Perrin était membre du comité des marchés. Dénoncé par Charlier, à la séance du 23 septembre, comme ayant reçu une commission pour fournir des toiles de coton, il monta à la tribune pour se justifier. On le força de descendre à la barre, où il continuait de se défendre, lorsque Osselin et Danton l'interrompirent pour le faire décréter d'accusation. Remarquons en passant les noms du dénonciateur et des accusateurs de Perrin. Osselin, déjà suspect d'intrigues, se verra bientôt dénoncé et traduit aussi, sans être entendu, au tribunal révolutionnaire ; Danton était plus que suspect de concussions ; Charlier figurera au premier rang dans la catégorie des fripons dont Robespierre voulait faire justice au moment où il fut renversé. — Perrin fut condamné à 12 années de fer, et à subir six heures d'exposition publique ; il mourut de chagrin en arrivant au bagne de Toulon. Son jugement fut révisé et cassé par la Convention le 3 septembre 1795 (17 fructidor de l'an III) ; le montant de ses indemnités de représentant fut alloué à sa veuve, par le même décret. Charlier essaya alors de rappeler les motifs de l'accusation dont il est ici rapporteur ; mais il fut couvert de huées.

Le premier groupe d'où naquit la faction des modérés prit pour devise un mot que tous les partis tournèrent bientôt les uns contre les autres. A cette rumeur sourde de dénonciations qui de la Commune et des Cordeliers se répandait dans la capitale, les gens alarmés s'écrièrent que l'on voulait diviser les patriotes. Tout se borna à des conversations jusqu'à la séance des Jacobins du 8 novembre (18 brumaire). Enhardis par le succès du mouvement contre le culte qu'ils avaient tenté la veille dans la Convention, les ultra-révolutionnaires lancèrent le lendemain, dans le club des Jacobins, le mouvement contre les personnes. D'abord ce fut Maribon Montaut qui dénonça Taillefer; Hébert vint ensuite, qui dénonça Fréron, le général Lapoype et le général Duquesnoy. Il reprocha à ce dernier d'être sans connaissance et sans talens, d'avoir été imposé par son frère le représentant du peuple, qu'il accusa d'être ennemi de Jourdan, et déclara que s'il restait encore à l'armée du Nord, elle était perdue sans ressources. Passant au journal de la société (*de la Montagne*), Hébert en accusa le rédacteur d'avoir imprimé des articles calomnieux contre la Suisse. Fabre-d'Églantine appela l'attention sur ce fait, et il dit qu'il devait arriver de ce pays un ambassadeur tellement patriote, qu'il était surnommé le *Marat suisse*. Hébert résuma ses propositions à cet égard. Il demanda : 1° qu'il fût fait une rétractation ; 2° qu'il fût envoyé une adresse aux Suisses pour leur promettre amitié et fraternité, et dont la rédaction serait confiée à Fabre ; 3° qu'on nommât d'autres rédacteurs au *Journal de la Montagne*. Sans attendre la décision, Ch. Laveaux renonça à écrire dans cette feuille.

Le vrai motif de l'agression dont cet écrivain était l'objet fut bien énoncé dans le débat ; mais on ne s'y arrêta point, parce que le moment de traiter cette question ne semblait pas opportun encore. Son article sur la Suisse (*Journal de la Montagne*, n. CLVIII) n'était qu'un vain prétexte. Il s'y bornait, en effet, à critiquer la presse helvétique, et à conclure des déclamations des gazetiers, « plats barbouilleurs gagés par les tyrans germaniques », que les dispositions des « magnifiques seigneurs de Bâle, Schaffouse et Berne » n'étaient point favorables à la révolution française. Mais, dans ce même numéro, il avait écrit une solide réfutation de l'athéisme ; et de là « la grande colère du *Père Duchesne* », comme le prouve cette phrase de son discours : « J'ai reproché à Laveaux d'avoir ouvert sur Dieu, un être inconnu, abstrait, des disputes qui ne convenaient qu'à un capucin en théologie. » Laveaux avait composé cette réfutation en réponse à un article sur l'instruction publique inséré dans *la Feuille du Salut public* (1). L'auteur de cet article soutenait qu'il ne fallait point parler de Dieu aux enfans. « Le hasard seul, disait-il, pouvant déterminer un enfant pour la quakerie, la juiverie, la réforme ou la catholicité, il est plus que présumable que sa tête restera vide de religion, jusqu'à ce qu'il s'en bâtisse une lui-même, si cela l'arrange un jour. Et ce sera un des prodiges les plus efficaces de tous pour consolider l'édifice de notre liberté; car il n'y a point de nation libre avec des préjugés, et l'on sait combien le secours des prêtres fut utile aux rois. Voltaire a dit :

» Si Dieu n'existait pas, il faudrait l'inventer.

» Cette maxime ne pourrait être trop payée dans une monarchie; mais dans une république, et au moyen de l'éducation nationale, moi je dis :

» Si mon fils veut des dieux, il faut qu'il les invente. »

Voici les principaux passages de la réponse de Lavèaux. « Cet article m'a paru si faux, si dangereux, si rempli de contradictions, que je n'ai pu m'empêcher d'écrire quelques mots pour le réfuter.

» Les contradictions sont palpables ; car *s'il n'y a point de nation libre avec des préjugés*, et que notre instruction dispose l'enfant à être poussé un jour *par le hasard* dans les préjugés de la quakerie, de la juiverie, etc., il est clair que notre instruction abandonne l'enfant au malheur de saisir *au hasard* tout ce qui peut détruire la liberté d'une nation ; et cet effet de l'instruction publique ne serait pas assurément, comme le dit l'auteur, *un des prodiges les plus efficaces pour consolider l'édifice de notre liberté.*

(1) Cette feuille, commencée le 1er juillet 1793, était rédigée par Rousselin.
(*Note des auteurs.*)

» L'auteur dit assez clairement que l'opinion de l'existence d'un Dieu est utile à une monarchie, et que l'athéisme convient aux républiques. Cette assertion est absolument fausse et démentie par toute l'histoire. Deux choses sont pernicieuses et fatales au génie humain, deux choses tendent également à la destruction de la société humaine : l'athéisme et la superstition ; mais l'idée de l'existence d'un Être suprême fut de tout temps la base de toute vertu civile, politique, domestique. Ceux qui jetèrent les fondemens de la république romaine avaient le plus grand respect pour une intelligence suprême, et l'attachement sublime et inviolable des Romains aux sermens qu'ils croyaient légitimes est un des moyens qui a le plus contribué à leur donner ce caractère mâle, intrépide et courageux, source de toutes les grandes actions qui font aujourd'hui et feront toujours le sujet de notre admiration. Mais il était athée, le sénat de Rome, lorsqu'il eut la bassesse de vendre à César la dictature perpétuelle ; il était athée lorsqu'il rampa lâchement sous Auguste, le bourreau de la liberté ; et c'est sous le règne de l'athéisme que je vois dominer sur le genre humain un Tibère, un Néron, un Caligula, et toute cette suite de monstres, l'horreur de la nature, qui détruisirent sur la terre jusqu'à la moindre étincelle de liberté.

» Je soutiens que l'idée d'une intelligence suprême, qui dirige, ou qui est elle-même l'ordre qui règne dans l'univers, je soutiens que cette idée, qui est aussi claire que deux et deux font quatre, et que le sentiment de notre propre existence nous indique aussi bien que la raison ; je prétends que cette idée, qui n'est point *une opinion religieuse*, mais une vérité naturelle, comme celle des droits de l'homme et de sa liberté ; je prétends, dis-je, que cette vérité, dégagée de toute explication ultérieure, doit faire la base de toute instruction civile, de toute société humaine, de toute instruction publique.

» Les principes de notre liberté sont éternels, dites-vous, ils sont dans la nature, ils sont incontestables ; mais si vous niez l'existence d'une intelligence suprême, que j'appellerai si vous voulez *la Nature*, il n'y a point de principes éternels de morale, il n'y en a point d'incontestables ; tout dépend de l'arrangement fortuit des diverses parties de la matière, produit par une chance des combinaisons du mouvement. Si les brissotins avaient été bien convaincus qu'il est vrai de toute éternité que les hommes naissent et restent égaux en droits, et que cette grande idée tient à la chaîne des vérités immuables de la nature, ils n'auraient pas pensé à transmettre à un Yorck ou à un autre homme quelconque, le droit de nous gouverner de père en fils. L'idée seule d'une telle monstruosité les aurait fait frémir ; mais je conçois aisément que cette idée puisse germer dans la tête d'un homme qui ne reconnaît point une intelligence suprême, et qui regarde l'univers comme le résultat des combinaisons du hasard. »

Soit qu'il trouvât cette argumentation concluante contre le fond de sa thèse, soit qu'il jugeât simplement qu'il avait commis une maladresse, l'auteur de l'article écrivit une lettre à Laveaux sous prétexte d'expliquer sa pensée, mais en réalité pour la désavouer. Voici cette lettre ; nous la transcrivons du n. CLIX du *Journal de la Montagne*.

« Citoyen, je viens de lire une réfutation que vous avez faite d'un article de moi, qui a été inséré dans la feuille du salut public ; ou plutôt ce n'est point une réfutation, car je partage vos opinions. L'athéisme me paraît dangereux dans tous les gouvernemens : et je n'ai point dit qu'il fût propre aux républiques. Si j'ai dit qu'il ne fallait pas parler de Dieu aux enfans, c'est par respect même pour la Divinité, que tout démontre aux hommes formés ; que je crois et que j'honore autant qu'on puisse et qu'on doive l'honorer. — Je vous prie d'insérer dans votre feuille cette courte explication, qui donne la mesure de mes opinions sur cet important objet. — Roussel. »

L'article de Laveaux parut le 7 novembre, et la réponse de Roussel, le 8. Cette polémique, la première et quelques jours la seule, avait déplu aux promoteurs de l'athéisme ; Hébert s'en était d'autant plus courroucé, qu'il en voulait particulièrement à Laveaux pour ses querelles avec Vincent. Le mot qu'il avait dit en courant là-dessus, ne fut pas relevé; les spiritualistes attendaient ; mais la dénonciation contre Duquesnoy lui porta malheur. Le lendemain, 9 novembre (19 brumaire), Robespierre le couvrit de confusion. Voici un extrait de cette séance :

Robespierre. « Il n'est rien de plus pressant que de déjouer une calomnie. Hier, en présence de toute la société, et aux yeux de toute la terre, un homme a calomnié un représentant du peuple qui a toujours montré un patriotisme qui ne s'est pas encore démenti, a calomnié le gouvernement dont les travaux et les services sont connus : voilà les ruses dont se servent nos ennemis, et qu'il est important de détruire. Je demande la parole pour Duquesnoy. » (*On applaudit.*)

(1) *Duquesnoy.* « On m'a accusé dans la séance dernière d'avoir voulu élever mon frère aux grades. Je déclare que je n'ai qu'un frère dans les armées; que je n'ai jamais sollicité pour lui ; qu'il fut fait général de brigade sans ma participation et à la recommandation d'Hébert lui-même.

» Enfin, nommé général de division, le ministre de la guerre m'écrivit pour l'en aviser. Je lui répondis, pour lui témoigner ma surprise qu'il ne m'en eût pas prévenu auparavant, et je dis formellement que je ne doutais point du patriotisme de mon frère, mais beaucoup de ses talens pour cette place.

» Cependant voici une lettre écrite par le chef d'état-major Renoud, contenant les détails de l'affaire de Maubeuge, dans laquelle on dit que c'est particulièrement à Duquesnoy et à Jourdan, dont on fait aussi l'éloge parfait, que le succès de cette journée est dû.

» On a prétendu que j'étais l'ennemi de Jourdan ; que j'entravais ses opérations ; que j'ai cherché à lui faire faire des fautes.

---

(1) Il ne faut pas confondre *Duquesnoi*, avocat, député de Bar-le-Duc aux États-Généraux, avec *Duquesnoy*, cultivateur, député du Pas-de-Calais à la Législative, et ensuite à la Convention. C'est de ce dernier qu'il s'agit ici. Il fut du nombre des députés qui se suicidèrent après leur condamnation à mort pour les journées de prairial. (*Note des auteurs.*)

Qu'on lui écrive, qu'on envoie vers lui.... Il vous apprendra lui-même que je suis son meilleur ami ; que je ne suis ici que pour lui, parce que réellement on l'entravait ; que je suis venu demander pour lui carte blanche ; je l'ai obtenue, je la lui porte. »
(*Applaudissemens.*)

Robespierre. « Je profite des éclaircissemens qu'on vient de vous donner, pour vous soumettre des questions importantes.

» Enfin nous avons purgé les armées de la République des traîtres qui compromettaient le succès de ses armes.

» Enfin nous avons découvert un petit nombre de guerriers républicains, auxquels nous avons confié le sort de l'état. Nous avons cru pouvoir nous reposer sur des sans-culottes, du soin d'exterminer les satellites des tyrans.

» Le but de nos ennemis a donc dû être de nous faire traiter les généraux républicains comme nous traiterions des traîtres qui auraient vendu la République ; de là les calomnies que vous avez vu se reproduire sur le compte des généraux.

» Deux espèces d'hommes s'attachent particulièrement à servir nos ennemis et à perdre la République. Ce sont, d'une part, des patriotes faibles, égarés, qui ne sont que l'écho des fripons.

» De l'autre, des émissaires de nos ennemis, cachés parmi nous. Doute-t-on qu'il n'y en ait qu'ils entretiennent, avec de grandes dépenses pour deviner nos secrets, et rendre nul l'effet de nos plus heureuses résolutions.

» D'abord, je vous dirai que nous sommes parvenus à réunir dans l'armée du Nord trois républicains, qu'il serait peut-être fort difficile de rencontrer ailleurs. C'est Beauregard, général sans-culotte, dont vous connaissez les talens.

» C'est Renoud, chef de l'état-major, ami de Jourdan ; c'est Duquesnoy, aussi ami de Jourdan. Tous trois s'entendent parfaitement, et l'amitié de ces trois hommes peut sauver la chose publique.

» Un homme que je suppose peu instruit ou trompé est venu vous dire que Duquesnoy, député, et Duquesnoy, général, étaient des ambitieux qui voulaient perdre Jourdan. Il m'a dit à moi, cet homme, qu'il le tenait de Renoud lui-même ; ainsi Renoud devait regarder Duquesnoy comme un coquin ; et j'avais une lettre de Renoud, qui faisait l'éloge de Duquesnoy, en rendant hommage à ses talens.

» Je l'observe ici, l'homme qui me parlait, frappé de ce raisonnement, se hâta de me quitter et vint vous débiter les mêmes mensonges.

» On a reproché à Duquesnoy d'être dur ; d'abord ce n'est pas avec les soldats, mais au contraire avec les généraux ; reproche bien rare. Je n'ai vu dans sa conduite qu'un patriotisme ardent qui a pu quelquefois le pousser un peu loin.

» Je lui ai dit à lui-même qu'il ne fallait pas dégoûter les généraux quand ils étaient bons ; mais cela ne lui est jamais arrivé.

« On lui reproche d'avoir promu son frère au grade de général. Il s'est assez lavé de ce reproche, par ce qu'il nous a dit ; il aurait pu y ajouter encore que Duquesnoy lui-même refusa le grade qui lui était offert.

» Que le ministre de la guerre écrivit au député : « Vous ne connaissez pas assez votre frère ; il a plus de talens que vous ne lui en supposez. »

» Si un député avait un frère qui pût sauver la patrie, pourquoi ne voudrait-on pas qu'il pût le proposer ?

» Il fallait au contraire qu'il le nommât devant le peuple, comme l'homme dont il pouvait attendre des services éminens, qu'il fît tout pour lui obtenir le poste où il était nécessaire.

» Je n'ai rien vu de plus admirable dans toute la révolution que cet amour qui unit deux frères à la tête d'une armée ; dont l'un la guide aux combats par le chemin de la victoire, et l'autre combattant dans le rang, fait passer dans l'ame des soldats son amour, son enthousiasme, son dévouement pour la patrie. (*On applaudit.*)

» La plus grande vérité qu'on puisse vous dire à cette tribune, c'est que l'on cherche à vous perdre par vous-mêmes.

» C'était le but et le moyen des fédéralistes, des aristocrates, des puissances étrangères..... Divisez les Jacobins, disaient-ils ; en suscitant au milieu d'eux des hommes qui les égarent, et répandent le soupçon sur le plus ferme appui de la révolution.

» Je voudrais les voir ces hommes qui nous calomnient, et se prétendent plus patriotes que nous. Ils veulent nos places..... Eh bien! qu'ils les prennent..... (Non, non, *s'écrient toutes les voix*, vous resterez à votre poste.)

» Je voudrais les voir, sondant nuit et jour les plaies de l'état, sans cesse occupés du peuple, consacrant leur existence entière à son salut. Veut-on seulement détruire la liberté, en calomniant ses défenseurs? Qu'on ne s'imagine plus y réussir, ce n'est pas seulement le patriotisme, cet amour inné de la liberté, l'enthousiasme qui nous soutient ; c'est la raison qui doit éterniser la République ; c'est par son empire que le peuple doit régner, son règne est donc impérissable. » (*On applaudit.*)

Hébert ne répondit pas un mot. Néanmoins ce signal donné aux dénonciateurs par le chef du parti alarma vivement les conventionnels qui n'avaient pas la conscience aussi nette que Duquesnoy. En outre ce qui se passa à la séance de la Convention, le jour même où Hébert était accablé aux Jacobins sous le mépris de Robespierre, mit le comble à leur terreur. Dubarran, au nom du comité de sûreté générale, fit un rapport à la suite duquel il proposa : 1° de décréter d'accusation le député Osselin pour avoir cautionné la femme Charry, émigrée ; 2° de renvoyer devant le tribunal révolutionnaire Lagadie, ci-devant maréchal-de-camp ; Soulès et Froidure, administrateurs de police, compromis dans cette affaire. — Merlin (de Thionville) demanda qu'Osselin fût entendu ; Vouland s'y opposa ; le projet fut adopté.

Le lendemain, 10 novembre (20 brumaire), Philippaux jeta dans l'assemblée une motion qui fit se trahir, par leur empressement à la repousser, les membres qu'agitaient des craintes personnelles. Philippaux était alors dans le paroxisme de la colère qu'il avait rapportée de Vendée. Humilié par son rappel, qu'il regardait comme un blâme public de sa conduite, irrité contre ceux à qui il imputait de l'avoir provoqué, et contre le comité de salut public qui n'avait pas attaché une grande importance à ses dénonciations sur leur compte, son impuissance à se venger, tournait en un rigorisme farouche. Seul de son parti, car ce ne fut que bien plus tard qu'il se rapprocha des dantonistes, il débuta par une proposition qui mettait en question la probité de la République entière, et qui tombait de tout son poids sur ses futurs amis. Il demanda que chaque membre de la Convention et tous les magistrats du peuple fussent tenus de rendre compte de la fortune qu'ils avaient avant la révolution, et d'indiquer par quels moyens ils l'auraient augmentée, sous peine d'être déclarés traîtres à la patrie. Comme il arrive d'ordinaire, les coupables prirent tout pour eux. Des gens, auxquels peut-être Philippaux ne pensait pas, se nommèrent sur-le-champ eux-mêmes. D'abord ce fut Bazire. Il s'éleva fortement contre cette proposition, qui lui parut propre à favoriser les projets des aristocrates et à diviser les patriotes : « Il est temps, dit-il, que vous délivriez les patriotes de cette terreur qui détruit les vertus magnanimes, les sentimens généreux. Ce que je dis me vaudra des haines, des vengeances; la perte même de ma tête sera le prix de mon courage; mais j'ai appris à braver la mort. » — Ici Montaut demanda que l'opinant fût rappelé à l'ordre, attendu que la Convention ne frappait que les conspirateurs. Bazire déclara qu'il ne parlait pas du passé, mais bien du système de terreur qui semblait annoncer la ruine des patriotes et menacer la France d'une nouvelle tyrannie; il demanda l'ordre du jour sur la proposition de Philippaux. — Thuriot appuya l'ordre du jour, mais motivé sur l'existence de la loi précédemment rendue sur le même sujet. L'ordre du jour fut adopté.

L'issue de cet incident donna du courage à Chabot. Préoccupé de la manière dont Osselin avait été décrété la veille, et du refus de l'entendre prononcé, malgré la demande contraire de Merlin, Chabot, qui sentait déjà sur sa tête la pointe d'un glaive dont rien ne le séparait, attendait avec anxiété une occasion de rendre ce contact moins immédiat. Il profita de celle-ci pour faire une motion d'ordre qu'il rendit intéressante, parce qu'il sut communiquer sa peur. Il demanda que les députés ne pussent pas être arrêtés sans avoir été entendus, et qu'on ne les privât pas de la faveur dont jouissaient les particuliers. Il déclara ensuite qu'un de ses collègues avait ouï dire : « aujourd'hui c'est le tour de celui-ci, demain le tour de Danton, après-demain celui de Billaud-Varennes, et nous finirons par Robespierre. Ce mot, s'écria-t-il, doit effrayer les républicains. » Il se plaignit après cela de ce que les décrets étaient rendus de confiance et sans discussion. « S'il n'y a pas de côté droit, dit-il, j'en formerai un à moi seul, dussé-je perdre la tête, afin qu'il y ait une opposition. » — Thuriot se leva pour appuyer Chabot. Il n'était que trop vrai, selon lui, qu'il existait un système de terreur et de calomnie contre les citoyens les plus dévoués à la patrie, et des conciliabules où l'on formait le complot de renverser la liberté. Il voulait que tous les Français fussent en surveillance, et qu'un patriote pût dire à celui qui menaçait sa liberté : Examinons les motifs de ta conduite; voyons si par là tu ne veux pas faire oublier tes propres crimes. — Bourdon (de l'Oise), alors hébertiste furieux, demanda si l'on était fâché que la terreur fût à l'ordre du jour. Il vit, dans ces petites motions, une coalition formée par la lâcheté ou la mauvaise foi, et demanda l'ordre du jour. — Thuriot, Chabot et Bazire parlèrent de nouveau sur le système de calomnie contre les patriotes. — Bourdon (de l'Oise), Charlier et Vouland, tentèrent de rompre ce débat par une contre-motion ; ils proposèrent qu'un prévenu de conspiration, s'il parvenait à se soustraire au décret lancé contre lui, fût mis hors la loi. — Bazire, Camille Desmoulins, et Julien (de Toulouse) combattirent cette proposition. Celle de Chabot fut décrétée. Osselin essaya, mais vainement, d'obtenir un effet rétroactif de cette décision. L'accusateur public du tribunal révolutionnaire transmit le lendemain 11 novembre (21 brumaire), une lettre de ce député au président de la Convention, dans laquelle il demandait à être entendu à la barre. Merlin (de Thionville) appuya cette demande ; Montaut la fit renvoyer au comité de sûreté générale. Le 12 novembre (22 brumaire), Dubarran, au nom de ce comité, fit passer à l'ordre du jour sur la lettre d'Osselin (1).

La séance de la Convention du 10 novembre servit de texte, le 11, aux discussions des Jacobins. Dufourny s'éleva contre les opinions de Bazire, Chabot et Thuriot. Il pensa qu'elles tendaient à faire rétrograder la révolution, et proposa d'envoyer à la Convention une députation solennelle pour lui demander si les Français révolutionnaires pouvaient encore compter sur sa fermeté. Renaudin ajouta qu'il fallait que la société s'y portât en masse, ce qui fut décidé. Hébert fit ensuite prononcer l'expulsion de Thuriot, et l'examen de la conduite de Chabot et de Bazire. Il termina son discours par une amende honorable à Duquesnoy. Il déclara qu'il avait été trompé sur le compte de ce représentant, et rétracta sa dénonciation.

Le décret obtenu par Chabot avait réuni trois sortes d'adversaires. Bazire, Julien (de Toulouse) et Chabot avaient eu pour but de se mettre en garde contre leurs successeurs au comité de sûreté générale ; Thuriot, contre le comité de salut public ; tous, contre les hébertistes. Aussi ces trois élémens déplacèrent-ils aussitôt la majorité ; et comme la position acquise tournait principalement contre le pouvoir, en ce qu'elle était un obstacle à son action, ce fut le comité de salut public qui se présenta le premier pour l'emporter. A la séance du 12 novembre (22 brumaire), Barrère proposa le rapport de la loi du 10, d'après laquelle un député avait le privilége d'être entendu avant le dé-

(1) Osselin « convaincu d'avoir recélé la femme Charry, d'avoir abusé de son caractère de député, et d'avoir avili dans sa conduite le caractère de la représentation nationale, » fut condamné à la déportation. La femme Charry, « native de Versailles, âgée de 27 ans, convaincue d'émigration, d'intelligence et de correspondance avec les ennemis de la République, » fut condamnée à la peine de mort. — Elle se déclara enceinte. Osselin comparut une seconde fois au tribunal révolutionnaire le 26 juin (8 messidor de l'an 2), et fut condamné à la peine de mort. (*Note des auteurs.*)

cret d'accusation. Billaud-Varennes appuya et fit adopter cette proposition. Cela n'empêcha pas les Jacobins d'exécuter leur arrêté. Une députation, conduite par Dufourny, vint le 13 novembre à la barre de la Convention. Elle demanda que les mesures révolutionnaires fussent maintenues dans toute leur rigueur. La mention honorable et l'insertion au bulletin ayant été accordées à cette adresse, sur la motion de Moyse Bayle, Bazire, qui voulait se réhabiliter, ne trouva pas que ce fût assez. Il proposa de décréter que les Jacobins avaient bien mérité de la patrie. Il en fut pour son exagération maladroite, et qu'on ne manqua pas de lui imputer à lâche flagornerie. On passa à l'ordre du jour, motivé sur ce que les Jacobins n'avaient jamais cessé de bien mériter de la patrie.

Les auteurs du décret dont la durée fut si courte, songèrent à réparer leur déconvenue en recouvrant au moins les bonnes grâces du club. Ils vinrent tour à tour s'y justifier. Ce jour-là Thuriot y accourut au sortir de la Convention.

La séance (13 novembre, 23 brumaire) marcha à la discrétion des hébertistes. Robespierre n'y parut pas; il préparait son rapport du 17 novembre. Anacharsis Clootz, Bourdon (de l'Oise), Montaut et Hébert eurent les honneurs de toutes les propositions et de toutes les conclusions. Hébert, qui profita plus tard de l'absence de Robespierre pour en faire un éloge pompeux, et se racheter ainsi vis-à-vis de lui, commença par demander « que le reste impur du sang des rois coulât sur l'échafaud, c'est-à-dire que la sœur de Capet fût jugée par le tribunal révolutionnaire. » (*Adopté.*) Il fit ensuite rejeter un député récipiendaire, déclarant que « jusqu'au moment où le procès des complices de Brissot serait terminé, on ne devait recevoir aucun député dans la société. » (*Applaudissemens.*) — Dufourny prit la parole et dit : « Vous venez de prononcer contre les faibles, il faut y ajouter les lâches. Il est une classe d'hommes qui n'a pas combattu et qui veut s'unir à nous maintenant pour partager le butin de la victoire. Qu'on leur dise comme la fourmi : Vous chantiez ; eh bien ! dansez maintenant. » (*On applaudit.*) Bourdon (de l'Oise) proposa formellement « que tous ceux qui avaient voté avec les ennemis du peuple, dans l'affaire du tyran, ou qui ayant voté pour la mort, avaient depuis ce temps passé dans le parti contraire, fussent exclus de droit. » Montaut généralisa la question ; il demanda, qu'en exceptant ceux qui étaient allés en mission, où ils auraient été retenus quelque temps, la société exclût de son sein tous les députés qui, au bout d'un mois de session, n'étaient pas venus se présenter à la société.

En ce moment Thuriot monta à la tribune pour répondre aux inculpations dirigées contre lui. « Je pense, dit-il, comme la société, qu'il ne faut point arrêter le mouvement révolutionnaire. Ai-je émis une opinion contraire? Non. » Le plus fort argument de l'apologie de Thuriot, celui qu'il espérait devoir être décisif, aux yeux d'Hébert, fut tiré par lui de ses prédications athéistes dans la section des Tuileries. Après avoir énoncé ce fait, il se contenta de jeter sur ses actes le voile des bonnes intentions, et protesta « qu'il mourrait jacobin ; que c'était un caractère ineffaçable. »

Il ne servit de rien à Thuriot de faire valoir sa qualité d'athée. Qu'importaient en effet ses motions du 7 novembre à la tribune de la Convention ; qu'importaient ses discours dans la section des Tuileries ; il n'en était pas moins vrai qu'en appuyant le décret Chabot, il avait entrepris de diviser l'hébertisme contre lui-même, car si cette faction était ennemie de Dieu, elle était amie de la guillotine. De plus, il avait fait, en son particulier, une démarche pour fléchir Hébert ; et cette sollicitation lui donnait à l'égard de celui-ci une infériorité dont il profita pour l'écraser. « Thuriot, dit Hébert, pour prouver qu'il n'avait pas eu de mauvaises intentions, en jetant cette pomme de discorde dans la Convention, vous donne l'historique de ce qu'il a fait dans sa section, où il a prêché le culte éternel de la nature : mais dans la Convention nationale il n'a pas prêché celui de la révolution. Condorcet aussi s'était fait une réputation, et, comme Thuriot, il a abandonné le peuple. » Venant à la tactique par laquelle les hommes qui avaient peur, cherchaient à faire croire que Robespierre était menacé comme eux ; Hébert s'écria : « depuis quel temps affecte-t-on d'accoler ainsi l'homme à qui nous devons la révolution, la liberté, et celui qui en est la honte ? L'homme à qui le peuple a donné l'épithète d'incorruptible, et l'homme le plus corrompu? Peut-on mettre sur la même ligne Robespierre et Lacroix? Oui, le peuple consulté sur Lacroix, sur le spoliateur de la Belgique, le complice de Dumourier, l'enverrait au tribunal révolutionnaire, et si Robespierre courait le moindre danger, les Jacobins...., le peuple entier lui ferait un rempart de son corps (1).

» C'est à vous, Jacobins, à séparer un plomb vil de l'or pur. Ces hommes se disent amis de Robespierre, et Robespierre n'est ami que de la vérité. Depuis quelques jours, des intrigans viennent m'assiéger et cherchent à m'animer contre lui. J'avais dénoncé Duquesnoy ; on m'avait induit en erreur. Robespierre releva cette erreur, et l'on saisit ce prétexte pour me persuader qu'il m'a indiqué comme faisant partie des agens soudoyés par Pitt. Je ne l'ai pas cru : Robespierre ne s'est pas permis cette étrange assertion contre un patriote, j'ose le dire, aussi éprouvé que moi.

» La conduite de Thuriot est tortueuse. Hier, il vint à la Commune me faire demander, ainsi que Pache : je répondis que je ne connaissais pas Thuriot; que si j'avais dit contre lui, à la société des Jacobins, quelque chose qui ne fût pas vrai, elle en ferait justice ; mais que si au contraire j'avais dit la vérité, le tout retomberait sur sa tête. Pache fut moins ferme : il se rendit où l'attendait Thuriot qui ne l'entretint que de ma dénonciation, et l'engagea à m'en faire désister. » — Hébert invita la société à maintenir l'exclusion de Thuriot, ce qui fut adopté après un

(1) Chabot avait nommé Billaud-Varennes, Robespierre et Danton ; Thuriot venait de rappeler cette circonstance ; mais, au lieu de Danton, il avait nommé Lacroix, ce qui mettait le *père Duchesne* fort à son aise, car il n'osait pas encore attaquer directement Danton, et il savait bien que tous les coups portés à Lacroix tombaient indirectement sur son collègue en Belgique.

(*Note des auteurs.*)

léger débat. La majorité se détermina par le motif que Thuriot avait défendu le général Custine.

On ne saurait trop insister sur les exemples de lâcheté que donnèrent alors les hommes qui avaient mauvaise conscience. Nous avons vu Bazire demander le triomphe pour ses dénonciateurs ; nous venons de voir Thuriot faire la cour à un Hébert, et Hébert chanter les louanges de celui qui, dans une occasion récente, et dans un discours dont tout Paris s'entetenait, ne l'avait désigné que par les mots « cet homme », formule où s'étaient échangées d'une phrase à l'autre les trois nuances d'un même sentiment, le dédain, le mépris et le dégoût.

Le 16 novembre (26 brumaire), ce fut le tour de Chabot. Il vint se plaindre aux Jacobins d'avoir été dénoncé « comme n'ayant pas une forte dose de patriotisme. » Il demanda des commissaires pour examiner sa conduite. Dufourny, son premier accusateur, monta aussitôt à la tribune, et improvisa contre lui un réquisitoire impitoyable. Il traita Chabot comme Robespierre le traitera bientôt lui-même. Il le bafoua d'abord amèrement sur la prétention qu'il avait exprimée de former un côté droit à lui tout seul. Si c'eût été l'unique grief, Chabot s'en serait probablement tiré par le moyen qui réussit à Isnard dans une circonstance analogue ; il aurait déclaré qu'il n'avait voulu faire qu'une figure de rhétorique. Mais Dufourny poursuivit : « Chabot, s'écria-t-il, a bravé l'opinion publique, en contractant un mariage avantageux, tandis qu'un représentant du peuple ne doit point courir après la richesse ; il a bravé l'opinion publique en épousant une étrangère, et dans quel temps encore! Quand Antoinette était au fauteuil du tribunal révolutionnaire ; quand la Nation était à son *maximum* d'exécration pour les étrangers ; quand nos frères qui sont aux frontières nous ont laissé des veuves à consoler, des sœurs, des parentes à secourir : c'est alors que Chabot contracte un mariage intéressé, avec une Autrichienne. Une femme est un vêtement ; si ce vêtement était nécessaire à Chabot, il devait se rappeler que la Nation avait proscrit les étoffes étrangères. » — Ces reproches n'étaient rien

encore au prix de ceux que Dufourny réservait pour la fin.
« Quoique la vie privée d'un individu n'ait rien de commun avec
sa vie politique, continua l'accusateur, il est des cas cependant
où la moralité d'un représentant du peuple doit être comptée
pour quelque chose. Chabot, cédant aux impulsions et à l'attrait
irrésistible de cette passion douce pour laquelle l'homme est né,
et à qui nous devons l'existence, a antérieurement à son mariage
choisi une compagne, qui, par suite de leurs liaisons intimes,
est devenue mère..... Qu'as-tu fait pour elle? pourquoi l'as-tu
abandonnée? Lorsque tu as pris femme étrangère, tu as délaissé,
méconnu un rejeton français. — Bazire et Chabot ont proposé
l'un et l'autre à la Convention les opinions répréhensibles, dangereuses, et même contre-révolutionnaires, que je vous ai dénoncées à cette tribune. Thuriot n'a fait que les appuyer, et vous
avez rejeté Thuriot de votre sein. Je vous laisse le soin de conclure; cependant, pour qu'il ne soit pas dit que ce soit un mouvement d'indignation qui ait rejeté Chabot, je demande moi-
même la nomination des commissaires. »

Le discours de Dufourny fut interrompu, à ce que nous apprend le compte rendu du *Moniteur*, par de nombreux applaudissemens. Trois salves bruyantes accompagnèrent l'orateur, de
la tribune à sa place, pendant que des démentis lui étaient
adressés de quelques endroits de la salle. Il en résulta un tumulte qui força le président de se couvrir. Au premier silence,
un membre prit la parole pour dire que les deux autrichiens,
Emmanuel et Junius Frey, mis en arrestation par la section de
la République, avaient recouvré aussitôt leur liberté par le crédit de leur beau-frère, et qu'ils étaient en ce moment dans le
club; il ajouta qu'avant le mariage de Chabot, on faisait mince
figure chez les banquiers Frey; que lors de l'apposition des scellés
il n'avait été trouvé ni linge, ni rien dans les armoires, et que
maintenant « la femme de chambre était mieux mise que ne l'était alors la maîtresse. » — Un autre membre se leva et dit : «Je
sais que dans la maison de Chabot il existe un neveu du ministre
de l'Autriche.» — Chabot avait perdu la tête. En portant la main

sur sa vie privée, Dufourny l'avait dépouillé de tout vêtement ; il était comme un criminel attaché nu au pilori, et dont les doigts de la foule cherchent et comptent les cicatrices honteuses : aussi eut-il un moment de véritable détresse. Il nia formellement tous les faits qui lui étaient imputés, et pour donner quelque poids à ses paroles, il demanda une enquête immédiate, offrant de rester prisonnier de la société et de porter sur le champ sa tête à la guillotine si un seul des faits allégués pouvait être prouvé ; puis, cédant à la peur, il appela au secours. A ces mots une voix calme et froide fit cette réflexion : « J'observe que cette provocation est le langage commun des conspirateurs ; ce fut ainsi que s'exprimèrent les vingt et un scélérats condamnés à périr. Je demande en conséquence que Chabot soit rappelé à l'ordre pour avoir appelé à son secours quand personne ne le tyrannise. » Chabot était aux abois ; il se rappela lui-même à l'ordre, et la société partagée entre la pitié et le dégoût mit fin à cette scène en nommant des commissaires pour éclaircir les accusations qu'elle venait d'entendre. L'arrestation presque immédiate de celui qui en était l'objet rendit cette recherche inutile.

Dans un recueil de pièces et de mémoires, intitulé, *Histoire des prisons de Paris, et des départemens*, et publié l'an V — Juin 1797, nous trouvons (tome II. page 262 et suivantes) un passage fort curieux où sont racontés en détail les actes privés de Chabot dénoncés par Dufourny. Il renferme aussi des renseignemens sur Bazire, et fait partie d'un mémoire imprimé sans nom d'auteur sous le titre de *Journal des événemens arrivés à Port-Libre (La Bourbe), depuis mon entrée dans cette prison* : nous transcrivons ce passage.

» Il nous est arrivé aujourd'hui un citoyen qui a beaucoup fréquenté Bazire et Chabot, et qui nous a raconté sur ces deux personnages des anecdotes assez curieuses.

» Bazire est né à Dijon, et occupait aux anciens états de la ci-devant province de Bourgogne une place de dix mille livres par an ; il épousa une femme riche, et tenait à Dijon une maison assez splendide ; il s'occupait de botanique, d'histoire naturelle, et recevait chez lui les savans de la ville. Cet homme avait naturellement le cœur bon ; mais, le plus souvent, il se laissait entraîner par les impulsions qu'il recevait, il se lia avec Chabot, moine défroqué très-paillard. L'ex-capucin, par une industrie active, était parvenu à se donner un mobilier assez propre, il désirait traiter chez lui quelques amis ; il parla à Bazire de l'emplette d'une cuisinière ; Chabot voulait avoir maison montée.

» Une jeune fille, arrivée fraîchement de Dijon, était venue chez Bazire implorer sa protection et ses bons offices. Bazire la proposa à Chabot qui l'accepta ; comme elle était grande et bien faite, l'impudique lui donna doubles gages. La cuisinière quitte ses ajustemens villageois, une demi-parure relève ses rustiques attraits ; ce n'est plus Jeannette tout court, c'est mademoiselle Jeannette, cousine issue de germain de M. Chabot, et gouvernante en chef de sa maison.

» Tandis que ces arrangemens se faisaient à l'amiable à Paris, madame Bazire avait renvoyé de chez elle, à Dijon, une cuisinière qui l'avait volée ; elle avait mandé cet événement à son mari, et lui défendait de la recevoir si elle venait à Paris. La cuisinière arrive, et nonobstant l'avertissement, Bazire la prend à son service.

» Madame Bazire, qui probablement s'ennuyait beaucoup à Dijon loin de son époux, résolut de lui causer une surprise agréable. Elle arrive à Paris à l'improviste, et la première personne qu'elle rencontre chez son mari, est la cuisinière qu'elle avait renvoyée ; sa surprise est extrême : Bonjour, madame Bazire, lui dit cette fille. — Que faites-vous ici ? — Mais, madame, je suis avec monsieur. — Mademoiselle, commencez par vous retirer sur-le-champ, et que je ne vous revoie jamais.

» La fille sort sans mot dire ; arrive, sur ces entrefaites, la cousine Chabot qui dit d'un ton léger : où est Bazire ? mais c'est singulier, on ne trouve jamais ce Bazire. — Madame Bazire était dans la stupéfaction, elle ne reconnaissait pas Jeannette de Dijon, qui était toute frigante avec un bonnet à la mode, une pélisse et des bas de soie. — Mais, qui êtes-vous, mademoiselle, dit madame Bazire. — Je suis la cousine de Chabot, député à la Convention nationale ; il est surprenant que ce Bazire ne soit point ici, il m'avait promis de s'y trouver, c'est un homme bien étonnant. — Mademoiselle, M. Bazire va venir tout à l'heure.

» Pendant ce colloque, madame Bazire examinait la cousine, et tâchait de se remettre ses traits. — Pourrais-je vous demander, mademoiselle, où vous êtes née ? — A Dijon, madame. — Eh bien ! mademoiselle, je vous prie de ne plus remettre les pieds ici tant que j'y demeurerai. » — Nous terminons là notre citation. Le passage renferme encore les scènes de reproches et de raccommodement entre Bazire et sa femme, ainsi qu'une anecdote sur la sensibilité de ce représentant à l'égard d'une ex-maîtresse du comte d'Artois ; mais il est superflu de la transcrire ; nos lecteurs savent déjà combien les membres de l'ancien Comité de sûreté générale étaient accessibles aux *jolies solliciteuses*.

Pendant que les hébertistes poursuivaient l'abolition des idées religieuses, et qu'ils s'acharnaient contre les auteurs du décret dont le comité de salut public avait obtenu le rapport, Robespierre s'occupait de la question nationale et s'y préparait un point d'appui pour écraser cette faction. Il commença la guerre, par le discours suivant, où la manière dont il fit l'histoire de tous les partis qui avaient été vaincus, était une menace formelle contre ceux qui déchiraient alors la République.

RAPPORT *fait au nom du comité de salut public par* Robespierre, *sur la situation politique de la République.* — *Séance du 17 novembre* 1793 *(27 brumaire an 2 de la République.)*

« Citoyens représentans du peuple, nous appelons aujourd'hui l'attention de la Convention nationale sur les plus grands intérêts de la patrie ; nous venons remettre sous vos yeux la situation de la République à l'égard des diverses puissances de la terre, et surtout des peuples que la nature et la raison attachent à notre cause, mais que l'intrigue et la perfidie cherchent à ranger au nombre de nos ennemis.

» Au sortir du chaos où les trahisons d'une cour criminelle et le règne des factions avaient plongé le gouvernement, il faut que les législateurs du peuple français fixent les principes de leur politique envers les amis et les ennemis de la République ; il faut qu'ils déploient aux yeux de l'univers le véritable caractère de la nation qu'ils ont la gloire de représenter. Il est temps d'apprendre aux imbéciles qui l'ignorent, ou aux pervers qui feignent d'en douter, que la république française existe ; qu'il n'y a de précaire dans le monde que le triomphe du crime et la durée du despotisme ! Il est temps que nos alliés se confient à notre sagesse et à notre fortune, autant que les tyrans armés contre nous redoutent notre courage et notre puissance !

» La révolution française a donné une secousse au monde. Les élans d'un grand peuple vers la liberté devaient déplaire aux rois qui l'entouraient ; mais il y avait loin de cette disposition secrète à la résolution périlleuse de déclarer la guerre au peuple français, et surtout à la ligue monstrueuse de tant de puissances essentiellement divisées d'intérêts.

« Pour les réunir, il fallait la politique de deux cours dont l'influence dominait toutes les autres ; pour les enhardir il fallait l'alliance du roi même des Français, et les trahisons de toutes les factions qui le caressèrent et le menacèrent tour à tour pour régner sous son nom, ou pour élever un autre tyran sur les débris de sa puissance.

» Les temps qui devaient enfanter le plus grand des prodiges de la raison devaient aussi être souillés par les derniers excès de la corruption humaine : les crimes de la tyrannie accélérèrent les progrès de la liberté, et les progrès de la liberté multiplièrent les crimes de la tyrannie en redoublant ses alarmes et ses fureurs ; il y a eu entre le peuple et ses ennemis une réaction continuelle dont la violence progressive a opéré en peu d'années l'ouvrage de plusieurs siècles.

» Il est connu aujourd'hui de tout le monde que la politique du cabinet de Londres contribua beaucoup à donner le premier branle à notre révolution. Ses projets étaient vastes ; il voulait, au milieu des orages politiques, conduire la France, épuisée et démembrée, à un changement de dynastie, et placer le duc d'Yorck sur le trône de Louis XVI. Ce projet devait être favorisé par les intrigues et par la puissance de la maison d'Orléans, dont le chef, ennemi de la cour de France, était depuis longtemps étroitement lié avec celle d'Angleterre. Content des honneurs de la vengeance et du titre de beau-père du roi, l'insouciant Philippe aurait facilement consenti à finir sa carrière au sein du repos et de la volupté. L'exécution de ce plan devait assurer à l'Angleterre les trois grands objets de son ambition ou de sa jalousie, Toulon, Dunkerque et nos colonies. Maître à la fois de ces importantes possessions, maître de la mer et de la France, le gouvernement anglais aurait bientôt forcé l'Amérique à rentrer sous la domination de Georges. Il est à remarquer que ce cabinet a conduit de front, en France et dans les États-Unis, deux intrigues parallèles, qui tendaient au même but : tandis qu'il cherchait à séparer le midi de la France du nord, il conspirait pour détacher les provinces septentrionales de l'Amérique des provinces méridionales, et comme on s'efforce encore aujourd'hui de fédéraliser notre République, on travaille à Philadelphie à rompre les liens de la confédération qui unissent les différentes portions de la république américaine.

» Ce plan était hardi ; mais le génie consiste moins à former des plans hardis qu'à calculer les moyens qu'on a de les exécuter. L'homme le moins propre à deviner le caractère et les ressources d'un grand peuple est peut-être celui qui est le plus habile dans l'art de corrompre un parlement. Qui peut moins apprécier les prodiges qu'enfante l'amour de la liberté que l'homme vil dont le métier est de mettre en jeu tous les vices des esclaves ? Semblable à un enfant dont la main débile est blessée par une arme terrible qu'elle a l'imprudence de toucher, Pitt voulut jouer avec le peuple français, et il en a été foudroyé.

» Pitt s'est grossièrement trompé sur notre révolution ; comme Louis XVI et les aristocrates français, abusés par leurs mépris pour le peuple, mépris fondé uniquement sur la conscience de leur propre bassesse. Trop immoral pour croire aux vertus républicaines, trop peu philosophe pour faire un pas vers l'avenir, le ministre de Georges était au-dessous de son siècle; le siècle s'élançait vers la liberté, et Pitt voulait le faire rétrograder vers la barbarie et vers le despotisme. Aussi l'ensemble des événemens a trahi jusqu'ici ses rêves ambitieux; il a vu briser tour à tour par la force populaire les divers instrumens dont il s'est servi; il a vu disparaître Necker, d'Orléans, La Fayette, Lameth, Dumourier, Custine, Brissot, et tous les pygmées de la Gironde. Le peuple français s'est dégagé jusqu'ici des fils de ses intrigues, comme Hercule d'une toile d'araignée.

» Voyez comme chaque crise de notre révolution l'entraîne toujours au-delà du point où il voulait l'arrêter; voyez avec quels pénibles efforts il cherche à faire reculer la raison publique et à entraver la marche de la liberté; voyez ensuite quels crimes prodigués pour la détruire! A la fin de 1792 il croyait préparer insensiblement la chute du roi Capet en conservant le trône pour le fils de son maître; mais le 10 août a lui, et la République est fondée. C'est en vain que, pour l'étouffer dans son berceau, la faction girondine et tous les lâches émissaires des tyrans étrangers appellent de toutes parts les serpens de la calomnie, le démon de la guerre civile, l'hydre du fédéralisme, le monstre de l'aristocratie : le 31 mai le peuple s'éveille, et les traîtres ne sont plus! La Convention se montre aussi juste que le peuple, aussi grande que sa mission. Un nouveau pacte social est proclamé, cimenté par le vœu unanime des Français; le génie de la liberté plane d'une aile rapide sur la surface de cet empire, en rapproche toutes les parties, prêtes à se dissoudre, et le raffermit sur ses vastes fondemens.

» Mais ce qui prouve à quel point le principal ministre de George III manque de génie, en dépit de l'attention dont nous l'avons honoré, c'est le système entier de son administration. Il a voulu sans cesse allier deux choses évidemment contradictoires, l'extension sans bornes de la prérogative royale, c'est-à-dire le despotisme, avec l'accroissement de la prospérité commerciale de l'Angleterre : comme si le despotisme n'était pas le fléau du commerce! comme si un peuple qui a eu quelque idée de la liberté pouvait descendre à la servitude sans perdre l'énergie, qui seule peut être la source de ses succès! Pitt n'est pas moins coupable envers l'Angleterre, dont il a mille fois violé la Constitution, qu'envers la France. Le projet même de placer un prince anglais sur le trône des Bourbons était un attentat contre la liberté de son pays, puisqu'un roi d'Angleterre dont la famille régnerait en France et en Hanovre tiendrait dans ses mains tous les moyens de l'asservir. Comment une nation qui a craint de remettre une armée entre les mains du roi, chez qui l'on a souvent agité la question si le peuple anglais devait souffrir qu'il réunît à ce titre la puissance et le titre de duc de Hanovre; comment cette nation rampe-t-elle sous le joug d'un esclave qui ruine sa patrie pour donner des couronnes à son maître? Au reste, je n'ai pas besoin d'observer que le cours des événemens imprévus de notre révolution a dû nécessairement forcer le ministère anglais à faire, selon les circonstances, beaucoup d'amendemens à ses premiers plans, multiplier ses embarras, et par conséquent ses noirceurs; il ne serait pas même étonnant que celui qui voulut donner un roi à la France fût réduit aujourd'hui à épuiser ses dernières ressources pour conserver le sien ou pour se conserver lui-même.

» Dès l'année 1791 la faction anglaise et tous les ennemis de la liberté s'étaient aperçu qu'il existait en France un parti républicain qui ne transigerait pas avec la tyrannie, et que ce parti était le peuple. Les assassinats partiels, tels que ceux du Champ-de-Mars et de Nanci, leur paraissaient insuffisans pour le détruire; ils résolurent de lui donner la guerre : de là la monstrueuse alliance de l'Autriche et de la Prusse, et ensuite la ligue de toutes les puissances armées contre nous. Il serait absurde d'attribuer principalement ce phénomène à l'influence des émigrés, qui fatiguèrent longtemps toutes les cours de leurs clameurs impuissantes, et au crédit de la cour de France; il fut l'ouvrage de la politique étrangère, soutenue du pouvoir des factieux qui gouvernaient la France.

» Pour engager les rois dans cette téméraire entreprise il ne suffisait pas d'avoir cherché à leur persuader que, hors un petit nombre de républicains, toute la nation haïssait en secret le nouveau régime, et les attendait comme des libérateurs; il ne suffisait par de leur avoir garanti la trahison de tous les chefs de notre gouvernement et de nos armées; pour justifier cette odieuse entreprise aux yeux de leurs sujets épuisés il fallait leur épargner jusqu'à l'embarras de nous déclarer la guerre : quand ils furent prêts la faction dominante la leur déclara à eux-mêmes. Vous vous rappelez avec quelle astuce profonde elle sut intéresser au succès de ses perfides projets le courage naturel des Français et l'enthousiasme civique des sociétés populaires; vous savez avec quelle impudence machiavélique ceux qui laissaient nos gardes nationales sans armes, nos places fortes sans munitions, nos armées entre les mains des traîtres, nous excitaient à aller planter l'étendard tricolore jusque sur les bornes du monde. Déclamateurs perfides, ils insultaient aux tyrans pour les servir; d'un seul trait de plume ils renversaient tous les trônes, et ajoutaient l'Europe à l'empire français, moyen sûr de hâter le succès des intrigues de nos ennemis dans le moment où ils pressaient tous les gouvernemens de se déclarer contre nous.

» Les partisans sincères de la République avaient d'autres pensées : avant de briser les chaînes de l'univers ils voulaient assurer la liberté de leurs pays; avant de porter la guerre chez les despotes étrangers ils voulaient la faire au tyran qui les trahissait, convaincus d'ailleurs qu'un roi était un mauvais guide pour conduire un peuple à la conquête de la liberté universelle, et que c'est à la puissance de la raison, non à la force des armes, de propager les principes de notre glorieuse révolution.

» Les amis de la liberté cherchèrent de tout temps les moyens les plus sûrs de la faire triompher : les agens de nos ennemis ne l'embrassent que pour l'assassiner, tour à tour extravagans et modérés, prêchant la faiblesse et le sommeil où il faut de la vigilance et du courage, la témérité et l'exagération où il s'agit de prudence et de circonspection. Ceux qui à la fin de 1791 voulaient briser tous les sceptres du monde sont les mêmes qui au mois d'août 1792 s'efforcèrent de parer le coup qui fit tomber celui du tyran. Le char de la révolution roule sur un terrain inégal; ils ont voulu l'enrayer dans les chemins faciles; ils le précipitent avec violence dans les routes périlleuses; ils cherchent à le briser contre le but.

» Tel est le caractère des faux patriotes; telle est la mission des émissaires stipendiés par les cours étrangères. Peuple, tu pourras les distinguer à ces traits!

» Voilà les hommes qui naguère encore réglaient les relations de la France avec les autres nations! Reprenons le fil de leurs machinations.

» Le moment était arrivé où le gouvernement britannique, après nous avoir suscité tant d'ennemis, avait résolu d'entrer lui-même ouvertement dans la ligue; mais le vœu national et le parti de l'opposition contrariaient ce projet du ministère. Brissot lui fit déclarer la guerre; on la déclara en même temps à la Hollande; on la déclara à l'Espagne, parce que nous n'étions nullement préparés à combattre ces nouveaux ennemis, et que la flotte espagnole était prête à se joindre à la flotte anglaise.

» Avec quelle lâche hypocrisie les traîtres faisaient valoir de prétendues insultes à nos envoyés, concertées d'avance entre eux et les puissances étrangères! avec quelle audace ils invoquaient la dignité de la nation, dont ils se jouaient insolemment!

» Les lâches! ils avaient sauvé le despote prussien et son armée; ils avaient engraissé la Belgique du plus pur sang des Français; ils parlaient naguère de municipaliser l'Europe, et ils repoussaient les malheureux Belges dans les bras de leurs tyrans! Ils avaient livré à nos ennemis nos trésors, nos magasins, nos armes, nos défenseurs; sûr de leur appui; et fier de tant de crimes, le vil Dumourier avait osé menacer la liberté jusque dans son sanctuaire!..... O patrie! quelle divinité tutélaire a donc pu t'arracher de l'abîme immense creusé pour t'engloutir dans ces jours de crimes et de calamités où, ligués avec tes innombrables ennemis, tes enfans ingrats plongeaient dans ton sein leurs mains parricides, et semblaient se disputer tes membres épars pour les livrer tout sanglans aux tyrans féroces conjurés contre toi! dans ces jours affreux où la vertu était proscrite, la perfidie couronnée, la calomnie triomphante; où tes ports, tes flottes, tes armées, tes forteresses, tes administrateurs, tes mandataires, tout était vendu à tes ennemis! Ce n'était point assez d'avoir armé les tyrans contre nous; on voulait nous vouer à la haine des nations, et rendre la révolution hideuse aux yeux de l'univers. Nos journalistes étaient à la solde des cours étrangères, comme nos ministres et une partie de nos législateurs. Le despotisme et la trahison présentaient le peuple français à tous les peuples comme une faction éphémère et méprisable, le berceau de la République comme le repaire du crime; l'auguste liberté était travestie en une vile prostituée. Pour comble de perfidie, les traîtres cherchaient à pousser le patriotisme même à des démarches inconsidérées, et préparaient eux-mêmes la matière de leurs calomnies : couverts de tous les crimes, ils en accusaient la vertu, qu'ils plongeaient dans les cachots, et chargeaient de leur propre extravagance les amis de la patrie, qui en étaient les vengeurs ou les victimes. Grâces à la coalition de tous les hommes puissans et corrompus, qui remettaient à la fois dans des mains perfides tous les ressorts du gouvernement, toutes les richesses, toutes les trompettes de la renommée, tous les canaux de l'opinion, la République française ne trouvait plus un seul défenseur dans l'Europe, et la vérité captive ne pouvait trouver une issue pour franchir les limites de la France ou les murs de Paris!

» Ils se sont attachés particulièrement à mettre en opposition l'opinion de Paris avec celle du reste de la République, et celle de la République entière avec les préjugés des nations étrangères. Il est deux moyens de tout perdre : l'un de faire des choses mauvaises par leur nature, l'autre de faire mal ou à contre temps les choses mêmes qui sont bonnes en soi : ils les ont employés tour à tour. Ils ont surtout manié les poignards du fanatisme avec un art nouveau : on a cru quelquefois qu'ils voulaient le détruire ; ils ne voulaient que l'armer et repousser par les préjugés religieux ceux qui étaient attirés à notre révolution par les principes de la morale et du bonheur public.

» Dumourier dans la Belgique excitait nos volontaires nationaux à dépouiller les églises et à jouer avec les saints d'argent, et le traître publiait en même temps des manifestes religieux dignes du pontife de Rome, qui vouaient les Français à l'horreur des Belges et du genre humain. Brissot aussi déclamait contre les prêtres, et il favorisait la rébellion des prêtres du midi et de l'ouest.

» Combien de choses le bon esprit du peuple a tournées au profit de la liberté, que les perfides émissaires de nos ennemis avaient imaginées pour la perdre !

» Cependant le peuple français, seul dans l'univers, combattait pour la cause commune. Peuples alliés de la France, qu'êtes-vous devenus ? N'étiez-vous que les alliés du roi, et non ceux de la nation ? Américains, est-ce l'automate couronné nommé Louis XVI qui vous aida à secouer le joug de vos oppresseurs, ou bien nos bras et nos armées ? Est-ce le patrimoine d'une cour méprisable qui vous alimentait, ou bien les tributs du peuple français et les productions de notre sol, favorisé des cieux ? Non, citoyens, nos alliés n'ont point abjuré les sentimens qu'ils nous doivent; mais s'ils ne se sont point détachés de notre cause, s'ils ne se sont pas rangés même au nombre de nos ennemis, ce n'est point la faute de la faction qui nous tyrannisait.

» Par une fatalité bizarre la République se trouve encore représentée auprès d'eux par les agens des traîtres qu'elle a punis: le beau-frère de Brissot est le consul général de la France près les États-Unis ; un autre homme, nommé Genest envoyé par Lebrun et par Brissot à Philadelphie en qualité d'agent plénipotentiaire, a rempli fidèlement les vues et les instructions de la faction qui l'a choisi. Il a employé les moyens les plus extraordinaires pour irriter le gouvernement américain contre nous ; il a affecté de lui parler sans aucun prétexte, avec le ton de la menace, et de lui faire des propositions également contraires aux intérêts des deux nations ; il s'est efforcé de rendre nos principes suspects ou redoutables en les outrant par des applications ridicules. Par un contraste bien remarquable, tandis qu'à Paris ceux qui l'avaient envoyé persécutaient les sociétés populaires, dénonçaient comme des anarchistes les républicains luttant avec courage contre la tyrannie, Genest à Philadelphie se faisait chef de club, ne cessait de faire et de provoquer des motions aussi injurieuses qu'inquiétantes pour le gouvernement. C'est ainsi que la même faction qui en France voulait réduire tous les pauvres à la condition d'ilotes, et soumettre le peuple à l'aristocratie des riches, voulait en un instant affranchir et armer tous les nègres pour détruire nos colonies.

» Les mêmes manœuvres furent employées à la Porte par Choiseul-Gouffier et par son successeur. Qui croirait que l'on a établi des clubs français à Constantinople, que l'on y a tenu des assemblées primaires ? On sent que cette opération ne pouvait être utile ni à notre cause ni à nos principes ; mais elle était faite pour alarmer ou pour irriter la cour ottomane. Le Turc, l'ennemi nécessaire de nos ennemis, l'utile et fidèle allié de la France, négligé par le gouvernement français, circonvenu par les intrigues du cabinet britannique, a gardé jusqu'ici une neutralité plus funeste à ses propres intérêts qu'à ceux de la République française. Il paraît néanmoins qu'il est prêt à se réveiller ; mais si, comme on l'a dit, le divan est dirigé par le cabinet de Saint-James, il ne portera point ses forces contre l'Autriche, notre commun ennemi, qu'il lui serait si facile d'accabler, mais contre la Russie, dont la puissance intacte peut devenir encore une fois l'écueil des armées ottomanes.

» Il est un autre peuple uni à notre cause par des liens non moins puissans, un peuple dont la gloire est d'avoir brisé les fers des mêmes tyrans qui nous font la guerre, un peuple dont l'alliance avec nos rois offrait quelque chose de bizarre, mais dont l'union avec la France républicaine est aussi naturelle qu'imposante; un peuple enfin que les Français libres peuvent estimer : je veux parler des Suisses. La politique de nos ennemis a jusqu'ici épuisé toutes ses ressources pour les armer contre nous. L'imprudence, l'insouciance, la perfidie ont concouru à les seconder. Quelques petites violations de territoire, des chicanes inutiles et minutieuses, des injures gratuites insérées dans les journaux, une intrigue très-active, dont les principaux foyers sont Genève, le Mont-Terrible, et certains comités ténébreux qui se tiennent à Paris, composés de banquiers, d'étrangers et d'intrigans couverts d'un masque de patriotisme, tout a été mis en usage pour les déterminer à grossir la ligue de nos ennemis.

» Voulez-vous connaître par un seul trait toute l'importance que ceux-ci mettent au succès de ces machinations, et en même temps toute la lâcheté de leurs moyens; il suffira de vous faire part du bizarre stratagème que les Autrichiens viennent d'employer. Au moment où j'avais terminé ce rapport le comité de salut public a reçu la note suivante, remise à la chancellerie de Bâle :

« C'est le 18 du mois d'octobre que l'on a agité au comité de
» salut public la question de l'invasion de Neufchâtel. La discus-
» sion a été fort animée; elle a duré jusqu'à deux heures après
» minuit. Un membre de la minorité s'y est seul opposé. L'af-
» faire n'a été suspendue que parce que Saint-Just, qui en est
» le rapporteur, est parti pour l'Alsace : mais on sait de bonne
» part actuellement que l'invasion de Neufchâtel est résolue par
» le comité. »

» Il est bon de vous observer que jamais il n'a été question de Neufchâtel au comité de salut public.

» Cependant il paraît qu'à Neufchâtel on a été alarmé par ces impostures grossières de nos ennemis, comme le prouve une lettre, en date du 6 novembre (vieux style), adressée à notre ambassadeur en Suisse, au nom de l'état de Zurich, par le bourgmestre de cette ville. Cette lettre, en communiquant à l'agent de la république les inquiétudes qu'a montrées la principauté de Neufchâtel, contient les témoignages les plus énergiques de l'amitié du canton de Zurich pour la nation française, et de sa confiance dans les intentions du gouvernement.

» Croiriez-vous que vos ennemis ont encore trouvé le moyen de pousser plus loin l'impudence ou la stupidité! Hé bien, il faut vous dire qu'au moment où je parle les gazettes allemandes ont répandu partout la nouvelle que le comité de salut public avait résolu de faire déclarer la guerre aux Suisses, et que je suis chargé moi de vous faire un rapport pour remplir cet objet.

» Mais afin que vous puissiez apprécier encore mieux la foi anglaise et autrichienne, nous vous apprendrons qu'il y a plus d'un mois il avait été fait au comité de salut public une proposition qui offrait à la France un avantage infiniment précieux dans les circonstances où nous étions ; pour l'obtenir il ne s'agissait que de faire une invasion dans un petit état enclavé dans notre territoire, et allié de la Suisse : mais cette proposition était injuste, et contraire à la foi des traités; nous la rejetâmes avec indignation.

» Au reste les Suisses ont su éviter les piéges que leur tendaient nos ennemis communs; ils ont facilement senti que les griefs qui pouvaient s'être élevés étaient en partie l'effet des mouvemens orageux, inséparables d'une grande révolution, en partie celui d'une malveillance également dirigée contre la France et contre les cantons. La sagesse helvétique a résisté à la fois aux sollicitations des Français fugitifs, aux caresses perfides de l'Autriche, et aux intrigues de toutes les cours confédérées ; quelques cantons se sont bornés à présenter amicalement leurs réclamations au gouvernement français : le comité de salut public s'en était occupé d'avance. Il a résolu non-seulement de faire cesser les causes des justes griefs que ce peuple estimable peut avoir, mais de lui prouver, par tous les moyens qui peuvent se concilier avec la défense de notre liberté, les sentimens de bienveillance et de fraternité dont la nation française est animée envers les autres peuples, et surtout envers ceux que leur caractère rend dignes de son alliance. Il suivra les mêmes principes envers toutes les nations amies : il vous proposera des mesures fondées sur cette base. Au reste la seule exposition que je viens de faire de vos principes, la garantie des maximes raisonnables qui dirigent notre gouvernement déconcertera les trames ourdies dans l'ombre depuis longtemps. Tel est l'avantage d'une république puissante ; sa diplomatie est dans sa bonne foi, et comme un honnête homme peut ouvrir impunément à ses concitoyens son cœur et sa maison, un peuple libre peut dévoiler aux nations toutes les bases de sa politique.

Quel que soit le résultat de ce plan de conduite, il ne peut être que favorable à notre cause, et s'il arrivait qu'un génie ennemi de l'humanité poussât le gouvernement de quelques nations neutres dans le parti de nos ennemis communs, il trahirait le peuple qu'il régit sans servir les tyrans ; du moins nous serions plus forts contre lui de sa propre bassesse et de notre loyauté, car la justice est une grande partie de la puissance.

» Mais il importe dès ce moment d'embrasser d'une seule vue le tableau de l'Europe ; il faut nous donner ici le spectacle du monde politique qui s'agite autour de nous et à cause de nous.

» Dès le moment où l'on forma le projet d'une ligue contre la France on songea à intéresser les diverses puissances par un projet de partage de cette belle contrée : ce projet est aujourd'hui prouvé non-seulement par les événemens, mais par des pièces authentiques. A l'époque où le comité de salut public fut formé, un plan d'attaque et de démembrement de la France, projeté par le cabinet britannique, fut communiqué aux membres qui le composaient alors. On y fit peu d'attention dans ce temps-là parce qu'il paraissait peu vraisemblable, et que la défiance pour ces sortes de confidences est assez naturelle : les faits depuis cette époque les vérifièrent chaque jour.

» L'Angleterre ne s'était pas oubliée dans ce partage ; Dunkerque, Toulon, les colonies, sans compter la chance de la couronne pour le duc d'York, à laquelle on ne renonçait pas, mais dont on sacrifiait les portions qui devaient former le lot des autres puissances. Il n'était pas difficile de faire entrer dans la ligue le stathouder de Hollande, qui, comme on sait, est moins le prince des Bataves que le sujet de sa femme, et par conséquent de la cour de Berlin.

» Quant au phénomène politique de l'alliance du roi de Prusse lui-même avec le chef de la maison d'Autriche, nous l'avons déjà expliqué : comme deux brigands, qui se battaient pour partager les dépouilles d'un voyageur qu'ils ont assassiné, oublient leur querelle pour courir ensemble à une nouvelle proie, ainsi le monarque de Vienne et celui de Berlin suspendirent leurs anciens différends pour tomber sur la France, et pour dévorer la République naissante. Cependant le concert apparent de ces deux puissances cache une division réelle.

» L'Autriche pourrait bien être ici la dupe du cabinet prussien et de ses autres alliés.

» La maison d'Autriche, épuisée par les extravagances de Joseph II et de Léopold, jetée depuis longtemps hors des règles de la politique de Charles-Quint, de Philippe II et des vieux ministres de Marie-Thérèse ; l'Autriche, gouvernée aujourd'hui par les caprices et par l'ignorance d'une cour d'enfans, expire dans le Hainaut français et dans la Belgique. Si nous ne la secondons pas nous-mêmes par notre imprudence, ses derniers efforts contre la France peuvent être regardés comme les convulsions de son agonie. Déjà l'impératrice de Russie et le roi de Prusse viennent de partager la Pologne sans elle, et lui ont présenté pour tout dédommagement les conquêtes qu'elle ferait en France avec leur secours, c'est-à-dire la Lorraine, l'Alsace et la Flandre française. L'Angleterre encourage sa folie pour nous ruiner en la perdant elle-même ; elle cherche à ménager ses forces aux dépens de son allié, et marche à son but particulier en lui laissant autant qu'il est possible tout le poids de la guerre. D'un autre côté le Roussillon, la Navarre française et les départemens limitrophes de l'Espagne, ont été promis à sa majesté catholique.

» Il n'y a pas jusqu'au petit roi sarde que l'on n'ait bercé de l'espoir de devenir un jour le roi du Dauphiné, de la Provence, et des pays voisins de ses anciens états.

» Que pouvait-on offrir aux puissances d'Italie, qui ne peuvent survivre à la perte de la France? Rien. Elles ont longtemps résisté aux sollicitations de la ligue; mais elles ont cédé à l'intrigue, ou plutôt aux ordres du ministère anglais, qui les menaçait des flottes de l'Angleterre. Le territoire de Gênes a été le théâtre d'un crime dont l'histoire de l'Angleterre peut seule offrir un exemple. Des vaisseaux de cette nation, joints à des vaisseaux français livrés par les traîtres de Toulon, sont entrés dans le port de Gênes; aussitôt les scélérats qui les montaient, Anglais et Français rebelles, se sont emparé des bâtimens de la république qui étaient dans ce port sous la sauve-garde du droit des gens, et tous les Français qui s'y trouvaient ont été égorgés. Qu'il est lâche ce sénat de Gênes, qui n'est pas mort tout entier pour prévenir ou pour venger cet outrage, qui a pu trahir à la fois l'honneur, le peuple génois et l'humanité entière (1)!

» Venise, plus puissante et en même temps plus politique, a

---

(1) Le crime dont parle ici Robespierre fut commis par les Anglais le 5 octobre 1793, dans le port neutre de Gênes. En voici les détails, tels qu'ils furent transmis par le consul français:

« Il était midi : l'équipage de la frégate *la Modeste* était à dîner ; arrive un vaisseau anglais de 74 ; comme les bâtimens sont amarrés au môle fort près les uns des autres, des matelots anglais prièrent assez poliment les Français de déranger leur chaloupe, qui était le long de leur bord, sous prétexte qu'elle risquait d'être écrasée par le vaisseau lorsqu'il s'accosterait de *la Modeste* ; des matelots français sautent dans la chaloupe, et la passent à l'autre bord. Lorsque le vaisseau fut aussi près que ces monstres le désiraient, un officier anglais cria à bord de la frégate d'amener le pavillon national et de hisser pavillon blanc. La réponse de l'équipage fut telle qu'on devait s'y attendre de la part d'un équipage républicain. Ils crièrent tous d'un commun accord : *Non, vive la République!* Aussitôt un coup de sifflet parti du vaisseau anglais, fut le signal du carnage. Les ponts volans préparés à cet effet tombent sur *la Modeste*, et deux décharges de mousqueterie massacrèrent nos frères désarmés. Plusieurs cherchent à se sauver à la nage ; mais les scélérats d'Anglais eurent la barbarie de courir après eux dans leurs canots, et de massacrer dans l'eau des mousses prêts à se noyer. »

(*Note des auteurs.*)

conservé une neutralité utile à ses intérêts. Florence, celui de tous les états d'Italie à qui le triomphe de nos ennemis serait le plus fatal, a été enfin subjugée par eux, et entraînée malgré elle à sa ruine. Ainsi le despotisme pèse jusque sur ses complices, et les tyrans armés contre la République sont les ennemis de leurs propres alliés. En général les puissances italiennes sont peut-être plus dignes de la pitié que de la colère de la France : l'Angleterre les a recrutées comme ses matelots; elle a exercé la presse contre les peuples d'Italie. Le plus coupable des princes de cette contrée est ce roi de Naples qui s'est montré digne du sang des Bourbons en embrassant leur cause. Nous pourrons un jour vous lire à ce sujet une lettre écrite de sa main à son cousin le catholique, qui servira du moins à vous prouver que la terreur n'est point étrangère au cœur des rois ligués contre nous. Le pape ne vaut pas l'honneur d'être nommé.

» L'Angleterre a aussi osé menacer le Danemarck par ses escadres pour le forcer à accéder à la ligue; mais le Danemarck, régi par un ministre habile a repoussé avec dignité ses insolentes sommations.

» On ne peut lier qu'à la folie la résolution qu'avait prise le roi de Suède, Gustave III, de devenir le généralissime des rois coalisés : l'histoire des sottises humaines n'offre rien de comparable au délire de ce moderne Agamemnon, qui épuisait ses états, qui abandonnait sa couronne à la merci de ses ennemis pour venir à Paris affermir celle du roi de France.

» Le régent, plus sage, a mieux consulté les intérêts de son pays et les siens; il s'est renfermé dans les termes de la neutralité.

» De tous les fripons décorés du nom de roi, d'empereur, de ministre, de politique, on assure, et nous ne sommes pas éloignés de le croire, que le plus adroit est Catherine de Russie, ou plutôt ses ministres, car il faut se défier du charlatanisme de ces réputations lointaines et impériales, prestige créé par la politique. La vérité est que sous la vieille impératrice, comme sous toutes les femmes qui tiennent le sceptre, ce sont les hommes qui gouvernent. Au reste la politique de la Russie est impérieusement déterminée par la nature même des choses : cette contrée présente l'union de la férocité des hordes sauvages avec les vices des peuples civilisés. Les dominateurs de la Russie ont un grand pouvoir et de grandes richesses; ils ont le goût, l'idée, l'ambition du luxe et des arts de l'Europe, et ils règnent dans un climat de fer; ils éprouvent le besoin d'être servis et flattés par des Athéniens, et ils ont pour sujets des Tartares : ces contrastes de leur situation ont nécessairement tourné leur ambition vers le commerce, aliment du luxe et des arts, et vers la conquête des contrées fertiles qui les avoisinent à l'ouest et au midi. La cour de Pétersbourg cherche à émigrer des tristes pays qu'elle habite dans la Turquie européenne et dans la Pologne, comme nos jésuites et nos aristocrates ont émigré des doux climats de la France dans la Russie.

» Elle a beaucoup contribué à former la ligue des rois qui nous font la guerre, et elle en profite seule. Tandis que les puissances rivales de la sienne viennent se briser contre le rocher de la République française, l'impératrice de Russie ménage ses forces et accroît ses moyens; elle promène ses regards avec une secrète joie d'un côté sur les vastes contrées soumises à la domination ottomane, de l'autre sur la Pologne et sur l'Allemagne; partout elle envisage des usurpations faciles ou des conquêtes rapides; elle croit toucher au moment de donner la loi à l'Europe; du moins pourra-t-elle la faire à la Prusse et à l'Autriche; et dans les partages de peuples où elle admettait les deux compagnons de ses augustes brigandages, qui l'empêchera de prendre impunément la part du lion?

» Vous avez sous les yeux le bilan de l'Europe et le vôtre, et vous pouvez déjà en tirer un grand résultat; c'est que l'univers est intéressé à notre conservation. Supposons la France anéantie ou démembrée, le monde politique s'écroule. Otez cet allié puissant et nécessaire qui garantissait l'indépendance des médiocres états contre les grands despotes, l'Europe entière est asservie; les petits princes germaniques, les villes réputées libres de l'Allemagne sont englouties par les maisons ambitieuses d'Autriche et de Brandebourg; la Suède et le Danemarck deviennent tôt ou tard la proie de leurs puissans voisins; le Turc est repoussé au-delà du Bosphore, et rayé de la liste des puissances européennes; Venise perd ses richesses, son commerce et sa considération, la Toscane son existence; Gênes est effacée; l'Italie n'est plus que le jouet des despotes qui l'entourent; la Suisse est réduite à la misère, et ne recouvre plus l'énergie que son antique pauvreté lui avait donnée. Les descendans de Guillaume Tell succomberaient sous les efforts des tyrans humiliés et vaincus par leurs aïeux : comment oseraient-ils invoquer seulement les vertus de leurs pères et le nom sacré de la liberté, si la République française avait été détruite sous leurs yeux? Que serait-ce s'ils avaient contribué à sa ruine? Et vous, braves Américains, dont la liberté, cimentée par notre sang, fut encore garantie par notre alliance, quelle serait votre destinée si nous n'existions plus? Vous retomberiez sous le joug honteux de vos anciens maîtres; la gloire de nos communs exploits serait flétrie; les titres de la liberté, la déclaration des droits de l'humanité serait anéantie dans les deux mondes!

» Que dis-je! que deviendrait l'Angleterre elle-même? L'éclat éblouissant d'un triomphe criminel couvrirait-il longtemps sa détresse réelle et ses plaies invétérées? Il est un terme aux prestiges qui soutiennent l'existence précaire d'une puissance artificielle. Quoi qu'on puisse dire, les véritables puissances sont celles qui possèdent la terre; qu'un jour elles veuillent franchir l'intervalle qui les sépare d'un peuple purement maritime, le lendemain il ne sera plus. C'est en vain qu'une île commerçante croit s'appuyer sur le trident des mers, si ses rivages ne sont défendus par la justice et par l'intérêt des nations. Bientôt peut-être nous donnerons au monde la démonstration de cette vérité politique : à notre défaut, l'Angleterre la donnerait elle-même; déjà odieuse à tous les peuples, enorgueillie des succès de ses crimes, elle forcerait bientôt ses rivaux à la punir.

» Mais avant de perdre son existence physique et commerciale elle perdrait son existence morale et politique. Comment conserverait-elle les restes de sa liberté quand la France aurait perdu la sienne, quand le dernier espoir des amis de l'humanité serait évanoui? Comment les hommes attachés aux maximes de sa constitution telle quelle, ou qui en désirent la réforme, pourraient-ils lutter contre un ministère tyrannique, devenu plus insolent par le succès de ses intrigues, et qui abuserait de sa prospérité pour étouffer la raison, pour enchaîner la pensée, pour opprimer la nation?

» Si un pays qui semble être le domaine de l'intrigue et de la corruption peut produire quelques philosophes politiques capables de connaître et de défendre ses véritables intérêts, s'il est vrai que les adversaires d'un ministère pervers sont autre chose que des intrigans qui disputent avec lui d'habileté à tromper le peuple, il faut convenir que les ministres anglais ne sauraient reculer trop loin la tenue de ce parlement, dont le fantôme semble troubler leur sommeil.

» Ainsi la politique même des gouvernemens doit redouter la chute de la République française : que sera-ce donc de la philosophie et de l'humanité? Que la liberté périsse en France, la nature entière se couvre d'un voile funèbre, et la raison humaine recule jusqu'aux abîmes de l'ignorance et de la barbarie ; l'Europe serait la proie de deux ou trois brigands, qui ne vengeraient l'humanité qu'en se faisant la guerre, et dont le plus féroce, en écrasant ses rivaux, nous ramènerait au règne des Huns et des Tartares. Après un si grand exemple, et tant de prodiges inutiles, qui oserait jamais déclarer la guerre à la tyrannie? Le despotisme, comme une mer sans rivages, se déborderait sur la surface du globe; il couvrirait bientôt les hauteurs du monde politique, où est déposée l'arche qui renferme les chartes de l'humanité; la terre ne serait plus que le patrimoine du crime, et ce blasphème reproché au second des Brutus, trop justifié par l'impuissance de nos généreux efforts, serait le cri de tous les cœurs magnanimes;

ô vertu! pourraient-ils s'écrier, *tu n'es donc qu'un vain nom!*

» Oh! qui de nous ne sent pas agrandir toutes ses facultés, qui de nous ne croit s'élever au-dessus de l'humanité même en songeant que ce n'est pas pour un peuple que nous combattons, mais pour l'univers? pour les hommes qui vivent aujourd'hui mais pour tous ceux qui existeront? Plût au ciel que ces vérités salutaires, au lieu d'être renfermées dans cette étroite enceinte, pussent retentir en même temps à l'oreille de tous les peuples! Au même instant les flambeaux de la guerre seraient étouffés, les prestiges de l'imposture disparaîtraient, les chaînes de l'univers seraient brisés, les sources des calamités publiques taries ; tous les peuples ne formeraient plus qu'un peuple de frères, et vous auriez autant d'amis qu'il existe d'hommes sur la terre. Vous pouvez au moins les publier, d'une manière plus lente à la vérité : ce manifeste de la raison, cette proclamation solennelle de vos principes vaudra bien ces lâches et stupides diatribes que l'insolence des plus vils tyrans ose publier contre vous.

» Au reste, dût l'Europe entière se déclarer contre vous, vous êtes plus forts que l'Europe. La République française est invincible comme la raison ; elle est immortelle comme la vérité. Quand la liberté a fait une conquête telle que la France, nulle puissance humaine ne peut l'en chasser. Tyrans, prodiguez vos trésors, rassemblez vos satellites, et vous hâterez votre ruine! J'en atteste vos revers ; j'en atteste surtout vos succès. Un port et deux ou trois forteresses achetés par votre or, voilà donc le digne prix des efforts de tant de rois aidés pendant cinq années par les chefs de nos armées et par notre gouvernement même! Apprenez qu'un peuple que vous n'avez pu vaincre avec de tels moyens est un peuple invincible. Despotes généreux, sensibles tyrans, vous ne prodiguez, dites-vous, tant d'hommes et de trésors que pour rendre à la France le bonheur et la paix!

» Vous avez si bien réussi à faire le bonheur de vos sujets que vos âmes royales n'ont plus maintenant à s'occuper que du nôtre.

Prenez garde, tout change dans l'univers : les rois ont assez longtemps châtié les peuples ; les peuples à leur tour pourraient bien aussi châtier les rois.

» Pour mieux assurer notre bonheur vous voulez, dit-on, nous affamer, et vous avez entrepris le blocus de la France avec une centaine de vaisseaux. Heureusement la nature est moins cruelle pour nous que les tyrans qui l'outragent : le blocus de la France pourrait bien n'être pas plus heureux que celui de Maubeuge et de Dunkerque. Au reste, un grand peuple qu'on ose menacer de la famine est un ennemi terrible ; quand il lui reste du fer, il ne reçoit point de ses oppresseurs du pain et des chaînes ; il leur donne la mort.

» Et vous, représentans de ce peuple magnanime, vous qui êtes appelés à fonder au sein de tous les orages la première république du monde, songez que dans quelques mois elle doit être sauvée et affermie par vous !

» Vos ennemis savent bien que s'ils pouvaient désormais vous perdre ce ne serait que par vous-mêmes. Faites en tout le contraire de ce qu'ils veulent que vous fassiez ; suivez toujours un plan invariable de gouvernement fondé sur les principes d'une sage et vigoureuse politique.

» Vos ennemis voudraient donner à la cause sublime que vous défendez un air de légèreté et de folie : soutenez-la avec toute la dignité de la raison. On veut vous diviser : restez toujours unis. On veut réveiller au milieu de vous l'orgueil, la jalousie, la défiance : ordonnez à toutes les petites passions de se taire. Le plus beau de tous les titres est celui que vous portez tous ; nous serons tous assez grands quand tous nous aurons sauvé la patrie. On veut annuler et avilir le gouvernement républicain dans sa naissance : donnez-lui l'activité, le ressort et la considération dont il a besoin. Ils veulent que le vaisseau de la République flotte au gré des tempêtes, sans pilote et sans but : saisissez le gouvernail d'une main ferme, et conduisez-le à travers les écueils au port de la paix et du bonheur.

» La force peut renverser un trône ; la sagesse seule peut

fonder une république. Démêlez les piéges continuels de nos ennemis; soyez révolutionnaires et politiques; soyez terribles aux méchans, et secourables aux malheureux; fuyez à la fois le cruel modérantisme et l'exagération systématique des faux patriotes; soyez dignes du peuple que vous représentez. Le peuple hait tous les excès; il ne veut être ni trompé ni protégé, il veut qu'on le défende en l'honorant.

» Portez la lumière dans l'antre de ces modernes Cacus, où l'on partage les dépouilles du peuple en conspirant contre sa liberté; étouffez-les dans leurs repaires, et punissez enfin le plus odieux de tous les forfaits, celui de revêtir la contre-révolution des emblèmes sacrés du patriotisme, et d'assassiner la liberté avec ses propres armes!

» Le période où vous êtes est celui qui est destiné à éprouver le plus fortement la vertu républicaine. A la fin de cette campagne l'infâme ministère de Londres voit d'un côté la ligue presque ruinée par ses efforts insensés, les armes de l'Angleterre déshonorées, sa fortune ébranlée, et la liberté assurée par le caractère de vigueur que vous avez montré : au-dedans il entend les cris des Anglais mêmes, prêts à lui demander compte de ses crimes. Dans sa frayeur il a reculé jusqu'au mois de janvier la tenue de ce parlement dont l'approche l'épouvante; il va employer ce temps à commettre parmi vous les derniers attentats qu'il médite pour suppléer à l'impuissance de vous vaincre. Tous les indices, toutes les nouvelles, toutes les pièces saisies depuis quelque temps se rapportent à ce projet : corrompre les représentans du peuple susceptibles de l'être, calomnier ou égorger ceux qu'ils n'ont pu corrompre, enfin arriver à la dissolution de la représentation nationale, voilà le but auquel tendent toutes les manœuvres dont nous sommes les témoins, tous les moyens patriotiquement contre-révolutionnaires que la perfidie prodigue pour exciter une émeute dans Paris et bouleverser la République entière.

» Représentans du peuple français, connaissez votre force et votre dignité. Vous pouvez concevoir un orgueil légitime; applaudissez-vous non-seulement d'avoir anéanti la royauté et puni les rois, abattu les coupables idoles devant qui le monde était prosterné, mais surtout de l'avoir étonné par un acte de justice dont il n'avait jamais vu l'exemple, en promenant le glaive de la loi sur les têtes criminelles qui s'élevaient au milieu de vous, mais d'avoir écrasé jusqu'ici les factions sous le poids du niveau national !

» Quel que soit le sort personnel qui vous attende, votre triomphe est certain : la mort même des fondateurs de la liberté n'est-elle pas un triomphe? Tout meurt, et les héros de l'humanité et les tyrans qui l'oppriment, mais à des conditions différentes.

» Jusque sous le règne des lâches empereurs de Rome la vénération publique couronnait les images sacrées des héros qui étaient morts en combattant contre eux ; on les appelait *les derniers des Romains* ; Rome dégradée semblait dire chaque jour au tyran : *Tu n'es point un homme ; nous-mêmes nous avons perdu ce titre en tombant dans tes fers : les seuls hommes, les seuls Romains sont ceux qui ont eu le courage de se dévouer pour délivrer la terre de toi ou de tes pareils.*

» Pleins de ces idées, pénétrés de ces principes, nous seconderons votre énergie de tout notre pouvoir. En butte aux attaques de toutes les passions, obligés de lutter à la fois contre les puissances ennemies de la République et contre les hommes corrompus qui déchirent son sein, placés entre la lâcheté hypocrite et la fougue imprudente du zèle, comment aurions-nous osé nous charger d'un tel fardeau sans les ordres sacrés de la patrie? Comment pourrions-nous le porter si nous n'étions élevés au-dessus de notre faiblesse par la grandeur même de notre mission, si nous ne nous reposions avec confiance et sur votre vertu et sur le caractère sublime du peuple que vous représentez?

» L'un de nos devoirs les plus sacrés était de vous faire respecter au-dedans et au-dehors. Nous avons voulu aujourd'hui vous présenter un tableau fidèle de votre situation politique, et donner à l'Europe une haute idée de vos principes. Cette discussion a aussi pour objet particulier de déjouer les intrigues de vos ennemis pour armer contre vous vos alliés, et surtout les cantons suisses et les États-Unis d'Amérique. Nous vous proposons à cet égard le décret suivant. »

DÉCRET (*adopté dans la même séance*).

« La Convention nationale, voulant manifester aux yeux d l'univers les principes qui la dirigent, et qui doivent présider aux relations de toutes les sociétés politiques ; voulant e n même temps déconcerter les manœuvres perfides employées par ses ennemis pour alarmer sur ses intentions les fidèles alliés de la nation française, les cantons suisses et les États-Unis de l'Amérique ;

» Décrète ce qui suit :

» Art. 1er La Convention nationale déclare, au nom du peuple français, que la résolution constante de la République est de se montrer terrible envers ses ennemis, généreuse envers ses alliés, juste envers tous les peuples.

» 2. Les traités qui lient le peuple français aux États-Unis d'Amérique et aux cantons suisses seront fidèlement exécutés.

» 3. Quant aux modifications qui auraient pu être nécessitées par la révolution qui a changé le gouvernement français, ou par les mesures générales et extraordinaires que la République est obligée de prendre pour la défense de son indépendance et de sa liberté, la Convention nationale se repose sur la loyauté réciproque et sur l'intérêt commun de la République et de ses alliés.

» 4. La Convention nationale enjoint aux citoyens et à tous les agens civils et militaires de la République de respecter et faire respecter le territoire des nations alliées ou neutres.

» 5. Le comité de salut public est chargé de s'occuper des moyens de resserrer de plus en plus les liens de l'alliance et de l'amitié qui unissent la République française aux cantons suisses et aux États-Unis d'Amérique.

» 6. Dans toutes les discussions sur les objets particuliers de réclamations respectives, il prouvera aux cantons suisses et aux

États-Unis d'Amérique, par tous les moyens compatibles avec les circonstances impérieuses où se trouve la République, les sentimens d'équité, de bienveillance et d'estime dont la nation française est animée envers eux.

» 7. Le présent décret et le rapport du comité de salut public seront imprimés, traduits dans toutes les langues, répandus dans toute la République et dans les pays étrangers, pour attester à l'univers les principes de la nation française et les attentats de ses ennemis contre la sûreté générale de tous les peuples. »

—Les hébertistes et les indulgens sont clairement désignés dans cette phrase du rapport : « Soyez terribles aux méchans et secourables aux malheureux; fuyez à la fois le cruel modérantisme et l'exagération systématique des faux patriotes. » La qualification de cruel donnée ici par Robespierre au modérantisme énonce la doctrine qu'il avait popularisée aux Jacobins, et sur laquelle ses ennemis ont affecté de jeter de la confusion, pour la calomnier avec quelque apparence. Il a dit bien des fois que la pitié envers les méchans serait de la cruauté envers les bons, d'où des pseudo-philantropes, avocats de la pitié universelle, ont conclu que c'était un tigre altéré de sang. Or, ce langage, dans la bouche des malhonnêtes gens qui le tiennent, veut dire qu'ils sont les premiers intéressés à l'impunité absolue du mal; dans la bouche des hommes simples et bons qui ne réfléchissent pas, il atteste qu'il est désagréable de punir, et que la souffrance et la mort, serait-ce d'un criminel, excitent dans notre chair une sympathie, c'est-à-dire une imitation de ses douleurs, de laquelle on se délivre en pardonnant. Mais c'est là du pur égoïsme; et si cet égoïsme est social toutes les fois qu'il s'exerce à l'égard des misères qu'il est permis ou ordonné de soulager, comme lorsque la vue d'un pauvre mourant de faim fait naître en nous des sensations horribles dont nous nous soulageons en lui donnant à manger, il est anti-social au suprême degré lorsqu'il tend à nous empêcher de punir un coupable. Cela sépare profondément la sympathie du dévouement; l'une demande toujours un plaisir, l'autre commande toujours un devoir pénible. Au reste,

cette pensée toute chrétienne n'est pas nouvelle dans l'histoire de la civilisation moderne. Elle fut exprimée en des circonstances fort analogues à celles où Robespierre la proclama, et presque dans les mêmes termes, par l'un des plus illustres Pères du grand concile de Nicée. Quelque temps après la tenue du concile, sept évêques, ariens au fond du cœur, ainsi qu'ils le manifestèrent bientôt, mais qui avaient feint de souscrire au symbole de saint Athanase « suppliaient Alexandre, patriarche
» de la grande ville d'Alexandrie, d'avoir compassion d'Arius,
» condamné par tout ce concile (on voit que ce sont les coquins
» qui commencent à parler de pitié) : mais ne voulant pas con-
» sentir à leurs prières, à cause qu'il connaissait leurs artifices,
» et que leur malice lui était suspecte, quelques autres qui
» étaient simples commencèrent à alléguer plusieurs choses à la
» louange de la clémence, disant que Dieu, créateur de l'uni-
» vers, prenait plaisir à l'exercer. Mais Alexandre, qui était un
» grand personnage, demeura ferme, et soutint au contraire
» que l'injuste clémence dont on use en faveur d'un seul, sans
» considérer qu'elle est préjudiciable à plusieurs ; doit plutôt
» porter le nom de rigueur et de cruauté, puisqu'elle causerait
» sans doute un extrême préjudice à tous les fidèles. » (*Vies des saints Pères des déserts, écrites par des Pères de l'Eglise, et traduites par Arnaud d'Andilly*, t. 2, p. 350.)

Le rapport de Robespierre excita une admiration universelle. Ses ennemis même rendirent hommage à son talent.

Voici comment Toulongeon (t. 2, p. 361 et suivantes) s'en exprime dans une histoire qu'il écrivit avec des préventions girondines poussées jusqu'à l'absurde : « Le rapport de Robespierre sur la situation de la République, un des plus fortement pensés et des plus artistement écrits parmi tous les discours qui furent présentés à la tribune des assemblées nationales, donne une idée juste de l'état politique de l'Europe. » Toulongeon extrait ensuite de cette pièce les passages établissant les relations de l'Angleterre, de l'Autriche et de la Prusse avec les factions qui s'étaient succédé en France, et il termine par cette réflexion : « Robespierre ne pouvait pas présenter une image si vraie de ce qu'il avait fait lui-même, et de ce qu'il faisait tous les jours, s'il n'eût eu la mission expresse de détourner ainsi l'attention vers une cause véritable, mais qui n'était pas unique. » Ainsi, selon Toulongeon, Robespierre était un agent de l'étranger qui avait reçu l'ordre de révéler une partie du complot, afin de mieux cacher le reste. Arrivant aux pages où les provocations et les déclarations de guerre sont reprochées par le rapporteur à Brissot et à ses amis, Toulongeon en fait précéder l'extrait qu'il reproduit de l'exclamation suivante : « Il déverse sur les victimes de la Gironde tous les torts qui ont armé contre la France tous les autres états ; et c'était sans doute une méthode adroite d'en faire entendre la longue énumération à l'assemblée. Robespierre seul pouvait se charger de cet emploi. » Venant à la manière irrévérentieuse dont il traite Catherine de Russie, Toulongeon en conclut qu'il voulait l'entraîner par ses sarcasmes à prendre une part active dans la coalition, ce qui prouve qu'il avait machiné la guerre avec toutes les autres puissances. L'analyse de Toulongeon aboutit à un jugement qui ferait croire que cet historien avait oublié ce qu'il venait d'écrire, car il annule d'un trait de plume tout ce qui précède. « Il finit, dit notre auteur, cet inexplicable discours par tracer à ses collègues des règles de conduite dont il était loin de leur donner l'exemple.... (Ici il cite le passage qui commence par ces mots : *Vos ennemis voudraient donner à la cause sublime*, etc.) Ce discours produisit un grand effet, et laissa une impression profonde. On crut un moment pouvoir attacher quelque espoir de moralité à celui à qui l'on ne pouvait bientôt plus contester la puissance. Robespierre alors n'était pas encore celui du 9 thermidor. » Un pareil aveu, dans la bouche d'un des plus chauds amis politiques de La Fayette, nous a paru intéressant à relever pour la mémoire du chef jacobin; quant à ses autres assertions, les énoncer, c'est les réfuter.

Le soir même du jour où Robespierre lut son rapport à la Convention, Chabot, poursuivi par l'image de la guillotine, chercha un refuge dans une dernière lâcheté, et il y entraîna Bazire. Tous deux se constituèrent prisonniers du comité de sûreté générale, et lui révélèrent « une horrible conspiration tendant à dissoudre la Convention nationale, en employant la diffamation d'une part et la corruption de l'autre. « Ce sont là les termes dans lesquels Amar en instruisit le lendemain l'assemblée. « Quatre représentans du peuple, ajouta-t-il, sont impliqués dans cette affaire. Bazire et Chabot ont eu connaissance du complot, ils l'ont dénoncé au comité de sûreté générale, en assurant qu'ils n'avaient paru y prendre part que pour le mieux connaître. » Amar dit ensuite qu'ils avaient été retenus l'un et l'autre, et que les représentans dénoncés par eux, Delaunay d'Angers, et Julien de Toulouse (1), avaient été arrêtés. Comme il y avait encore d'autres coupables, étrangers à la Convention nationale, le rapporteur crut devoir retarder la lecture des pièces. Ces diverses mesures furent approuvées. Nos lecteurs trouveront les détails de cette honteuse affaire dans le compte rendu du procès des dantonistes, que nous reproduirons en entier.

Billaud-Varennes remplaça Amar à la tribune. Il venait proposer, au nom du comité de salut public, le mode de gouvernement provisoire et révolutionnaire dont les bases avaient été présentées par Saint-Just à la séance du 10 octobre. Le rapport de Billaud-Varennes est écrit dans une langue particulière à l'au-

(1) Julien de Toulouse réussit à s'évader à la faveur d'un passeport qui lui avait été délivré pour aller remplir, à la manufacture de papiers de Courtalin, une mission que lui avait confiée la Convention nationale. Tour à tour décrété d'accusation et mis hors la loi, il ne réclama contre sa proscription que longtemps après le 9 thermidor. Il écrivit, pour cela, à la Convention, le 17 décembre (27 frimaire) 1794, une lettre dans laquelle il attribuait *tous ses malheurs* à sa haine pour Robespierre. Le 8 mars (18 ventose) 1795, Maret invoqua en sa faveur la justice de la Convention; il fit décréter par l'assemblée que les comités examineraient s'il n'était pas dans le cas de la garantie de la représentation nationale. Cette garantie venait d'être votée sur la motion de Chénier, vivement appuyée par l'abbé Syeyès; elle avait pour objet le rappel des Girondins proscrits. Goujon se leva seul contre cette loi. — Ce ne fut que le 9 avril (20 germinal) suivant que, sur le rapport de ce même Maret, la Convention cassa le décret d'accusation rendu contre Julien de Toulouse. (*Note des auteurs.*)

teur. Il y affecte un néologisme bizarre créé dans un esprit de mécanisme administratif, et mêlé de tous les termes techniques que peut avoir puisés un écolier dans la partie des études de Condillac qui traite de la force, de la puissance, du point d'appui et du levier. Voici un exemple de ce singulier style :

« Nous avons décrété la République, et nous sommes encore organisés en monarchie : la tête du monstre est abattue, mais le tronc survit toujours avec ses formes défectueuses. Tant d'autorités colossales, qui furent constamment les vampires de la liberté, n'ont rien perdu de leur essence despotique, de leurs attributions corrosives, de leur prépondérance absorbante. Avec un roi elles représentaient ce géant de la fable qui, pourvu de cent bras nerveux, osait prétendre envahir jusqu'à l'empyrée ; ce chef leur manque-t-il, elles deviennent semblables aux lieutenans d'Alexandre, qui par leur seule position se trouvèrent les héritiers naturels de son pouvoir et de ses conquêtes.

» En gouvernement comme en mécanique, tout ce qui n'est point combiné avec précision, tant pour le nombre que pour l'étendue, n'obtient qu'un jeu embarrassé, et occasionne des brisemens à l'infini : les résistances entravantes et les frottemens destructeurs diminuent à mesure qu'on simplifie le rouage. La meilleure constitution civile est celle la plus rapprochée des procédés de la nature, qui n'admet elle-même que trois principes dans ses mouvemens, la volonté pulsatrice, l'être que cette volonté vivifie, et l'action de cet individu sur les objets environnans: ainsi tout bon gouvernement doit avoir un centre de volonté, des leviers qui s'y rattachent immédiatement, et des corps secondaires sur qui agissent ces leviers, afin d'étendre le mouvement jusqu'aux dernières extrémités. Par cette précision l'action ne perd rien de sa force ni de sa direction dans une communication et plus rapide et mieux réglée ; tout ce qui est au-delà devient exubérant, parasite, sans vigueur et sans unité. »

Ailleurs, Billaud-Varennes dit : « C'est une vieille erreur, propagée par l'impéritie et combattue par l'expérience, que de croire qu'il devient nécessaire dans un vaste état de doubler les forces par la multiplicité des leviers ; il est au contraire démontré à tout observateur politique que, chaque graduation devenant un repos arrestateur, l'impulsion première décroît à proportion des stations qu'elle rencontre dans sa course. Quand le gouvernement, reprenant enfin une attitude ferme, a su rétablir l'harmonie, si parfois quelques ressorts faiblissent et appellent immédiatement les soins de l'ouvrier, ce n'est qu'un coup de lime à donner en passant, et l'on ne tombe plus dans l'inconvénient de ramener le désordre et la confusion en substituant la main réparatrice à la roue, ou usée, ou brisée ; dès lors le commissariat se trouve restitué à l'objet de son institution : c'est une clef qui par intervalle remonte la machine en cinq ou six tours ; mais qui, laissée sur la tige, la fatigue, l'entrave, et finit par suspendre totalement le jeu naturel des ressorts. » — Le rapport tout entier est dans ce goût. C'est à chaque phrase, ou *la force coactive*, ou le *mobile contractif*, ou *le grand ressort* ; en parlant des abus de l'ancienne forme du pouvoir exécutif, qu'il appelle *agence d'exécution*, il le compare à *une éponge, à un aimant politique attirant bientôt tout à soi*. Lorsqu'il aborde la question morale, il n'en continue pas moins à se servir de cette terminologie empruntée à la physique, qui aurait pu le faire prendre pour un matérialiste ; et cependant il n'en était rien. Il s'exprime ainsi sur la responsabilité : « C'est pour n'avoir pas dès le principe placé la hache à côté des crimes de lèse-nation que le gouvernement, au lieu de s'épurer, a continué d'être un volcan de scélératesse et de conjurations. Je le répète, la régénération d'un peuple doit commencer par les hommes le plus en évidence ; non pas seulement parce qu'ils doivent l'exemple, mais parce qu'avec des passions plus électrisées ils forment toujours la classe la moins pure, surtout dans le passage d'un long état de servitude au règne de la liberté. »

Ces extraits suffisent pour faire apprécier le discours de Billaud-Varennes. Sous ces formes bizarres, et auxquelles Desmoulins faisait plus tard allusion, en donnant à Billaud-Varennes le nom de *patriote rectiligne*, se cachait néanmoins un système gouvernemental d'une grande simplicité. Le décret, quoique fort incorrect, quoique plein de fautes contre la langue, en est toutefois le meilleur exposé. Amendé dans toutes ses parties obscures ou équivoques, il donne le mot des énigmes si laborieusement martelées par le rapporteur. Quand ce décret ne serait fameux que par la création du *Bulletin des lois*, il mériterait un rang distingué parmi les monumens politiques que nous a légués la révolution. Mais il renferme en outre l'organisation du gouvernement révolutionnaire, et à ce titre nous devons le reproduire intégralement; présenté le 18 novembre (28 brumaire), il fut voté définitivement le 4 décembre (14 frimaire).

DÉCRET *constitutif du gouvernement révolutionnaire.*

SECTION Ier. *Envoi et promulgation des lois.*

» Art. 1er. Les lois qui concernent l'intérêt public, ou qui sont d'une exécution générale, seront imprimées séparément dans un bulletin numéroté, qui servira désormais à leur notification aux autorités constituées. Ce bulletin sera intitulé : *Bulletin des Lois de la République.*

» 2. Il y aura une imprimerie exclusivement destinée à ce bulletin, et une commission composée de quatre membres pour en suivre les épreuves et pour en expédier l'envoi. Cette commission, dont les membres seront personnellement responsables de la négligence et des retards dans l'expédition, est placée sous la surveillance immédiate du comité de salut public.

» 3. La commission de l'envoi des lois réunira dans ses bureaux les traducteurs nécessaires pour traduire les décrets en différens idiomes encore usités en France, et en langues étrangères pour les lois, discours, rapports et adresses dont la publicité dans les pays étrangers est utile aux intérêts de la liberté et de la République française; le texte français sera toujours placé à côté de la version.

» 4. Il sera fabriqué un papier particulier pour l'impression de ce bulletin, qui portera le sceau de la République. Les lois y seront imprimées telles qu'elles sont délivrées par le comité des procès-verbaux ; chaque numéro portera de plus ces mots : *pour copie conforme*, et le contre-seing de deux membres de la commission de l'envoi des lois.

» 5. Les décrets seront délivrés par le comité des procès-verbaux à la commission de l'envoi des lois, et sur sa réquisition, le jour même où leur rédaction aura été approuvée, et la lecture de cette rédaction sera faite au plus tard le lendemain du jour où le décret aura été rendu.

» 6. L'envoi des lois d'une exécution urgente aura lieu dès le lendemain de l'approbation de leur rédaction. Quant aux lois moins pressantes ou très-volumineuses, leur expédition ne pourra être retardée plus de trois jours après l'adoption de leur rédaction.

7. » Le Bulletin des Lois sera envoyé par la poste aux lettres. Le jour du départ et le jour de la réception seront constatés de la même manière que les paquets chargés.

» 8. Ce bulletin sera adressé directement, et jour par jour, à toutes les autorités constituées, et à tous les fonctionnaires publics chargés ou de surveiller l'exécution ou de faire l'application des lois. Ce Bulletin sera aussi distribué aux membres de la Convention.

» 9. Dans chaque lieu la promulgation de la loi sera faite dans les vingt-quatre heures de la réception par une publication au son de trompe ou de tambour, et la loi deviendra obligatoire à compter du jour de la proclamation.

» 10. Indépendamment de cette proclamation dans chaque commune de la République, les lois seront lues aux citoyens dans un lieu public, chaque décadi, soit par le maire, soit par un officier municipal, soit par les présidens de section.

» 11. Le traitement de chaque membre de la commission de l'envoi des lois sera de huit mille livres. Ces membres seront nommés par la Convention, sur une liste présentée par le comité de salut public.

» 12. Le comité de salut public est chargé de prendre toutes les mesures nécessaires pour l'exécution des articles précédens, et d'en rendre compte tous les mois à la Convention.

Section II. *Exécution des lois.*

» Art. 1er. La Convention nationale est le centre unique de l'impulsion du gouvernement.

» 2. Tous les corps constitués et les fonctionnaires publics sont mis sous l'inspection immédiate du comité de salut public pour les mesures de gouvernement et de salut public, conformément au décret du 19 vendémiaire (10 octobre); et pour tout ce qui est relatif aux personnes et à la police générale et intérieure, cette inspection particulière appartient au Comité de sûreté générale de la Convention, conformément au décret du 17 septembre dernier : ces deux comités sont tenus de rendre compte à la fin de chaque mois des résultats de leurs travaux à la Convention nationale. Chaque membre de ces deux comités est personnellement responsable de l'accomplissement de cette obligation.

» 3. L'exécution des lois se distribue en surveillance et en application.

» 4. La surveillance active, relativement aux lois et mesures militaires, aux lois administratives, civiles et criminelles, est déléguée au conseil exécutif, qui en rendra compte par écrit tous les dix jours aux Comité de salut public, pour lui dénoncer les retards et les négligences dans l'exécution des lois civiles et criminelles, des actes de gouvernement, et des mesures militaires et administratives, ainsi que les violations de ces lois et de ces mesures, et les agens qui se rendent coupables de ces négligences et de ces infractions.

» 5. Chaque ministre est en outre personnellement tenu de rendre un compte particulier et sommaire des opérations de son département, tous les dix jours, au comité de salut public, et de dénoncer tous les agens qu'il emploie et qui n'auraient pas exactement rempli leurs obligations.

» 6. La surveillance de l'exécution des lois révolutionnaires et des mesures de gouvernement, de sûreté générale et de salut public dans les départemens, est exclusivement attribuée aux districts, à la charge d'en rendre compte exactementt ous les dix jours au comité de salut public pour les mesures de gouvernement et de salut public, et au comité de surveillance de la Convention pour ce qui concerne la police générale et intérieure, ainsi que les individus.

» 7. L'application des mesures militaires appartient aux généraux et aux autres agens attachés au service des armées; l'application des lois militaires appartient aux tribunaux militaires; celle des lois relatives aux contributions, aux manufactures, aux grandes routes, aux canaux publics, à la surveillance des domaines nationaux, appartient aux administrations de département; celle des lois civiles et criminelles aux tribunaux; à la charge expresse d'en rendre compte tous les dix jours au conseil exécutif.

» 8. L'application des lois révolutionnaires et des mesures de sûreté générale et de salut public est confiée aux municipalités et aux comités de surveillance ou révolutionnaires, à la charge pareillement de rendre compte tous les dix jours de l'exécution de ces lois au district de leur arrondissement, comme chargé de leur surveillance immédiate.

» 9. Néanmoins, afin qu'à Paris l'action de la police n'éprouve aucun entrave, les comités révolutionnaires continueront de correspondre directement, et sans aucun intermédiaire, avec le comité de sûreté générale de la Convention, conformément au décret du 17 septembre dernier.

» 10. Tous les corps constitués enverront aussi à la fin de chaque mois l'analyse de leurs délibérations et de leur correspondance à l'autorité qui est spécialement chargée par ce décret de les surveiller immédiatement.

» 11. Il est expressément défendu à toute autorité et à tout fonctionnaire public de faire des proclamations, ou de prendre des arrêtés extensifs, limitatifs ou contraires au sens littéral de la loi, sous prétexte de l'interpréter ou d'y suppléer.

» A la Convention seule appartient le droit de donner l'interprétation des décrets, et l'on ne pourra s'adresser qu'à elle seule pour cet objet.

» 12. Il est également défendu aux autorités intermédiaires, chargées de surveiller l'exécution et l'application des lois, de prononcer aucune décision, et d'ordonner l'élargissement des citoyens arrêtés. Ce droit appartient exclusivement à la Convention nationale, aux comités de salut public et de sûreté générale, aux représentans du peuple dans les départemens et près les armées, et aux tribunaux, en faisant l'application des lois criminelles et de police.

» 13. Toutes les autorités constituées seront sédentaires, et ne pourront délibérer que dans le lieu ordinaire de leurs séances, hors les cas de force majeure, et à l'exception seulement des juges de paix et de leurs assesseurs, et des tribunaux criminels des départemens, conformément aux lois qui consacrent leur ambulance.

» 14. A la place des procureurs-syndics de district, des procureurs de commune et de leurs substituts, qui sont supprimés par ce décret, il y aura des agens nationaux spécialement chargés de requérir et de poursuivre l'exécution des lois, ainsi que de dénoncer les négligences apportées dans cette exécution, et les infractions qui pourraient se commettre. Ces agens nationaux sont autorisés à se déplacer et à parcourir l'arrondissement de leur territoire pour surveiller et s'assurer plus positivement que les lois sont exactement exécutées.

» 15. Les fonctions des agens nationaux seront exercées par les citoyens qui occupent maintenant les places de procureurs-syndics de district, de procureurs de commune et de leurs substituts, à l'exception de ceux qui sont dans le cas d'être destitués.

» 16. Les agens nationaux attachés aux districts, ainsi que tout autre fonctionnaire public chargé personnellement par ce décret ou de requérir l'exécution de la loi, ou de la surveiller plus particulièrement, sont tenus d'entretenir une correspondance exacte avec les comités de salut public et de sûreté générale. Ces agens nationaux écriront aux deux comités tous les dix jours, en suivant les relations établies par l'article 10 de cette section, afin de certifier les diligences faites pour l'exécution de chaque loi, et dénoncer les retards, et les fonctionnaires publics négligens et prévaricateurs.

» 17. Les agens nationaux attachés aux communes sont tenus de rendre le même compte au district de leur arrondissement, et les présidens des comités de surveillance et révolutionnaires entretiendront la même correspondance tant avec le comité de sûreté générale qu'avec le district chargé de les surveiller.

» 18. Les comités de salut public et de sûreté générale sont tenus de dénoncer à la Convention nationale les agens nationaux et tout autre fonctionnaire public chargé personnellement de la surveillance ou de l'application des lois, pour les faire punir conformément aux dispositions portées dans le présent décret.

» Le nombre des agens nationaux, soit auprès des districts, soit auprès des communes, sera égal à celui des procureurs-syndics de district et de leurs substituts, et des procureurs de commune et de leurs substituts actuellement en exercice.

» 20. Après l'épuration faite des citoyens appelés par ce décret à remplir les fonctions des agens nationaux près les districts, chacun d'eux fera passer à la Convention nationale, dans les vingt-quatre heures de l'épuration, les noms de ceux qui auront été ou conservés ou nommés dans cette place, et la liste en sera lue à la tribune, pour que les membres de la Convention s'expliquent sur les individus qu'ils pourront connaître.

» 21. Le remplacement des agens nationaux près les districts qui seront rejetés sera provisoirement fait par la Convention nationale.

» 22. Après que la même épuration aura été opérée dans les communes elles enverront, dans le même délai, une pareille liste au district de leur arrondissement, pour y être proclamée publiquement.

Section III. *Compétence des autorités constituées.*

» Art. 1ᵉʳ Le Comité de salut public est particulièrement chargé des opérations majeures en diplomatie, et il traitera directement ce qui dépend de ces mêmes opérations.

» 2. Les représentans du peuple correspondront tous les dix jours avec le Comité de salut public, ils ne pourront suspendre et remplacer les généraux que provisoirement, et à la charge d'en instruire dans les vingt-quatre heures le Comité de salut public; ils ne pourront contrarier ni arrêter l'exécution des arrêtés et des mesures de gouvernement pris par le Comité de salut public; ils se conformeront dans toutes leurs missions aux dispositions du décret du 6 frimaire.

» 3. Les fonctions du conseil exécutif seront déterminées d'après les bases établies dans le présent décret.

» 4. La Convention se réserve la nomination des généraux en chef des armées de terre et de mer. Quant aux autres officiers généraux, les ministres de la guerre et de la marine ne pourront faire aucune promotion sans en avoir présenté la liste ou la nomination motivée, au Comité de salut public, pour être par lui acceptée ou rejetée. Ces deux ministres ne pourront pareillement destituer aucun des agens militaires nommés provisoirement par les représentans du peuple envoyés près les armées sans en avoir fait la proposition écrite et motivée au Comité de salut public, et sans que le comité l'ait acceptée.

» 5. Les administrations de département restent spécialement chargées de la répartition des contributions entre les districts, et de l'établissement des manufactures, des grandes routes et des canaux publics, de la surveillance des domaines nationaux. Tout ce qui est relatif aux lois révolutionnaires et aux mesures du gouvernement et de salut public n'est plus de leur ressort. En conséquence, la hiérarchie qui plaçait les districts, les municipalités, ou toute autre autorité, sous la dépendance des départemens, est supprimée pour ce qui concerne les lois révolutionnaires et militaires, et les mesures de gouvernement, de salut public et de sûreté générale.

» 6. Les conseils-généraux, les présidens et les procureurs généraux syndics des départemens sont également supprimés. L'exercice des fonctions de président sera alternatif entre les membres du directoire, et ne pourra durer plus d'un mois. Le président sera chargé de la correspondance et de la réquisition et surveillance particulière dans la partie d'exécution confiée aux directoires de département.

» 7. Les présidens et les secrétaires des comités révolutionnaires et de surveillance seront pareillement renouvelés tous les quinze jours, et ne pourront être réélus qu'après un mois d'intervalle.

» 8. Aucun citoyen déjà employé au service de la République ne pourra exercer ni concourir à l'exercice d'une autorité chargée de la surveillance médiate ou immédiate de ses fonctions.

» 9. Ceux qui réunissent ou qui concourent à l'exercice cumulatif de semblables autorités seront tenus de faire leur option dans les vingt-quatre heures de la publication de la présente loi.

» 10. Tous les changemens ordonnés par le présent décret seront mis à exécution dans les trois jours à compter de la publication de ce décret.

» 11. Les règles de l'ancien ordre établi, et auxquelles il n'est rien changé par ce décret, seront suivies jusqu'à ce qu'il ait été autrement ordonné. Seulement les fonctions du district de Paris sont attribuées au département, comme étant devenues incompatibles par cette nouvelle organisation avec les opérations de la municipalité.

» 12. La faculté d'envoyer des agens appartient exclusivement au Comité de salut public, aux représentans du peuple, au conseil exécutif et à la commission des subsistances. L'objet de leur mission sera énoncé en termes précis dans leur mandat.

» Ces missions se borneront strictement à faire exécuter les mesures révolutionnaires et de sûreté générale, les réquisitions et les arrêtés pris par ceux qui les auront nommés.

» Aucun de ces commissaires ne pourra s'écarter des limites de son mandat, et dans aucun cas la délégation des pouvoirs ne peut avoir lieu.

» 13. Les membres du conseil exécutif sont tenus de présenter la liste motivée des agens qu'ils enverront dans les départemens, aux armées et chez l'étranger, au Comité de salut public, pour être par lui vérifiée et acceptée.

» 14. Les agens du conseil exécutif et de la commission des subsistances sont tenus de rendre compte exactement de leurs opérations aux représentans du peuple qui se trouveront dans les mêmes lieux. Les pouvoirs des agens nommés par les représentans près les armées et dans les départemens expireront dès que la mission des représentans sera terminée, ou qu'ils seront rappelés par décret.

» 15. Il est expressément défendu à toute autorité constituée, à tout fonctionnaire public, à tout agent employé au service de la République, d'étendre l'exercice de leurs pouvoirs au-delà du territoire qui leur est assigné; de faire des actes qui ne sont pas de leur compétence; d'empiéter sur d'autres autorités, et d'outrepasser les fonctions qui leur sont déléguées, ou de s'arroger celles qui ne leur sont pas confiées.

» 16. Il est aussi expressément défendu à toute autorité constituée d'altérer l'essence de son organisation soit par des réunions avec d'autres autorités, soit par des délégués chargés de former des assemblées centrales, soit par des commissaires envoyés à d'autres autorités constituées. Toutes les relations entre tous les fonctionnaires publics ne peuvent plus avoir lieu que par écrit.

» 17. Tous congrès ou réunions centrales établies soit par les représentans du peuple, soit par les sociétés populaires, sous quelque dénomination qu'elles puissent avoir, même de comité central de surveillance ou de commission centrale révolutionnaire ou militaire, sont révoquées et expressément défendues par ce décret comme subversives de l'unité d'action de gouvernement, et tendantes au fédéralisme; et celles existantes se dissoudront dans les vingt-quatre heures à compter du jour de la publication du présent décret.

» 18. Toute armée révolutionnaire autre que celle établie par la Convention, et commune à toute la République, est licenciée par le présent décret, et il est enjoint à tous citoyens incorporés dans de semblables institutions militaires de se séparer dans les vingt-quatre heures à compter de la publication du présent décret, sous peine d'être regardés comme rebelles à la loi, et traités comme tels.

» 19. Il est expressément défendu à toute force armée, quelle que soit son institution ou sa dénomination, et à tous chefs qui la commandent, de faire des actes qui appartiennent exclusivement aux autorités civiles constituées, même des visites domiciliaires, sans un ordre écrit et émané de ces autorités, lequel ordre sera exécuté dans les formes prescrites par les décrets.

» 20. Aucune force armée, aucune taxe, aucun emprunt forcé ou volontaire ne pourront être levés qu'en vertu d'un décret. Les taxes révolutionnaires des représentans du peuple n'auront d'exécution qu'après avoir été approuvées par la Convention, à moins que ce ne soit en pays ennemi ou rebelle.

» 21. Il est défendu à toute autorité constituée de disposer des fonds publics, ou d'en changer la destination, sans y être autorisés par la Convention ou par une réquisition expresse des représentans du peuple, sous peine d'en répondre personnellement.

SECTION IV. *Réorganisation et épuration des autorités constituées.*

» Art. 1ᵉʳ. Le Comité de salut public est autorisé à prendre toutes les mesures nécessaires pour procéder au changement d'organisation des autorités constituées porté dans le présent décret.

» 2. Les représentans du peuple dans les départemens sont chargés d'en assurer et d'en accélérer l'exécution, comme aussi d'achever sans délai l'épuration complète de toutes les autorités constituées, et de rendre un compte particulier de ces deux opérations à la Convention nationale avant la fin du mois prochain.

Section V. *De la pénalité des fonctionnaires publics et des autres agens de la République.*

» Art. 1er. Les membres du conseil exécutif coupables de négligence dans la surveillance et dans l'exécution des lois pour la partie qui leur est attribuée, tant individuellement que collectivement, seront punis de la privation du droit de citoyen pendant six ans, et de la confiscation de la moitié des biens du condamné.

» 2. Les fonctionnaires publics salariés, et chargés personnellement par ce décret de requérir et de suivre l'exécution des lois, ou d'en faire l'application, et de dénoncer les négligences, les infractions, et les fonctionnaires et autres agens coupables placés sous leur surveillance, et qui n'auront pas rigoureusement rempli ces obligations, seront privés du droit de citoyen pendant cinq ans, et condamnés pendant le même temps à la confiscation du tiers de leur revenu.

» 3. La peine des fonctionnaires publics non salariés, et chargés personnellement des mêmes devoirs, et coupables des mêmes délits, sera la privation du droit de citoyen pendant quatre ans.

» 4. La peine infligée aux membres des corps judiciaires, administratifs, municipaux et révolutionnaires, coupables de négligence dans la surveillance ou dans l'application des lois, sera la privation du droit de citoyen pendant quatre ans, et une amende égale au quart du revenu de chaque condamné pendant une année pour les fonctionnaires salariés, et de trois ans d'exclusion de l'exercice du droit de citoyen pour ceux qui ne reçoivent aucun traitement.

» 5. Les officiers généraux et tous agens attachés aux divers services des armées, coupables de négligence dans la surveillance, exécution et application des opérations qui leur sont confiées, seront punis de la privation des droits de citoyen pendant huit ans, et de la confiscation de la moitié de leurs biens.

» 6. Les commissaires et agens particuliers nommés par les comités de salut public et de sûreté générale, par les représentans du peuple près les armées et dans les départemens, par le conseil exécutif et la commission des subsistances, coupables d'avoir excédé les bornes de leur mandat ou d'en avoir négligé l'exécution, ou de ne s'être pas soumis aux dispositions du présent décret, et notamment à l'article treize de la seconde section en ce qui les concerne, seront punis de cinq ans de fers.

» 7. Les agens inférieurs du gouvernement, même ceux qui n'ont aucun caractère public, tels que les chefs de bureaux, les secrétaires, les commis de la Convention, du conseil exécutif, des diverses administrations publiques, de toute autorité constituée, ou de tout fonctionnaire public qui a des employés, seront punis par la suspension du droit de citoyen pendant trois ans, et par une amende du tiers du revenu du condamné pendant le même espace de temps, pour cause personnelle de toutes négligences, retards volontaires ou infractions commises dans l'exécution des lois, des ordres et des mesures de gouvernement, de salut public et d'administration dont ils peuvent être chargés.

» 8. Toute infraction à la loi, toute prévarication, tout abus d'autorité commis par un fonctionnaire public ou par tout autre agent principal et inférieur du gouvernement et de l'administration civile et militaire, qui reçoivent un traitement, seront punis de cinq ans de fers, et de la confiscation de la moitié des biens du condamné; et pour ceux non salariés, coupables des mêmes délits, la peine sera la privation du droit de citoyen pendant six ans, et la confiscation du quart de leur revenu pendant le même temps.

» 9. Tout contrefacteur du *Bulletin des Lois* sera puni de mort.

» 10. Les peines infligées pour les retards et négligences dans l'expédition, l'envoi et la réception du *Bulletin des Lois*, sont, pour les membres de la commission de l'envoi des lois et pour les agens de la poste aux lettres, la condamnation à cinq années de fers, sauf les cas de force majeure légalement constatés.

» 11. Les fonctionnaires publics ou tous autres agens soumis à une responsabilité solidaire, et qui auront averti la Convention du défaut de surveillance exacte ou de l'inexécution d'une loi dans le délai de quinze jours, seront exceptés des peines prononcées par ce décret.

» Les confiscations ordonnées par les précédens articles seront versées dans le trésor public, après toutefois avoir prélevé l'indemnité due au citoyen lésé par l'inexécution ou la violation d'une loi, ou par un abus d'autorité. »

Pendant que le comité de salut public s'occupait des grandes questions révolutionnaires, jetant les bases d'un droit public nouveau, organisant et instituant un système politique, les hébertistes entretenaient le mouvement contre le culte. La section de l'Homme-Armé qui avait déjà annoncé à la Commune qu'elle abjurait le catholicisme, se présenta le 17 novembre (27 brumaire) au conseil général, et déclara : « qu'elle avait fermé la boutique du mensonge, de l'hypocrisie, et de l'oisiveté, et qu'elle avait mis en arrestation le curé de Saint-François, afin qu'il ne pût servir de point de ralliement aux têtes fanatisées de sa ci-devant paroisse. » Elle demanda un mode républicain pour conduire ses frères au tombeau. Le conseil arrêta que « provisoirement un commissaire civil, décoré du bonnet rouge, précédera les corps des morts, et les conduira à leur dernier asile. » (*Journal de Paris*, 1793, n. CCCXXIII.) Fouché (de Nantes), en mission dans la Nièvre, y avait déjà appliqué aux inhumations les dogmes matérialistes ; une statue du Sommeil avait été substituée par ses ordres à la croix des cimetières.

Le *Moniteur* ne renferme qu'une analyse très-succincte des détails relatifs à la section de l'Homme-Armé. Nous y trouvons en revanche des faits que ne mentionne pas le *Journal de Paris*, et qui prouvent que la réaction se maintenait. « La société populaire de la section de la Maison Commune, y est-il dit, dénonce que des dévotes et des fanatiques se rassemblent encore autour des bénitiers ; elle invite le conseil à prendre des mesures pour ôter à ces imbéciles l'espoir de la résurrection du fanatisme. — Le conseil arrête que le commandant sera invité à prendre toutes les mesures pour empêcher ces sortes de rassemblemens. » A cette même séance, Chaumette fit un long discours contre une bande de femmes qui s'étaient présentées en bonnet rouge à la barre du conseil-général. A leur entrée dans la salle, les tribunes avaient éclaté en violents murmures. Chaumette profita de ces dispositions pour s'écrier : « Citoyens, vous faites ici un grand acte de raison. L'enceinte où délibèrent les magistrats doit être interdite à tout individu qui outrage la nature. —Non, s'écrie à son tour un membre du conseil, la loi leur permet d'entrer; qu'on lise la loi. — La loi t'ordonne de respecter et de faire respecter les mœurs, répond Chaumette : or, ici je les vois méprisées. Eh ! depuis quand est-il permis aux femmes d'abjurer leur sexe et de se faire hommes? » L'orateur développe ce texte, et lorsqu'il arrive à cette apostrophe : « Femmes imprudentes (le *Moniteur* dit *impudentes*), n'êtes-vous pas assez bien partagées? Vous dominez sur tous nos sens ; votre despotisme est le seul que nos forces ne puissent abattre, parce qu'il est celui de l'amour, et par conséquent celui de la nature. Au nom de cette même nature, restez ce que vous êtes. » Les femmes ôtent leur bonnets rouges. — Ainsi parle le *Journal de Paris* dans le numéro plus haut cité. Le *Moniteur* nous apprend que non-seulement les femmes quittèrent le bonnet rouge, mais qu'elles « remplacèrent aussitôt *ce signe respectable*, par une coiffure convenable à leur sexe. » Cette seconde coiffure dont les femmes se trouvèrent munies, et qu'elles tirèrent de leur poche comme à un même signal, fit alors soupçonner Chaumette d'avoir arrangé cette comédie. Tout cela en effet entrait dans les plans des hommes qui voulaient mettre en œuvre le système de la nature. Leur donnée sociale la plus élevée étant celle des sexes, ils en déduisaient l'infériorité absolue de la femme. Chaumette avait dit : « La nature nous a-t-elle donné des mamelles pour allaiter nos enfans ? Non. Elle a dit à l'homme : « Sois homme : » la chasse, le labourage, les soins politiques, les fatigues de » toute espèce, voilà ton apanage. » — Elle a dit à la femme : » Sois femme : les tendres soins dus à l'enfance, les détails du » ménage, les douces inquiétudes de la maternité, voilà tes » travaux. » — On voit que les prérogatives de la virginité qui rendirent la femme presque l'égale de l'homme, dans la civilisation celtique, et qui, selon l'Évangile, doivent effacer toute différence et toute inégalité entre les sexes, dans la civilisation chrétienne, étaient comptées pour rien par les penseurs matérialistes. Il y a plus, ils niaient la possibilité du sacrifice que la virginité suppose. *Le despotisme de l'amour* ne pouvait, selon eux, *être abattu par les forces humaines*. Ces calomniateurs eussent été fort embarrassés si on leur eût objecté, non pas les vierges chrétiennes, mais les druidesses et les vestales.

Les hébertistes n'avaient encore tenté aucune manifestation dans le club des Jacobins, sauf quelques phrases indirectes que personne n'avait relevées, il n'y avait été risqué aucune attaque contre les idées religieuses. Le 18 novembre (28 brumaire), à propos d'une lettre de Lyon écrite à la société, par Baigne, « juge du tribunal de justice, à *Commune-Affranchie*, » Chaumette présenta la controverse sur ce point. Collot-d'Herbois, Fouché (de Nantes), et Ronsin, étaient alors à Lyon. Baigne annonçait que, depuis trois jours (la lettre était datée du 12 novembre), vingt-une têtes étaient tombées par la guillotine, sans compter les fusillades journalières, et il ajoutait qu'on avait célébré, en l'honneur de Chalier, une fête où le fanatisme avait été terrassé. « Le plus beau personnage, dit-il, était un âne décoré de tous les harnais pontificaux et portant la mitre sur la tête. » C'était, il faut en convenir, une singulière façon d'honorer la mémoire du républicain qui avait été accompagné à l'échafaud par un prêtre, et qui avait baisé le crucifix avant son supplice. Les hébertistes qui exploitaient sa mort ne le vantaient que de son courage et de son patriotisme. Ils disaient bien qu'au second coup de guillotine, il avait crié à ses bourreaux : « *Je meurs pour la liberté; attachez-moi une cocarde!* Mais, eux qui devaient bientôt se montrer si lâches, et mourir plus tard si lâchement, ils cachaient avec soin la source où Chalier avait puisé sa force morale. Après la lecture de la lettre de Baigue, Chaumette monta à la tribune : « Je vois avec plaisir, dit-il, les coups qu'on porte de tous côtés au fanatisme; mais j'observe qu'ils ne sont pas unanimes dans la République. Les filles de joie, les coquines que la police poursuit partout, sont devenues dévotes. Nos ennemis ne trouvant pas des hommes en nombre suffisant pour nous perdre, s'adressent aux femmes. Un de ces jours derniers, elles se rassemblèrent dans la ci-devant église Saint-Eustache, munies de bréviaires, de chapelets. Il y avait bien parmi elles quelques-unes de ces vieilles femmes qui prennent plaisir à respirer l'odeur cadavéreuse des temples de Jésus; mais le plus grand nombre était composé de filles qui sacrifient aussi à d'autres idoles. » — On laissa tomber les plaintes et les commentaires de Chaumette. Robespierre qui était présent ne prit la parole, dans cette séance, que pour faire rayer de la liste des affiliées de la société-mère, la société populaire de Montbard qui, au mois de juin, n'avait voulu reconnaître, ni montagne, ni plaine, ni marais dans la Convention nationale.

Ce ne fut qu'à la séance suivante (21 novembre, 1er frimaire) que les hébertistes inquiets de certaines rumeurs, et voulant éclaircir leur position dans le club, provoquèrent ouvertement des explications. Comme ils ne craignaient que les Jacobins, ils n'avaient rien négligé pour les convaincre de leur triomphe, et pour le leur faire subir. La veille ils avaient obtenu dans la Convention de nouveaux et éclatans succès. Voici ce que nous lisons dans le *Moniteur* du 22 novembre 1793.

« La section de l'Unité défile dans la salle; à sa tête marche un peloton de la force armée; ensuite viennent des tambours, suivis de sapeurs et canonniers revêtus d'habits sacerdotaux, et d'un groupe de femmes habillées en blanc, avec une ceinture aux trois couleurs; après elles vient une file immense d'hommes rangés sur deux lignes et couverts de dalmatiques, chasubles, chappes. Ces habits sont tous de la ci-devant église de Saint-Germain-des-Prés; remarquables par leurs richesses, ils sont de velours et d'autres étoffes précieuses, rehaussés de magnifiques broderies d'or et d'argent. On apporte ensuite sur des brancards des calices, des ciboires, des soleils, des chandeliers, des plats d'or et d'argent, une châsse superbe, une croix de pierreries, et mille autres ustensiles de pratiques superstitieuses. Ce cortége entre dans la salle, aux acclamations des spectateurs, aux cris de : *Vivent la Liberté, la République, la Montagne!* aux fanfares des instrumens guerriers. Un drap noir, porté au bruit de l'air: *Marlborough est mort et enterré,* figure la destruction du fanatisme. La musique exécute ensuite l'hymne révolutionnaire : on voit tous les citoyens revêtus d'habits sacerdotaux, danser au bruit des airs de *Ça ira, la Carmagnole, Veillons au salut de l'empire,* etc. L'enthousiasme universel se manifeste par des acclamations prolongées. La troupe se range; les citoyens vêtus des habits sacerdotaux se placent sur les bancs du côté droit, et garnissent tout ce côté. »

Dubois, orateur de la députation, termina quelques lieux communs sur le fanatisme par cette phrase : « Nous jurons (tout le monde lève la main), nous jurons de n'avoir d'autre culte que celui de la raison, de la liberté, de l'égalité, de la République. » A ces mots un cri unanime part de tous les coins de la salle : *Nous le jurons! vive la République.* — Le président Laloi répondit à la députation : « En un instant, vous faites entrer dans le néant dix-huit siècles d'erreurs. Votre philosophie vient de faire à la raison un sacrifice digne d'elle, et digne des vrais républicains. L'assemblée reçoit votre offrande et votre serment, au nom de la patrie. » — *Toutes les voix* : « Nous le tiendrons ! » — Alors un enfant prononça un discours, et reçut l'accolade du président auquel il dit qu'il savait par cœur la déclaration des droits, et qu'il désirait bien vivement que l'assemblée fît faire un petit catéchisme républicain. Lorsque Laloi eut répété tout haut ces paroles, elles furent accueillies par un enthousiasme général. Vingt motions partirent à la fois. — *Un membre* : « Je demande l'insertion de ces demandes au Bulletin. » — *Ramel.* « Je demande que dès qu'il paraîtra un livre élémentaire on en envoie le premier exemplaire à cet enfant. » — *Couli* : « Et moi que le président soit chargé d'écrire une lettre de satisfaction à ses parens, pour la manière dont ils l'ont élevé. » — *Un membre* : « Il faut faire connaître la cérémonie qui s'est passée ici aujourd'hui. Je demande que tous les discours et tous les détails de cette journée soient insérés en entier au Bulletin, et envoyés à tous les départemens. » — *Un membre* : « Et qu'on n'oublie pas que le côté droit n'a jamais été si bien garni. » Pour l'intelligence de cette saillie qui fut couverte de rires et d'applaudissemens, il faut savoir que les pétitionnaires avaient pris place sur les bancs dégarnis du côté droit. Toutes les propositions que nous venons de transcrire furent décrétées, et le cortége défila en chantant une hymne en l'honneur de Marat et de Lepelletier.

A cette scène en succéda une autre du même genre, jouée par la section de la Montagne, elle apportait les dépouilles de l'église « élevée dit l'orateur, à saint Roch et à son chien.» Le *Moniteur* nous apprend que « dans la réponse ingénieuse du président, on applaudit surtout à cette phrase : « Vous ne serez plus dupes de votre patron; mais fidèles comme ses compagnons, vous resterez inviolablement attachés à la République (1). »

Après une telle preuve de l'unanimité de la Convention en leur faveur, les Hébertistes n'étaient pas cependant entièrement rassurés, car le Comité de salut public n'avait point parlé, et ils sa-

---

(1) L'orateur de la section de la Montagne, et le président Laloi, ne connaissaient probablement sur saint Roch que les facéties des vaudevillistes du dix-huitième siècle. Il faut croire qu'ils eussent eu quelque pudeur de les répéter, s'ils avaient su que la célébrité et la canonisation de saint Roch venaient des grands services qu'il avait rendus pendant la peste noire qui désola l'Europe au treizième siècle. C'est là, du reste, tout ce que la tradition populaire a conservé de certain sur sa mémoire; car son histoire écrite pour le moins cent soixante après sa mort,

vaient que Robespierre improuvait hautement leurs mascarades, et surtout leur athéisme. Quelque dangereuse que leur parût une rencontre avec cet adversaire, comme elle était inévitable, comme d'ailleurs elle ne pouvait avoir lieu en des circonstances plus propices, ils se décidèrent à en courir la chance. Anacharsis Clootz présidait alors les Jacobins, Hébert et Momoro ouvrirent la tranchée avec un sentiment visible de terreur ; et ce n'était pas sans raison. On va voir un seul homme, fort de sa conscience et de sa probité, disputer les destinées de la France au parti matérialiste dans une improvisation pleine de chaleur et d'énergie morale. Voici cette séance mémorable : (21 novembre. — 1ᵉʳ frimaire.)

Hébert. « La politique des tyrans est de *diviser pour régner* : celle des patriotes au contraire est de *se rallier pour écraser les tyrans*. Déjà je vous ai avertis que des intrigans investissaient les patriotes pour les animer les uns contre les autres. Je vous avais dit que lors de mon explication au sujet d'un général patriote, on s'était plu à envenimer les expressions de Robespierre à mon égard. Tous les jours je rencontre des hommes qui me complimentent et me demandent comment je ne suis pas encore arrêté. Je ris, et je réponds : *Est-ce qu'il y a encore une commission des Douze ?*

» Cependant, quelque ridicules que soient ces avertisseurs, il ne faut pas trop les mépriser. Quelquefois, avant d'opprimer un patriote, on veut pressentir l'opinion publique : ce n'est pas que je la redoute pour moi. Un de mes anciens amis me disait que Dubuisson désirait beaucoup me connaître ; qu'il prétendait avoir un grand complot à me découvrir. Ne pouvant m'entretenir, il prit le parti de se découvrir à mon ami, à qui il voulait faire

---

doit être regardée comme une légende. Remarquons en passant combien la main des matérialistes était malheureuse. Ils n'attaquaient pas un saint dont le culte ne fût fondé sur d'admirables dévouemens. La réforme, seule en harmonie avec les principes de la révolution, consistait à retirer les esprits de la dévotion étroite, individuelle, nous dirons presque du fétichisme où le clergé les avait plongés, pour les élever au sentiment social qui avait dicté les institutions chrétiennes,

(*Note des auteurs.*)

croire qu'il existait en effet un grand complot dans les Jacobins, la Convention et le comité de salut public, pour perdre les patriotes et s'emparer de l'autorité.

» Enfin, on ajoutait que Robespierre était chargé de me dénoncer à la Convention et de me faire arrêter ; on en ajoutait même la raison : c'était pour avoir fait arrêter la Montansier ; je devais l'être à mon tour avec Pache, Chaumette et autres. Quant à moi, qui me mets souvent en avant pour les intérêts de la patrie, et qui dis tout ce qui me passe par la tête, cela pouvait avoir quelque fondement ; mais Pache !... Je connais toute l'estime qu'a pour lui Robespierre, et je rejetai bien loin de moi une pareille idée ; je savais qu'on jouait auprès de lui la contrepartie ; on lui tenait les mêmes propos sur mon compte ; je ne doute point qu'il ne les ait reçus comme moi. Ceci doit démontrer à la société la nécessité de rallier les patriotes et de ne présenter qu'un faisceau inexpugnable à tous les ennemis de la liberté.

» On disait aussi que Danton était émigré, chargé, disait-on, des dépouilles du peuple, et qu'il était allé en Suisse....(1). Je l'ai rencontré ce matin dans les Tuileries ; et, puisqu'il est à Paris, il faut qu'il vienne s'expliquer fraternellement aux Jacobins. Tous les patriotes se doivent de démentir les bruits injurieux qui courent sur leur compte ; il faut qu'ils se réunissent à la masse commune ; il faut que tous les ennemis du peuple périssent ; il faut que la société, fidèle à ses arrêtés, suive rigoureusement le procès des complices de Brissot. Lorsqu'on a jugé ce scélérat, il fallait juger ses complices ; quand on a jugé Capet, il fallait juger sa race. Je demande, en me résumant, qu'on en poursuive partout l'extinction. » (*On applaudit.*)

Momoro. « Je crains, comme Hébert, qu'il existe une conspiration contre les patriotes, qui ne peut venir que des royalistes. Hier parvint dans la section de Marat une lettre signée Xerxès,

---

(1) Danton avait obtenu un congé de la Convention, pour aller prendre quelque repos dans sa famille à Arcis-sur-Aube. (*Note des auteurs.*)

et par conséquent anonyme, ce qui fit qu'elle ne fut pas lue; on s'y plaint qu'on cherche à innocenter Chabot et Bazire. On invite à se défier de Chaumette, qui n'a voulu qu'on abattît les cloches, que pour empêcher qu'on ne sonnât le tocsin; on veut que nous nous insurgions; que nous fermions les barrières. La section a renvoyé au comité révolutionnaire cette lettre, que celui-ci renverra sans doute au comité de sûreté générale. On répandit dans le même temps, que Pache, Chaumette, Hébert, Dufourni étaient arrêtés, en disant que je l'étais aussi, moi, pauvre hère, qui n'ai marqué dans la révolution que par des malheurs. Je déclare qu'il reste encore un grand nombre d'aristocrates, qu'il faut surveiller de très-près. Tant qu'il restera un seul de ces hommes, autrefois si menteurs, qui n'ait pas encore abjuré solennellement ses impostures, il faudra toujours trembler, s'il reste un seul prêtre, puisque maintenant, en changeant de tactique et pour se soutenir, ils veulent engager le peuple à soudoyer leurs farces. Il faudra les punir et tout le mal cessera. »

Robespierre. « J'avais cru que le préopinant traiterait l'objet important soumis par Hébert à l'attention de l'assemblée; il ne l'a pas même abordé, et il nous reste à chercher les véritables causes des maux qui affligent encore notre patrie.

» Est-il vrai que nos plus dangereux ennemis soient les restes impurs de la race de nos tyrans, les odieux captifs, dont les noms servent encore de prétexte à la politique criminelle de quelques rebelles, et surtout des puissances étrangères? Je vote en mon cœur pour que la race des tyrans disparaisse de la terre : mais puis-je m'aveugler sur la situation de mon pays, au point de croire que cet événement suffirait pour éteindre le foyer des conspirations qui nous déchirent? A qui persuadera-t-on que la punition de la méprisable sœur de Capet, en imposerait plus à nos ennemis, que celle de Capet lui-même et de sa criminelle compagne?

» Est-il vrai encore que la principale cause de nos maux soit le fanatisme? Le fanatisme! il expire; je pourrais même dire qu'il est mort. En dirigeant depuis quelques jours toute notre attention contre lui, ne la détourne-t-on pas de nos véritables dangers ?

» Vous craignez, dites-vous les prêtres ! les prêtres craignent bien davantage les progrès de la lumière. Vous avez peur des prêtres ! et ils s'empressent d'abdiquer leurs titres, pour les échanger contre ceux de municipaux, d'administrateurs, et même de présidens de sociétés populaires. Croyez seulement à leur amour pour la patrie, sur la foi de leur abjuration subite, et ils seront très-contens de vous.... Vous ne le serez peut-être pas également d'eux. Avez-vous peur de ces évêques, qui naguère étaient très-attachés à leur bénéfice constitutionnel, qui leur rapportait soixante-dix mille livres de rentes, et qui en ont fait le sacrifice, dès qu'il était réduit à six mille livres ; de ces évêques qui aujourd'hui en sollicitent et en ont peut-être obtenu l'indemnité ? Oui, craignez, non pas leur fanatisme, mais leur ambition ; non pas l'habit qu'ils portaient, mais la peau nouvelle dont ils se sont revêtus. Au reste, ceci ne s'applique point à tous les prêtres ; je respecte les exceptions, mais je m'obstine à croire qu'elles sont rares.

» Non, ce n'est point le fanatisme qui doit être aujourd'hui le principal objet de nos inquiétudes. Cinq ans d'une révolution qui a frappé sur les prêtres déposent de son impuissance ; la Vendée même, son dernier asile, ne prouve point du tout son pouvoir. C'est la politique, c'est l'ambition, ce sont les trahisons de ceux qui gouvernaient jadis qui ont créé la Vendée ; c'étaient des hommes sans honneur, comme sans religion, qui traînaient des brigands étrangers ou français au pillage, et non au pied des autels. Encore la force de la République et le zèle du gouvernement actuel les ont-ils frappés à mort, malgré tant d'obstacles et de crimes ; car ils ont perdu leur place d'armes, leurs magasins, la plus grande partie de leur force ; il ne leur reste qu'une horde fugitive, dont l'existence ne pourrait être prolongée que par la malveillance et par l'ineptie. Je ne vois plus qu'un seul moyen de réveiller parmi nous le fanatisme, c'est d'affecter de croire à sa puissance. Le fanatisme est un animal féroce et capricieux ; il fuyait devant la raison : poursuivez-le avec de grands cris, il retournera sur ses pas.

» Et quels autres effets peut produire cette chaleur extraordinaire et subite, ce zèle exagéré et fastueux, avec lequel on semble lui faire la guerre depuis quelque temps. Je l'ai dit à la Convention, et je le répète ici, il est une infinité de choses que le bon esprit du peuple a tournées au profit de la liberté, et que nos ennemis n'avaient imaginées que pour la perdre.

» Que des citoyens, animés par un zèle pur, viennent déposer sur l'autel de la patrie, les monumens inutiles et pompeux de la superstition, pour les faire servir à son triomphe, la patrie et la raison sourient à ces offrandes. Que d'autres renoncent à telles ou telles cérémonies et adoptent sur toutes ces choses l'opinion qui leur paraît la plus conforme à la vérité, la raison et la philosophie peuvent applaudir à leur conduite. Mais de quel droit l'aristocratie et l'hypocrisie viendraient-elles ici mêler leur influence à celle du civisme et de la vertu? De quel droit des hommes inconnus jusqu'ici dans la carrière de la révolution, viendraient-ils chercher au milieu de tous ces événemens, les moyens d'usurper une fausse popularité, d'entraîner les patriotes même à de fausses mesures, et de jeter parmi nous le trouble et la discorde? De quel droit viendraient-ils troubler la liberté des cultes, au nom de la liberté, et attaquer le fanatisme par un fanatisme nouveau? De quel droit feraient-ils dégénérer les hommages solennels rendus à la vérité pure, en des farces éternelles et ridicules? Pourquoi leur permettrait-on de se jouer ainsi de la dignité du peuple, et d'attacher les grelots de la folie au sceptre même de la philosophie?

» On a supposé qu'en accueillant des offrandes civiques la Convention avait proscrit le culte catholique.

» Non, la Convention n'a point fait cette démarche téméraire: la Convention ne la fera jamais. Son intention est de maintenir la liberté des cultes qu'elle a proclamée, et de réprimer en même temps tous ceux qui en abuseraient pour troubler l'ordre public; elle ne permettra pas qu'on persécute les ministres paisibles du culte elle et les punira avec sévérité toutes les fois qu'ils oseront se prévaloir de leurs fonctions pour tromper les citoyens, et pour armer les préjugés ou le royalisme contre la République. On a dénoncé des prêtres pour avoir dit la messe : ils la diront plus longtemps, si on les empêche de la dire. Celui qui veut les empêcher est plus fanatique que celui qui dit la messe.

» Il est des hommes qui veulent aller plus loin; qui sous le prétexte de détruire la superstition, veulent faire une sorte de religion de l'athéisme lui-même. Tout philosophe, tout individu peut adopter là-dessus l'opinion qu'il lui plaira. Quiconque voudrait lui en faire un crime, est un insensé; mais l'homme public, mais le législateur serait cent fois plus insensé qui adopterait un pareil système. La Convention nationale l'abhorre. La Convention n'est point un faiseur de livres, un auteur de systèmes métaphysiques; c'est un corps politique et populaire, chargé de faire respecter, non-seulement les droits, mais le caractère du peuple français. Ce n'est point en vain qu'elle a proclamé la déclaration des droits de l'homme en présence de l'Etre suprême.

» On dira peut-être que je suis un esprit étroit, un homme à préjugés; que sais-je, un fanatique.

» J'ai déjà dit que je ne parlais, ni comme un individu, ni comme un philosophe systématique, mais comme un représentant du peuple. L'athéisme est *aristocratique*; l'idée d'un grand être, qui veille sur l'innocence opprimée, et qui punit le crime triomphant, est toute populaire. (*Vifs applaudissemens*). Le peuple, les malheureux m'applaudissent; si je trouvais des censeurs, ce serait parmi les riches et parmi les coupables. J'ai été, dès le collége, un assez mauvais catholique; je n'ai jamais été ni un ami froid, ni un défenseur infidèle de l'humanité. Je n'en suis que plus attaché aux idées morales et politiques, que je viens de vous exposer. Si Dieu n'existait pas, il faudrait l'inventer.

» Je parle dans une tribune où l'impudent Guadet osa me faire un crime d'avoir prononcé le mot de *providence*. Et dans quel temps? lorsque le cœur ulcéré de tous les crimes dont nous étions les témoins et les victimes ; lorsque versant des larmes amères et impuissantes sur la misère du peuple éternellement trahi, éternellement opprimé, je cherchais à m'élever au-dessus de la tourbe impure des conspirateurs dont j'étais environné, en invoquant contre eux la vengeance céleste, au défaut de la foudre populaire. Ce sentiment est gravé dans tous les cœurs sensibles et purs ; il anime dans tous les temps les plus magnanimes défenseurs de la liberté. Aussi longtemps qu'il existera des tyrans, il sera une consolation douce au cœur des opprimés ; et si jamais la tyrannie pouvait renaître parmi nous, quelle est l'ame énergique et vertueuse qui n'appellerait point en secret, de son triomphe sacrilége, à cette éternelle justice, qui semble avoir écrit dans tous les cœurs, l'arrêt de mort de tous les tyrans. Il me semble du moins que le dernier martyr de la liberté exhalerait son ame avec un sentiment plus doux, en se reposant sur cette idée consolatrice. Ce sentiment est celui de l'Europe et de l'univers, c'est celui du peuple français. Ce peuple n'est attaché ni aux prêtres, ni à la superstition, ni aux cérémonies religieuses ; il ne l'est qu'au culte en lui-même, c'est-à-dire à l'idée d'une puissance incompréhensible, l'effroi du crime et le soutien de la vertu à qui il se plaît à rendre des hommages qui sont autant d'anathèmes contre l'injustice et contre le crime triomphant.

» Si le philosophe peut attacher sa moralité à d'autres bases, gardons-nous néanmoins de blesser cet instinct sacré et ce sentiment universel des peuples. Quel est le génie qui puisse en un instant remplacer, par ses inventions, cette grande idée protectrice de l'ordre social et de toutes les vertus privées ?

» Ne voyez-vous pas le piége que nous tendent les ennemis de la République et les lâches émissaires des tyrans étrangers ? En présentant comme l'opinion générale les travers de quelques individus, et leur propre extravagance, ils voudraient nous rendre odieux à tous les peuples, pour affermir les trônes chancelans des scélérats qui les oppriment. Quel est le temps qu'ils ont choisi pour ces machinations ? Celui où leurs armées combinées ont été vaincues ou repoussées par le génie républicain ; celui où ils veulent étouffer les murmures des peuples fatigués ou indignés de leur tyrannie ; celui où ils pressent les nations neutres et alliées de la France de se déclarer contre nous. Les lâches ne veulent que réaliser toutes les calomnies grossières dont l'Europe entière reconnaissait l'impudence, et repousser de vous, par les préjugés ou par les opinions religieuses, ceux que la morale et l'intérêt commun attiraient vers la cause sublime et sainte que nous défendons.

» Je le répète : nous n'avons plus d'autre fanatisme à craindre que celui des hommes immoraux, soudoyés par les Cours étrangères, pour réveiller le fanatisme, et pour donner à notre révolution le vernis de l'immoralité, qui est le caractère de nos lâches et féroces ennemis.

» J'ai parlé des cours étrangères. Oui, voilà les véritables auteurs de nos maux et de nos discordes intestines.

» Leur but est d'avilir, s'il était possible, la Nation Française, de déshonorer les représentans qu'elle a choisis, et de persuader aux peuples que les fondateurs de la République n'ont rien qui les distingue des valets de la tyrannie.

» Ils ont deux espèces d'armées ; l'une sur nos frontières, impuissante, plus près de sa ruine, à mesure que le gouvernement républicain prendra de la vigueur, et que la trahison cesse de rendre inutiles les efforts héroïques des soldats de la patrie ; l'autre, plus dangereuse, est au milieu de nous : c'est une armée d'espions, de fripons stipendiés, qui s'introduisent partout, même au sein des sociétés populaires. Depuis que les chefs d'une faction exécrable, le plus ferme appui des trônes étrangers, ont péri ; depuis que la journée du 31 mai a régénéré la Convention nationale qu'ils voulaient anéantir, ils redoublent d'activité, pour séduire, pour calomnier, pour diviser tous les défenseurs de la République, pour avilir et pour dissoudre la Convention nationale.

» Bientôt cet odieux mystère sera entièrement dévoilé. Je me bornerai dans ce moment, à vous offrir quelques traits de lumière, qui sortent de la discussion même qui vous occupait.

» Hébert vous a révélé deux ou trois mensonges impudens dictés par la faction dont je parle.

» Un homme, vous a-t-il dit, un homme très-connu, a voulu lui persuader qu'après l'arrestation de la Montansier, je devais dénoncer cette mesure, dénoncer à cette occasion, Pache, Hébert, et toute la Commune. Je devais apparemment prendre un vif intérêt à cette héroïne de la République, moi qui ai provoqué l'arrestation de tout le théâtre français, sans respect pour les augustes princesses qui en faisaient l'ornement; moi qui n'ai vu dans tant de solliciteuses enchanteresses, que les amantes de l'aristocratie, et les *comédiennes ordinaires du roi*. Je devais dénoncer Pache, moi qui l'ai défendu dans un temps où une portion du peuple, trompée par les ennemis de notre liberté, vint lui imputer, à la barre de la Convention, la disette qui était leur ouvrage; moi qui, alors président de la Convention, opposais l'éloge de sa vertu pure et modeste, qui m'est connue, à un orage passager excité par la malveillance! Peut-être ai-je montré alors une fermeté que n'auraient point eue ceux qui, lâches calomniateurs du peuple opprimé, n'auraient jamais osé dire la vérité au peuple triomphant; je me confiais alors, et je me confie encore dans ce moment, au caractère du peuple, qui, étranger à tous les excès, est toujours du parti de la morale, de la justice et de la raison.

» Enfin j'aurais dénoncé en faveur de la Montansier, la municipalité et les braves défenseurs de la liberté, moi qui, défenseur de tous les patriotes, et martyr de la même cause, ai toujours eu pour principe, qu'il fallait autant d'indulgence pour les erreurs minces du patriotisme, que de sévérité pour les crimes de l'aristocratie, et pour les perfidies des fripons accrédités.

» Hébert vous a dit encore que je l'avais accusé d'être payé par Pitt et par Cobourg. Dans la dernière séance, vous m'avez entendu, vous avez vu que je n'ai attribué qu'à une erreur patriotique des inculpations qui pouvaient perdre cinq ou six défenseurs de la liberté, et dont j'ai trouvé la source dans le plan de calomnie inventé par les ennemis e la République. Vous pouvez apprécier ce nouveau trait d'impudence que tendait à diviser les patriotes ; je le dénonce avec Hébert, et comme il est émané d'un prétendu patriote membre de cette société, qu'Hébert nous nommera, j'en conclus qu'il faut soulever le masque du patriotisme qui cache certains visages, et purger cette société des traîtres qu'elle renferme dans son sein.

» Je vous ai promis de vous indiquer quelques-uns des agens soudoyés par les tyrans pour nous diviser, pour déshonorer la cause du peuple français, en avilissant la représentation nationale. Je citerai d'abord un homme qu'Hébert a nommé comme l'auteur de la première des deux calomnies. Quel est cet homme ? Est-ce un aristocrate ? Il n'a porté ce titre que jusqu'au trois quarts à peu près du chemin de la révolution.

» Depuis cette époque c'est un patriote, un Jacobin très-ardent. Il est membre de vos comités, il les dirige. Un jour il sortit tout à coup de son obscurité. Lebrun l'avait envoyé en qualité de commissaire dans la Belgique au temps des trahisons de Dumourier. Dumourier avait déjà menacé la Convention par ses manifestes séditieux ; la Convention avait déjà fulminé contre ce traître. Dubuisson (c'est son nom) parut tout à coup à cette tribune, le cœur comme oppressé des grands secrets qu'il avait à nous révéler, avec l'air d'un homme accablé du poids des destinées de la France qu'il portait. Il vous découvrit la trahison de Dumourier qui était découverte ; à la place des pièces authentiques qui la constataient, il vous substitua une prétendue conversation de lui et de ses deux compagnons avec Dumourier, bien louche, bien bizarre, et où les intérêts de J.-P. Brissot étaient ménagés. Il vous annonça en même temps que s'il n'était pas assassiné dans la nuit, il ferait le lendemain son rapport à la Convention nationale, et que la patrie serait sauvée. Il ne fut point assassiné ; il parla à la Convention, où il se fit escorter par des députés de la société des Jacobins ; il obtint les honneurs de la mention honorable et de l'impression, votés par la faction girondine et par le côté droit, avec un empressement qui dut beaucoup édifier les patriotes.

» Mais il est un autre personnage, plus important encore, et le véritable chef de la clique, le compagnon de Dubuisson dans la fameuse mission dont je viens de parler.

» Que la République est heureuse! Si elle a été trahie par une multitude d'enfans ingrats, elle est servie, avec un désintéressement admirable par des seigneurs étrangers, et même par les fils des princes allemands. De ce nombre est le fils du principal ministre de la maison d'Autriche, du fameux prince de Kaunitz. Il se nomme Proli. Vous savez que, renonçant à son père, à sa patrie, il s'est dévoué tout entier à la cause de l'humanité. Il prétend diriger les Jacobins dont il n'a pas voulu être membre par discrétion. Il tient chez lui des directoires secrets, où l'on règle les affaires de la société, où on lit la correspondance, où on prépare les motions, les dénonciations; où l'on organise un système patriotique de contre-révolution qui n'a pu être déjoué que par le génie de la liberté, qui éclaire la majorité de vos membres, et la masse du peuple qui vous entend. Le même seigneur a fondé une cinquantaine de clubs populaires pour tout bouleverser et pour perdre les Jacobins. Il s'occupe aussi des sections, et surtout des femmes révolutionnaires, dont il fait nommer les présidentes. C'est le sylphe invisible qui les inspire; il a sous ses ordres plusieurs autres sylphes visibles qui appellent le mépris public et le carnage sur la Convention nationale, depuis la journée du 31 mai. Proli est connu, et cependant Proli est libre : il est imprenable comme ses principaux complices, qui sont des aristocrates déguisés sous le masque de sans-culotisme, et surtout des banquiers prussiens, anglais, autrichiens, et même français.

» Souffrirons-nous que les plus vils scélérats de l'Europe détruisent impunément sous nos yeux les fruits de nos glorieux et pénibles travaux? Ferons-nous alliance avec les complices, avec les valets de ces mêmes tyrans, dont les satellites égorgent sans pitié nos femmes, nos enfans, nos frères, nos représentans? Je demande que cette société se purge enfin de cette horde criminelle; je demande que Dubuisson soit chassé de cette société, ainsi que deux autres intrigans dont un vit avec Proli sous le même toit, et qui tous sont connus de vous comme ses affiliés ; je parle de Desfieux et de Pereyra.

» Je demande qu'il soit fait un scrutin épuratoire à la tribune, pour reconnaître et chasser tous les agens des puissances étrangères, qui, sous leurs auspices, se seraient introduits dans cette société.

» Je demande qu'on renouvelle de la même manière les comités de la société qui renferment sans doute d'excellens patriotes ; mais où ils ont sans doute aussi glissé plusieurs de leurs affidés. »

Les propositions de Robespierre furent adoptées avec un empressement universel ; ainsi parle le *Moniteur*, et il ajoute que son discours avait été fréquemment interrompu par les nombreux applaudissemens de la société et du peuple présent à la séance.

Les hébertistes furent d'abord déconcertés ; mais, se faisant honte de la peur que leur inspirait un seul individu, et tentés par le nombre des apparences qui leur étaient favorables, ils se persuadèrent qu'il ne fallait qu'un moment d'audace pour fixer définitivement la fortune. La Commune fit donc son coup d'état ; trois jours après le discours de Robespierre elle porta l'arrêté fameux dont nous avons parlé plus haut, et qui devait trancher souverainement la question religieuse. Chaumette prononça un réquisitoire fulminant (séance du 23 novembre — 3 frimaire). Selon lui un nouveau complot se machinait dans Paris, les artisans de cette trame contre-révolutionnaire étaient les prêtres et les filles de joie devenues maintenant dévotes. « Les prêtres sont capables de tous les crimes, continua l'orateur ; ils se servent du poison pour assouvir leur vengeance, ils feront des miracles si vous n'y prenez garde ; ils empoisonneront les plus chauds patriotes ; ils mettront le feu à la maison commune, à la trésorerie nationale ; ils renouvelleront les mines, et quand ils verront brûler leurs victimes, ils diront que c'est la justice du ciel qui les punit. Je requiers en conséquence que le conseil déclare qu'il est à sa connaissance que le peuple de Paris est mûr pour la raison ; et que s'il existe dans Paris quelques mouvemens en faveur du fanatisme, tous les prêtres soient incarcérés, attendu que le peuple de Paris a déclaré qu'il ne reconnaissait plus d'autre culte que celui de la Raison. » — Sur ce réquisitoire, la Commune prit les mesures suivantes :

» Le conseil arrête, 1° que toutes les églises ou temples de toutes religions ou de tous cultes, qui ont existé à Paris, seront sur-le-champ fermés; 2° Que tous les prêtres ou ministres de quelque culte que ce soit demeureront personnellement et individuellement responsables de tous les troubles dont la source viendrait d'opinions religieuses; 3° Que celui qui demandera l'ouverture soit d'un temple, soit d'une église, sera arrêté comme suspect; 4° Que les comités révolutionnaires seront invités à surveiller de bien près tous les prêtres; 5° Qu'il sera fait une pétition à la Convention pour l'inviter à porter un décret qui exclue les prêtres de toute espèce de fonction publique, ainsi que de tout emploi dans les manufactures d'armes, et pour quelque classe d'ouvrage que ce soit.

Pendant qu'ils proclamaient leurs résolutions ultérieures par l'organe d'une assemblée qui pouvait passer pour le pouvoir, lorsque la Convention se taisait, les hébertistes s'emparaient avec empressement de toutes les occasions de se populariser, et de gagner à leur cause des révolutionnaires influens. Ainsi le jour même où il ordonna les mesures que nous venons de transcrire, le conseil général adopta pour Paris, deux arrêtés pris à Lyon, par Fouché (de Nantes) et Collot-d'Herbois. Par l'un il était enjoint à tous les boulangers sous peine d'incarcération, de faire une seule et bonne espèce de pain qui serait appelé le *pain de l'égalité*; par l'autre, une taxe révolutionnaire était établie sur les riches au profit des pauvres; enfin, le 25 novembre (5 frimaire), le conseil envoya une députation des commissaires à la barre de la Convention nationale, pour y demander officiellement ce qu'Hébert avait proposé le 21 aux Jacobins, et ce qu'il ne cessait de répéter dans son journal. Les envoyés de la Commune exprimèrent le vœu « que la sœur du dernier tyran fût traduite au tribunal révolutionnaire, et que les enfans de Capet fussent enfermés dans une prison définitive. » L'adresse fut renvoyée au Comité de salut public.

A mesure néanmoins que les articles constitutifs du gouvernement révolutionnaire, et qui devaient concentrer tous les pouvoirs dans les mains du redoutable comité, étaient décrétés par la Convention, les hébertistes inclinaient sensiblement vers la retraite. Le 25 novembre Chaumette s'éleva avec force contre la dernière disposition de l'arrêté du 23, et protesta qu'il n'y avait eu rien de pareil dans ses conclusions; il en requit le rapport qui fut accordé en ces termes : — « Le conseil désavoue la partie de l'article V de son arrêté du 3 frimaire, dans laquelle se trouvent ces mots : *pour quelque classe d'ouvrage que ce soit*. Déclarant qu'il n'a jamais entendu priver du moyen de gagner leur vie les ci-devant prêtres qui exerceraient un métier ou profession quelconque. » — Le 26 novembre (6 frimaire), Danton fit une motion qui contribua à précipiter le dénoûment de la comédie athéiste. Depuis le rapport de Robespierre sur la situation de la République, depuis surtout la séance des Jacobins du 23 novembre, il n'était question dans Paris que de la faction de l'étranger. Danton commença par demander que toutes les dénonciations fussent examinées par le comité de salut public; il en riait encore, mais, en se désignant lui-même, il laissait entrevoir qu'il n'était pas tout à fait indifférent à ces bruits. « On envoie, dit-il, les uns en Suisse, on donne aux autres des châteaux en Espagne, etc. » Il proposa ensuite formellement, 1° qu'il n'y eût plus de mascarades anti-religieuses dans le sein de la Convention parce qu'il y avait un terme à tout; 2° Que les comités de salut public et de sûreté générale fissent un prompt rapport sur ce qu'on appelait une conspiration de l'étranger, et sur les moyens de donner une action grande et forte au gouvernement provisoire. En développant sa première proposition Danton avait dit : « Si nous n'avons pas honoré le prêtre de l'erreur et du fanatisme, nous ne voulons pas plus honorer le prêtre de l'incrédulité : nous voulons servir le peuple. » Tout en appuyant sur la nécessité de maintenir la terreur à l'ordre du jour, il ne put maîtriser son véritable sentiment, et parla de clémence; il cita même Henri IV. « Cet Henri IV, s'écria-t-il, tant célébré, qui fut un roi et un misérable comme tous ceux qui ont porté ce nom, disait à un chef de la ligue, après l'avoir fait suer par une marche forcée : *c'est la seule vengeance que je veux tirer de vous.* Henri IV avait alors affermi sa puissance : celle du peuple ne l'est pas entièrement; mais lorsqu'il jouira sans contrariété de la plénitude de sa puissance souveraine, il saura ramener sans rigueur les citoyens égarés et les immobiles. » — Nous empruntons ce passage au *Républicain français* n° du 8 frimaire; le *Moniteur* donne cette version : « Un tyran, après avoir terrassé la ligue, disait à un des chefs qu'il avait vaincus, en le faisant suer : *Je ne veux pas d'autre vengeance de vous.* Le temps n'est pas venu où le peuple pourra se montrer clément. » La citation de Danton, et les correctifs dont il l'avait adoucie peignaient parfaitement sa situation morale. Attaqué deux fois de suite par Fayau qui lui reprochait d'avoir invité le peuple à l'indulgence, il détourna la question sur les correctifs qu'il avait articulés, et toutes ses propositions furent adoptées. Il semblerait d'après le *Moniteur* qu'il y eut seulement de décrétée celle qui avait pour objet d'augmenter la force du gouvernement; mais le *Républicain français* dit expressément qu'elles le furent toutes : au reste il n'y eut plus de procession hébertiste à la barre de la Convention. Depuis d'ailleurs que Romme, connu par ses opinions religieuses, avait remplacé Laloi au fauteuil (21 novembre — 1er frimaire), les athées ne devaient plus être fort empressés d'aller chercher des réponses du président de la Convention.

La motion de Danton contre les ennemis du culte catholique étonnera beaucoup de gens qui, sur la foi de certains historiens, le prennent pour l'un des meneurs de la secte matérialiste, surtout la coterie des révolutionnaires qui essaie de la continuer de nos jours, et qui range Danton parmi ses saints; mais le discours qu'il prononça à la fin de la même séance les étonnera plus encore ; il appela l'attention de l'assemblée sur l'organisation de l'instruction publique, et sur la nécessité d'instituer des fêtes nationales ; il fallait que les artistes les plus distingués concourussent à l'élévation d'un vaste temple où seraient célébrés des jeux nationaux : « Si la Grèce eut ses jeux olympiques, dit-il, la France solennisera aussi ses jours sans-culotides ; le peuple aura des fêtes dans lesquelles il offrira de l'encens à l'Être Suprême, au maître de la nature ; car nous n'avons pas voulu anéantir la superstition pour établir le règne de l'athéisme. »

Une communication de Robespierre aux Jacobins annoncée pour le 28 novembre (8 frimaire), acheva de déterminer Chaumette et le conseil-général de la Commune à cesser les persécutions contre le culte catholique, et à rapporter intégralement l'arrêté du 23 novembre. Le jour même où Robespierre devait parler, l'assemblée municipale s'occupa de protéger par des mesures la liberté des cultes : Chaumette prononça le réquisitoire suivant :

Chaumette. « Lorsque l'homme public croit apercevoir le mal, il est de son devoir de le déclarer ; son silence dans cette occasion est un délit : car s'il se trompe, il aura du moins fixé l'attention de ses concitoyens sur son erreur, qui pour lors ne peut être de longue durée ni dangereuse ; au lieu que si ses craintes sont fondées, il trouve sur-le-champ les moyens de les calmer par des mesures sages et promptes.

» C'est avec regret que je vais vous parler d'idées et d'opinions religieuses ; les assemblées politiques ne sont pas faites pour qu'on y traite de pareilles matières. La tribune des hommes libres ne peut être convertie en chaire de métaphysique. Cependant lorsque nos ennemis emploient avec art contre nous notre propre énergie et nos propres forces, lorsqu'à des mesures sages ils s'efforcent de faire succéder une exagération dangereuse, nous aiguillonnent et nous pressent pour nous faire dépasser le but, et nous engager dans une route inconnue, nous devons nous tenir en garde contre leurs piéges, opposer notre bonne foi à leurs ruses, et les principes à leur exagération perfide.

» J'ai déjà présenté au conseil mes observations sur un arrêté qui me paraissait inutile, en ce qu'il prescrit des mesures déjà prises par les citoyens eux-mêmes; dangereux, en ce qu'il ne pouvait qu'irriter le fanatisme, aigrir les esprits défians, et qu'il était, en quelque sorte, opposé aux principes de la déclaration des droits de l'homme et à l'acte constitutionnel, qui consacre d'une manière solennelle la liberté des opinions religieuses.

» En effet, l'article 7 de la déclaration des droits, garantit expressément celui de manifester sa pensée et ses opinions, soit par la voie de la presse, soit de toute autre manière; le droit de s'assembler paisiblement, le libre exercice des cultes ne peuvent être interdits.

» L'acte constitutionnel porte, article 122 : La Constitution garantit à tous les Français la liberté, l'égalité, et le libre exercice des cultes. Les autorités respectables furent citées, et ce ne fut pas sans amertume, que j'entendis répondre, que lorsque la Convention nationale fit ces articles, elle ne prévoyait pas la marche rapide des lumières, comme si c'était la Convention nationale qui eût fait la Constitution? comme si le souverain lui-même ne s'était pas emparé de cet ouvrage, et ne lui avait pas donné force de loi en le sanctionnant, en lui imprimant le sceau de sa volonté suprême! D'ailleurs, quand la loi constitutionnelle serait vicieuse, est-ce à nous, qui devons la faire exécuter, à la soumettre à une discussion qui nous est interdite comme magistrat? Non, et le souverain lui-même a encore adopté un mode pour l'amendement et le changement de l'acte constitutionnel. Qu'on ne dise pas que c'est la politique ou la faiblesse qui me fait parler ainsi. Je pardonne aux demi-savans, aux philosophes d'un jour, tous les rêves de leur imagination délirante, et les erreurs où les entraîne un jugement mal assis. A mon sens, si le fanatisme est une maladie d'esprit, je les crois plus fanatiques que ceux contre lesquels ils peuvent s'élever. Pour moi, si j'ai méprisé la superstition, je ne me crois pas en droit pour cela de persécuter celui qui en est atteint. Je compare ceux qui agissent autrement, à ces hommes dédaigneux et irritables qui, voyant avec horreur les maladies contagieuses et dégoûtantes, au lieu de plaindre le malheureux qui en est infecté et lui rendre des secours, ne s'attachent qu'à exprimer leur indignation et leur répugnance, et, loin d'attaquer la maladie, outragent le malade et l'abandonnent.

» Quant aux motifs de politique, je n'y répondrai pas; je me crois trop franc pour étudier la science des fourbes, et je ne crois pas que mes concitoyens voient jamais en moi un *homme d'état*.

» Le véritable motif de ma conduite est la conservation intacte des principes et des bases fondamentales de notre Constitution ; c'est le respect que nous devons porter à tout ce qui tient à la liberté des pensées, à la liberté d'agir, quand toutefois on ne porte pas atteinte aux droits et à la liberté des autres, et que l'on n'affiche pas une domination insolente et tyrannique.

» Le véritable motif de ma conduite est la crainte de voir l'opinion maîtrisée par la terreur, tandis qu'elle ne doit l'être que par la vérité, la raison, la justice; c'est la crainte de voir des êtres bilieux portés naturellement aux idées sombres et funestes, s'envelopper dans les ténèbres, y suivre des enthousiastes, d'abord sous prétexte d'exercer un culte, et finir par y conspirer. Les premiers Nazaréens ou Chrétiens persécutés par des gens aussi insensés qu'eux, transportaient leurs cérémonies dans des cavernes, dans des souterrains; leur esprit s'aigrit contre leurs persécuteurs, excités par les *trépidations* de leurs prêtres ambitieux; ils conspirèrent, le gouvernement les punit; ils se dirent des martyrs, et leur secte qui se répandit sur une grande portion de la terre, se fût anéantie d'elle-même, si, comme elle paraissait le désirer, elle n'eut été que méprisée.

» Le véritable motif de ma conduite, c'est que je sais, par expérience, que rien n'est si cher à l'homme, que ses opinions; il y sacrifie son bonheur et souvent sa vie; les idées absurdes, les notions chimériques sont celles dont la plupart des hommes se dépouillent le plus difficilement, même parmi les gens instruits. On n'a jamais disputé sur les vérités premières, sur les choses substantiellement vraies ; on est tout de feu pour un paradoxe métaphysique ou politique ; et l'on s'égorge pour ce qu'on n'entend pas?

» J'estime que le conseil doit rejeter loin de lui toutes discussions relatives aux différens cultes. Peu nous importe que tel soit théiste ou athée, catholique ou grec, ou calviniste, ou protestant, qu'il croie à l'alcoran, aux miracles, aux loups-garoux, aux contes des fées, aux damnés, cela ne nous regarde pas ; qu'il rêve tant qu'il voudra, pourvu que ces rêves ne soient ni trop bruyans, ni trop furieux, peu nous importe. Ne nous informons pas s'il va à la messe, à la synagogue ou aux prêches : informons-nous seulement s'il est républicain ; ne nous mêlons pas de ses lubies, mêlons-nous d'administrer, de lui assurer le libre exercice de ses droits, même de celui de rêver.

» Je requiers donc, 1º que le conseil arrête qu'il n'entendra aucune proposition, pétition ou motion sur aucun culte, ni sur aucune idée métaphysique ou religieuse ;

» 2º Qu'il déclare que l'exercice des cultes étant libre, il n'a jamais entendu et n'entendra jamais empêcher les citoyens de louer des maisons, de payer leurs ministres, pour quelque culte que ce soit, pourvu que l'exercice de ce culte ne nuise pas à la société par sa manifestation ; que du reste, il fera respecter la volonté des Sections qui ont renoncé au culte catholique, pour ne reconnaître que celui de la Raison, de la liberté et des vertus républicaines. »

Le *Moniteur* nous apprend que ce réquisitoire fut vivement applaudi. Il rencontra cependant de nombreux contradicteurs, plusieurs membres alléguèrent que si l'on adoptait le second article « les églises se rouvriraient de nouveau, et que le fanatisme momentanément comprimé, reprendrait une nouvelle vigueur. » Un municipal ajouta que cet article « arrêterait l'heureuse impulsion donnée à l'esprit public par les sections qui avaient déclaré qu'elles renonçaient au culte catholique, pour ne reconnaître que celui de la vérité et de la raison, et de la saine philosophie. » — Chaumette répondit que « cet article était une conséquence inévitable de la déclaration des droits de l'homme, qui garantissait la liberté des opinions religieuses. » A ces mots, Pache, qui présidait, dit qu'il rappelerait à l'ordre quiconque se permettrait de discuter aucun article de la déclaration des droits. Les débats continuèrent, les uns réclamaient l'ordre du jour, d'autres l'ajournement, d'autres, en plus grand nombre, que le réquisitoire fût mis aux voix : cette dernière proposition prévalut, et le réquisitoire fut adopté en son entier.

Nous avons cru devoir ne pas retrancher une ligne de l'éclatante palinodie de Chaumette. Les efforts qu'il fait pour justifier sa démarche prouveraient seuls combien elle était en contradiction avec ses actes publics de la veille, quand même il ne resterait pas vestige des réquisitoires où ils furent déposés. Le rapprochement de celui par lequel il réclamait la clôture de toutes les églises (23 novembre), avec la pièce actuelle, n'a pu échapper à nos lecteurs.

Voici maintenant les communications de Robespierre aux Jacobins le 28 novembre (8 frimaire). Le *Moniteur* indique, sans les transcrire, les lettres dont il fit lecture, et quoiqu'il rapporte fort au long les paroles même de l'orateur, son compte-rendu est cependant fort incomplet et fort inexact encore à cet égard. Le *Républicain français*, n. CCCLXXX, dit, dans son bulletin de la séance des Jacobins du 28 novembre : «Robespierre, dans un discours plein de justesse et d'énergie, dénonce les nouvelles manœuvres des ennemis de la liberté. Nous le rapporterons en entier dans notre prochain numéro. » Nous avons comparé le texte reproduit par ce journal avec celui du *Moniteur*, et nous nous sommes convaincus qu'ils différaient de forme presque entièrement, et que la différence portait souvent sur le fond ; en conséquence nous donnons celui du *Républicain* (n. CCCLXXXII) comme recueilli avec plus de soin, et renfermant les pièces que le *Moniteur* analyse à peine.

A l'ouverture de la séance on avait lu une lettre signée *Baldebas* qui dénonçait Barrère.

Robespierre. « Je demande la parole, non pour faire un discours, mais pour faire connaître des faits propres à répandre un grand jour sur les machinations des ennemis de la liberté. Je vais commencer par lire une lettre saisie sur un émigré, qu'a fait passer au comité de salut public le général Pichegru, et que le comité m'a autorisé à vous communiquer. Elle est adressée à madame Larive, à Fribourg. Elle est remplie d'écritures différentes, dont une composée par des moyens chimiques. La voici.

Lyon, le 16 mai.

« La faction maratiste est tombée dans le plus grand discrédit,
» le parti contraire réussit dans presque toute la France, et ce
» parti est *le républicanisme voilé, dont se sont couverts tous les hon-*
» *nêtes gens.* Une chose qui a été nécessaire pour faire tomber le
» parti de Marat, qui n'avait pas moins que le projet de faire
» égorger tous les honnêtes gens, c'a a été de se dire vraiment ré-
» publicain ; et ce qui me paraît encore le plus fâcheux, c'est qu'il
» a fallu dire hautement que cette faction abominable de jacobins
» s'entendait avec les puissances étrangères et les émigrés, chose
» que je n'ai jamais sue. On assure que des lettres prouvent évi-
» demment cette connivence. Je crois que ceci peut être très-dé-
» favorable aux émigrés ; car le peuple est toujours avide de nou-
» velles choses. Et aujourd'hui qu'on lui fait ouvrir les yeux sur
» ses véritables intérêts, tous ceux qui pensent comme moi,
» voient avec peine qu'il faut se servir de ce prétexte pour mé-
» riter sa confiance. Nous croyons donc qu'il serait très-à-propos
» que les émigrés fissent une adresse aux Français, pour leur an-
» noncer que jamais leurs sentimens n'ont été ceux d'une faction
» abominable et désorganisatrice ; que jamais les chevaliers fran-
» çais n'ont pris part à toutes les horreurs qui, depuis si long-
» temps, ravagent nos misérables contrées. Un exposé court de
» leurs sentimens, et surtout de leur amour pour le peuple se-
» rait, je crois, absolument nécessaire dans la circonstance où
» nous nous trouvons. »

Vous voyez ici tout le plan des conspirations : l'aristocratie, dirigée par la faction brissotine, avait donné au parti républicain, le nom de maratiste. Pour le combattre, on avait pris le parti de se dire républicain, et même de publier que les jacobins étaient coalisés avec les puissances étrangères et avec les émigrés : mais l'aristocrate qui développe ce système à son ami, ne lui dissimule pas qu'il est triste que les *honnêtes gens* soient obligés de prendre ce parti : car il craint qu'à force de parler république, on ne finisse par fortifier l'attachement du peuple à la liberté.

Un autre fait pourra jeter quelques lumières sur les manœuvres actuelles. On vous a dit que le système des agens de nos ennemis, était de calomnier et de perdre les plus zélés défenseurs de la liberté, pour amener la dissolution de la Convention nationale. Vous allez voir quels sont les moyens qu'ils emploient pour parvenir à ce but.

Voici une lettre adressée *à M. Brissot, dans sa maison, rue Grétry*; elle n'a été mise à la poste que pour qu'elle y fût arrêtée.

De Londres, ce 9 novembre 1792.

« Cher ami et frère, j'adresse à votre maison, pour que ma
» lettre ne soit pas interceptée, parce que j'espère que vous y avez
» des gens de confiance qui vous la feront tenir. Je vous apprendrai
» que je suis arrivé d'hier dans cette ville; que ma tournée d'Ir-
» lande et d'Écosse a été des plus heureuses, pour moi person-
» nellement, bien au-dessus de mes espérances. Je n'ai été trou-
» blé dans ma course, que par la nouvelle de votre arrestation : je
» me suis flatté qu'elle était sans fondement; il m'a semblé qu'il
» était impossible que vos amis vous abandonnassent, vu que
» vous étiez un des meilleurs amis de la patrie; que les bruits qui
» couraient étaient pour amuser les aristocrates; mais quelle a
» été ma surprise et mon chagrin, quand nos amis m'ont con-
» firmé que cette malheureuse nouvelle n'était que trop vraie ?
» Hélas! c'est donc le prix de votre zèle, non-seulement à les ser-
» vir, mais encore à leur donner les moyens de saisir l'occasion
» que les circonstances leur procuraient, de faire leur fortune et
» celle de la mettre à couvert. Nos amis et moi sont confondus et
» outrés de l'ingratitude des hommes; j'en avais quelque expé-
» rience, mais jamais je n'aurais imaginé qu'elle pourrait être

» poussée à ce point; mais au moins, cher ami, si c'est une con-
» solation pour les malheureux d'espérer d'être vengés, vous
» pouvez en jouir d'avance; car, s'ils vous abandonnent réelle-
» ment, leur triomphe passera comme une fumée, même leur
» fortune, excepté ce qu'ils ont dans les banques.

» Je vous préviens que je viens d'expédier à nos correspondans
» d'Amsterdam, de Gênes et de Genève, enfin à tous nos asso-
» ciés, de se tenir prêts d'un commun accord; que s'il vous arrive
» la moindre chose, qu'il ne soit plus question de leurs dix-sept
» millions. Tous nos amis ici sont très-décidés à cela, ainsi que la
» convenance pour le bien des émigrans rompue; prévenez-en,
» s'il en est encore temps, comme je l'espère, Danton, Robes-
» pierre et Lecointre; j'espère que tout sentiment n'est pas en-
» core éteint en eux, et surtout leur position étant la plus consi-
» dérable, ça sera sur eux que nous tomberons les premiers.
» Pour Pétion il n'est plus à craindre, vous êtes déjà vengé de
» lui, même pour sa fortune; les agens de l'égalité s'en sont em-
» paré. Pour Bazire, Legendre, Buzot et Collot-d'Herbois,
» qu'ils tremblent de pousser trop loin leur criaillement, nous
» les tenons : ainsi, qu'ils vous ménagent, s'ils ne veulent point se
» perdre.

» Pour votre fortune, cher infortuné ami, tel malheur qu'il vous
» arrivera, elle est à l'abri, soyez tranquille; même proposez-la
» à vos ennemis, vous pouvez leur promettre en foi d'honnête
» homme, et la leur donner en sûreté, je m'en rends garant, si
» cela peut les engager à vous servir, faites-le-moi savoir au plus
» vite, alors j'enverrai tout de suite un exprès à Gênes, et vous
» pouvez prendre sur M. K. F. tout ce qui vous sera nécessaire
» pour leur prouver que vous êtes de bonne foi; prenez tout de
» suite cinquante ou soixante mille livres. Ne soyez pas inquiet,
» je vous en prie, sur l'avenir; que ça ne vous occupe en rien;
» pensez à gagner vos ennemis, persuadez-vous que vous avez
» de bons amis ici, et surtout moi, que je me trouve bien mal-
» heureux d'avoir douté jusqu'à présent de la vérité, je crains
» d'être en partie la cause de votre malheur. Si ma lettre, qui

» est mon seul espoir, arrive trop tard, je ne m'en consolerai ja-
» mais. Adieu, trop infortuné ami, de grace répondez-moi tout
» de suite pour dissiper mes craintes qui sont extrêmes; ou fai-
» tes-le-moi faire si vous êtes privé de cette liberté. Adieu; au
» moins ne doutez pas un moment de l'amitié la plus sincère de
» votre ami pour la vie. A. C. D.

» P. S. Nos amis me chargent de vous assurer que vos malheurs
» resserrent encore, s'il est possible, l'amitié qu'ils vous ont tou-
» jours vouée. M. L. doit écrire demain à M. K. F. Adieu. »

Je ne ferai point de commentaire sur cette lettre ; je vais vous
en communiquer une autre qui n'est ni moins curieuse, ni moins
instructive. Celle-ci m'est adressée; je l'ai reçue hier par la poste.
Le cachet porte l'empreinte d'un gros évêque; sur l'enveloppe
est écrit au crayon, *Soleure.* — Plus bas, à la main : *Très-pres-
sée.* De l'autre côté : *On prie les personnes, par les mains desquelles passera cette lettre de ne pas l'ouvrir.* Cette lettre ne fut
pas ouverte, quoiqu'elle dût l'être comme on voit; elle me fut
remise, et voici ce qu'on y lit :

Ce 16 novembre. » Je connais trop bien, citoyen, ta façon
» de penser aristocrate, pour que je te puisse laisser dans l'in-
» certitude sur l'état de nos affaires, et cela est d'autant plus im-
» portant, que la place que tu occupes est plus éminente. Je sais
» que tu veux la république, mais tu veux aussi les nobles et
» les prêtres, selon que tu me l'as mainte et mainte fois déclaré à
» Paris lorsque j'y séjournais. Je te parle à cœur ouvert, parce
» que je sais que persuadé de ton civisme, on ne te fera pas de
» mal. Les patriotes, ces f..... sacrés coquins, pour me servir
» de tes expressions, sont battus de toutes parts. J'espère que
» bientôt le temps viendra de te manifester. Il est très-adroit à toi
» d'avoir fait mourir le duc d'Orléans, ce vilain, et en même
» temps de s'être emparé de l'autorité, afin de pouvoir la re-
» mettre entre les mains des princes, qui, comme je l'espère,
» ainsi que toi, ne tarderont pas à venir. Tu me mandes, dans
» ta dernière lettre, que tu es dans une situation affreuse; je me

» le persuade facilement, étant obligé d'approuver toutes les
» horreurs qui se commettent sous tes yeux. J'ai écrit au comte
» d'Artois pour ce que tu sais bien : il m'a dit que tu devais te
» tenir tranquille jusqu'à ce que le prince de Cobourg soit pro-
» che de Paris. Il accepte la proposition de livrer Paris à ce gé-
» néral autrichien; j'ai fort bien fait tes affaires auprès de lui.
» Adieu, cher citoyen; je t'aime et t'embrasse de tout mon cœur,
» et suis à la vie ton ami. ».

Et sur un chiffon inclus dans la lettre, est écrit, par P. S.,
» comme ma lettre est déjà cachetée, je veux l'ouvrir pour te
» dire que depuis ma dernière lettre je n'ai pas changé de de-
» meure ; je suis toujours où tu sais bien, chez le citoyen N. Il
» n'est pas étonnant que tu aies été affligé de la mort de la reine,
» c'est un événement fait pour cela, et tous les gens de bien en
» sont là. Fais graver le cachet dont je me suis servi pour cache-
» ter ma lettre ; c'est Pie VI, il est très-ressemblant. Tout le
» monde que tu m'as chargé de saluer, te fait bien des remer-
» ciemens, et te salue bien. »

Ces coups sont dirigés par les agens des cours étrangères qui ont juré la perte des vrais patriotes, comme le seul moyen de faire triompher la cause des tyrans. Je ne craindrai pas de dire que cette lettre a été faite à Paris, malgré les apparences contraires.

Voyez quels rapports on peut saisir : comme ceci s'adapte aux dernières réflexions que je fis à cette tribune. Parce que je me suis opposé au torrent des extravagances contre-révolutionnaires imaginées par nos ennemis pour reveiller le fanatisme, on a prétendu pouvoir en conclure que j'étayais les prêtres, que je soutenais le fanatisme, et la lettre que je viens de vous lire, porte principalement sur cette idée. S'il n'était question que de conjectures, je croirais pouvoir affirmer que j'ai reconnu la main qui a composé ce tissu d'horreurs. Elles sont vraisemblablement l'ouvrage de ce vil Proli et de ses complices; de ce criminel étranger, qui prétendait diriger les Jacobins, pour les compromettre.

Réfléchissez, avec quelle perfidie on attaque chaque jour les membres de la Convention nationale en détail, surtout ceux qui jouissaient d'une longue réputation de civisme et d'énergie; voyez comme on commence à répandre sur la montagne tout entière, les plus sombres nuages ; voyez comme on cherche à décréditer le Comité de salut public, trop redouté des ennemis de la France, pour n'être pas le principal objet des attaques de leurs lâches émissaires.

Une longue diatribe écrite par un Gascon, et venue, dit-on, de Bayonne, vient d'être lue à cette tribune ; croyez-vous que ce soit l'homme qui a été faible jadis, qu'on poursuit aujourd'hui ; non c'est l'homme qui, détrompé sur le compte de quelques hypocrites dangereux, leur a porté des coups mortels, et sert très-utilement la République ; ce n'est point l'individu qu'on attaque : c'est le représentant du peuple, membre du Comité de salut public, et tout ce qu'on veut en conclure, c'est ce que dit formellement l'auteur même de la lettre, « que le peuple doit se défier des hommes habiles qui composent le Comité de salut public.»

Au reste, je vous l'ai déjà dit, vous à qui notre vigilance déplaît, venez prendre nos places.

(*Non non*, s'écrient toutes les voix, par un mouvement unanime et spontané.)

Venez résister à tous les tyrans : venez étouffer les conspirations, déjouer les intrigans, punir les traîtres, stimuler les lâches ; venez, d'une main, repousser la calomnie ; de l'autre, tous les efforts des innombrables ennemis de la liberté ! Nous, alors, nous serons dans les tribunes ; si vous commettez des erreurs, ne trouvez pas mauvais que nous ayons pour vous un peu plus d'indulgence que vous ne nous en témoignez. Mais si vous commettez des crimes, si vous ne voulez gouverner que pour livrer la République aux tyrans que nous combattons, alors nous vous dénoncerons ; nous périrons, s'il le faut, pour conserver le plus grand ouvrage que la raison humaine ait élevé.

Croient-ils donc que nous laisserons la patrie en proie à leur extravagance incivique, et que nous souffrirons au sein de la République, le règne des valets de Georges et de l'Autriche ? Croient-ils que, dupes de leurs déclamations philosophiques, nous n'étoufferons pas dans leurs mains, les flambeaux de la guerre civile, qu'ils jettent au milieu de nous? Oui, dans le mouvement subit et extraordinaire qui vient d'être excité, nous prendrons tout ce que ce peuple peut avouer, et nous rejetterons tous les excès par lesquels nos ennemis veulent déshonorer notre cause; nous tirerons de ces momens les ressources dont la patrie a besoin pour foudroyer ses ennemis; nous en tirerons un hommage rendu à la morale et à la liberté : mais nous ne souffrirons pas qu'on lève l'étendard de la persécution contre aucun culte; que l'on cherche à substituer des querelles religieuses à la grande cause de la liberté que nous défendons. Nous ne souffrirons pas que l'on confonde l'aristocratie avec le culte, et le patriotisme avec l'opinion qui les proscrit. A ce compte, les perfides ennemis de la liberté acquerraient des titres de civisme, et le peuple serait proscrit par le peuple lui-même. Un Canisi, un évêque fanatique qui prêchait naguère la guerre civile, au nom du Néant deviendrait un héros de la République, en se déprêtrisant.

La Convention nationale maintiendra la liberté des cultes, en proscrivant le fanatisme et en punissant la rébellion : elle protégera les patriotes mêmes contre leurs erreurs ; elle fera justice des contre-révolutionnaires, malgré le masque dont ils se couvrent; elle imposera silence à toutes les disputes religieuses, et elle ralliera tous les citoyens contre les ennemis de l'humanité. Il est des prêtres philosophes, que des intentions pures ont déterminés, ils ont droit à l'estime de leurs concitoyens et à la protection du gouvernement républicain ; quant à ceux qui n'ont pris qu'une nouvelle forme pour intriguer et pour conspirer, on ne leur tiendra pas compte d'une comédie nouvelle : on doit distinguer les citoyens paisibles et patriotes, qui apportent sur l'autel de la patrie les monumens inutiles de la superstition, des aristocrates déguisés qui affectent d'insulter aux choses que le peuple a révérées, pour irriter les esprits ; qui prêchent l'athéisme, avec un fanatisme outré, dans la seule vue d'imputer cette conduite à la Convention nationale et aux amis de la patrie.

On a vu des aristocrates décriés, se mettre à la tête de certaines processions, et aller ensuite dans d'autres lieux, exciter le peuple par le récit de certaines farces très-ridicules, qu'ils avaient eux-mêmes jouées; on en a vu d'autres se signaler par leur zèle à honorer la mémoire de ce même Marat, qu'ils ont fait assassiner, et répandre le bruit que Paris adorait Marat, et qu'il ne reconnaissait plus d'autre dieu. On en a vu d'autres employer la violence, ou l'autorité, pour interdire aux citoyens l'exercice de leur culte accoutumé, et cela dans les lieux où la superstition régnait, et voisins des armées rebelles. Plusieurs espèces de causes ont concouru à ces abus; les uns, *couverts d'une tache originelle en révolution,* ont voulu l'effacer par les démonstrations d'un zèle outré, beaucoup de prêtres et de nobles sont de ce genre: les autres ont été guidés par une sorte de manie philosophique et par l'ambition du bel esprit; semblables à ce Manuel, qui, pendant sa magistrature, sua sang et eau pour faire des épigrammes contre les prêtres: emportés par la juste indignation que l'hypocrite perfidie des prêtres a allumée dans les cœurs, les patriotes ont applaudi à ces mesures excessives.

Une quatrième classe a calculé, avec un sang-froid atroce, le parti que les ennemis de la liberté pouvaient tirer de ces événemens pour troubler l'état et élever une nouvelle barrière entre le peuple français et les autres nations, et ils ont poussé aux excès; ils ont mis en œuvre les différens mobiles que je viens de développer pour arriver à leur but. A la tête de ce complot, sont les agens détestables des cours étrangères, que j'ai déjà désignés plusieurs fois, et qui sont les véritables auteurs de nos maux.

Ce sont ces misérables qui sèment au milieu de nous la division, l'imposture, la calomnie, la corruption, qui cherchent à immoler les fondateurs de la République et les représentans du peuple français, aux vils tyrans qui les soudoient.

Les rois de l'Europe ont vu partout leurs armées repoussées ou arrêtées, leurs sujets fatigués, le peuple français déterminé à défendre sa liberté, et assez puissant pour exterminer tous ses ennemis; la République, s'affermissant par l'énergie de la Convention nationale. Ils ont tenté un dernier effort pour nous diviser ; ils ont imaginé de faire déclarer cette guerre étrange et subite au culte en vigueur, et à tous les cultes ; et, tandis que leurs complices exécutent ce projet en France, ils nous dénoncent à tous les peuples, comme une nation athée et immorale. Tous les peuples sont attachés à un culte quelconque, et ils abusent de cet empire que la religion ou la superstition ont acquis sur les hommes, pour recruter leurs armées, raffermir leurs trônes, prévenir les insurrections qu'ils redoutaient, refroidir nos alliés, et multiplier nos ennemis.

Et de quoi s'avisent ceux qui les secondent, soit par imprudence, soit par malveillance? D'où vient qu'on nous occupe uniquement, éternellement, de prêtres et de religion? N'avez-vous plus d'ennemis à vaincre, de traîtres à punir, de conspirations à étouffer, de lois salutaires à exécuter?

N'est-il plus rien à faire ou à imaginer pour assurer l'abondance et la paix? Les pleurs de tous les malheureux sont-ils séchés? Les veuves de nos défenseurs sont-elles assez promptement secourues? Les décrets qui assurent leur subsistance sont-ils toujours respectés? Que ne vous occupez-vous à aplanir les obstacles que la froideur, que l'aristocratie souvent oppose à leurs justes réclamations. Au lieu de nous harceler sans cesse par de vaines déclamations, que ne travaillez-vous à faciliter l'exécution des lois populaires? Que ne surveillez-vous des détails intéressans, auxquels nous ne pouvons suffire dans des temps orageux? Des républicains doivent-ils avilir le gouvernement de leur pays, lorsqu'il lutte avec courage contre tous les ennemis du peuple français, ou bien l'aider, le faire respecter autant qu'il est en leur pouvoir? Se dispute-t-on les places de la République avant qu'elle soit sauvée? Est-ce au fort de la tempête que l'équipage dispute le gouvernail aux pilotes?

Au reste, nous protestons ici, à la face de l'univers, que jamais, ni la calomnie, ni les dangers ne nous forceront à dévier un moment de la carrière que nous parcourons sous les auspices sacrés de la patrie; et s'il faut qu'un combat s'élève entre la vérité et l'intrigue, entre les représentans fidèles du peuple et ses ennemis, nous déclarons que nous comptons sur la raison publique et sur la victoire. »

— Le discours de Robespierre, nous disent le *Moniteur* et le *Républicain*, fut couvert d'applaudissemens. Le texte donné par le *Moniteur* nous apprend deux faits qui ne se trouvent point dans celui qu'on vient de lire. Robespierre y nomme Proli et Desfieux comme les auteurs de la lettre qui lui était adressée de Soleure, tandis qu'il ne les désigne ici que sous le nom collectif de la faction étrangère. De plus, à l'égard de l'évêque Canisi, ex-constituant (le *Moniteur* écrit *Camilly*; mais il restitue le vrai nom à la table des matières); il dit que ce prélat défroqué présidait maintenant la section des Tuileries, celle où Thuriot se vantait, ainsi que nous l'avons vu, de prêcher l'athéisme. Ces deux variantes nous ont paru assez importantes pour ne pas être négligées.

Dufourny prit la parole après Robespierre. Il lui fit un reproche d'avoir semblé donner l'avis de n'attaquer point le comité de salut public. « Les patriotes, continua-t-il, n'attaquent point ce comité respectable qui justifie son titre à tous égards; bien différent du premier qui porta ce titre qu'il avait usurpé, bien différent de cette commission des Douze qui manqua de devenir si fatale à la liberté; mais Barrère est faible; la faiblesse, lorsqu'il s'agit du bonheur du peuple, et d'exterminer les aristocrates, est un crime que nous ne devons pas tolérer. »

Robespierre. « Il n'est pas question d'inculper ici Barrère; si on le discutait, je demanderais que la discussion s'ouvrît d'une autre manière, et j'y voudrais rester étranger. »

Froment parut alors à la tribune pour y lire un rapport sur le mode d'épuration arrêté dans la précédente séance. La disposition fondamentale de cet arrêté portait que l'épuration serait poursuivie par une commission de quinze membres, devant laquelle chacun comparaîtrait à son tour, et qui poserait un nombre déterminé de questions à chaque comparant. Les membres de cette commission avaient été nommés. C'étaient : Rosel, Nicolas, Hébert, Maribon Montaut, Dufourny, Robespierre, Froment, Dégousse, Brochet, Martinet, Sijas, Blanchet, Lequois, Arthur, Delcloches et Merlin de Thionville. — Le mode d'épuration par commissaires fut rejeté sur la motion suivante :

Robespierre. « La méthode proposée manque le but de la société, qui n'en avait d'autre que de se purger promptement des émissaires des puissances étrangères qui sont dans son sein, et des intrigans qui ont su la rendre l'instrument de leur intérêt personnel.

» La publicité me semble le moyen le plus sûr pour empêcher tout abus et parvenir au résultat qu'on se propose; mais ce sont les comités qu'il faut d'abord épurer, car s'il s'est introduit dans la société quelques ennemis du peuple, sans doute il a pu s'en glisser quelques-uns dans les comités, c'est là peut-être qu'on trouvera les banquiers, etc.

» Je demande donc qu'à la prochaine séance, on nous présente la liste des noms de ceux qui composent les comités : quand vous les aurez épurés, vous procéderez ensuite, et par le même moyen, au scrutin général. Chacun pourra dire sur ceux qui paraîtront à la tribune, tout ce qu'il saura sur leur compte. » (*Arrêté.*)

Hébert ne laissa pas fermer la séance sans faire aux Jacobins ce que Chaumette avait fait le matin à la Commune. Voici comment il arrangea sa palinodie, dont la dernière phrase donnerait presque à supposer que le *Père Duchesne* était un dévot et pieux personnage, victime d'atroces calomnies :

Hébert. « Il est des hommes qui voudraient faire croire que nous ne voulons que substituer un culte à l'autre. Ils font des processions et des cérémonies religieuses pour Marat, comme on en faisait pour les saints. Ce sont ceux qui, pendant quatre ans, forcèrent Marat à se cacher dans une cave, qui rendent aujourd'hui des honneurs si éclatans à sa mémoire. Marat, s'il eût vécu, aurait comme vous méprisé et conspué les adorations. Plusieurs sections s'empressent de lui rendre des hommages;

l'on voit autour de sa statue des hommes qui furent ses plus ardens persécuteurs. Déjà nous avons empêché cette profanation ; continuons une surveillance rigoureuse. Il faut vous dire que c'est un nouveau piége des ennemis du peuple pour discréditer la révolution, et lui donner un vernis de ridicule. Déjà l'on a dit que les Parisiens étaient sans foi, sans religion, qu'ils avaient substitué Marat à Jésus. Déjouons ces calomnies. »

Tout cela se passait pendant que la Convention discutait le projet de décret présenté par Billaud-Varennes pour l'organisation définitive du gouvernement révolutionnaire. Battus sur la question du culte, les hébertistes qui voyaient la Commune, où ils étaient encore les maîtres, sur le point d'être subalternisée et isolée par le Comité de salut public, tentèrent de conserver à ce corps sa haute prépondérance. Déjà, en vertu du décret du 17 septembre, cité par nous dans le XXVIIIe volume de l'*Histoire parlementaire*, les comités révolutionnaires des sections de Paris correspondaient directement et sans aucun intermédiaire avec le comité de sûreté générale de la Convention. Au moment même, et pendant tout le temps qu'ils regardèrent le conseil-général de la Commune comme aussi fort pour le moins que la Convention, les hébertistes, qui le gouvernaient, n'aperçurent rien d'hostile dans la mesure précédente, et ils ne réclamèrent pas. Maintenant qu'il s'agissait pour eux de concentrer à l'Hôtel-de-Ville tous les élémens municipaux, et d'y relier surtout un élément aussi important que les comités révolutionnaires des sections, ils en prononcèrent la jonction. Chaumette fit pour cela un réquisitoire basé d'un bout à l'autre sur des motifs matériellement faux, et qu'il savait être tels. Nous citerons d'abord cette pièce, qui donne la juste mesure de la franchise et de la bonne foi des hébertistes, et qui fut, pour Chaumette et pour le conseil-général, l'objet d'une rétractation plus humiliante encore que celle relative à la liberté des cultes ; nous prouverons ensuite par les faits jusqu'à quel point la vérité y est contredite, altérée, ou dissimulée.

Conseil-général de la Commune. — *Séance du* 1er *décembre*

(11 *frimaire*). — *Réquisitoire de Chaumette.* « Vous n'ignorez pas sans doute qu'il existe un nouveau plan de conspiration, c'est celui de diviser le peuple, de diviser les sans-culottes ; et pour y parvenir, on voudrait les ranger en deux classes, parce que nos ennemis savent que c'est de l'union des sans-culottes que dépend le triomphe de la liberté. Le système de diffamation qu'ont imaginé nos ennemis, vous le voyez tous les jours se promener alternativement sur la tête des représentans du peuple, et sur celle des membres de la Commune de Paris ; on s'adresse aux membres de la Convention, et on leur dit : Voyez-vous cette Commune usurpatrice, cette Commune dictatoriale, qui cherche à vous spolier en empiétant sur vos pouvoirs, et qui voudrait, s'il était possible, faire passer dans ses mains le pouvoir suprême ; on nous dit à nous que la Convention se dispose à opprimer la Commune de Paris.

» Les membres de la Montagne opprimer la Commune de Paris ! Les sauveurs de la liberté et de la République devenir les oppresseurs de leurs émules et de leurs coopérateurs !

» Citoyens, rappelez-vous ces momens de crise, où les membres de la Montagne et ceux de la Commune de Paris, en défendant la même cause, ont eu simultanément un pied sur l'échafaud et l'autre lancé au hasard pour la liberté en danger ; rappelez-vous que nous avons tous couru les mêmes périls ; et aujourd'hui que la victoire nous est commune, celle d'avoir fait le bien, on cherche à jeter la pomme de discorde parmi nous, et à semer la défiance.

» Tantôt, c'est le fanatisme abattu que l'on cherche à relever en l'attaquant ; tantôt, ce sont des actes arbitraires de toute espèce que l'on semble ne diriger d'abord contre les aristocrates que pour se ménager le droit d'attaquer les patriotes les plus accrédités ; et ce sont les comités révolutionnaires qui sont exécuteurs de toutes ces machinations. Ils ont oublié sans doute que la Commune est leur point de ralliement, leur centre d'unité, comme la Convention l'est elle-même pour toutes les sections de la République ; ils ont oublié que c'est à la Commune qu'ils doivent leur institution première ; que c'est la Commune qui a sollicité et obtenu pour eux, de la Convention, les salaires qui leur sont payés.

» Et cependant ce sont ces mêmes comités qui cherchent à avilir la Commune de Paris, qui font tous leurs efforts pour coaliser les sections de Paris; que dis-je ! pour faire autant de Communes qu'il y a de sections.

» Le plan d'attaque de nos ennemis est déjà fait; déjà même il a eu une partie de son exécution; déjà le peuple agité en tous sens, trompé, fatigué, harcelé, cherchait autour de lui les nouveaux auteurs de ses maux; eh bien! on les lui a désignés parmi les plus zélés défenseurs de ses droits ; et comme ils ne pouvaient attaquer ni la Convention tout entière, ni la Commune de Paris collectivement, nos ennemis communs ont imaginé de faire une attaque partielle. Ils ont crié contre le comité de salut public de la Convention, contre ces hommes qui ont pris le timon des affaires, se sont fait anathème, et ont juré, s'ils ne peuvent amener à bon port le vaisseau de la République, de périr avec lui : voilà les hommes que l'on déchire ; et quels moyens emploie-t-on? les journaux? Non; mais des lettres perfides. Rallions-nous donc autour d'eux. Le conseil doit seconder leurs efforts ; il doit marcher en seconde ligne pour découvrir les complots, déjouer les intrigues et les trahisons. Obéissons surtout à la Convention ; quel serait l'homme qui oserait dire qu'il est au-dessus du peuple ?

» Citoyens, ce tableau ne doit être affligeant que pour le faible; vous n'avez rien à craindre ; l'ame pure du magistrat peut éprouver l'atteinte de la calomnie; elle n'en est point abattue. Mais on veut nous effrayer, parce que l'on sait que lorsque Paris ne soutiendra plus les intérêts du peuple, on lui donnera des repas pendant deux jours, le troisième des fers. Vous devez faire un grand acte pour écarter une division dangereuse, pour empêcher que Paris se *sectionnise*. Je suis las de gémir et de souffrir. Il faut un acte de vertu républicaine ; il faut que la justice règne et que l'arbitraire cesse. (On applaudit.) Demain, peut-être, pour ce que je dis ici, je serai calomnié. (*Non!* s'écrie l'assemblée.) On dira, certains journaux diront, il a parlé de l'arbitraire, il a plaint les contre-révolutionnaires. Moi, plaindre les contre-révolutionnaires; moi, qui ai sollicité leur arrestation! Non; mais ce n'est pas seulement aux contre-révolutionnaires qu'on en veut, c'est encore aux patriotes; et cette injustice est d'autant plus funeste, qu'elle arrête l'élan du génie qui pourrait sauver la patrie. Rallions-nous, je le répète, autour de la Convention; et si nos ennemis osaient lever la tête, qu'ils sachent qu'il nous reste encore une cloche (le bourdon de Notre-Dame sans doute); qu'elle sera sonnée par le peuple lui-même. Eh! que peut-on craindre quand le peuple exprime sa volonté?

» Je requiers que les comités révolutionnaires communiquent avec le conseil pour tout ce qui tient aux mesures de police et de sûreté.

» Ces comités doivent être composés d'hommes révolutionnaires; j'entends par révolutionnaire, l'homme pur et vertueux qui sacrifie tous les intérêts particuliers au bien de son pays, qui verrait d'un œil sec périr ses plus proches parens, s'ils avaient trahi la patrie; mais qui, n'étant point en proie aux idées de vengeance, ne voit que la chose publique, et jamais son avantage particulier; qui ne suit que la justice, et non ses passions. Que les comités soient convoqués à jour fixe; que la loi qui les a créés soit apportée et lue en leur présence; qu'on leur dise: « Vous n'existez que par le peuple, ne vous séparez pas du peuple; les comités révolutionnaires sont une émanation de la Commune, il ne faut pas qu'ils s'en séparent. » Déclarons surtout que nous ne voulons point d'arbitraire, que nous ne souffrirons pas que le pouvoir qui a été confié en leurs mains devienne pour eux un moyen de vengeance personnelle, un moyen de persécution, tel que les tyrans les plus féroces n'oseraient en exercer de semblables; qu'il faut que le père soit rendu à ses enfans, et les enfans à leur père; le mari à son épouse, et l'épouse à son mari; et lorsque les circonstances exigeront la séparation de quelques-uns de ces individus, il faut qu'on sache respecter jusqu'aux soupirs d'une épouse éplorée. Nous leur apprendrons enfin que tous les hommes, même nos ennemis, appartiennent à la patrie et non à l'arbitraire; et, dussions-nous tous porter la tête sur l'échafaud, nous ferons encore un grand acte de justice et d'humanité. »

Le réquisitoire fut adopté à l'unanimité en ces termes :

« Le conseil arrête :

» 1° Que quartidi prochain (4 décembre — 14 frimaire), tous les membres des comités révolutionnaires de Paris seront convoqués, pour se rendre dans le sein du conseil-général ;

» 2° Que deux membres seulement resteront dans chaque section pour y faire le service ;

» 3° Que cette convocation sera faite pour six heures, et que, toutes affaires cessantes, le conseil s'en occupera ;

» 4° Que le public sera invité à céder à sept heures précises, pour ce jour, l'un des angles dans chaque tribune publique ;

» 5° Enfin, que demain il sera écrit une circulaire à tous les comités révolutionnaires pour cette convocation, et que l'on retirera des reçus de ceux à qui la circulaire sera parvenue. »

Qui ne croirait à la lecture de ce réquisitoire qu'il a été inspiré à Chaumette par son dévouement au comité de salut public? Ce sont les membres de ce comité que l'on ose menacer; ce sont eux qui courent des dangers! Et puis, quelle sensibilité sur les victimes des arrestations arbitraires! Ne dirait-on pas que l'ami d'Hébert a passé tout à coup de la faction ultra-révolutionnaire à la faction des *indulgens*? Or, tout cela était une comédie. Personne ne menaçait à Paris le comité de salut public, excepté les hébertistes, encore ne le faisaient-ils que dans leur monde intime, et ne se sentaient-ils ni assez de courage, ni assez de bonne conscience pour l'attaquer ouvertement, soit en paroles, soit en actions. Ils affectaient au contraire de le louer avec éclat, criant contre des ennemis imaginaires, et demandant qu'il fût mis à l'abri de leurs coups, pendant qu'ils détournaient eux-mêmes furtivement l'une des pièces principales de son armure pour s'en revêtir contre lui. L'arrêté obtenu par Chaumette, était calculé dans un intérêt et dans des sentimens analogues à ceux qui avaient fait emporter le décret Chabot. Les partis trouvaient que la force révolutionnaire était un moyen excellent et très-légitime toutes les fois qu'ils en étaient les possesseurs; mais ils la qualifiaient de despotisme odieux dès l'instant où ils se voyaient exposés à en être frappés. Chaumette croyait si peu travailler dans les intérêts du comité de salut public, qu'il savait parfaitement que la loi d'organisation du gouvernement révolutionnaire, dont les derniers articles furent votés le 4 décembre, portait, section II, article IX, que les comités révolutionnaires des sections de Paris continueraient à « correspondre directement, et sans aucun intermédiaire, avec le comité de sûreté générale de la Convention, conformément au décret du 17 septembre. » C'était donc pour faire ôter cet article du projet de loi, c'était pour enlever au pouvoir conventionnel un instrument d'action dont il voulait se réserver l'usage entier et exclusif, que le procureur de la Commune agissait. Il pensait que le comité ne verrait en cela qu'une jalousie municipale très-excusable, et qu'il céderait sur ce point en considération des éloges et des protestations d'attachement dont on le comblait. Cependant pour faire convoquer les comités révolutionnaires des sections par le conseil-général de la Commune, Chaumette avait été obligé non-seulement à passer sous silence le décret du 17 septembre, mais encore à parler comme s'il en eût existé un tout-à-fait contraire. « Les comités révolutionnaires ont oublié sans doute, dit Chaumette, que la Commune est leur centre d'unité, comme la Convention l'est elle-même pour toutes les sections de la République. » — On ne concevrait pas tant d'hypocrisie à la fois et tant d'impudence, pour combiner et mener à bien des intrigues si pauvres, si contradictoires, si décousues, si l'on ne savait que les hébertistes étaient également dépourvus de génie et de probité. Quant aux plaintes de Chaumette contre l'arbitraire, et pour lesquelles il prophétisait qu'il serait calomnié le lendemain dans certains journaux, elles n'avaient nullement pour objet ni ses victimes passées, ni ses victimes présentes, mais ses victimes futures. Il gémissait sur les prochaines arrestations de Vincent, Ronsin et Maillard, qui eurent lieu, en effet, bientôt après.

Le jour même fixé par l'arrêté du conseil-général pour la réunion des comités révolutionnaires, le Comité de salut public vint demander à la Convention que cette mesure fût annulée. Ce fut d'abord Billaud-Varennes qui prit au mot très-malicieusement le bon esprit et la sensibilité dont avaient protesté les auteurs de l'arrêté, et proposa qu'en les louant de l'un et de l'autre on n'en cassât pas moins une décision pernicieuse, et contraire d'ailleurs au décret du 17 septembre; ses conclusions furent adoptées. Barrère fit décréter, en outre, qu'aucune autorité constituée ne pourrait convoquer ou réunir sous aucun prétexte les comités révolutionnaires; et Charlier fit porter la peine de dix ans de fers contre les délits de cette espèce.

La Convention prononça sur cette affaire le 4 décembre (14 frimaire) au matin, avant que le conseil-général de la Commune ouvrît sa séance. Le décret fut envoyé à l'instant à l'Hôtel-de-Ville, de sorte qu'il y était connu avant que les comités révolutionnaires fussent réunis. Dès qu'ils se trouvèrent en assez grand nombre, Chaumette prit la parole. Voici le compte-rendu de cette séance tel que nous le lisons dans le *Moniteur* du 6 décembre (16 frimaire).

Le procureur de la Commune. « Citoyens, nous vous avions in-
» vités à vous réunir aujourd'hui pour vous concerter avec le
» conseil-général, non pas sur les arrestations, mais bien sur les
» mesures de police..... Aujourd'hui la loi nous le défend, et je
» vous invite à vous retirer. Les journalistes ont rapporté de dif-
» férentes manières le réquisitoire que je fis à cette occasion;
» presque tous l'ont rendu selon leur façon d'entendre. Nous ne
» pouvons douter que des moyens ont été mis en usage pour di-
» viser le conseil général d'avec les comités révolutionnaires;

» mais ils marcheront toujours ensemble vers le triomphe de la
» République et l'exécution de la loi. (*Oui, oui!* » s'écrie-t-on de
toutes parts).

» Un des citoyens convoqués demande que l'on poursuive les
journalistes qui se seraient permis de rendre le réquisitoire d'une
manière infidèle. Il demande aussi que l'on fasse lecture du procès-verbal. ».

Chaumette. « Voici la gazette nationale de France (*le Moniteur*) (1), j'y reconnais à peu près mes expressions : les voici...
» Il donne lecture du paragraphe qui se termine par ces mots :
» *Il faut que les comités révolutionnaires s'entendent avec le conseil-général pour tout ce qui regarde les mesures de police et de sûreté de Paris. Ces Comités doivent être composés d'hommes purs et vertueux, qui sacrifient leurs intérêts particuliers au bien général, et qui verraient d'un œil sec périr leurs plus proches parens s'ils avaient trahi la patrie, et qui, ne se livrant pas aux sentimens de vengeance personnelle, ne suivent que la justice et non les passions.* » Voilà pourquoi nous les épurons, poursuit
» Chaumette, et tous les membres des Comités révolutionnaires
» pensent là-dessus comme le conseil et moi. (*Oui!* » s'écrie-t-on
d'une seule voix....)

» Plusieurs membres des comités demandent la parole. »

Le président Pache. « Citoyens, je voudrais pouvoir vous accorder la parole à tous; mais le conseil-général, strict observateur des décrets, doit obéir à celui rendu aujourd'hui, portant que les comités révolutionnaires ne se concerteront qu'avec le Comité de sûreté générale de la Convention. Si nous ouvrions une discussion, les malveillans ne manqueraient pas de dire que nous n'exécutons pas les décrets. Citoyens, ôtons à ceux qui cherchent à nous diviser, les moyens de calomnier les patriotes; soyons toujours unis, embrassons-nous, et *vive la République!* » Ce cri est unanimement répété, et les mem-

(1) C'est le texte même, avoué par Chaumette, que nous avons rapporté. Il est extrait de *la Gazette nationale* ou *le Moniteur universel*, n° du 5 décembre (15 frimaire). (*Note des auteurs.*)

bres des Comités révolutionnaires, par un mouvement spontané, descendent de leurs places et se précipitent au bureau où ils donnent et reçoivent du président, du maire et du procureur de la Commune, le baiser d'union au milieu des plus vifs applaudissemens. »

Ainsi la Commune de Paris, livrée à l'influence des hébertistes, était discréditée chaque jour davantage par quelque nouvelle et lourde faute de ses meneurs, en même temps qu'elle était déshonorée par la manière dont ils la réparaient. Rivale de la Convention, victorieuse de la Gironde, la Commune était tombée en déchéance depuis qu'elle avait passé des rangs des Jacobins dans ceux des Cordeliers. En achevant de concentrer et de consolider la dictature entre les mains du comité de salut public, la loi du 4 décembre prononça officiellement cette déchéance. Le titre seul d'*agent national*, substitué par un dispositif de cette loi, à celui de *procureur-syndic de la Commune*, prouve que le régime municipal antérieur, un peu fédéraliste par ses franchises et par son organisation à part, était maintenant relié à l'unité gouvernementale, et dans sa dépendance absolue.

Pendant que les hébertistes essayaient de faire rejeter par leur opposition indirecte l'un des principaux articles du décret du 4 décembre, les dantonistes en attaquaient, au sein de la Convention, une partie plus essentielle encore. C'était évidemment au comité de salut public que ces deux factions en voulaient; mais ni l'une ni l'autre n'osait une franche agression; et lorsque leur adversaire commun montrait que c'était bien à lui qu'aboutissaient les détours où semblaient errer leurs intrigues mutuelles, chacune d'elles protestait aussitôt de ses bonnes intentions. Merlin de Thionville renouvela en cette circonstance (séance du 30 novembre, 10 frimaire), la proposition faite par Danton après le 31 mai. Il voulait que le comité de salut public s'appelât *comité de gouvernement*. Barrère et Billaud-Varennes firent observer que c'était la Convention qui devait seule gouverner, et la proposition de Merlin fut rejetée. Après cette tentative, dont le but était de fausser la position du comité, et de l'affubler d'une dénomination discréditée sans ressource par la polémique révolutionnaire antérieure, Bourdon (de l'Oise) se présenta deux fois pour faire brèche d'un autre côté. A cette même séance, comme Barrère et Billaud-Varennes, combattus par Danton, proposaient que la responsabilité des ministres fût étendue à leurs subordonnés, Bourdon se plaignit vivement de Bouchotte « dont les commis allaient tous les soirs aux Cordeliers ou ailleurs, demander la tête des députés qui dénonçaient les créatures des bureaux de la guerre. » Bourdon était du nombre des dénoncés. Séparé des hébertistes par cette raison, et toujours ennemi du comité de salut public par les motifs connus du lecteur, il se ralliait à cette heure aux dantonistes, le seul parti sur lequel il pût appuyer maintenant son opposition personnelle. Sa sortie contre Bouchotte fut suivie d'une motion que nous lui verrons reproduire avec beaucoup d'opiniâtreté. Le 4 décembre (14 frimaire), au moment où Billaud-Varennes venait de faire adopter les derniers articles de la loi d'organisation du gouvernement révolutionnaire, Bourdon se leva pour demander que l'on supprimât les ministres. C'était un moyen plus court et plus sûr que celui de Merlin, pour atteindre le but du parti. Si la motion de Bourdon eût été décrétée, le Comité de salut public se fût trouvé, en effet, immédiatement exposé à la moindre attaque contre la plus petite faute administrative ; la première dénonciation de ce genre l'eût mis directement en cause. — Robespierre et Barrère firent passer à l'ordre du jour.

A peine le Comité de salut public fut-il armé du décret du 4 décembre (14 frimaire), qu'il se hâta d'expédier toutes les affaires en urgence. Le mouvement contre le culte n'avait pas encore été officiellement désavoué. Les discours de Robespierre aux Jacobins avaient suffi pour l'arrêter à Paris ; mais il continuait encore dans certaines provinces, de sorte que si les processions et les abjurations à la barre de l'assemblée avaient cessé, le scandale était maintenu par la lecture de la correspondance. A la séance du 30 novembre (10 frimaire), on lut un message du représentant du peuple Cavaignac, annonçant « qu'il avait secondé son collègue Dartigoyte dans son apostolat philosophique à Auch, où le peuple entier avait célébré la fête de la Raison, avait brûlé dans un tombereau deux vierges à miracles, des croix, des saints, et avait dansé toute une nuit la carmagnole autour de ce brasier patriotique. » — A la séance du 4 décembre (14 frimaire) il fut donné communication d'une lettre d'André Dumont, représentant commissaire dans les départemens de la Somme, du Pas-de-Calais et de l'Oise, dont voici un extrait :

» Le charlatanisme religieux fait naufrage. La déprêtrisation est à l'ordre du jour. Les lettres de prêtrise pleuvent autour de moi partout où je vais, et elles sont toujours accompagnées des lettres les plus originales : les uns conviennent honteusement du rôle de charlatans qu'ils ont joué; d'autres disent : Nous étions des imposteurs, et nous allons devenir les apôtres de la vérité ; d'autres enfin déclarent qu'après avoir été complices de toutes les atrocités commises au nom du fanatisme, il ne leur reste d'autre ressource que celle d'expier, par leurs remords, les maux qu'ils ont causés. Ils me conjurent de rendre publiques leurs déclarations, afin d'éclairer leurs semblables. Vous sentez combien la collection de ces déclarations sera intéressante. Des prêtres devenus hommes, c'est sans doute là un miracle bien plus frappant que ceux que nous prêchaient les émissaires noirs. Partout on ferme les églises, on brûle les confessionnaux et les saints ; on fait des gargousses avec les livres des lutrins, etc. »

La nécessité de mettre un terme aux folies athéistes était d'autant plus imminente qu'elles justifiaient les manifestes que venait de lancer la coalition étrangère contre les républicains français, et où ils étaient accusés d'être un ramassis de brigands révoltés contre Dieu même. Le jour où la lettre de Dumont fut lue, le Comité de salut public luttait encore pour obtenir le décret qui organisait sa dictature. Le lendemain 5 décembre (15 frimaire), il prit à la tribune de la Convention, l'initiative suivante :

Robespierre, au nom du comité de salut public. « Les rois coalisés contre la République nous font la guerre avec des armées, avec des intrigues et avec des libelles. Nous opposerons à leurs armées des armées plus braves; à leurs intrigues, la vigilance et la terreur de la justice nationale; à leurs libelles la vérité.

» Toujours attentifs à renouer les fils de leurs trames secrètes, à mesure qu'ils sont rompus par la main du patriotisme; toujours habiles à tourner les armes de la liberté contre la liberté même, les émissaires des ennemis de la France travaillent aujourd'hui à renverser la République par le républicanisme, et à rallumer la guerre civile par le philosophisme. Avec le grand système de subversion et d'hypocrisie, coïncide merveilleusement un plan perfide de diffamation contre la Convention nationale, et contre la nation elle-même.

» Tandis que la perfidie ou l'imprudence, tantôt énervait l'énergie des mesures révolutionnaires commandées par le salut de la patrie, tantôt les laissait sans exécution, tantôt les exagérait avec malice, ou les expliquait à contre-sens; tandis qu'au milieu de ces embarras, elles excitaient les agens des puissances étrangères, mettaient en œuvre tous les mobiles, détournaient notre attention des véritables dangers et des besoins pressans de la République, pour la tourner tout entière vers les idées religieuses; tandis qu'à une révolution politique, ils cherchaient à substituer une révolution nouvelle, pour donner le change à la raison publique et à l'énergie du patriotisme; tandis que les mêmes hommes attaquaient ouvertement tous les cultes et encourageaient secrètement le fanatisme, tandis que sans aucun intérêt ils faisaient retentir la France entière de leurs déclamations insensées, et osaient abuser du nom de la Convention nationale pour justifier les extravagances réfléchies de l'aristocratie déguisée sous le manteau de la folie; les ennemis de la France marchandaient de nouveaux ports; vos généraux, rassuraient le fédéralisme épouvanté; vos agens intriguaient chez tous les peuples étrangers pour multiplier vos ennemis, armaient contre vous les préjugés de toutes les nations; ils opposaient l'empire des opinions religieuses à l'ascendant naturel de vos principes moraux et politiques; et les manifestes de tous les gouvernemens vous dénonçaient à l'univers comme un peuple de fous et d'athées.

» C'est à la Convention nationale d'intervenir entre le fanatisme qu'on réveille et le patriotisme qu'on veut égarer, et de rallier tous les citoyens aux principes de la liberté, de la raison et de la justice; car les législateurs qui aiment la patrie, et qui ont le courage de la sauver, ne doivent plus ressembler à des roseaux sans cesse agités par le souffle des factions étrangères. Il est du devoir du Comité de salut public de vous les dévoiler, et de vous proposer les mesures nécessaires pour les étouffer : il le remplira sans doute. En attendant, il m'a chargé de vous présenter un projet d'adresse dont le but est de confondre les lâches impostures des tyrans ligués contre la République, et de dévoiler aux yeux de l'univers leur hideuse hypocrisie.

» Dans ce combat de la tyrannie contre la liberté, nous avons tant d'avantage qu'il y aurait de la folie de notre part à l'éviter; et puisque les oppresseurs du genre humain ont la témérité de vouloir plaider leur cause devant lui, hâtons-nous de les suivre à ce tribunal redoutable, pour hâter l'inévitable arrêt qui les attend. »

Le rapporteur lut un projet d'adresse qui fut adopté avec les plus vifs applaudissemens, ainsi qu'il suit :

Réponse de la Convention nationale aux manifestes des rois ligués contre la République, proposée par Robespierre, au nom du Comité de salut public, et décrétée par la Convention.

« La Convention nationale répondra-t-elle aux manifestes des tyrans ligués contre la République française? Il est naturel de les mépriser, mais il est utile de les confondre, il est juste de les punir.

» Un manifeste du despotisme contre la liberté! Quel bizarre phénomène ! Comment ont-ils osé prendre des hommes pour arbitres entre eux et nous? Comment n'ont-ils pas craint que le sujet de la querelle ne réveillât le souvenir de leurs crimes, et ne hâtât leur ruine?

» De quoi nous accusent-ils ? De leurs propres forfaits.

» Ils nous accusent de rébellion. Esclaves révoltés contre la souveraineté des peuples, ignorez-vous que ce blasphème ne peut être justifié que par la victoire. Mais voyez donc l'échafaud du dernier de nos tyrans ; voyez le peuple français armé pour punir ses pareils ; voilà notre réponse.

» Les rois accusent le peuple français d'immoralité ? Peuples, prêtez une oreille attentive aux leçons de ces respectables précepteurs du genre humain. La morale des rois ; juste Ciel ! et la vertu des courtisans ! Peuples, célébrez la bonne foi de Tibère et la candeur de Louis XVI ; admirez le bon sens de Claude et la sagesse de Georges ; vantez la tempérance et la justice de Guillaume et de Léopold ; exaltez la chasteté de Messaline, la fidélité conjugale de Catherine et la modestie d'Antoinette ; louez l'invincible horreur de tous les despotes passés, présens et future, pour les usurpations et pour la tyrannie, leurs tendres égards pour l'innocence opprimée, leur respect religieux pour les droits de l'humanité.

» Ils nous accusent d'irréligion ; ils publient que nous avons déclaré la guerre à la Divinité même. Qu'elle est édifiante la piété des tyrans ! et combien doivent être agréables au Ciel les vertus qui brillent dans les cours, et les bienfaits qu'ils répandent sur la terre! De quel Dieu nous parlent-ils ? En connaissent-ils d'autres que l'orgueil, que la débauche et tous les vices? Ils se disent les images de la Divinité ! est-ce pour forcer l'univers à déserter ses autels ? Ils prétendent que leur autorité est son ouvrage. Non, Dieu créa les tigres, mais les rois sont le chef-d'œuvre de la corruption humaine. S'ils invoquent le Ciel, c'est pour usurper la terre ; s'ils nous parlent de la Divinité, c'est pour se mettre à sa place. Ils lui renvoient les prières du pauvre et les gémissemens du malheureux ; ils sont eux-mêmes les dieux des riches, des oppresseurs et des assassins du peuple. Honorer la Divinité et punir les rois, c'est la même chose. Et quel peuple rendit jamais un culte plus pur que le nôtre à ce grand être, que celui sous les auspices duquel nous avons proclamé les principes immuables de toutes sociétés humaines ? Les lois de la justice éternelle étaient appelées dédaigneusement les rêves des gens de bien; nous en avons fait d'importantes réalités. La morale était dans les livres des philosophes : nous l'avons mise dans le gouvernement des nations. L'arrêt de mort des tyrans dormait oublié dans les cœurs abattus des timides mortels; nous l'avons mis à exécution. Le monde appartenait à deux ou trois races de tyrans, comme les déserts de l'Afrique aux tigres et aux serpens ; nous l'avons restitué au genre humain.

» Peuples, si vous n'avez pas la force de reprendre les vôtres, s'il ne vous est pas donné de faire valoir les titres que nous vous avons rendus, gardez-vous du moins de violer nos droits, ou de calomnier notre courage. Les Français ne sont points atteints de la manie de rendre aucune nation heureuse et libre malgré elle. Tous les rois auraient pu végéter ou mourir sur leurs trônes ensanglantés, s'ils avaient su respecter l'indépendance du peuple français. Nous ne voulons que vous éclairer sur leurs impudentes calomnies.

» Vos maîtres vous disent que la nation française a proscrit toutes les religions; qu'elle a substitué le culte de quelques hommes à celui de la Divinité; ils nous peignent à vos yeux comme un peuple idolâtre ou insensé. Ils mentent. Le peuple français et ses représentans respectent la liberté de tous les cultes, et n'en proscrivent aucun. Ils honorent la vertu des martyrs de l'humanité sans engouement et sans idolâtrie; ils abhorrent l'intolérance et la persécution, de quelques prétextes qu'elles se couvrent; ils condamnent les extravagances du philosophisme, comme les crimes du fanatisme. Vos tyrans nous imputent quelques irrégularités, inséparables des mouvemens orageux d'une grande révolution; ils nous imputent les effets de leurs propres intrigues et les attentats de leurs émissaires. Tout ce que la révolution française a produit de sage et de sublime, est l'ouvrage du peuple français. Tout ce qui porte un caractère différent appartient à nos ennemis. Tous les hommes raisonnables et magnanimes sont du parti de la République. Tous les êtres perfides et corrompus sont de la faction de vos tyrans. Calomnie-t-on l'astre qui anime la nature pour des nuages légers qui glissent sur son disque éclatant? L'auguste liberté perd elle ses charmes divins, parce que les vils émissaires de la tyrannie cherchent à la profaner? Nos malheurs et les vôtres sont les crimes des ennemis communs de l'humanité. Est-ce pour vous une raison de nous haïr? Non; c'est une raison de les punir.

» Les lâches osent vous dénoncer les fondateurs de la République française. Les Tarquins modernes ont osé dire que le sénat de Rome était une assemblée de brigands. Les valets mêmes de Porsenna traitèrent Scévola d'insensé. Suivant les manifestes de Xerxès, Aristide a pillé le trésor de la Grèce. Les mains pleines de rapines et teintes du sang des Romains, Octave, Antoine et Lépide, ordonnent à tous les Romains de les croire seuls justes et seuls vertueux. Tibère et Séjan ne voient dans Brutus et Cassius que des hommes de sang et même des fripons.

» Français, hommes de tous les pays, c'est vous qu'on outrage en insultant à la liberté dans la personne de vos représentans ou de vos défenseurs; on a reproché à plusieurs membres de la Convention des faiblesses; à d'autres des crimes. Eh! qu'a de commun avec tout cela le peuple français! Qu'a de commun avec ces faits particuliers la représentation nationale, si ce n'est la force qu'elle imprime aux faibles, et la peine qu'elle inflige aux coupables? Toutes les armées des tyrans de l'Europe, repoussées, malgré cinq années de trahisons, de conspirations et de discordes intestines; l'échafaud des représentans infidèles élevé à côté de celui du dernier tyran des Français; les tables immortelles où la main des représentans du peuple a gravé au milieu des orages le pacte social des Français; tous les hommes égaux devant la loi; tous les grands coupables tremblant devant la justice; l'innocence, sans appui, charmée de trouver enfin un asile dans les tribunaux; l'amour de la patrie triomphant, malgré tous les vices des esclaves, malgré toute la perfidie de nos ennemis; le peuple, énergique et sage, redoutable et juste, se ralliant à la voix de la sagesse et apprenant à distinguer ses ennemis sous le masque même du patriotisme; le peuple français courant aux armes pour défendre le magnifique ouvrage de son courage et de sa raison, voilà l'expiation que nous présentons au monde, et pour nos propres erreurs et pour les crimes de nos ennemis.

» S'il le faut, nous pouvons encore lui présenter d'autres titres. Notre sang aussi a coulé pour la patrie. La Convention nationale peut montrer aux amis et aux ennemis de la France d'honorables cicatrices et de glorieuses mutilations.

» Ici deux illustres adversaires de la tyrannie sont tombés à ses yeux sous les coups parricides d'une faction criminelle (1); là un digne émule de leur vertu républicaine, renfermé dans une ville assiégée, a osé former la résolution généreuse de se faire, avec quelques compagnons, un passage au travers des phalanges ennemies; noble victime d'une odieuse trahison, il tombe entre les mains des satellites de l'Autriche, et il expie, dans de longs tourmens, son dévouement sublime à la cause de la liberté (2). D'autres représentans pénètrent au travers des contrées rebelles du Midi, échappent avec peine à la fureur des traîtres, sauvent l'armée française livrée par des chefs perfides, et reportent la terreur et la fuite aux satellites des tyrans de l'Autriche, de l'Espagne et du Piémont.

» Dans cette ville exécrable, l'opprobre du nom français, Bayle et Beauvais rassasiés des outrages de la tyrannie, sont morts pour la patrie et pour ses saintes lois. Devant les murs de cette cité sacrilége, Gasparin dirigeant la foudre qui devait la punir, Gasparin enflammant la valeur républicaine de nos guerriers, a péri victime de son courage et de la scélératesse du plus lâche de tous nos ennemis (3).

(1) Lepelletier et Marat.
(2) Drouet fait prisonnier par les Autrichiens vers la fin d'octobre.
(3) Gasparin mourut à Orange le 11 novembre (21 brumaire) 1793.—Les uns

» Le Nord et le Midi, les Alpes et les Pyrénées, le Rhône et l'Escaut, le Rhin et la Loire, la Moselle et la Sambre, ont vu nos bataillons républicains se rallier à la voix des représentans du peuple, sous les drapeaux de la liberté et de la victoire; les uns ont péri, les autres ont triomphé.

» La Convention tout entière a affronté la mort et bravé la fureur de tous les tyrans.

» Illustres défenseurs de la cause des rois, princes, ministres, généraux, courtisans, citez-nous vos vertus civiques; racontez-nous les importans services que vous avez rendus à l'humanité : parlez-nous des forteresses conquises par la force de vos guinées; vantez-nous le talent de vos émissaires et la promptitude de vos soldats à fuir devant les défenseurs de la République; vantez-nous votre noble mépris pour le droit des gens et pour l'humanité; nos prisonniers égorgés de sang-froid, nos femmes mutilées par vos janissaires, les enfans massacrés sur le sein de leurs mères, et la dent meurtrière des tigres autrichiens déchirant leurs membres sanglans; vantez-nous vos exploits d'Amérique, de Gênes et de Toulon; vantez-nous surtout votre suprême habileté dans l'art des empoisonnemens et des assassinats : tyrans, voilà vos vertus....

» Illustre parlement de la Grande-Bretagne, citez-nous vos héros. Vous avez un parti de l'opposition.

» Chez vous le despotisme triomphe; la majorité est donc corrompue. Peuple insolent et vil, ta prétendue représentation est vénale, sous tes yeux et de ton aveu; tu adoptes toi-même leurs maximes favorites; que le talent de tes députés même est un objet d'industrie, comme la laine de tes moutons, et l'acier de tes fabriques; et tu oserais parler de morale ou de liberté! Quel est donc cet étrange privilége de déraisonner sans mesure et sans pudeur, que la patience stupide des peuples semble accorder aux tyrans? Quoi! ces petits hommes dont tout le principal mérite

disent que sa faible santé n'avait pu suffire au rude métier de représentant du peuple; — d'autres, qu'il mourut empoisonné.   (*Note des auteurs.*)

consiste à connaître le tarif des consciences britanniques; qui s'efforcent de transplanter en France les vices et la corruption de leur pays; qui font la guerre, non avec des armes, mais avec des crimes, osent accuser la Convention nationale de corruption et insulter aux vertus du peuple français! Peuple généreux, nous jurons, par toi-même, que tu seras vengé; avant de nous faire la guerre, nous exterminerons tous nos ennemis, la maison d'Autriche périra plutôt que la France; Londres sera libre avant que Paris redevienne esclave; les destinées de la République et celles de la terre ont été pesées dans les balances éternelles; les tyrans ont été trouvés plus légers.

» Français, oublions nos querelles et marchons aux tyrans; domptez-les, vous, par vos armes; et nous par nos lois. Que les traîtres tremblent, que le dernier des lâches émissaires de nos ennemis disparaisse, que le patriotisme triomphe, et que l'innocent se rassure. Français, combattez; votre cause est sainte, vos courages sont invincibles; vos représentans savent mourir, ils peuvent faire plus, ils savent vaincre. »

N......« Je demande que cette Adresse que vous venez de décreter soit imprimée et distribuée à chacun de vos membres, an nombre de six exemplaires, et la traduction dans toutes les langues. »

Ces propositions furent adoptées. Quelques instans après Barrère prononça un discours dont le but était d'anéantir les influences étrangères dans l'intérieur, de comprimer les fanatiques, et de rassurer les citoyens sur les idées religieuses. A la suite de ce discours il proposa un projet de décret. Quelques membres demandèrent l'ordre du jour, motivé sur la déclaration des droits. Après quelques débats, la Convention nationale renvoya l'opinion de Barrère et les mesures présentées à un nouvel examen du comité de salut public.

Il fallait cependant obtenir un décret spécial qui autorisât le comité de salut public à protéger efficacement la liberté des cultes contre les entreprises d'un grand nombre de municipalités, la Convention paraissait peu disposée à l'accorder; Billaud remplaça Barrère à la tribune; il donna lecture d'une correspondance trouvée sur le capitaine d'un vaisseau anglais, poussé par les vents dans le port de Cette : c'était une lettre de Calonne, datée de Gibraltar et adressée au général qui commandait à Toulon; il lui disait qu'il avait toujours cru que la contre-révolution se ferait par le Midi, et lui demandait s'il ne serait pas nécessaire de faire approcher un prince français prêt à se montrer dans une circonstance favorable. Robespierre prit occasion de cette lecture pour insister sur l'adoption immédiate du décret présenté par Barrère; il improvisa un très-long discours dont voici les principaux passages :

« Citoyens, les projets des intrigans qui veulent renverser la liberté semblent déjà s'exécuter. C'est une chose remarquable que l'émigration qui se fait du Midi en Suisse depuis qu'on a imprimé le mouvement extraordinaire contre le culte. Il existe des communes qui ne sont pas fanatiques, mais où cependant on trouve mauvais que des autorités, que la force armée, ordonnent de déserter les églises et mettent en arrestation des ministres du culte, à cause de leur qualité seule; des hommes qui les premiers ont apporté les dépouilles du culte ont aussi réclamé; ils ont cédé dans les premiers momens à l'impulsion, par amour pour la paix. Je ne dis pas que ces communes soient moins attachées à la liberté qu'à leur culte, mais enfin elles réclament.

» Nos ennemis se sont proposé un double but en imprimant ce mouvement violent contre le culte catholique : le premier, de recruter la Vendée, d'aliéner les peuples de la nation française, et de se servir de la philosophie pour détruire la liberté; le second, de troubler la tranquillité de l'intérieur, et de donner ainsi plus de force à la coalition de nos ennemis.

» Je pourrais démontrer jusqu'à l'évidence la conspiration dont je viens de vous montrer les principales bases, si je voulais mettre à nu ceux qui en ont été les premiers agens. Je me contenterai de vous dire qu'à la tête il y a des émissaires de toutes les puissances qui nous font la guerre; qu'il y a des ministres protestans. (Rabaut St-Etienne venait d'être arrêté à Paris.)

Qu'avez-vous à faire dans ces circonstances ? parler en philosophes ? non, mais en législateurs politiques, en hommes sages et éclairés. Vous devez protéger les patriotes contre leurs ennemis, leur indiquer les piéges qu'on leur tend, et vous garder d'inquiéter ceux qui auraient été trompés par des insinuations perfides ; protéger enfin ceux qui veulent un culte qui ne trouble pas la société. Vous devez encore empêcher les extravagances, les folies qui coïncident avec les plans de conspiration ; il faut corriger les écarts du patriotisme, mais faites-le avec le ménagement qui est dû à des amis de la liberté qui ont été un instant égarés.

» Je demande que vous défendiez aux autorités particulières de servir nos ennemis par des mesures irréfléchies, et qu'aucune force armée ne puisse s'immiscer dans ce qui appartient aux opinions religieuses, sauf dans le cas où elle serait requise pour des mesures de police.

» Enfin, je vous propose une mesure digne de la Convention ; c'est de rappeler solennellement tous les citoyens à l'intérêt public, de les éclairer par vos principes, comme vous les animez par votre exemple, et de les engager à mettre de côté toutes les disputes dangereuses, pour ne s'occuper que du salut de la patrie.

» Le projet du comité de salut public présente les mêmes vues. En y réfléchissant, vous sentirez la nécessité d'adopter les mesures que nous vous proposons : si vous ne le faites pas, comptez que les émissaires des cours étrangères profiteront de votre silence pour exécuter leurs projets criminels. »

Malgré les instances de trois membres du Comité de salut public, la Convention ne réalisait pas les espérances qu'elle avait un moment données, en décrétant avec enthousiasme la réponse aux manifestes des puissances étrangères. Elle hésitait à se prononcer catégoriquement. Cambon se leva et dit : « Vous avez été témoins du mouvement qui s'est opéré dans les opinions religieuses, et vous avez dit : Nous ne nous mêlerons de rien à cet égard ; le peuple est seul son maître. Eh bien ! vous n'avez pas voulu prononcer votre opinion à cet égard, permettriez-vous donc aujourd'hui, toléreriez-vous que d'autres le fissent, réunis en autorité constituée? Non, ce serait déplacer la représentation nationale. La révolution se trouve cependant liée à un fait que vous devez considérer, c'est celui qui a rapport aux prêtres réfractaires; ceux-là ne peuvent, sans danger pour la révolution, exercer le culte pendant qu'elle durera. Il faut faire mention de l'exception, mais je ne vois aucun inconvénient à adopter les principes établis par Robespierre. »

Alors Philippeaux fit observer que beaucoup de membres étaient absens de la séance à cause de l'heure avancée. Il demanda et obtint le renvoi des propositions de Robespierre au Comité de salut public pour les représenter à la Convention dans la séance du lendemain 6 décembre (16 frimaire), où elles furent enfin décrétées en ces termes:

« La Convention nationale, considérant ce qu'exigent d'elle les principes qu'elle a proclamés au nom du peuple français, et le maintien de la tranquillité publique;

» 1° Défend toutes violences ou menaces contraires à la liberté des cultes.

» 2° La surveillance des autorités constituées et l'action de la force publique se renfermeront, à cet égard, chacun pour ce qui les concerne, dans les mesures de police et de sûreté publique.

» 3ª La Convention, par les dispositions précédentes, n'entend déroger en aucune manière aux lois répressives, ni aux précautions de salut public contre les prêtres réfractaires ou turbulens, et contre tous ceux qui tenteraient d'abuser du prétexte de la religion pour compromettre la cause de la liberté. Elle n'entend pas non plus fournir à qui que ce soit aucun prétexte d'inquiéter le patriotisme et de ralentir l'essor de l'esprit public.

» La Convention invite tous les bons citoyens, au nom de la patrie, de s'abstenir de toutes disputes théologiques ou étrangères aux grands intérêts du peuple français, pour concourir de tous leurs moyens au triomphe de la République et à la ruine de ses ennemis.

» L'adresse, en forme de réponse aux manifestes des rois ligués contre la République, décrétée par la Convention nationale le 15 frimaire, sera réimprimée par les ordres des administrations de district, pour être répandue et affichée dans l'étendue de chaque district. Elle sera lue, ainsi que le présent décret, au plus prochain jour de décadi, dans les assemblées de communes et de sections, par les officiers municipaux, ou par les présidens des sections.»

Ce que Robespierre faisait pour le culte catholique augmentait chaque jour contre lui la haine des hébertistes, et aliénait de son parti même les matérialistes tolérans. Néanmoins personne n'osait l'attaquer ouvertement là-dessus, tant sa popularité, fondée sur des mœurs irréprochables, gagnait aux apologies si éloquentes et si courageuses par lesquelles il travaillait à affermir les sentimens religieux. Ses ennemis se bornèrent à lui adresser quelques lettres pseudonymes du genre de celle dont il donna lecture aux Jacobins, à la séance du 28 novembre (8 frimaire). Ils eurent encore assez de hardiesse pour exercer une autre vengeance. Le journal de Prudhomme, et même le *Républicain français*, reprirent l'ancienne orthographe de son nom. Ils l'appelèrent *Roberspierre*, comme en usait le *Moniteur*, dans les premiers mois de la Constituante.

Ce qui empêchait principalement les matérialistes à tous les degrés d'entrer en opposition avec Robespierre sur son spiritualisme politique, c'était sa probité révolutionnaire, et la toute-puissance qu'elle lui donnait aux Jacobins dans l'épuration qui s'y poursuivait maintenant. On l'avait commencée le 29 novembre (9 frimaire). Ce jour-là Guirault, accusé par Robespierre d'être un intrigant, fut expulsé de la société. Il essaya de donner une preuve de patriotisme en dénonçant un rassemblement secret qu'il dit se tenir tous les jours à la mairie, où l'on faisait des rapports d'après lesquels on circonvenait ou calomniait les patriotes, et dont ceux qui le composaient recevaient un écu par jour. Robespierre le somma de le suivre au comité de salut public pour éclaircir ce fait démenti par Hébert et par Dufourny, ce qui fut trouvé faux. Le 1er décembre (11 frimaire), ce fut le tour de Taschereau, membre du comité de correspondance. Deschamps l'accusa d'avoir des intimités avec Proly et Deffieux; Dufourny, d'être en relations avec Bonne-Carrère. Un citoyen des tribunes déclara avoir connu Taschereau à Madrid en 1791, et qu'il y passait pour un chevalier d'industrie et un joueur. L'inculpé se réclama pour toute réponse de l'amitié de Robespierre qui prit aussitôt la parole.

Robespierre. « Je dois m'expliquer sur la nature de cette prétendue amitié, qui s'est bornée à voir Taschereau publiquement, et à examiner avec soin toutes ses démarches. La conduite de Taschereau m'a paru dans tous les temps conforme aux vrais principes; et néanmoins dans tous les temps un instinct de défiance m'a mis en garde contre lui. Je demande la continuation de la discussion, afin que les faits parviennent enfin à être suffisamment éclaircis. »

L'instruction de cette affaire continua. Pendant que d'autres inculpations étaient successivement appuyées ou balancées par divers témoignages, Taschereau sortit du club. Sur la motion d'un membre, des commissaires furent nommés pour solliciter au comité de sûreté générale la prompte apposition des scellés sur les papiers de ce citoyen, et sa radiation fut prononcée. Il fut réadmis sans réclamation le 27 avril (8 floréal) 1794.

Le 3 décembre (13 frimaire) un incident amena l'épuration de Danton. Celui-ci venait de combattre la proposition faite par un membre, de demander à la Convention un local pour chaque société populaire. Tout en insistant sur la nécessité de laisser la Constitution endormie, et de gouverner révolutionnairement, il avait signalé certains individus qui voulaient pousser le peuple au-delà des bornes, et dont il fallait se méfier. Danton désignait en cela les hébertistes; mais le but de son discours était plutôt une opposition au Comité de salut public qu'à ces derniers. Ce qui avait donné lieu en effet à la proposition contre laquelle il se prononçait, c'était la demande d'un citoyen du Havre qui sollicitait des défenseurs officieux, afin d'obtenir du Comité de salut public un local assez grand pour les séances de la société populaire de cette ville. Danton y voyait une initiative de centralisation qui tendait à placer les sociétés populaires sous le patronage immédiat du comité, et il avait réclamé surtout « l'indépendance des sociétés populaires de toute espèce d'autorité. » Il semblerait donc que Robespierre devait au moins discuter contre lui. Le contraire arriva : les hébertistes l'attaquèrent, et Robespierre le défendit. Coupé (de l'Oise) supposa avec beaucoup de mauvaise foi que Danton avait conseillé de se relâcher de la rigueur que les circonstances commandaient, et il le réfuta sur ce point. Au moment où Danton se levait pour répondre, quelques rumeurs se firent entendre. Il commença par reprocher à Coupé d'avoir voulu empoisonner son opinion ; il la rappela en peu de mots, et il ajouta :

« J'ai entendu des rumeurs. Déjà des dénonciations graves ont été dirigées contre moi ; je demande enfin à me justifier aux yeux du peuple, auquel il ne me sera pas difficile de faire reconnaître mon innocence et mon amour pour la liberté.

» Je somme tous ceux qui ont pu concevoir contre moi des motifs de défiance, de préciser leurs accusations, car je veux y répondre en public. J'ai éprouvé une sorte de défaveur ne paraissant à la tribune. Ai-je donc perdu ces traits qui caractérisent la figure d'un homme libre ? Ne suis-je plus ce même homme qui s'est trouvé à vos côtés dans les momens de crise ? Ne suis-je pas celui que vous avez souvent embrassé comme votre ami, et qui doit mourir avec vous ? Ne suis-je pas l'homme qui a été accablé de persécutions ?

» J'ai été un des plus intrépides défenseurs de Marat ; j'évoquerai l'ombre de l'ami du peuple pour ma justification. Vous serez étonnés, quand je vous ferai connaître ma conduite privée, de voir que la fortune colossale que mes ennemis et les vôtres m'ont prêtée se réduit à la petite portion de bien que j'ai toujours eue. Je défie les malveillans de fournir contre moi la preuve d'aucun crime. Tous leurs efforts ne pourront m'ébranler. Je veux rester debout avec le peuple. Vous me jugerez en sa présence ; je ne déchirerai pas plus la page de mon histoire que vous ne déchirerez les pages de la vôtre, qui doivent immortaliser les fastes de la liberté. » (On applaudit.)

Voilà tout ce qui a été recueilli de son improvisation. Le *Républicain français* n'en donne qu'une analyse à la troisième personne. Le *Moniteur* rapporte le passage qu'on vient de lire, et il ajoute : « L'orateur, après plusieurs morceaux véhémens prononcés avec une abondance qui n'a pas permis d'en recueillir tous les traits, termine par demander qu'il soit nommé une commission de douze membres chargés d'examiner les accusations dirigées contre lui, afin qu'il puisse y répondre en présence du peuple. » — Robespierre monte à la tribune.

Robespierre. « Danton vous a demandé une Commission pour examiner sa conduite. J'y consens, s'il pense que cette mesure lui soit utile; mais je soutiens que sa conduite ne peut être bien discutée qu'à la face du peuple. Je demande qu'on veuille bien préciser les griefs portés contre lui. Personne n'élève la voix. Eh bien ! je vais le faire.

» Danton ! tu es accusé d'avoir émigré; on a dit que tu avais passé en Suisse; que ta maladie était feinte pour cacher au peuple ta fuite; on a dit que ton ambition était d'être régent sous Louis XVII; qu'à une époque déterminée tout a été préparé pour le proclamer; que tu étais le chef de la conspiration; que ni Pitt, ni Cobourg, ni l'Angleterre, ni l'Autriche, ni la Prusse, n'étaient nos véritables ennemis, mais que c'était toi seul; que la Montagne était composée de tes complices; qu'il ne fallait pas s'occuper des agens envoyés par les puissances étrangères; que les conspirations étaient des fables qu'il fallait mépriser; en un mot, qu'il fallait t'égorger....

» La Convention sait que j'étais divisé d'opinion avec Danton; que dans le temps des trahisons de Dumourier, mes soupçons avaient devancé les siens; je lui reprochai alors de n'être pas assez irrité contre ce monstre. Je lui reprochai de n'avoir pas poursuivi Brissot et ses complices avec assez de rapidité, et je jure que ce sont là les seuls reproches que je lui ai faits...

» Danton ! ne sais-tu pas que plus un homme a de courage et de patriotisme, plus les ennemis de la chose publique s'attachent à sa perte? Ne sais-tu pas, et ne savez-vous pas tous, citoyens, que cette méthode est infaillible? Et qui sont les calomniateurs? Des hommes qui paraissent exempts de vices, et qui n'ont jamais montré aucune vertu. Eh! si le défenseur de la liberté n'était pas calomnié, ce serait une preuve que nous n'aurions plus ni prêtres, ni nobles à combattre.

» Les ennemis de la patrie semblent m'accabler de louanges exclusivement; mais je les répudie. Croit-on qu'à côté de ces éloges que l'on retrace dans certaines feuilles, je ne voie pas le couteau avec lequel on a voulu égorger la patrie (allusion au journal d'Hébert)? Dès l'origine de la révolution, j'appris à me méfier de tous les masques.

» La cause des patriotes est une, comme celle de la tyrannie; ils sont tous solidaires. Je me trompe peut-être sur Danton : mais vu dans sa famille, il ne mérite que des éloges. Sous les rapports politiques, je l'ai observé : une différence d'opinion entre lui et moi me le faisait épier avec soin, quelquefois avec colère; et s'il n'a pas toujours été de mon avis, conclurai-je qu'il trahissait sa patrie? Non ; je la lui ai vu toujours servir avec zèle. Danton veut qu'on le juge.

» Il a raison ; qu'on me juge aussi. Qu'ils se présentent ces hommes qui sont plus patriotes que nous ! Je gage que ce sont des nobles, des privilégiés. Vous y trouverez un marquis, et vous aurez la juste mesure du patriotisme de ces emphatiques accusateurs. Quand j'ai vu percer les traits de calomnie dirigés contre les patriotes, quand j'ai vu qu'on accusait Danton, et qu'on l'accusait d'avoir émigré, je me suis rappelé que les journaux aristocrates ou faussement patriotes, avaient depuis longtemps fait cette nouvelle. Ils avaient annoncé que sa maladie était fausse, que ce n'était que le prétexte de son émigration, et le moyen pour y parvenir. J'ai dû placer sur la même ligne toutes les autres calomnies dirigées contre Danton. C'est ainsi que vous les avez jugées vous-mêmes, et je demande à ces bons patriotes de se réunir, de ne plus souffrir qu'on dénigre Danton dans les groupes, dans les cafés.

» Il est évident que Danton a été calomnié ; mais je déclare que je vois là un des fils les plus importans de la trame ourdie contre tous les patriotes. Je déclare aux aristocrates que bientôt nous les connaîtrons tous, et peut-être manquait-il ce dernier renseignement à nos découvertes. Nous l'avons. Au surplus, je demande que chacun dise comme moi franchement ce qu'il pense sur Danton. C'est ici que l'on doit dire surtout la vérité, elle ne peut que lui être honorable; mais dans tous les cas, la société doit la connaître tout entière. »

Merlin de Thionville. « Je déclare que Danton m'arracha des mains du juge de paix Larivière ; qu'au 10 août il sauva la République avec ces paroles : *De l'audace, encore de l'audace, et puis encore de l'audace !* Voilà Danton. »

Momoro. « Personne ne se présente pour parler contre Danton ; il faut en conclure que personne n'a rien à alléguer contre lui. Je demande l'ordre du jour. »

En prenant ouvertement la défense de Danton, Robespierre avait imposé silence aux hébertistes. L'un d'eux, voyant que la discussion tombait faute d'accusateurs, essaya cependant, comme on vient de le voir, de faire en sorte que l'issue en fût le moins favorable possible à l'inculpé ; il demandait l'ordre du jour. Un membre proposa que le président accordât l'accolade fraternelle à Danton. « Il la reçut, dit le *Moniteur*, au milieu des applaudissemens les plus flatteurs. »

Le 6 décembre (16 frimaire) l'épuration donna lieu à une scène dont tout le club fut attendri. On venait d'appeler le citoyen Petit, ci-devant procureur, qu'un membre avait accusé de s'être refusé à remplir les fonctions de juré au tribunal révolutionnaire, il y avait un mois, et de n'avoir accepté depuis quelques jours, que parce qu'il voyait le tribunal bien établi, et qu'il n'y avait plus pour lui de risque à courir. Petit se défendait, en déclarant qu'il ne s'était pas cru les forces suffisantes pour remplir dignement des fonctions aussi graves que celles de juré au tribunal révolutionnaire. Roussel avertit en ce moment la société que le fils de Petit était à pleurer dans un coin de la salle, en disant que son père était vraiment révolutionnaire. A peine Roussel avait-il parlé, que ce jeune homme, âgé d'environ douze ans, se précipita à la tribune, où il prit la place de son père.

« Citoyens, dit-il, dans une assemblée d'hommes libres, sans doute vous n'admettriez point de contre-révolutionnaires, mais vous ne confondrez pas avec des contre-révolutionnaires un homme qui n'a refusé des fonctions importantes, que parce qu'il ne se croyait pas assez de capacité et de forces pour les remplir dignement. Il est d'un bon citoyen au contraire de déposer un fardeau qui lui est trop pesant. Quant à celui que vous accusez, sans doute c'est un bon patriote; car il a élevé ses enfans dans les principes les plus purs de la révolution, et ce n'est pas là, comme on voit, la conduite d'un contre-révolutionnaire. »

Le club applaudit avec enthousiasme au discours de cet enfant. Le président lui donna l'accolade fraternelle, son père fut admis, et lui-même reçut une carte d'entrée dans le lieu des séances de la société.

Le 8 décembre (18 frimaire) Fourcroy fut épuré. Montaut, tout en faisant l'éloge du mérite et des talens de ce citoyen, lui reprocha de n'en avoir pas fait assez d'usage à la Convention. Fourcroy dit qu'après vingt ans de travaux, en professant la médecine, il était parvenu à nourrir le sans-culotte son père, et les sans-culottes ses sœurs. Il fut admis au milieu des applaudissemens. — Le lendemain l'épurement fut interrompu par un incident parlementaire. La Convention avait ordonné que les taxes imposées autrement que par des décrets seraient nulles de droit. A la séance du 9 décembre (19 frimaire) Montaut demanda que ce décret fût rapporté. Simond s'y opposa. Il aurait voulu que le Comité de salut public fût juge des taxes imposées par les comités révolutionnaires, composés, dit-il, quelquefois d'hommes intrigans ou ignorans. Charlier dit que les représentans du peuple et les comités avaient taxé les aristocrates, les modérés, les fédéralistes, et qu'il fallait qu'ils payassent ; il appuya la proposition de Montaut qui fut adoptée. Simond vint le soir aux Jacobins, et, sous prétexte de rendre compte de sa mission auprès de l'armée des Alpes, dont il était récemment de retour, il blâma le décret qu'il avait combattu dans la Convention, et demanda à la société de prendre une mesure dans le but de le paralyser. Robespierre répondit à Simond. Il commença ainsi son discours : « Il n'est pas de matière où les aristocrates puissent emprunter mieux le langage des patriotes que dans celle-ci. Les patriotes gémissent sur les malheurs particuliers qui peuvent tomber sur les amis de la liberté ; les aristocrates en gémissent aussi, mais par des motifs différens. Les patriotes par amour du bien, les aristocrates pour en imposer avec succès. On vous dénonce un décret de la Convention, qu'on dit trop rigoureux : on veut que la société, plus indulgente que la Convention, accueille toutes les réclamations qui lui seront faites à cet égard, et se constitue tout entière défenseur officieux de tous ceux qui se prétendront persécutés. On veut que des citoyens munis de certificats d'autorités constituées et soi-disant épurées, se croient, avec ces pièces, à l'abri de la sévérité des lois. Ainsi celui qui se les sera procurés, ces brevets faciles de patriotisme, n'aura désormais rien à craindre ; et si par hasard on osait porter jusque sur lui l'œil surveillant de la justice, il croira pouvoir accourir ici pour demander vengeance, la société abandonnera sa tribune à toutes les réclamations qu'on y voudra faire, et c'est vraiment alors qu'on aura raison de dire que le comité des défenseurs officieux n'est pas suffisant ; la société entière y va trouver de l'occupation, y pourrait-elle suffire même ?.... Et c'est là le piége qu'on nous tend ! Cependant quand un patriote vous l'indique, vous l'accueillez par des huées, et vous venez de couvrir d'applaudissemens cette proposition funeste..... J'aurais le droit de le trouver fort extraordinaire parmi les Jacobins ; mais comme le scrutin épuratoire n'est pas fini, je le trouve fort naturel. Certes, la mesure dont il s'agit a été conçue par les aristocrates, pour mettre la société en opposition avec la Convention. La société des Jacobins est-elle une société patriotique, ou une société monarchique de Londres ou de Berlin? appartient-elle à la patrie ou aux lâches aristocrates qui cherchent à vous exterminer tous? (*A la patrie*, s'écrient toutes les voix.) Eh bien, puisque la trahison n'a pas encore fait parmi nous tous les progrès qu'elle se promettait de faire, rallions-nous contre ceux qui nous tendent des piéges funestes, et qui servent la cause de la tyrannie au dedans, tandis qu'au dehors on achète nos places fortes, on fusille nos prisonniers, on égorge nos femmes et nos enfans. Ne souffrons pas que la voix des amis de la tyrannie vienne étouffer celle des amis de la liberté. » Après cet exorde, Robespierre retraça longuement les turpitudes et les cruautés des ennemis intérieurs et extérieurs de la République. Il finit en demandant la parole pour les prochaines séances, et promit de lire le manifeste imbécile de Georges III, roi d'Angleterre, et de l'accompagner des commentaires que lui fournirait « son indignation profonde pour tous ces êtres vils et cruels qui portent le nom de rois. » (*Vifs applaudissemens.*)

Le 11 décembre (21 frimaire) Hébert fut appelé pour l'épuration; des applaudissemens l'accueillirent. Bentabolle lui reprocha d'avoir dénoncé trop facilement des patriotes, comme Chabot, Laveaux et autres. En ce qui concernait Chabot, le reproche était facile à réfuter, mais il n'en était pas de même à l'égard de Laveaux. La querelle du *Père Duchesne* avec ce journaliste touchait à la question religieuse, et il fallait qu'Hébert s'expliquât. Ses amis entreprirent de l'en dispenser en se chargeant eux-mêmes d'interpréter ses actes. Montaut dit qu'en attaquant Laveaux pour avoir parlé de la Divinité, il pensait qu'Hébert avait entendu seulement attaquer la chose en elle-même, et non pas Laveaux à qui l'on permettait de croire à tout ce qu'il voudrait ; d'autres firent observer qu'Hébert n'avait point ouvert la discussion, sur des matières théologiques; mais bien au contraire qu'il avait blâmé Laveaux pour l'avoir fait. Hébert ne jugea pas que ses amis eussent pris la question à son véritable point de vue ; il savait bien que sa propre opinion à lui, que son athéisme, était le principal grief dont il avait à se justifier devant le club, et il monta à la tribune pour y prononcer une abjuration solennelle. « Il est de mon devoir, dit-il, de repousser l'idée qu'on s'efforce de donner de moi; on m'accuse d'athéisme; je nie formellement l'accusation. Je déclare que dans mon journal, je prêche aux habitans des campagne de lire l'évangile : ce livre de morale, me paraît excellent, et il faut en suivre toutes les maximes pour être parfait Jacobin; le Christ me semble le fondateur des sociétés populaires.

Nous empruntons cette citation au *Moniteur*, du 14 décembre (24 frimaire.) Les amis d'Hébert furent très-mécontens de sa conduite, et ne comprirent rien au démenti public qu'il se donnait ainsi à lui-même. Les feuilles dévouées à ce parti s'imposèrent un silence complet sur ce qu'elles devaient regarder en effet comme un grand scandale. Le *Républicain français*, qui rapporte ordinairement les séances des Jacobins avec autant d'étendue que le *Moniteur*, ne renferme pas un mot là-dessus; il se contente de faire cette énumération : Dufourny, Merlin, de Thionville, Hébert et Antonelle, sont épurés et adoptés, ce qui prouve que cette réticence ne fut pas sans motifs, c'est que plus bas, il rapporte textuellement un discours fort insignifiant d'Hebert, contre les *flatteurs des rois*, et sur le plan d'instruction publique auquel la Convention venait de donner la priorité.

Le 12 décembre (22 frimaire), il devait y avoir au club des Jacobins, une séance extraordinaire pour l'épurement de ceux de ses membres qui étaient représentans du peuple, elle eut lieu en effet. — Bourdon (de l'Oise), Bentabolle, Reverchon, Bary, Chaudron-Rousseau, Brisson furent admis.—Cusset fut ajourné, avec renvoi à la commission épuratoire. — Coupé (de l'Oise) fut exclus à cause d'une lettre par laquelle il refusait à un prêtre marié d'appuyer une demande que ce dernier faisait à la Convention: Fabre-d'Eglantine produisit cette lettre. — Billaud Varennes et Robespierre furent admis au bruit des applaudissemens.—Casa-Bianca, député de la Corse, fut exclus en vertu de l'arrêté pris antérieurement par la société, et qui prononçait la radiation de tout représentant du peuple qui n'avait pas voté la mort de Louis XVI. — Servières, Dubois-Crancé, David, Léonard Bourdon, Charles Duval, Delagneule, Dubouchet, et Deydier furent admis. — D'Août fut exclus comme noble. — Duhem avait à s'expliquer sur des inculpations graves que lui avait faites Robespierre, elles furent renouvelées contre lui, on lui reprocha en outre une protection éclatante accordée aux conspirateurs, aux dilapidateurs des deniers de la République; une haine marquée pour Pache, et l'intention de le faire destituer; enfin le projet de diviser la Montagne, et celui de scissionner le département du Mont-Blanc. Duhem entreprit de se justifier, mais il ne satisfit point la société, qui le rejeta de son sein. — Vint ensuite le tour d'Anacharsis Clootz. Avant de trasncrire ce qui le concerne, nous ferons une remarque sur la manière dont le *Républicain français* a tronqué cette séance, elle occupe à peine, dans cette feuille, le tiers d'une colonne, tandis qu'elle remplit entièrement trois colonnes du *Moniteur*. La raison de ce laconisme, est la même que celle dont nous parlions tout à l'heure au sujet d'Hébert. Le parti avait trop cruellement souffert dans la personne de Clootz pour que le journal qui appelait Robespierre, *Roberspierre*, consentît à mettre sous les yeux de ses lecteurs, les accusations dont il avait accablé le baron prussien, l'une des plus fermes colonnes de l'hébertisme. Aussi se contenta-t-il d'enregistrer le fait en ces termes : « Anacharsis Clootz est interpellé de s'expliquer sur ses liaisons avec les Vandenyver, il est exclu. » Trois jours après il donna quelques détails, mais le discours de Robespierre était arrangé de façon à être méconnaissable; plusieurs passages, entre autres celui où il est question des Vandenyver, étaient supprimés, toutes les formes étaient adoucies; nous n'y remarquons pas une seule apostrophe à Clootz.—Voici maintenant le compte-rendu du *Moniteur*.

« Paraît ensuite le célèbre Anacharsis Clootz. On lui demande dans quel pays il est né.

Cloots. « Je suis de la Prusse, département futur de la République française. »

« Un citoyen lui demande s'il n'a pas eu des liaisons intimes avec les banquiers Vandenyver, s'il n'a pas sollicité leur élargissement quand ils furent arrêtés. »

Cloots. « Arrivé à Paris dès l'âge de 11 ans, au collége, éloigné de tous mes parens, il fallait bien que j'eusse des banquiers avec lesquels je correspondisse pour payer ma pension. Depuis, ayant voyagé presque toute ma vie, les Vandenyver me faisaient passer des fonds dans les endroits où je me trouvais : voilà comme je les ai connus ; mais j'ai cessé de les voir du moment où je me suis aperçu qu'ils ne partageaient point mon amour pour la liberté. On m'objectera, sans doute l'intérêt que j'ai pris à leur première arrestation : alors ils n'étaient pas coupables... alors ils furent reconnus innocens. »

Robespierre. « Pouvons-nous regarder comme patriote un baron allemand ? Pouvons-nous regarder comme sans-culotte un homme qui a plus de cent mille livres de rente ? Pouvons-nous croire républicain un homme qui ne vit qu'avec les banquiers et les contre-révolutionnaires ennemis de la France ? Non, citoyens, mettons-nous en garde contre les étrangers qui veulent paraître plus patriotes que les Français eux-mêmes. Cloots, tu passes ta vie avec nos ennemis, avec les agens et les espions des puissances étrangères ; comme eux, tu es un traître qu'il faut surveiller.

» Citoyens, Cloots vient de tout vous expliquer ; il connaissait les Vandenyver, et les connaissait pour des contre-révolutionnaires. Il vous assure qu'il a cessé de les voir, mais c'est encore là une fourberie de Prussien. Pourquoi donc, Cloots, si tu connaissais les Vandenyver pour des contre-révolutionnaires, es-tu venu solliciter leur élargissement au Comité de sûreté générale : qu'as-tu à répondre ?

» Mais ces inculpations sont peu de chose, quand il est question de M. Cloots. Ses trahisons tiennent à un système mieux ourdi.

» Citoyens, vous l'avez vu tantôt aux pieds du tyran et de la cour, tantôt aux genoux du peuple.... Lorsqu'une faction liberticide dominait au milieu de nous, lorsque tous ses chefs tenaient les rênes du gouvernement, Cloots embrassa le parti de Brissot et de Dumourier. Lorsque ces derniers servaient les puissances étrangères, et nous faisaient déclarer la guerre, le Prussien Cloots appuyait leurs opinions avec frénésie ; il faisait des dons patriotiques, vantait les généraux, et voulait qu'on attaquât tout l'univers....

» Sa conduite ne lui en attira pas moins le mépris de la faction. L'amour-propre lui fit publier un pamphlet intitulé : *ni Marat ni Roland*.... Il y donnait un soufflet à ce dernier, mais il en donnait un plus grand à la Montagne.

» J'accuse Cloots d'avoir augmenté le nombre des partisans du fédéralisme. Ses opinions extravagantes, son obstination à parler d'une république universelle, à inspirer la rage des conquêtes, pouvaient produire le même effet que les déclamations et les écrits séditieux de Brissot et de Lanjuinais. Et comment M. Cloots pouvait-il s'intéresser à l'unité de la République, aux intérêts de la France ? Dédaignant le titre de citoyen français, il ne voulait que celui de citoyen du monde. Eh ! s'il eût été bon Français, eût-il voulu que nous tentassions la conquête de l'univers ?.... Eût-il voulu que nous fissions un département français du Monomotapa ? Eût-il voulu que nous déclarassions la guerre à toute la terre et à tous les élémens ? Ces idées prétendues philosophiques pouvaient-elles entrer dans la tête d'un homme sensé, ni même dans celle d'un homme de bien ?

» Il est une troisième crise dont M. Cloots pourra se vanter, mais ce ne sera que devant des imbécilles ou des fripons... Je veux parler du mouvement contre le culte, mouvement qui, mûri par le temps et la raison, eût pu devenir excellent, mais dont la violence pouvait entraîner les plus grands malheurs, et qu'on doit attribuer aux calculs de l'aristocratie...

» Gobel, dont vous connaissez toute la conduite politique, était du nombre de ces prêtres qui se plaignaient de la réduction de leurs traitemens, et dont l'ambition voulait ressusciter l'hydre du ci-devant clergé.... Et cependant nous avons vu cet évêque changer subitement de ton, de langage et d'habit, se présenter à la barre de la Convention nationale, et nous offrir ses lettres de prêtrise. Eh! Cloots, nous connaissons tes visites et tes complots nocturnes. Nous savons que, couvert des ombres de la nuit, tu as préparé avec l'évêque Gobel cette mascarade philosophique. Tu prévoyais les suites funestes que peuvent avoir de semblables démarches ; par cela même, elles n'en plaisaient que davantage à nos ennemis.

» Cloots croyait, sans doute, que les vrais amis du peuple avaient pris le change et étaient dupes de ces mascarades. Il vint se targuer au comité de ce bel exploit.... « Mais, lui dis-je, vous nous avez dit dernièrement qu'il fallait entrer dans les Pays-Bas, leur rendre l'indépendance, et traiter les habitans comme des frères.... Pourquoi donc cherchez-vous à nous aliéner les Belges, en heurtant des préjugés auxquels vous les savez fortement attachés?...—Oh! oh! répondit-il, le mal était déjà fait... On nous a mille fois traités d'impies. — Oui, mais il n'y avait pas de *faits*. » Cloots pâlit, n'osa pas répondre et sortit.

» Citoyens, regarderez-vous comme patriote un étranger qui veut être plus démocrate que les Français, et qu'on voit tantôt au Marais, tantôt au-dessous de la Montagne....; car jamais Cloots ne fut à la Montagne ; il fut toujours au-dessous ou au-dessus. Jamais il ne fut le défenseur du peuple français, mais celui du genre humain.

» Hélas! malheureux patriotes, que pouvons-nous faire, environnés d'ennemis qui combattent au milieu de nos rangs! Ils se couvrent d'un masque, ils nous déchirent, et nous sentons les plaies sans savoir d'où partent les traits meurtriers. Nous ne pouvons plus rien faire, notre mission est finie. Les lois les plus sages, par le moyen des traîtres qui sont répandus dans tous les comités de l'Assemblée, dans toutes les administrations, dans tous les bureaux, tournent au désavantage de la République. Nos ennemis, élevés au-dessus même de la Montagne, nous prennent par derrière pour nous porter des coups plus mortels. Veillons, car la mort de la patrie n'est pas éloignée. Eh! non, je ne compte pour rien celle des patriotes, ils doivent en faire le sacrifice. Mais, hélas! celle de la patrie est inévitable, si les lâches ne sont reconnus.

» Citoyens, je vous prie de faire une réflexion : quand nous avons décrété des lois rigoureuses contre les nobles, Cloots a été excepté ; quand nous avons décrété l'arrestation des étrangers, Cloots a encore été excepté; que dis-je, excepté! dans ce moment-là même, Cloots fut élu président des Jacobins : donc, par une conséquence infaillible, le parti étranger domine au milieu des Jacobins.

» Oui, les puissances étrangères ont au milieu de nous leurs espions, leurs ministres, des trésoriers et une police. Mais nous, nous avons le peuple qui veut être libre et qui le sera....

» Les banquiers conspirent impunément. Ils ne font remonter nos assignats au pair que pour accaparer notre argent ; quand ils veulent des attroupemens aux portes des boulangers, elles sont assiégées. Ils disposent de la paix de cette ville ; et les patriotes intrépides, les amis de la République, sont exposés à mille dangers..... Paris fourmille d'intrigans, d'Anglais et d'Autrichiens. Ils siégent au milieu de nous avec les agens de Frédéric.... Cloots est un Prussien.... Je vous ai tracé l'histoire de sa vie politique.... Prononcez.. »

— «Ce discours, plusieurs fois interrompu par des applaudissemens unanimes, est suivi d'une proposition tendante à rayer du tableau tous les nobles, prêtres, banquiers et étrangers. Elle est adoptée et mise sur-le-champ à exécution en la personne de Cloots. » La séance fut terminée par l'admission de Crassous, député de la Martinique.

Le 13 décembre (23 frimaire), tous les membres du tribunal révolutionnaire furent épurés. Il ne s'eleva qu'une légère discussion sur Fromant et Royer. Tous furent admis. Le 14, après la lecture du procès-verbal, la société arrêta, sur la proposition de Couthon, qu'elle enverrait deux commissaires au comité de salut public, pour l'inviter à se faire représenter les noms des employés au département de la guerre, ainsi que des informations exactes sur leur vie morale et politique. Cette mesure fut étendue par amendement à toutes les administrations de la République. On passa ensuite au scrutin épuratoire qui roula entièrement sur des conventionnels. Charles Cochon, Deville, Duhesse, les deux Eschasseriaux, furent admis. — Fabre d'Eglantine répondit à deux interpellations « de la manière la plus satisfaisante ; » ce sont les termes du *Moniteur*. La première concernait une démarche qu'il aurait faite, dans la nuit du 9 au 10 août 1792, pour avertir la cour des mouvemens populaires ; la seconde avait pour objet sa fortune subite. Ceux qui en connaissaient la source ne parlèrent pas, et il fut reçu. — Camille Desmoulins fut appelé. On lui demanda de s'expliquer sur ses liaisons avec Dillon dont il avait pris la défense. Lefort rappela la dénonciation de Deschamps relativement au propos tenu par Camille-Desmoulins au tribunal révolutionnaire, sur le compte des vingt-deux accusés : il avait dit qu'ils étaient de véritables républicains ; qu'ils mourraient en Brutus. Camille-Desmoulins se justifia sur le premier chef. Il avoua qu'il avait cru reconnaître de grands talens dans le général Dillon. Trompé sur son compte, depuis trois mois il n'avait parlé de lui, ni en bien, ni en mal.

« A l'égard du mouvement de sensibilité, dit-il ensuite, que j'ai fait paraître lors du jugement des Vingt-Deux, je déclare que ceux qui me font ce reproche étaient loin de se trouver dans la même position que moi. Je chéris la République ; je l'ai toujours servie, mais je me suis trompé sur beaucoup d'hommes, tels que Mirabeau, les Lameth, etc., que je croyais de vrais défenseurs du peuple, et qui néanmoins ont fini par trahir ses intérêts. Une fatalité bien marquée a voulu que de soixante personnes qui ont signé mon contrat de mariage, il ne me reste plus que deux amis, Robespierre et Danton. Tous les autres sont émigrés ou guillotinés. De ce nombre étaient sept d'entre les Vingt-Deux. Un mouvement de sensibilité était donc bien pardonnable dans cette occasion ; cependant j'atteste n'avoir pas dit : *Ils meurent en républicains, en Brutus* ; j'ai dit : *Ils meurent républicains, mais républicains fédéralistes*; car je ne crois pas qu'il y eût beaucoup de royalistes parmi eux. J'ai toujours été le premier à dénoncer mes propres amis, du moment où j'ai vu qu'ils se conduisaient mal; j'ai résisté aux offres les plus brillantes, et j'ai étouffé la voix de l'amitié que m'avaient inspirée de grands talens. »

Un citoyen. « Desmoulins vient de nous avouer ingénieusement qu'il avait mal choisi ses amis. Prouvons-lui que nous savons mieux choisir les nôtres, en l'accueillant avec empressement. »

Robespierre. « Il faut considérer Camille-Desmoulins avec ses vertus et ses faiblesses. Quelquefois faible et confiant, souvent courageux et toujours républicain, on l'a vu successivement l'ami des Lameth, de Mirabeau, de Dillon; mais on l'a vu aussi briser ces mêmes idoles qu'il avait encensées. Il les a sacrifiées sur l'autel qu'il leur avait élevé aussitôt qu'il a reconnu leur perfidie. En un mot, il aimait la liberté par instinct et par sentiment, et n'a jamais aimé qu'elle, malgré les séductions puissantes de tous ceux qui la trahirent. J'engage Camille-Desmoulins à poursuivre sa carrière, mais à n'être plus aussi versatile, et à tâcher de ne plus se tromper sur le compte des hommes qui jouent un grand rôle sur la scène politique. »

De nombreux applaudissemens saluèrent l'admission de Camille-Desmoulins. La société admit ensuite successivement Danton, Colombel, Lavicomterie, Forestier, Panis, Dapaget, Durocher, Fauve, Gelingé, Julien (de la Drôme), et Lyon. — Laa, député suppléant des Basses-Pyrénées se présenta. On lui demanda quels étaient ses votes à la Convention. Il répondit qu'il n'y était que depuis peu. Robespierre trouva là une occasion de signaler les dissidences qui commençaient à déchirer la Montagne, et dont les auteurs avaient pour but la ruine du comité de salut public. Il fit une proposition que le club adopta. Nous verrons tout à l'heure comment elle fut accueillie le lendemain par la Convention, et quels motifs avaient porté Robespierre à la faire. Voici d'abord ce qu'il proposa aux Jacobins :

Robespierre. « Je demande que tous les suppléans qui arrivent à la Convention et qui peuvent être des républicains excellens, mais qui peuvent être aussi les fauteurs du fédéralisme, se prononcent sur les événemens qui ont eu lieu dans la révolution, et se fassent connaître en entier. On cherche à diviser la Convention. On veut surtout attaquer le comité de salut public qui est chargé de tout le poids du gouvernement. Il existe à la Montagne des hommes qui ne sont montés sur sa cime que pour tendre la main aux traîtres qui sont plongés dans la fange du Marais. C'est au comité de salut public, qu'on a chargé des grands intérêts de la patrie, qu'il appartient de prévenir ces tentatives criminelles. Il ne peut exister que par l'assentiment unanime de la Convention, comme celle-ci ne peut se conserver que par la confiance et l'amour du peuple.

» J'invite un des républicains députés qui sont dans la société à faire demain à la Convention la proposition tendante à ce que tous les députés suppléans, arrivés à Paris depuis le jugement du dernier des tyrans, fassent à la tribune leur profession de foi sur tous les événemens de la révolution. »

La proposition de Robespierre « fortement appuyée », dit le *Moniteur*, fut adoptée par le club. Romme la fit le lendemain 15 décembre (25 frimaire) à la Convention. Voici dans quels termes :

Romme. « Depuis que le peuple prend, dans toute la République, une part active à la révolution, il veut savoir partout à quels hommes il a affaire. Il importe donc que ceux qui se présentent pour partager les travaux de la Convention fassent connaître, en arrivant, leurs opinions et leur caractère, et prononcent ici leur profession de foi politique. Les vrais défenseurs de la patrie sont ceux qui, dans tous les dangers dont la liberté a été menacée, ont veillé pour elle, et se sont prononcés avec énergie alors qu'il fallait voter d'une manière tranchante. Il est donc intéressant de connaître la profession de foi des nouveaux venus sur les principaux événemens de la révolution. (On applaudit.) On sait que l'événement des 5 et 6 octobre 1789 a menacé la liberté ; on sait que l'affaire du 20 juin 1791 a été mal interprétée par des esprits faux et malveillans ; on sait qu'il y a eu dissentiment sur le jugement de Capet ; on sait encore que le même dissentiment s'est manifesté sur les opinions de Marat, sur les outrages et les injustices commises en sa personne. Je demande que chaque suppléant, en arrivant pour remplacer un député, prononce à la tribune sa profession de foi politique sur les événemens des 5 et 6 octobre 1789, 21 juin 1791, jugement de Capet et de Marat. »

Jay-Sainte-Foy appuya la motion de Romme, et elle fut adoptée. Robespierre était absent. Une légère discussion s'éleva sur le mode d'exécution. L'un des futurs et des plus acharnés thermidoriens, Thibaudeau, en profita pour demander le rapport du décret. Il commença par faire remarquer l'embarras de le mettre en œuvre. Il soutint ensuite qu'il n'y avait rien « de plus illusoire et de plus immoral que cette mesure », par la raison que « c'était ouvrir un accès aux intrigans qui n'hésiteraient pas à prononcer toutes les déclarations que l'on exigerait, et affirmeraient que leurs opinions avaient été dans tous les temps ce qu'elles avaient dû être. Ce que vous pouvez faire de mieux, ajouta-t-il, est ce que vous avez fait jusqu'à présent, c'est de prendre des renseignemens sur les individus par les autorités constituées, et les sociétés populaires, ainsi qu'en a usé votre comité de division. Tenez-vous-en donc à vos premières mesures, et je dirai plus, celle que vous venez d'adopter semblerait annoncer, de la part de la Montagne, une crainte indigne de son courage, indigne du peuple dont elle a si bien défendu les droits. Je demande le rapport. » (*Le Républicain français*, n. du 16 décembre, (26 *frimaire.*)

L'assemblée applaudit et rapporta le décret. Thibaudeau n'ignorait, ni la source, ni le but de la motion de Romme. Personne ne l'ignorait à la Convention, de sorte que le retour sur un vote que l'on avait cru accorder au comité de salut public, et qui lui était retiré à la suite d'un mouvement oratoire sur le courage de la Montagne, était un véritable échec pour le comité, mais surtout pour Robespierre et pour les Jacobins. Nous disons que la phrase par laquelle l'orateur rappelait la Montagne aux convenances que lui imposait son courage, opéra seule le revirement, car les raisons qu'il avait déduites ne pouvaient soutenir l'examen. Puisque en effet, selon Thibaudeau, la Convention était suffisamment renseignée sur les individus par les autorités constituées et par les sociétés populaires, puisqu'elle usait de ce moyen, et que l'opinant lui conseillait de s'en tenir là, que signifiait l'assertion par laquelle il avait débuté, savoir « que les intrigans n'hésiteraient pas à prononcer toutes les déclarations que l'on exigerait? » Comment auraient-ils pu répondre autrement que par l'aveu du parti qu'ils avaient pris à l'égard des événemens énumérés par le décret, s'il existait une voie sûre de connaître la vérité? Et c'était justement parce qu'il était impossible de la trahir, c'était à cause de cette connexité entre l'épreuve et la contre-épreuve, divisée ici par un sophisme de Thibaudeau, que Robespierre avait proposé la mesure. Il voulait qu'un acte de franchise qui en aurait amené beaucoup d'autres fût fait dans la tribune de la Convention; il voulait que les membres de cette assemblée fusent entraînés à appeler sur leurs actes le contrôle de l'opinion publique, et qu'ils passassent chacun à leur tour devant le peuple, comme le faisaient alors les Jacobins. Nul doute que, si cette motion eût passé, la Convention n'eût été épurée, et alors non-seulement le 9 thermidor n'eût pas eu lieu, mais encore le sang versé sur les échafauds pendant que le pouvoir était flottant entre plusieurs influences révolutionnaires, et disputé par d'autres, eût été épargné en très-grande partie. Aussi l'initiative de Robespierre fut-elle comprise et repoussée par le même sentiment qui fit résoudre et décréter sa mort. Voyons maintenant les motifs qui le portèrent à cette démarche.

La dépendance absolue où se trouvaient les ministres à l'égard du comité de salut public faisait que toute attaque dirigée contre eux l'était réellement contre le comité lui-même. Aucun de ses ennemis n'osait lui dresser une opposition en face. Mais ils le harcelaient avec acharnement dans la personne du conseil exécutif. Nous avons déjà vu, lors de la discussion sur le décret du 4 décembre (14 frimaire), Merlin (de Thionville), et Bourdon (de l'Oise), proposer, l'un indirectement, l'autre directement, qu'il n'y eût plus de ministres. Répondant à ce dernier, Robespierre avait dit : « Sous l'empire des rois on se faisait applaudir en déclamant contre les ministres, et ces applaudissemens étaient presque toujours mérités, parce que les ministres étaient les instrumens d'une volonté despotique. Mais, sous le règne de la liberté, ils ne sont plus ce qu'ils ont été. Ce ne sont plus les agens d'un roi, mais de la Convention, dont le comité peut se servir avec utilité. Des législateurs qui ont un gouvernement à organiser dans des circonstances orageuses ne s'attachent pas à un mot; ils considèrent la chose en elle-même. Le nom de ministre n'a plus rien d'effrayant, dès-lors qu'il ne désigne plus un pouvoir arbitraire indépendant; il ne faut donc point se livrer à des déclamations vagues en attribuant aux agens actuels ce qui ne convenait qu'aux anciens. Personne ne peut mieux apprécier les ministres que le comité de salut public avec lequel ils travaillent, et jamais il n'a partagé l'opinion de Bourdon. » — La Convention rejeta la motion, mais les auteurs n'y renoncèrent pas. Nous allons suivre la ligne de leurs manœuvres.

Dès le lendemain de cette discussion (séance du 5 décembre, 15 frimaire), ils résistèrent au décret par lequel Robespierre voulait assurer la liberté des cultes, et qui ne passa qu'à la séance du 6. Ce même jour, à la séance du soir, Léonard-Bourdon fit une motion, en faveur des indigens dont les effets étaient aux établissemens connus sous le nom de monts-de-piété : il demanda qu'ils pussent les retirer sans autre rétribution que les sommes reçues. Charlier et Bourdon (de l'Oise) appuyèrent la demande, et y ajoutèrent celle de la suppression des monts-de-piété, « établissemens immoraux, et véritables priviléges d'usure. » Ils voulaient en outre qu'on exigeât promptement, du ministre de l'intérieur, un compte sévère de l'emploi des sommes qui avaient été votées pour être réparties en secours. Simon fit accorder un délai de trois jours seulement, déclarant que, si le ministre ne se présentait pas, il le dénoncerait lui-même. Ces motions étaient calculées dans un double résultat : d'un côté on travaillait à sa propre popularité, en affectant d'avoir à cœur les intérêts des classes pauvres; de l'autre, on cherchait à ruiner celle du comité, non-seulement en le prévenant dans des initiatives de protection aux malheureux, mais encore en donnant à supposer qu'il ne leur distribuait pas les secours votés.

Le 9 décembre (19 frimaire), Barrère annonça à la Convention que le comité de salut public avait reçu une lettre signée Barras et Fréron, dans laquelle on exagérait les forces des ennemis devant Toulon, et dont le faux matériel avait été reconnu. C'était, dit-il, un piége qu'on avait tendu au comité, pour avilir la représentation nationale, paralyser les mesures militaires prises contre Toulon, et en faire rappeler des représentans utiles. Il en demanda l'insertion au bulletin, et termina par ces mots : « Il suffit pour de pareils voleurs d'avoir des réverbères. » Cette lettre est une des preuves des machinations sourdes, qui se tramaient alors au sein de l'assemblée, contre le comité de salut public, et sur lesquelles Robespierre donne des détails dans son projet de rapport plus haut transcrit sur la faction Fabre-d'Églantine. A partir de ce jour, les attaques croissent en effet jusqu'à la nouvelle de la prise de Toulon, qui ne pouvait tarder sans mettre le comité à la discrétion de ses ennemis.

Le 10 décembre (20 frimaire), un député extraordinaire de Sarre-Libre (Sarre-Louis) fournit un prétexte de revenir à la charge. Il venait appeler l'attention de l'assemblée sur plusieurs abus qui régnaient dans les armées, particulièrement le luxe des états-majors qui employaient un grand nombre de chevaux à leur usage, et sur l'inexpérience des officiers de santé. — Barello appuya cette dernière partie de la pétition, disant que le mauvais choix des médecins, chirurgiens et apothicaires, enlevait plus de monde que le fer de l'ennemi. — Clauzel appuya la première : « Il n'est que trop vrai, s'écria-t-il, que les généraux et états-majors affichent un luxe extraordinaire. Il y a des généraux qui se font traîner par des équipages à douze chevaux. J'ai appris par le secrétaire de Lakanal que le général et l'état-major de l'armée révolutionnaire de Bordeaux s'étaient emparés de quatre cents chevaux, de ceux mis en réquisition par ce représentant du peuple. » — Alors Bourdon (de l'Oise) prit la parole :

Bourdon de l'Oise. « L'assemblée a rejeté la motion par moi faite dernièrement de supprimer les ministres. Cependant chaque séance, chaque admission de pétitionnaire, en fait de plus en plus sentir le besoin. Si les chevaux rassemblés par vos représentans servent au luxe des généraux et des états-majors, c'est par les agens des ministres que cet usage est autorisé. Si les officiers de santé sont mal choisis, c'est à lui que vous devez l'attribuer. Il semble que les ministres s'étudient à choisir pour agens les hommes les plus ineptes, ou les plus connus pour leur immoralité. Vous avez fait une constitution ; les ministres de la monarchie, je le répète, doivent disparaître devant elle. Il faut assurer cette constitution, me dit-on ; il lui faut un piédestal ; et moi, je vous dis que vous ne l'assurerez jamais, si vous ne supprimez les ministres ; jamais vous ne verrez la fin du régime révolutionnaire, dont ils ont intérêt de conserver le besoin pour se conserver eux-mêmes. Alors qu'arrivera-t-il ? Nous ne parviendrons jamais au terme désiré de nos travaux, à cet instant où nous pourrons aller jouir en paix, dans nos humbles foyers, du bonheur que nous aurons assuré à la République. Nous représenterons le long parlement d'Angleterre ; on nous comparera à lui ; on excitera contre nous la haine populaire. Tous les mouvemens contre-révolutionnaires qui retardent la constitution partent des bureaux de la guerre et d'une municipalité qui fut autrefois mieux composée. Vous avez frappé la Commune de Paris : maintenant on manque de pain ; auparavant on avait bien quelque peine à en avoir, mais aujourd'hui c'est une vraie disette. Je demande que les représentans du peuple étant à Bordeaux soient autorisés à suspendre l'état-major de l'armée révolutionnaire, et que le comité de la guerre soit chargé de faire un rapport sur la nomination des officiers de santé. »

Philippaux. « C'est dans les bureaux de la guerre que réside la source de tous les abus qui infestent nos armées ; et, tant qu'on n'aura pas traîné à l'échafaud les chefs et les bureaucrates, vous ne les verrez pas cesser. »

N.... « Je m'oppose à ce que vous autorisiez les représentans du peuple à Bordeaux à suspendre les états-majors de l'armée révolutionnaire ; il faut s'en référer à votre décret sur le gouvernement provisoire ; il accorde aux représentans cette faculté. Il ne faut pas multiplier les décrets sans nécessité ; je demande le renvoi de toutes les propositions au comité de salut public. »
— Le renvoi fut mis aux voix et rejeté. La Convention décréta les propositions de Bourdon. Nous avons extrait nos citations du *Républicain français*, n. du 12 décembre (22 frimaire) ; le *Moniteur*, rédigé dans les intérêts du pouvoir, a arrangé cette séance de manière à ce que le débat fût insignifiant.

Nous comprenons très-bien pourquoi ces attaques détournées faites ordinairement pendant les séances auxquelles, à cause de leurs fonctions, les membres du comité ne pouvaient assister, exaspéraient Robespierre. L'intérêt personnel qui suscitait les opposans, le rôle facile de maintenir son crédit par des censures et des critiques, et plus que tout cela la mauvaise foi et l'absurdité de ces querelles annonçaient également de la part de certains conventionnels, et un but odieux, et la disposition d'y arriver par tous les moyens possibles ; ici par exemple on déclamait bien gratuitement contre des abus antérieurs à l'organisation du gouvernement révolutionnaire. C'était pour remédier à ces abus, ainsi qu'à tous les autres, qu'avait été porté le décret du 4 décembre. En supposant qu'il n'eût pas encore servi à atteindre ceux que dénonçaient Clauzel, Bourdon et Philippaux, ce qui n'aurait eu rien d'étonnant après cinq jours d'existence, pourquoi faire intervenir directement la Convention dans une réforme très-minime, lorsqu'elle venait de déléguer le soin et les pleins pouvoirs de toutes les réformes ? mais on n'avait pas même le mérite de prévenir le comité à cet égard. Le 6 décembre (16 frimaire), Gossuin, au nom des comités du salut public et de la guerre avait présenté et fait adopter une loi par laquelle il était défendu aux capitaines, lieutenans et sous-lieutenans d'infanterie d'entretenir des chevaux à leur service « parce que, dit-il, ces chevaux embarrassaient la marche des bataillons, et étalaient à la vue un luxe indigne de vrais républicains. » Or, Bourdon (de l'Oise) avait critiqué cette mesure en ces termes : « Si vous obligez les officiers d'infanterie de marcher à pied, chargés de leurs sacs comme les soldats, ils seront comme eux fatigués en arrivant à leur destination, et ne pourront donner leurs soins aux subsistances, aux campemens, à tous les détails nécessaires. Tous les membres de la Convention, qui ont été envoyés près des armées, doivent sentir l'importance de mon observation. »—

Après s'être opposé à la mesure quand elle venait du comité, maintenant Bourdon parlait comme si elle n'eût pas été prise, et il en proposait l'équivalent comme indispensable. Ces formes d'opposition étaient donc une apparence destinée à colorer d'autres desseins. Au-dessous rampaient les intrigues dont se plaignait Robespierre, et qui avaient pour but de faire ressaisir à la Convention la dictature qu'elle avait abdiquée, sinon pour la remettre en d'autres mains, du moins pour la laisser vague et indécise, sans autre organe que les motionnaires qui viendraient se disputer les votes de la majorité. A mesure que nous avancerons dans l'histoire des oppositions faites au pouvoir révolutionnaire, on se convaincra de plus en plus que la jalousie de l'esprit de corps, c'est-à-dire l'égoïsme de chaque membre, et la préoccupation de son droit personnel de représentant, fut une passion que tournèrent facilement contre les dictateurs ceux qui l'excitèrent à propos. Jamais le comité de salut public nommé après le 31 mai, et dont les pouvoirs furent renouvelés jusqu'au 9 thermidor, n'eût été ni choisi, ni subi par la Convention, s'il ne lui eût été imposé par l'opinion publique, et s'il n'eût justifié par ses œuvres le suffrage des masses révolutionnaires; on peut dire que l'obstacle capital du comité fût la Convention, comme certains de ses collègues au comité furent le principal obstacle de Robespierre.

Dans la réfutation manuscrite qu'a faite M. Bouchotte, en ce qui le concerne, de l'histoire de M. Thiers, et qu'il nous a confiée, il est question de la séance du 10 décembre (20 frimaire). Nous allons nous y arrêter un instant. M. Thiers a accumulé contre l'ex-ministre de la Convention tous les griefs des dantonistes, dont le plus fréquent dans leur bouche est celui d'avoir livré ses bureaux aux amis de Chaumette et d'Hébert. Vincent surtout l'ennemi personnel de Bourdon, de Philippaux, de Camille Desmoulins, et que ceux-ci accusaient d'être l'auteur de toutes les nominations attribuées par le décret du 28 juillet 1793 au ministre de la guerre, est à chaque instant désigné par M. Thiers comme le maître absolu des actes de M. Bouchotte. Ce n'est là, on le voit, que le commentaire de cette plaisanterie si connue de Camille Desmoulins : *Vincent Pitt, gouverne Georges Bouchotte.* — M. Bouchotte, répondant à ces inculpations, commence par citer le décret du 28 juillet, puis il ajoute : « Voilà donc le ministre investi d'un pouvoir illimité dans les nominations, pouvant faire d'un sous-lieutenant un général, mais sous une responsabilité de mort! qui aurait abandonné les choix à un jeune homme, sans connaissance des capacités militaires? Le ministère n'aurait pas su apprécier la confiance de la Convention ni la responsabilité qui pesait sur lui. Certainement on ne peut rien dire de plus invraisemblable en produisant une partie des noms des généraux signalés par une grande capacité et de hauts faits d'armes, on fera sentir que le ministre, toujours fidèle à l'intérêt public, a dû faire beaucoup de recherches et se procurer des renseignemens satisfaisans avant de procéder aux nominations. » Ici M. Bouchotte trace une longue liste des généraux républicains nommés par lui, et qui tous en effet ont rendu d'éclatans services ; il arrive ensuite à la séance du 10 décembre, et il oppose à l'historien qui l'accuse d'avoir abandonné ses bureaux aux influences ultra-révolutionnaires, cette phrase du discours de Bourdon : « C'est dans les bureaux du ministère de la guerre qu'existe la contre-révolution. » Il fait remarquer que ces deux griefs s'excluent réciproquement. Parceque M. Bouchotte a pris les paroles de Bourdon dans le *Moniteur*, il a dû y voir le sens dont il tire son argument, mais, comme Bourdon explique, dans son discours tel que le rapporte le *Républicain français*, et tel que nous l'avons cité, ce qu'il entend par contre-révolution, il y avait une objection plus grave à lui faire : en effet, par ce mot il qualifie tous les obstacles apportés à la mise en œuvre de la Constitution. Or, nos lecteurs savent que Vincent, Hebert et les cordeliers furent les premiers à en demander l'exécution, et que ce fut là l'une des démarches par où ce parti commença sa ruine. C'était donc bien à tort que Bourdon imputait aux meneurs prétendus du ministre de la guerre de vouloir la contre-révolution, c'est-à-dire l'ajournement indéfini du gouvernement constitutionnel, car lui même exprimait en cela le vœu qui leur avait attiré l'ancienne animadversion du comité de salut public.

A la fin de la séance du 10 décembre (20 frimaire), Boursault, antérieurement dénoncé par l'assemblée électorale du département de Paris « comme ayant prodigieusement accru sa fortune depuis quelque temps », monta à la tribune pour se justifier. Il déclara faire don à ses dénonciateurs de tous les biens qu'on l'accusait de posséder (plus de 1,600,000 livres), et demanda que le comité de sûreté générale, fît, sous trois jours, un rapport sur les dénonciations. C'était encore un mécontent et un ennemi du comité ; le rapport n'eut pas lieu. Cependant l'accusation était de nature à être publiquement éclaircie. Voici dans quels termes l'avait présenté les électeurs à la séance du 27 novembre (7 frimaire).

L'orateur. « Citoyens représentans, l'assemblée électorale du département de Paris s'est présentée devant vous, il y a environ quatre mois, pour vous faire part d'un arrêté qu'elle avait pris, relativement à Boursault. Il était accusé d'avoir fait faillite, et était par conséquent indigne de représenter le peuple français. Mais, citoyens, quel a dû être notre étonnement, lorsqu'après avoir fait des recherches sur la fortune de Boursault, nous avons reconnu qu'il avait non-seulement payé toutes ses dettes, mais qu'il était dans ce moment dans l'opulence.

» Voici une lettre que nous devons faire connaître à l'assemblée.

« Bonnemain m'a déclaré, 1° que Boursault avait payé ses » créanciers ; 2° qu'il a acheté une maison à Paris, estimée à » 400,000 livres ; 3° qu'il a fait un remboursement considérable » à son père ; 4° qu'il a fait une acquisition aux environs de Bru- » noi ; 5° qu'il a la propriété pleine et entière du théâtre dit des » Sans-Culottes ; 6° qu'il vient de faire obtenir à son père une » place importante. Voici maintenant les places que Boursault » occupait. Il a eu l'inspection de la nouvelle salle de la Conven- » tion nationale ; il a été chargé de la remonte des chevaux pour » l'armée ; il a eu une place dans l'équipement des troupes de la » République ; il est chargé de la surveillance du château de Ver- » sailles.

» Signé COLMET, *commissaire de police de la section des Lom-* » *bards.* »

» Citoyens, l'assemblée électorale du département de Paris, persuadée que son devoir est de surveiller ceux des citoyens à qui elle accorde sa confiance, n'a pu s'empêcher de vous donner communication de cette lettre. » — Sur la proposition de Levasseur, cette lettre avait été renvoyée au comité des marchés.

Le 11 décembre (21 frimaire), la Convention reçut deux lettres d'André Dumont, datées d'Amiens : par la première il annonçait que le temple de la Raison et l'arbre de la liberté avait été profanés et qu'on cherchait les auteurs de ces attentats ; il déclarait dans la seconde « qu'il avait tendu son large filet, et qu'il prenait tout son gibier de guillotine. » Ces lettres accusaient le système de Robespierre, et donnaient lieu à des sourdes récriminations contre le décret accordé, sur sa présentation, au comité de salut public, à la séance du 6 décembre (16 frimaire).

Le 13 décembre (23 frimaire), un commissaire des guerres, resté à Mayence après la capitulation, vint se plaindre à la barre de l'inexécution du décret qui enjoignait au ministre de la guerre d'envoyer des fonds à Mayence pour racheter mille républicains rétenus en otage. Bourdon s'élança à la tribune.

Bourdon (de l'Oise). « Il est bien singulier qu'après les faits qui viennent d'être dénoncés, on garde le silence ; et que, quand il y a un décret qui ordonne au ministre de la guerre d'envoyer des fonds pour acheter mille républicains, on se taise sur une inexécution de quatre mois. (*On applaudit.*) Qu'est-ce donc que cette infâme bureaucratie du ministre de la guerre ? Qu'est-ce donc que Bouchotte ? Quel est donc son pouvoir ? Est-il au-dessus de la Convention ? On n'ose pas dire qu'il laisse les lois sans exécution ! Quoi ! nous tremblerions devant Bouchotte ? (*On applaudit.*) Je demande que le ministre de la guerre soit appelé, séance tenante, pour rendre compte du retard apporté à l'exécution du décret qui eût rendu mille de nos frères à la République. »

Cette proposition fut décrétée au milieu des plus vifs applaudissemens. D'après ce que nous avons dit plus haut, toutes les attaques contre le ministre de la guerre tombaient indirectement sur le comité de salut public, et l'on voit comment Bourdon le traitait, et comment ses diatribes étaient accueillies par la Convention. Elles commençaient même à devenir tellement transparentes, que personne ne pouvait se tromper sur leur véritable objet. En demandant si le pouvoir de Bouchotte était au-dessus de la Convention, Bourdon ne désignait-il pas clairement, en effet, le despotisme du comité, dont le ministre était un simple agent ? Bouchotte parut vers la fin de la séance, et dit :

Bouchotte, ministre de la guerre. « Je viens rendre à l'assemblée le compte qu'elle m'a demandé au commencement de cette séance. J'espère qu'après avoir entendu les détails que je vais lui donner, elle sera convaincue que j'ai fait tout ce qui était en mon pouvoir pour exécuter la loi qui ordonnait un envoi de fonds pour délivrer nos frères de Mayence.

» L'assemblée me renvoya, le 19 brumaire, une pétition semblable à celle qui a été faite ce matin ; mais, longtemps avant cette époque, j'avais donné des ordres à la trésorerie nationale de faire passer à Mayence une somme de 616,000 livres en numéraire. Informé, le 25 brumaire, que les fonds n'étaient pas encore parvenus à leur destination, j'écrivis aux représentans du peuple, Saint-Just et Lebas, pour les inviter à lever les difficultés qui s'opposaient à leur passage. Ces difficultés, citoyen président, naissaient d'un arrêté pris par ces deux représentans, qui défendaient toute communication entre nos généraux et les ennemis. Le payeur général de l'armée du Rhin, à qui j'avais pareillement écrit pour le même objet, adressa une pétition aux commissaires de la Convention pour obtenir d'eux la permission qu'il désirait. »

Le ministre lut, à l'appui de ce qu'il avançait, une lettre de la trésorerie nationale et une autre de Vilmanzy, payeur à l'armée du Rhin, qui faisaient toutes deux mention d'accélérer les moyens d'exécution; il ajouta que l'examen des pièces dont il venait de faire lecture prouverait à la Convention qu'il n'avait rien négligé, et que, s'il y avait du retard, il ne provenait pas de sa faute.

Bourdon ne fut pas satisfait de ces explications. Il s'appitoya de nouveau sur « ses malheureux frères qui, loin de gémir chez l'étranger, déploieraient leur courage pour la défense de la liberté », si le ministre eût exécuté la loi. Rappelant avec beaucoup d'art la dénonciation relative aux mauvais choix des officiers de santé, faite le 10 décembre, il dit : « Il y a long-temps que ceux des officiers de santé qui sont retenus à Mayence pourraient donner leurs soins aux défenseurs de la patrie, et que nous ne verrions plus nos frères blessés à la merci de chirurgiens et médecins qui ne seraient pas même bons palfreniers, et que les bureaux de la guerre ont placés dans nos hôpitaux. » — A cela il fut répliqué :

Bouchotte. « J'observe que mon devoir consistait à donner ordre à la trésorerie de délivrer les fonds ; que cet ordre a été donné le 31 août dernier, que j'en ai pressé l'envoi, et que le reste était du devoir de la trésorerie nationale.

» Quant aux officiers de santé, j'observe encore qu'ils sont nommés par des gens de l'art, et non par le ministre ou par les bureaux de la guerre.

» Au reste, le surplus dépendait des agens qui sont sur les lieux ; quant à moi, je n'ai cessé de les presser d'exécuter la loi. »

Bourdon insista. Il continua à argumenter comme si les agens de la trésorerie nationale étaient les agens du ministre de la guerre, et il déclara qu'il s'en prenait à lui parce qu'il nommait ses agens, et que c'était à lui d'en répondre. Il termina en demandant que le ministre fût invité à prendre des mesures promptes pour opérer la délivrance des otages restés à Mayence, et qu'il en rendît compte dans huit jours. — Un membre proposa le renvoi des conclusions de Bourdon au comité de salut public. Dubois-Crancé prit la parole pour appuyer cette proposition, et pour articuler un blâme direct contre le comité. Il l'invita à ouvrir les yeux sur Vilmanzy, payeur général, « agent vil et bas des Lameth pendant l'assemblée constituante, et qui depuis était parvenu à se faire employer auprès de l'armée du Rhin. » — La proposition fut décrétée.

Le 14 décembre (24 frimaire), Lecointre (de Versailles) vint effrayer la Convention par le récit des horreurs et des brigandages qu'avait commis auprès de Corbeil une force armée révolutionnaire, commandée par Turlot, aide-de-camp du général Hanriot, se disant chargé des ordres de Maillard. Sous prétexte, dit-il, de rechercher chez le fermier Gillebon des insignes royaux, ils lui avaient fait subir les plus indignes traitemens, et avaient mis sa maison au pillage. Il fit prononcer un décret qui ordonnait au comité de salut public d'instruire cette affaire sous trois jours. Il s'était sans doute passé quelque grave désordre, peut-être même quelque crime avait-il eu lieu, car l'armée révolutionnaire, composée en grande partie d'hébertistes, était capable de tout. Cependant rien ne fut éclairci à cet égard, même par le dénonciateur. Le 16 décembre (26 frimaire), il lut une lettre signée par Spejikec, commissaire de police, et Burlandaux, officier de paix de la section de l'Observatoire, dans laquelle « ils promettaient sur leur tête d'arrêter les principaux assassins de Gillebon, et ce dans le courant d'un mois, ayant une connaissance intime des personnages qui pouvaient l'avoir commis. » Lecointre demanda que cette lettre fut envoyée au comité de salut public et à celui de sûreté générale, à l'effet d'en user ainsi qu'ils le jugeraient convenable pour la pleine exécution du décret rendu l'avant-veille. L'affaire en resta là, mais le mal qu'on avait voulu produire était produit. Quelques jours auparavant on avait rendu le comité responsable d'abus de pouvoirs reprochés à Marcelin et à Paillardel, commissaires civils près l'armée révolutionnaire envoyée à Lyon, et que le comité avait nommés à la recommandation de Ronsin. Maintenant on le présentait comme tolérant presque sous ses yeux des actes infâmes, des scènes de chauffeurs, où toute une famille aurait été mise à la question, et dont le chef, vieillard de soixante-douze ans, aurait eu la plante des pieds brûlée. En accusant d'avoir présidé à ces scènes un aide-de-camp d'Hanriot, dont le dévouement au comité était connu, c'était presque faire remonter la complicité jusqu'aux dictateurs eux-mêmes. Il est vrai que la dénonciation, si précise d'abord quant au nom et à la qualité des coupables, ne tomba plus ensuite que sur les « personnages qui pouvaient avoir commis l'assassinat de Gillebon » ; mais, nous le répétons, le mal était fait.

Ce fut cette dernière attaque, et l'attitude chaque jour plus hostile de la Convention, qui déterminèrent Robespierre à proposer le soir aux Jacobins la mesure relative aux suppléans. Si nous jugeons de ce qui se disait dans les conversations par ce qui se disait à la tribune, nous devons supposer qu'un parti puissant se formait dans la Convention contre le comité de salut public. Les séances que nous allons analyser en donneront la preuve la plus complète. Ce parti composé de tous ceux dont le comité avait pu froisser l'amour-propre, de tous ceux qui avaient commis des fautes ou des crimes, des mécontens, en un mot, et des effrayés, ne se manifestant encore que par des agressions et des oppositions individuelles, se formait et se groupait à mesure de ces manifestations. Les mécontens agissaient sur l'esprit de ceux qui attachaient quelque importance à leur part de despotisme, et qui regrettaient de l'avoir abdiquée entre les mains du comité; les effrayés agissaient sur l'esprit des poltrons. Les mécontens, tels que Bourdon (de l'Oise), Philippeaux, Charlier, Dubois-Crancé, Lecointre, etc., eussent été hébertistes, si l'élément dont ils étaient les excitateurs avait été le plus nombreux. Mais l'opposition des effrayés avait infiniment plus de chances que la leur ; et voilà pourquoi ils s'en rapprochaient de jour en jour, et pourquoi ils finirent par combattre avec elle, gardant cependant assez d'individualité (Philippeaux excepté) pour renier les dantonistes lorsqu'il y aurait du danger à suivre leur système, et pour se ranger avec ceux qui les frapperaient. Les hommes de cette trempe, personnels à l'excès, impitoyables pour la plupart, ne s'étant compromis par aucune action notoirement criminelle, ni par aucune de ces faiblesses qui procèdent d'une sympathie mal dirigée, furent les plus dangereux adversaires du comité de salut public. Auxiliaires sûrs de quiconque lui ferait la guerre, ils ne se déclaraient qu'au moment même du combat, et, comme ils n'étaient les amis de personne, ils redevenaient seuls après la mêlée ; de telle sorte que, pour les atteindre, il aurait fallu faire un procès particulier à chacun d'eux. Robespierre qui voyait l'orage se former, et le comité de salut public à la veille d'être pressé entre une opposition parlementaire que dirigeraient nécessairement les indulgens, et entre une opposition extra-parlementaire conduite par les hébertistes, conçut le projet de rendre tout lien impossible entre les individus de l'union desquels allait résulter un parti conventionnel formidable. Au moment où les intrigues dont Fabre-d'Églantine fut le principal artisan cherchaient et rapprochaient tous ceux qui avaient fait acte d'opposition à la tribune, et tous ceux qui les avaient approuvés à quelque degré, Robespierre tenta de rompre ce pacte en posant à la Convention un thème de profession de foi pour les nouveaux venus, qui ne pouvait manquer de devenir l'occasion de toutes les explications individuelles. La personnalité étant à l'ordre du jour dans le secret de la faction naissante, il voulait tirer cette question des ténèbres et la faire discuter au grand jour de la publicité, espérant que les honnêtes gens égarés ou trompés seraient facilement convaincus et ramenés, et qu'ils se trouveraient en majorité pour écraser les méchans. Tel était le but de la motion qu'il fit le 14 décembre (24 frimaire) aux Jacobins, que Romme présenta le 15 à la Convention, et qui, adoptée d'abord, fut rapportée immédiatement à la demande de Thibaudeau.

Cette défaite inspira confiance et courage à l'opposition. Le 16 décembre (26 frimaire), à l'ouverture de la séance, Bourdon (de l'Oise) dénonça la *Sentinelle du Nord* pour avoir publié que vingt mille fusils, envoyés par le roi de Danemarck, venaient d'arriver au Havre. Il voyait dans cette nouvelle l'intention de brouiller la France avec les puissances neutres. Ce n'était là qu'un exorde sans conséquence. Passant brusquement de ce sujet à celui de ses continuelles préoccupations, Bourdon ajouta : « Isoré m'écrit aussi que les agens du conseil exécutif continuent leur système de diffamation contre les représentans du peuple. Il est temps que le comité de salut public rende compte à la Convention de la conduite et des pouvoirs de ces agens. » — Merlin (de Thionville) se lève aussitôt. Il annonce que Thionville est en proie aux agens du conseil exécutif, qu'ils y lèvent des taxes arbitraires, et « qu'il faut enfin que le conseil exécutif réponde de la conduite de ces hommes, hier aristocrates, aujourd'hui patriotes. » — *Clauzel.* « Je demande la suppression de tous ses agens. » — *Lecointre.* « Et moi que chacun d'eux soit tenu de rendre compte individuellement au comité de salut public, qui en fera un rapport général. » — Divers membres (nous suivons ici le bulletin du *Républicain français*) citent des faits, et articulent des plaintes du même genre. — Cambon dit que les taxes révolutionnaires n'arrivent pas à la trésorerie, et il fait décréter que les directoires et les districts enverront la note de toutes les taxes de ce genre qu'ils ont imposées. — Un autre décret charge les comités de salut public et de sûreté générale de faire un rapport sur les agens du conseil exécutif.

On avait passé de cette discussion à la lecture de la correspondance, lorsque Couthon vint communiquer et faire sanctionner une mesure du comité de salut public. Il commença par dire que, si les ordres du comité avaient toujours été fidèlement suivis, il n'eût pas annoncé en vain la fin de la guerre contre les rebelles de l'Ouest. Il continua ainsi :

Couthon. « Le 22 frimaire (12 décembre), le comité de salut public prit un arrêté portant que les dix mille hommes de l'armée du Nord, qu'il a envoyés dans la Vendée, resteraient en station à Dreux, pour de là se porter partout où les rebelles dirigeraient leur marche. D'après les nouvelles d'hier, vous avez dû voir que les brigands pouvaient se porter vers Dreux, vers Chartres, ou du côté d'Alençon. Les dix mille hommes de l'armée du Nord devaient poster un corps d'observation pour examiner la route que prendraient les rebelles, les poursuivre, soit qu'ils se portassent à Alençon ou à Chartres, et dans tous les cas, les mettre entre deux feux. Notre collègue Thirion, qui peut avoir des connaissances, mais qui ne se connaît pas en mesures militaires, a retenu à Dreux les dix mille hommes de l'armée du Nord, au lieu de les faire porter vers Alençon, où les brigands ont dirigé leur marche. Garnier de Saintes, nous écrit qu'il est très à craindre qu'ils s'emparent de cette ville.

» Citoyens, nous devons nous attendre qu'on accusera le comité de salut public de cette faute ; car il est des hommes qui, sans examiner les mesures qu'il prend dans le silence du cabinet, et qu'il combine avec réflexion, lui attribuent des revers qu'on ne doit qu'à l'inexécution de ses arrêtés.

» La lettre de Garnier, de Saintes, nous est parvenue cette nuit, et aussitôt nous avons expédié un courrier pour donner une meilleure destination aux dix mille hommes stationnés à Dreux ; car Thirion en a envoyé cinq mille, non à Alençon, où les brigands allaient, mais à Chartres, où ils n'allaient pas. Quant à la conduite de notre collègue, le comité a pensé qu'elle méritait au moins un rappel. »

Couthon lut ensuite la lettre de Garnier. Fayau et Merlin (de Thionville) déclarèrent approuver la conduite du comité, mais ils mirent en doute que Thirion eût encore pu connaître l'arrêté du 12 décembre, et ils demandèrent que ce fait fût éclairci avant que l'on exprimât un blâme contre ce député. Ils appuyèrent particulièrement sur la réserve que l'on devait employer toutes les fois qu'il s'agissait de jeter de la méfiance sur les représentans du peuple. Couthon protesta contre de pareilles intentions de la part du comité. — *N.....* « Thirion est un prêtre ; la Convention doit le rappeler. » — *Merlin.* « Je suis député du même département que Thirion, et j'atteste qu'il n'a jamais été prêtre. » — *Granet.* « Je demande que la Convention rappelle tous les prêtres qui sont en commission. » (*On applaudit.*) — *Clauzel.* « Je demande que cette mesure soit étendue aux ci-devant nobles. » — *Bourdon (de l'Oise).* « J'appuie la motion de Granet puisque les prêtres vous sont suspects ; ceux d'entre eux qui peuvent être patriotes ne seront pas irrités que vous preniez une mesure de sûreté. (Le rappel des nobles et des prêtres est décrété.) Le plus grand malheur qui peut arriver dans les circonstances où nous nous trouvons, c'est que le comité de salut public et la Convention ne marchent pas sur la même ligne. Je demande, par suite du décret que vous venez de rendre, que les prêtres et les nobles soient exclus du comité de salut public. » — *Merlin.* « J'observe que de motion en motion, on parviendrait à faire renvoyer de la Convention les nobles et les prêtres. Quand un membre de la Convention travaille dans un comité, il remplit les fonctions que le peuple lui a confiées ; c'est comme s'il était dans le sein de la Convention. Je demande l'ordre du jour sur la proposition de Bourdon. » — *Bourdon.* « Il est certain qu'un noble ou un prêtre peut être plus dangereux dans le comité de salut public que dans une mission particulière. Il y en a un que je ne veux pas nommer, qui m'est très-suspect à cause de ses liaisons intimes avec Dubuisson, Pereyra et Proly, agens des puissances étrangères. » — *Meaulde.* « La Convention ne doit pas prendre de mesure générale ; mais, si on lui dénonce un membre d'un comité, elle doit, s'il est reconnu suspect l'en retirer; et, si Bourdon en connaît quelques-uns, il doit les dénoncer. » — *Bourdon.* « Je profite de l'avis du préopinant. Je vous dénonce e ci-devant avocat-général, le ci-devant noble Hérault-Séchelles, membre du comité de salut public, et maintenant commissaire à l'armée du Rhin, pour ses liaisons avec Pereyra, Dubuisson et Proly. » — *Couthon.* « Je demande l'ajournement de la proposition de Bourdon. Je ne sais pas si Hérault a eu des liaisons avec des personnes suspectes; je l'ai connu au comité de salut public, et je ne me suis jamais aperçu qu'il ne marchât pas dans le sentier du patriotisme. Il est maintenant absent, attendez qu'il soit arrivé et qu'il puisse répondre à l'inculpation qui lui est faite. » (On lit la rédaction du décret qui rappelle les nobles et les prêtres.) — *N.....* « Je demande que dans votre décret soient compris les ministres d'un culte quelconque. » — *N.....* « Si vous adoptez la proposition qui vous est faite, vous commettrez une grande injustice à l'égard d'excellens patriotes. Citoyens, la République n'avait pas de marine à Brest, Jean-Bon-Saint-André y a formé une escadre formidable; il a rétabli la discipline parmi les matelots, et a purgé l'armée navale des traîtres qui s'y étaient glissés. Si vous le rappelez, vous êtes injustes envers lui, car il a beaucoup travaillé pour le salut de la patrie, et vous nuisez aux intérêts de la République en la privant des services qu'il peut encore lui rendre. » — *Granet.* « Ma proposition n'est pas encore élaborée; elle peut avoir des inconvéniens. Je demande moi-même le rapport du décret rendu sur ma motion, et le renvoi de toutes les motions au comité de salut public. » — Le rapport et le renvoi furent décrétés.

La proposition d'exclure les nobles et les prêtres, dont on s'armait ici contre le comité de salut public, avait été faite et adoptée à la séance des Jacobins du 12 décembre (22 frimaire), en ce qui concernait le club, à la suite du discours de Robespierre contre Anacharsis Clootz. Ce qui venait de se passer à la Convention amena le club, dans la soirée du 16 décembre (26 frimaire), à des explications sur cet arrêté. L'épuration était ouverte; quelques membres demandèrent si la société devait conserver dans son sein les nobles qui avaient fait preuve de patriotisme.

Robespierre. « Je m'oppose à toute exception, et je demande que l'arrêté soit rigoureusement observé : une pareille décision ne pourrait être favorable qu'aux nobles intrigans, qui se sont enveloppés du manteau du patriotisme, tandis que les nobles de bonne foi seraient repoussés du sein des patriotes. On a fait les motions les plus violentes contre les nobles ; tantôt on veut nous porter au-delà du but de la révolution ; tantôt nous retenir dans la fange du modérantisme. Ce sont toujours les nobles ou les ennemis du peuple qui provoquent ces différentes propositions. Je demande qu'on conserve l'arrêté dans toute sa rigueur, et qu'on ne souffre aucun noble parmi nous. »

Un membre fit observer que le club devait encore se montrer plus sévère envers les nobles qu'envers les prêtres, « car, dit-il, il ne dépend pas d'un individu de naître avec la tache originelle ; mais un prêtre ! mais un homme qui dans l'âge des lumières a osé embrasser le métier d'imposteur !... ne sera jamais républicain. » — Bernard, prêtre, et membre du conseil-général de la Commune, rappelle en ce moment que l'arrêté pris sur les propositions de Robespierre ne portait que sur les nobles, les étrangers et les banquiers, et non pas sur les prêtres. « Je regarde comme contre-révolutionnaire, ajouta-t-il, la motion de les y comprendre ; je pense qu'elle tend à perdre la République. » (*Murmures.*)

Robespierre. « Je me serais bien gardé de la proposition que j'ai faite, si j'avais cru que la société n'agît pas dans cette circonstance avec sa sagesse ordinaire. Je ne vois que le bonheur de mon pays ; je suis étranger à toutes les factions. Je n'ai voulu attaquer personne en particulier.

» J'ai demandé qu'on chassât les étrangers, parce que, parmi ces hommes, sujets des despotes, il en est peu qui aiment de bonne foi la liberté.

» J'ai demandé qu'on chassât les banquiers, parce qu'il existe entre ces hommes et ceux de l'étranger des relations.

» J'ai demandé l'exclusion des nobles, parce qu'il existe toujours dans cette caste orgueilleuse des conspirateurs, parce que, sous le bonnet rouge, cette espèce fut amie aussi des talons rouges.

» J'ai demandé l'exclusion des nobles, parce qu'il exista toujours un usage exécrable ; c'est qu'on s'entendait sur le parti qu'on devait prendre dans une famille, et que le cadet, qui était ici sous le costume d'un sans-culotte, n'était autre chose que le soldat et l'espion de l'aîné qui était à Coblentz.

» J'ai demandé qu'on exclût les nobles, parce que leur éducation, leur ambition, leur hypocrisie les rendaient dangereux dans les sociétés populaires, et que, chaque jour, nous étions sur le point d'être dupes de leur astuce et de leur scélératesse.

» J'ai demandé leur exclusion dans un temps où personne ne pensait à eux. Aucun d'eux n'a osé réclamer ; mais, ne pouvant parer le coup, on a cherché à envelopper les prêtres dans la proscription.

» Je n'estime pas plus l'individu prêtre que l'individu noble. (Je mets des exceptions en tout.)

» On a voulu faire croire au peuple que la Convention, que les Jacobins faisaient la guerre au culte. De là les malheurs sans nombre parmi la classe du peuple encore peu instruit, et dont on n'a pas assez respecté les préjugés et la faiblesse.

» On dit dans le parallèle des nobles et des prêtres, que tout l'avantage est du côté des premiers.

» Je n'en crois rien, et voici pourquoi. Le noble est un homme dont tous les avantages sont des avantages politiques. Il les tire de sa naissance, et l'habitude des distinctions lui a fait mépriser tout ce qui n'est pas de ce qu'il appelle son rang.

» Il existait parmi les prêtres au contraire deux sortes d'hommes. Celle qu'on appelait le *bas clergé* compte dans son sein des hommes qui sont attachés à la révolution par une suite non interrompue de sacrifices.

» Il en est dans cette société : celui par exemple qui vient de descendre de la tribune et qui fut martyr de la liberté.

» Les nobles, toujours liés avec les cours étrangères, ont toujours méprisé les prêtres qu'ils mettaient dans leur parti.

» On pouvait, sans inconvénient, chasser tous les nobles des sociétés populaires. On pourrait les chasser de partout. Il n'en serait peut-être pas de même des prêtres. Les campagnes ont été induites en erreur par les ennemis du peuple, toujours prêts à profiter de la moindre de nos erreurs.

» Rappelez-vous les malheurs qui ont été la suite des mesures violentes qu'on avait prises à leur égard dans certains pays, et craignez de les voir se renouveler!

» Si l'on a de bonnes raisons à opposer à ce que je viens de vous dire, je prie qu'on combatte ma proposition, sinon, je demande qu'on n'étende pas trop loin des mesures utiles en soi, mais qui ne seraient pas exemptes d'abus. Mon intention n'a jamais été dans une motion patriotique de servir les agens de la Prusse et de l'Angleterre. » (*On applaudit.*) — Personne ne demanda la parole, et l'arrêté fut modifié ainsi que Robespierre le demandait.

—Nous voici parvenus à la séance de la Convention du 17 décembre (27 frimaire) signalée dans le projet de rapport de Robespierre contre la faction Fabre-d'Églantine, comme celle où l'opposition naissante éclata avec le plus de vivacité. Il y avait déjà une tactique commune. Les pamphlets de Philippeaux et *le vieux Cordelier* de Camille-Desmoulins paraissaient depuis quelque temps. Ces manifestes, étant de nature à satisfaire les mécontens et les effrayés, avaient produit sur l'esprit des uns et des autres une impression à laquelle Fabre avait pu reconnaître tous les ennemis du comité, et préparer leur concert. Il devait être fort avancé dans ses intrigues, et en tenir déjà le résultat pour certain, car ce fut lui-même qui articula la dénonciation pour laquelle avait été montée la séance que nous allons transcrire. Le compte-rendu du *Moniteur* achève de nous convaincre que le bulletin parlementaire de ce journal était rédigé sous l'influence du pouvoir; il est impossible en effet de savoir par la manière dont les débats y sont analysés, ni tous les noms des opposans, ni leur accord, ni leur but. Boursault et Bourgoin n'y sont pas nommés; la dénonciation contre Héron y est à peine mentionnée. Le *Républicain français*, n. du 19 décembre (29 frimaire), nous permet de remplir ces lacunes et de donner ainsi une véritable pièce justificative sur ce qu'il y a de relatif à la séance du 17 décembre, dans le projet de rapport de Robespierre par lequel nous avons terminé notre introduction à la période actuelle. Nous compléterons donc le *Moniteur* par le *Républicain français*.

La séance du 17 décembre (27 frimaire) commença par une dénonciation de Dubouchet contre Guyot, agent du conseil exécutif à Melun, « intrigant coalisé avec tout ce qu'il y avait d'aristocrates dans le pays. » — Montmoyon fit ensuite une motion pour exclure les ci-devant privilégiés de tous les comités révolutionnaires. Là-dessus un ami des girondins, qui avait pris une part assez active, à l'opposition faite au 31 mai, et qui n'avait pas ouvert la bouche depuis la séance du 15 juillet où il avait répondu à des inculpations de Chabot (*voir le vingt-huitième volume de l'Histoire parlementaire*), Camboulas prit la parole et dit:

Camboulas. « Dans plusieurs endroits, les membres des comités révolutionnaires sont des gens tarés, des prêtres, des moines, des grands-vicaires, des ci-devant nobles; ces serpens se sont glissés dans ces comités, où ils croient faire oublier leur ancien incivisme, en outrant toutes les mesures; et, par ces moyens ultra-révolutionnaires, ils cherchent à tout désorganiser. J'appuie la proposition du préopinant. »

Ni le nom de Camboulas, ni les phrases qu'il prononça ne sont dans le *Moniteur*. — Merlin fit passer à l'ordre du jour sur la motion de Montmoyon, motivé sur la loi du 11 mars précédent qui excluait formellement les nobles et les prêtres des comités révolutionnaires. — *Clauzel*. « Je demande l'insertion au bulletin de cet ordre du jour, avec les motifs : cela est très-important. » L'insertion au bulletin fut ordonnée. Puis Sallengros fit adopter le décret suivant, par lequel des secours étaient accordés à la veuve et aux enfans de Biroteau.

« La Convention nationale, après avoir entendu le rapport de ses comités des secours publics et de sûreté générale, décrète que la trésorerie nationale paiera, sur la présentation du présent décret, à la citoyenne Madeleine Costa, veuve de Biroteau, une somme de deux mille cinq cents livres de secours provisoire, tant pour acquitter le loyer de l'appartement loué par son mari, que pour servir au paiement des dettes qu'elle aurait pu contracter pour ses alimens et ceux de ses enfans, et pour fournir d'ailleurs aux frais du voyage, de deux cent quarante lieues, qu'elle se propose d'entreprendre avec ses trois enfans. »

Aussitôt après, Lecointre lança la séance contre le conseil exécutif, c'est-à-dire contre le comité de salut public.

Lecointre (de Versailles). « Je demande à faire une motion d'ordre. Un courrier venant de Givet, et qui apportait des dépêches à la Convention, a été arrêté à Saint-Germain par un agent du conseil exécutif, qui a retenu ses dépêches. Je demande qu'il soit renvoyé au comité de salut public qui fera un rapport à ce sujet. »

Boursault. « Et pourquoi un courrier serait-il plus privilégié qu'un membre de la Convention? Ce même agent m'a bien arrêté, moi, sans égard pour le passeport dont j'étais muni, et qui était revêtu de la signature du président et des secrétaires de la Convention nationale; jamais il n'a voulu me laisser continuer ma route qu'il n'eût apposé son *laissez-passer* à ce passeport, à qui sans doute il a prétendu donner un caractère plus légal et plus authentique par sa signature. (*L'assemblée témoigne son indignation.*)

Bourgoin. « La même chose m'est arrivée à Lonjumeau : la municipalité m'a arrêté, ayant reçu l'ordre, m'a-t-elle dit, du conseil exécutif, de ne laisser passer aucun représentant du peuple que son passeport ne fût visé par un agent de ce conseil.

J'ai eu beau dire les choses les plus sensées, je n'ai pu rien obtenir. J'ai été obligé de me faire conduire au corps de garde par deux sentinelles, et ce n'est que là, quand on a vu que je dressais procès-verbal de mon arrestation et que j'allais l'envoyer à la Convention, qu'on m'a laissé continuer ma route. » (*L'assemblée témoigne son indignation de nouveau.*)

Voulland. « Je ne prétends point prendre la défense des agens coupables qui se sont portés à des voies de fait destructives des droits les plus précieux du peuple ; je crois seulement devoir vous exposer un fait important, et qui se lie naturellement à la discussion. Vos comités de salut public et de sûreté générale ont été prévenus que les contre-révolutionnaires faisaient, par les courriers ordinaires ou extraordinaires, passer beaucoup d'objets qui compromettaient le salut public, et les ordres qu'ils ont donnés sont très-sévères à cet égard.

» Leur exécution a fait faire une découverte précieuse. Le courrier de Toulouse ayant été arrêté, on a trouvé sur lui une clef jointe à une lettre qui en désignait l'usage ; un citoyen devait avec cette clef ouvrir une malle renfermant des papiers dont on ordonnait le brûlement. La malle et le citoyen qui devait en brûler le contenu, sont arrêtés.

» Je le répète, je ne justifie point les voies de fait dont on se plaint ; mais j'ai cru devoir vous instruire d'un fait qu'il est important de ne pas confondre avec les autres objets. »

Charlier dit qu'il était temps de faire cesser la lutte du conseil exécutif et de ses agens contre la Convention ; il demanda que le conseil exécutif fût mandé séance tenante. — Bourdon (de l'Oise) déclara que le gouvernement révolutionnaire ne pourrait marcher, tant qu'il y aurait un conseil exécutif. « Débarrassons-nous enfin de cet intermédiaire, s'écria-t-il. Je m'oppose à ce que vous mandiez les ministres à votre barre ; cette mesure ne produirait rien. Je vous propose de décréter à la place que le conseil exécutif vous donnera la liste de ses agens, et des qualités morales ou physiques qui l'ont déterminé à les choisir. » — Charlier insista sur sa proposition, qui fut appuyée par Couthon et adoptée. Quant à la motion de supprimer le conseil exécutif, faite par Bourdon, la Convention décréta que le comité de salut public lui présenterait dans trois jours un rapport sur cet objet. Ce fut alors que Fabre se leva.

Fabre-d'Eglantine. « Lorsque vous prenez des mesures pour lever tous les obstacles qui s'opposent à la marche du gouvernement révolutionnaire, il est bien étonnant qu'on ait oublié d'appeler votre attention sur un homme qui, depuis qu'il est à la guerre, a fait plus de mal que Roland lui-même n'en a fait pendant tout le temps de son ministère ; qui partout parle en maître et partout se fait obéir, qui a à ses ordres des clubs de coupe-jarrets, et notamment un auprès du théâtre de la rue Favart ; des clubs qui sont la terreur des quartiers environnans, d'où l'on voit s'échapper de temps en temps des hommes à moustaches, revêtus d'habits militaires, lorsqu'ils se soustraient à toutes sortes de réquisitions ; promenant de grands sabres dans les rues de Paris, et effrayant par leurs propos, lorsqu'ils ne le font pas par leurs menaces, les citoyens paisibles qui passent à leurs côtés, ou les femmes et les enfans qui se trouvent sur leur passage. Je les ai vus ; et beaucoup d'autres les ont vus comme moi, aux foyers des spectacles tirant tout à coup leurs sabres, et disant à ceux qui les environnaient et qui ne s'en occupaient pas : *Je suis un tel; et, si tu me regardes avec mépris, je te hache.* Eh bien ! un de ces hommes avait une mission secrète pour Bordeaux. À leur tête, vous verrez encore ce Maillard, que le bureau de la guerre a eu les moyens de faire sortir des prisons où le comité de sûreté générale l'avait fait mettre, et qui est maintenant investi de pouvoirs terribles.

» Avez-vous lu, par exemple, une affiche de Ronsin dont Vincent a tapissé tous les murs de Paris ? C'est ce Vincent que je vous dénonce. Quiconque n'a pas lu cet horrible placard ne peut en imaginer les expressions. J'en ai frémi d'indignation, et tous ceux qui l'ont lu ont partagé mon sentiment ; c'est ce Vincent qui inonde les armées de papiers faits exprès pour lui et pour ceux qui le protègent ; c'est lui qui paie des agens pour entraver vos opérations ; c'est à lui qu'il faudrait demander compte des permissions secrètes qui autorisent des hommes en réquisition à rester à Paris malgré toutes les lois ; c'est lui qui a voulu exciter des divisions entre la société des Jacobins et celle des Cordeliers.

» Vous avez encore pu observer que quand vous receviez des nouvelles avantageuses, à peine le temps d'expédier et de recevoir un nouveau courrier s'était-il écoulé qu'il vous parvenait des nouvelles fallacieuses, pour peu qu'on eût fait depuis des reproches au bureau de la guerre. Chaque jour, quand un officier ou un subalterne gêne le bureau, on le mande à tout hasard ; il arrive ; on ne sait que lui dire, on se contente de l'avoir déplacé.

» Je demande, sur l'opinion publique, sur les dénonciations particulières qui vous sont faites, que Vincent soit arrêté. »

Plusieurs membres firent la même demande pour Ronsin et pour Maillard. Bourdon (de l'Oise), sans réfléchir qu'il mettait à découvert le motif personnel de son opposition ne craignit pas de rappeler ses querelles avec Rossignol et Vincent. C'était rappeler ses débats avec Robespierre et l'humiliation publique qu'il en avait recueillie aux Jacobins (voir le vingt-huitième volume de *l'Histoire parlementaire*) ; c'était montrer que sa guerre assidue était une vengeance ; quoi qu'il en soit, il appuya Fabre en ces termes :

« Voulez-vous encore un chef de dénonciation encore plus clair ? le voici : Goupilleau et moi crûmes utile de suspendre Rossignol : nous ne fîmes alors qu'user des pouvoirs que vous nous aviez délégués. Vincent me dénonça à la société des Cordeliers, et parvint à lui surprendre une pétition où l'on demandait ma tête. »

La Convention décréta l'arrestation de Vincent, Ronsin et Maillard.

Fabre. » Lebon a des faits essentiels à énoncer, je demande qu'il soit entendu. »

Lebon. » Je déclare que, sur la fin d'un repas dont j'étais, ainsi que Vincent, j'entendis ce dernier dire : « Nous forcerons bien la Convention d'organiser le gouvernement, aux termes de la Constitution, aussi bien sommes-nous las d'être les valets du comité de salut public. »

Philippeaux. « Je demande que Fabre-d'Eglantine, et tous ceux des membres qui auraient des faits à énoncer soient tenus de se transporter au comité de sûreté générale pour les y déposer, de manière qu'il puisse prendre les mesures nécessitées par les circonstances. »

Cette proposition fut décrétée.

Fabre-d'Eglantine. « Je demande que le décret d'arrestation que vous venez de porter, soit inséré au Bulletin en ces termes :

» La Convention nationale, considérant que c'est par des motifs contre-révolutionnaires que des agens du conseil exécutif ont osé semer le bruit que le résultat des excès et malversations de ces mêmes agens est à imputer à la Convention nationale, décrète que le décret d'arrestation qu'elle vient de prononcer contre Vincent, secrétaire général de la guerre, Ronsin, général de l'armée révolutionnaire, et Maillard, soi-disant agent de police militaire, sera inséré dans le bulletin. »

Bourdon de l'Oise. « Puisque le bienheureux jour est arrivé où les agens insolens du pouvoir exécutif reçoivent la juste punition de leurs nombreux délits, je demande que le nommé Héron, commis au comité de sûreté générale, soit arrêté pour avoir pris notre collègue Panis au collet. »

N... « Héron était ami de Marat, et il avait mérité cette amitié par des témoignages sensibles d'intérêt qu'il avait donnés au sort de Marat persécuté; je demande donc qu'avant de prendre un parti de rigueur sur un patriote connu, on entende le rapport du comité de sûreté générale. »

Vadier. « Héron est un très-excellent patriote qui nous a été d'un très-grand secours en beaucoup d'occasions : c'est lui notamment qui a arrêté les banquiers Vandenyver. Voici quel a été son tort : il s'est élevé une altercation vive entre lui et Panis, Héron s'est en effet oublié; Panis en a porté ses plaintes au comité de sûreté générale, en nous disant qu'il était prêt à oublier ce qui lui était personnel; mais qu'il ne croyait pas devoir se taire quand la représentation nationale était avilie. »

Lecointre (de Versailles). Je demande que Guffroy s'explique sur le personnel de Héron. J'ai entendu, ainsi que notre collègue Boucher-Saint-Sauveur, une conversation qu'il a tenue au sujet de ce citoyen; mais enfin comme les oreilles peuvent se tromper et que vous aurez un degré de certitude de plus en entendant les faits de sa propre bouche, je demande qu'il fasse ici le récit de ces mêmes faits. »

Pressavin. « Je demande que la Convention décrète le renvoi de cette affaire à son comité de sûreté générale, qui prendra les mesures de sûreté, ou fera un rapport à l'assemblée, s'il y a lieu. »

Le lendemain, 18 décembre (28 frimaire), le conseil exécutif provisoire se présenta à la Convention. Deforgue, qui en était le président, porta la parole :

Deforgue. « Le conseil exécutif provisoire aurait, dès hier, satisfait à la loi qui le mande à la Convention; mais elle ne lui a été remise qu'à l'instant où vous leviez votre séance. Voici l'arrêté pris, le 15 juillet dernier, par le comité de salut public. »

Extrait du registre des arrêtés du comité de salut public de la Convention nationale, du 15 juillet 1793, l'an 2 de la République française une et indivisible.

« D'après les renseignemens communiqués au comité, il arrête 1° que les ministres de la guerre et de l'intérieur prendront les mesures les plus promptes pour faire arrêter, à la deuxième ou troisième poste, tous les courriers qui en partent et tous ceux qui y arrivent, et de faire vérifier et inventorier le nombre et la qualité de paquets ou lettres dont ils sont porteurs, et arrêter toutes celles qui ne seraient pas énoncées dans leurs passeports;

» 2° Il sera écrit aux représentans du peuple près les armées, pour surveiller les trompettes ou autres envoyés de l'ennemi auprès des généraux.

» Et ont signé au registre les citoyens *Couthon*, *Saint-Just*, *Hérault*, *Gasparin*, *Thuriot*, *Prieur et Barrère*.

» Pour extrait conforme, COUTHON, GASPARIN et THURIOT.

» Pour copie conforme, *le ministre de la guerre*, J. BOUCHOTTE.»

» Le ministre de la guerre, en conséquence de cet arrêté, a donné l'ordre suivant : »

« Jean-Baptiste-Noël Bouchotte, ministre de la guerre, ordonne au citoyen Nicolas-Hippolyte Balardelle de se transporter à Ville-Neuve-Saint-Georges, district de Corbeil, département de Seine-et-Oise, pour et en exécution de l'arrêté du comité de salut public, faire arrêter les courriers qui en partent et qui y arrivent, vérifier et inventorier le nombre et la qualité des paquets ou lettres dont ils sont porteurs, et arrêter toutes celles qui ne seraient pas énoncées dans leurs passeports; de se concerter tant avec la municipalité dudit lieu qu'avec le commissaire nommé par le ministre de l'intérieur pour remplir la même mission; en conséquence de requérir, en cas de besoin, de ladite municipalité et de toutes autres environnantes, les secours et assistances nécessaires.

» A Paris, le 18 août 1793, l'an II de la République une et indivisible. *Le ministre de la guerre*, BOUCHOTTE. »

« Telles sont les instructions données par le conseil à cet agent. S'il s'est écarté des limites qui lui étaient tracées, le conseil sera le premier à le rappeler à ses devoirs, et, si ses écarts sont condamnables, à le soumettre à toute la rigueur des lois.

» Le conseil exécutif provisoire n'a pas vu sans un sentiment profond de douleur qu'on l'eût accusé dans la Convention nationale de prétendre rivaliser de pouvoir avec elle. Le conseil exécutif rivaliser de pouvoir avec la Convention! Il n'a jamais voulu rivaliser que de zèle et de dévouement avec les plus purs et les plus chauds défenseurs de la liberté; mais toutes ses délibérations, tous ses vœux n'ont jamais d'autre but que d'investir la Convention de tout le respect qu'elle mérite, et dont elle a besoin pour accomplir ses hautes destinées ; et d'ailleurs que sont donc les membres du conseil exécutif ? Ne sommes-nous pas tous du peuple ? N'avons-nous pas été appelés à nos fonctions par les représentans du peuple ? N'avons-nous pas juré de vivre libres ou de mourir pour la liberté et pour le peuple ? Nous serait-il possible de violer cet engagement sacré ? A-t-on vu un seul de nous approcher jamais des tyrans que pour les combattre ? Comment pourrait-on donc nous transformer en agens du despotisme et de la tyrannie.

» Citoyens, un seul mot, la qualification de ministre est la cause de la défaveur meurtrière dans laquelle languit le conseil exécutif. Cette expression magique a l'influence malfaisante de tout corrompre, de tout dénaturer. La vertu la plus pure est obscurcie et devient suspecte, le dévouement le plus complet a l'air de l'intrigue, l'attachement inviolable aux principes est regardé comme l'orgueil et l'abus du pouvoir.

» Tout, jusqu'à la langue, doit être régénéré dans le système républicain. Nous ne sommes plus les ministres des despotes : nous sommes les agens d'un gouvernement populaire. Faites donc disparaître jusqu'aux expressions qui retracent encore des débris *monarchiques*. Nous laisserons ceux de vos comités avec lesquels nous avons des relations à vous attester notre dévouement individuel ; mais, nous devons vous le déclarer, nous sommes collectivement de la nullité la plus complète : arrachez-nous donc à une léthargie aussi pénible pour nous, que funeste aux intérêts de la République.

» Le gouvernement dont vous venez de fixer les bases va marquer le poste de tous les fonctionnaires. Qu'une nouvelle dénomination consacre nos devoirs, et annonce l'origine des fonctions qui nous sont confiées. Une conscience pure suffit au simple citoyen. L'homme public a de plus besoin, pour faire le bien, de l'estime, de la confiance, et même de la bienveillance de ses concitoyens. Il sera facile de trouver six agens qui aient plus de lumières, plus de talens ; mais, nous osons le dire, il sera difficile d'en trouver de plus dévoués et plus républicains. — Le conseil attend les ordres de la Convention. *Signé* DEFORGUE, *président.* »

Charlier ne trouvait pas l'explication suffisante ; il voulait que la question leur fût ainsi posée : « Avez-vous donné des ordres à vos agens pour faire arrêter les représentans du peuple, oui, ou non ? » Merlin (de Thionville) s'y opposa, parce que ce n'était pas le moyen de savoir la vérité. Il fallait, selon lui, faire venir les agens inculpés à la barre, et les questionner. « S'ils ont reçu, dit-il, d'autres ordres que ceux qu'on déclare leur avoir donnés, ils ne porteront pas leur tête sur l'échafaud pour sauver les ministres. » Duhem regarda cette proposition comme inadmissible et contraire au gouvernement. Il soutint que les ministres étaient seuls responsables devant la Convention, et appuya la motion de Charlier. Deforgue prit de nouveau la parole et dit que les ministres n'avaient pas donné d'autre ordre que celui qu'on venait de lire, et qu'ils se proposaient de livrer les agens coupables à la rigueur des lois. Gohier, ministre de la justice, ajouta qu'ils étaient arrêtés. La discussion allait se prolonger, lorsque Méaulle fit remarquer que le décret d'organisation du gouvernement révolutionnaire soumettait à la responsabilité, non pas les ministres collectivement, mais ceux qui seraient coupables. Il demanda le renvoi des pièces au comité de sûreté générale, pour examiner quels étaient les véritables auteurs du délit. Ce renvoi fut décrété.

Les conventionnels, que nous appellerons désormais dantonistes ; car l'alliance entre les mécontens et les effrayés est maintenant scellée, se montrèrent, dans les deux précédentes séances, avec leur véritable caractère, avec les passions diverses qui les excitaient. Rien de national, rien d'un peu élevé, nul principe, nulle idée politique, nul sentiment respectable dans cette opposition. Ligués pour se venger ou pour se garantir, selon que la haine ou la peur mettaient en jeu leur personnalité, les hommes de ce parti n'étaient occupés que d'eux-mêmes. On peut juger de l'importance dont était pour eux leur intérêt particulier, par celle qu'ils attachaient à des altercations individuelles, transformées sérieusement en affaires d'état. Une dispute, dans un repas, entre Legot et Vincent, une querelle entre Panis et Héron, un incident de police révolutionnaire qui avait fait perdre quelques instans à Boursault et à Bourgois : tels étaient les graves objets sur lesquels on concentrait à cette heure la vigilance et l'énergie de la Convention. Ce dernier fait, qui avait excité au plus haut degré l'indignation de l'assemblée, n'était au fond qu'une mesure de précaution commandée par les circonstances exceptionnelles dans lesquelles se trouvaient les deux députés dont il s'agit. Au moment où Boursault éprouvait quelques difficultés sur son passeport, il était sous le coup de la dénonciation du corps électoral de Paris, et son arrestation paraissait certaine. Quant à Bourgois, député suppléant, alors tout-à-fait inconnu, et qui rentra aussitôt dans une obscurité complète, qu'y avait-il d'étonnant à l'examen sévère que l'on avait fait de ses papiers ?

Les hommes qui avaient appuyé les hébertistes dans leurs manifestations athées, parce que leur égoïsme n'avait rien à y perdre, et parce qu'ils y satisfaisaient au contraire leurs mauvaises passions d'incrédules, leur résistaient maintenant parce que leur égoïsme en était menacé. Leur accusateur était un faussaire à la veille d'être reconnu, et que des ultra dénonciateurs de la trempe de Vincent devaient épouvanter. Tous ceux qui parlèrent en cette occasion cédèrent à des inspirations analogues. Sans doute Vincent et l'armée révolutionnaire méritaient pis encore que les griefs dont Fabre les chargea ; mais il fallait procéder à cette accusation avec d'autres formes et dans d'autres circonstances ; il fallait surtout que Fabre n'en fût pas l'organe. Les égoïstes ont beau couvrir leur but d'une apparence morale, la logique de leur sentiment leur fait presque toujours manquer la question, et manquer le moment. En effet, comme ce qu'ils craignent est nécessairement la chose capitale, comme le moment présent est celui où ils désirent s'en délivrer, il s'ensuit qu'ils exagèrent l'objet de leur crainte, et qu'ils cèdent sans circonspection au désir de l'écarter. Celui qui cherche le salut de la société, et non pas le sien propre, n'est exposé ni à mal apprécier un danger, ni à mal choisir son moment.

Or, telle était la position du comité de salut public, lorsque les dantonistes s'organisèrent en parti de *modérantisme*. Dans le nombre des obstacles dont il avait à triompher, les ultra-révolutionnaires n'étaient pas le moins difficile. Mais il en existait beaucoup d'autres plus difficiles mille fois, et dans celui-là même il y avait à faire un discernement très-important. A cet égard, comme à tous les autres, le comité avait distribué sa prévoyance gouvernementale dans la juste proportion des dangers. Il avait été le premier à apercevoir le côté anti-social de l'hébertisme, et c'est par là qu'il avait immédiatement attaqué le parti. Vaincue dans son principe par les spiritualistes Jacobins et par le décret accordé à Robespierre dans la séance du 6 décembre (16 frimaire), détruite comme force publique par le décret du 4 décembre (14 frimaire), qui détachait du conseil-général de la Commune les comités révolutionnaires des sections, la faction d'Hébert ne conservait plus rien que d'individuel. Mise en cet état, elle avait cessé d'être dangereuse, et maintenant on devait attendre que les individus se compromissent par des actes, et les frapper à mesure. C'était précisément ce que faisait le comité, lorsque les dantonistes, exagérant, de leur point de vue personnel, la valeur du parti ultra-révolutionnaire, lui redonnèrent par leurs attaques tous les avantages qu'il avait perdus. Ils prétendaient en cela servir le comité, tandis qu'en réalité ils anéantissaient les effets déjà produits par son action, et compliquaient pour lui le présent et l'avenir d'embarras et de périls nouveaux.

La mise en activité du gouvernement révolutionnaire, tel que l'organisait la loi du 4 décembre (14 frimaire), comprenait la réforme de tous les abus que le provisoire antérieur avait entraînés. La force morale dont le comité recevait les impulsions était la société des Jacobins. Cette impulsion n'était encore exempte ni de mal, ni d'erreur, tant de la part de la société qui la donnait, que de la part des hommes du pouvoir dont elle était le mobile. A cette époque, en effet, les Jacobins s'épuraient; et, dans le comité de salut public, il y avait lutte sur plusieurs points entre des influences révolutionnaires presque rivales. Cependant la tendance générale était en bonne route. L'initiative de l'épuration appliquée à toutes les administrations de la République, et à tous ceux qui seraient agens, à quelque titre et à quelque degré que ce fût, de la dictature conventionnelle, allait purger le personnel du pouvoir de tout mauvais citoyen. Cette mesure atteignait les bureaux de la guerre, aussi bien que tous les autres bureaux quelconques : elle atteignait l'armée révolutionnaire, les comités révolutionnaires ; et la Convention elle-même n'eût pu éviter de la subir, non plus que le comité de salut public, si les dantonistes n'y avaient résisté de toute leur force, et n'avaient détourné l'attention de toute la France de ce grand moyen de salut, pour l'absorber en de tumultueuses et déplorables querelles.

Au lieu de laisser marcher le gouvernement révolutionnaire et l'épuration, au lieu de laisser cette force toute-puissante et le principe moral qui la légitimait, et qui n'aurait pas tardé à la posséder sans partage, détruire les abus chacun à son tour, en procédant des intérêts nationaux aux intérêts particuliers, les dantonistes rendirent impossible cette marche régulière. Ils étaient sur la ligne où allaient être frappés successivement et les auteurs des excès et des crimes reprochés à l'armée révolutionnaire, et ceux qui avaient odieusement abusé de la loi contre les suspects, et les représentans du peuple qui avaient forfait à la justice ou à la probité dans les missions départementales accordées aux titres personnels qu'ils avaient acquis avant le 31 mai. Les dantonistes brisèrent cette ligne où les attachaient, les uns parmi les concussionnaires, les autres parmi les faussaires, les autres parmi les anarchistes, les autres parmi ceux qui avaient commis ou laissé faire le mal par faiblesse, ou des crimes, ou des délits, ou des fautes graves ; ils dénoncèrent les crimes de ceux dont ils n'étaient séparés que par des haines ou des craintes personnelles, et nullement par des sentimens d'équité, et s'efforcèrent de faire passer pour les plus grands et les seuls coupables, ceux qu'ils regardaient comme leurs plus grands et leurs seuls ennemis.

Il en résulta des inconvéniens que nous allons signaler. En provoquant l'arrestation de Vincent, Ronsin et Maillard, en accusant l'armée révolutionnaire et les agens du conseil exécutif, les dantonistes inculpaient par ce fait la négligence du comité de salut public, et ils grossissaient tellement le mal que cette négligence était une véritable complicité. Dès lors le comité était le centre ultra-révolutionnaire, et il fallait lui arracher des concessions. Or, toutes les œuvres d'un pouvoir digne de ce nom doivent être prévues et voulues, et la demande d'une commision, lorsqu'elle est fondée, prouve qu'il a manqué de prévoyance, et qu'il n'est pas le pouvoir. Soit qu'il punît, soit qu'il pardonnât, il fallait que le comité se déterminât initiativement et de son plein gré, et par une considération prise dans le but vers lequel il était chargé de diriger la France. Alors personne n'eût craint, personne n'eût espéré, sans une raison tirée de son démérite, ou de son mérite, de sa mauvaise ou de sa bonne conscience. La voie des concessions troublait cet ordre et ce discernement. En entendant Fabre-d'Églantine et ses amis parler de brigands et de victimes, il n'y avait pas un homme pur et dévoué qui n'eût à redouter d'être classé parmi les brigands, pas un coupable qui ne pût espérer de passer pour victime. Il est remarquable que dans la lutte ouverte entre les dantonistes et les hébertistes, toute victoire remportée sur ces derniers était suivie d'une manifestation réactionnaire. Le 13 et le 20 décembre (23 et 30 frimaire) un grand nombre de femmes vinrent à la barre de la Convention réclamer la liberté de leurs parens. La seconde fois qu'elles se présentèrent, Robespierre prit la parole et dit :

Robespierre. « A voir le nombre des citoyennes qui se sont présentées à la barre, on doit croire que tous les parens des détenus sont venus en corps à la Convention. Cependant, parmi les détenus, tous sont-ils patriotes? Non, sans doute : s'il en était ainsi, la voix publique vous en aurait avertis ; le patriotisme aurait réclamé, et il est à croire que les patriotes n'auraient pas été les défenseurs de l'aristocratie : ce n'est pas à l'aristocrtie à défendre les patriotes, mais aux patriotes eux-mêmes. (*On ap-*

plaudit.) Vous devez donc conclure que c'est l'aristocratie qui a conduit ici cette affluence.

» Il est certain que parmi les détenus on compte quelques victimes de l'aristocratie ; par une suite des mesures révolutionnaires nécessitées par les circonstances, quelques innocens ont été frappés. Il est possible que, parmi les femmes qui réclament, il s'en trouve qui n'aient été portées à cette démarche, que par la persuasion où elles sont de l'innocence de leurs maris. Mais ces femmes devaient séparer leur cause de celle de l'aristocratie, et ne pas se joindre aux avocats des contre-révolutionnaires.

» Voilà quel est le jugement que je porte sur cette pétition et sur cette espèce de rassemblement. Des femmes! ce nom rappelle des idées chères et sacrées. Des épouses! ce nom rappelle des sentimens bien doux pour tous les amis de la société. Mais les épouses ne sont-elles pas républicaines? et ce titre n'impose-t-il pas des devoirs? Des républicaines doivent-elles renoncer à la qualité de citoyennes pour se rappeler qu'elles sont épouses?

» Est-ce ainsi que des républicaines réclament la liberté des opprimés? Ne doit-on pas croire que ces cris sont poussés pour réveiller l'aristocratie? Des épouses vertueuses et républicaines prennent une route bien différente; elles s'adressent en particulier, et avec modestie, à ceux qui sont chargés des intérêts de la patrie. Pourquoi vient-on avec ce grand appareil? Ne doit-on pas soupçonner des intentions perfides? n'est-ce pas vouloir forcer la Convention à rétrograder que de se présenter avec tant de fracas à sa barre? n'est-ce pas vouloir accroître l'audace de l'aristocratie? n'est-ce pas vouloir donner plus de force aux ennemis de la liberté, au moment où ils redoublent leurs efforts? Qu'ils se trompent, les intrigans, les contre-révolutionnaires, qui se persuadent d'amener la Convention à modérer le mouvement révolutionnaire. (*On applaudit.*) Son énergie ne l'abandonnera pas. Elle regardera la pétition avec la sévérité que des législateurs doivent apporter lorsqu'ils pèsent les intérêts de la patrie. Il importe que la République soit convaincue que la Convention ne souffrira jamais l'oppression du patriotisme, qu'elle défendra les patriotes avec la même énergie qu'elle écrasera l'aristocratie insolente et le perfide modérantisme. (*On applaudit.*)

» Depuis que nous nous sommes élevés contre les excès des faux patriotes, l'aristocratie a conçu l'espérance de voir rétrograder le mouvement révolutionnaire et s'établir le modérantisme. Ils se sont trompés : les patriotes ont cessé d'être persécutés aussitôt que la Convention a connu leur oppression. A la voix du patriotisme le patriote a été délivré, jamais un innocent n'a en vain réclamé sa justice ; elle ne se départira pas de cette règle : oui, toujours elle protégera les patriotes, et toujours elle poursuivra les aristocrates. (On applaudit.)

» Il y a une mesure à prendre pour que le patriote ne soit plus confondu avec le contre-révolutionnaire : elle est délicate ; car il est à craindre que ceux que vous chargerez de son exécution, n'oublient leurs devoirs, et n'écoutent les solliciteuses qui viendront les importuner. Ils ne s'occuperont pas à lire les pétitions qui leur seront présentées, ni à prêter l'oreille aux sollicitations ; leurs fonctions seront de rechercher dans quels lieux gémissent les patriotes. Il faudrait qu'ils n'eussent point d'autorité individuelle, qu'ils restassent inconnus, afin de pouvoir conserver leur fermeté et d'éviter de tomber dans les faiblesses naturelles à l'homme.

» J'ose proposer cette mesure à la Convention, parce que je la crois juste, parce qu'elle mettra la Convention à l'abri des erreurs où pourraient l'entraîner des pétitions insidieuses, débarrassera les anti-chambres du comité de sûreté générale des intrigantes qui l'assiégent, et nous ne verrons plus les épouses vertueuses des citoyens patriotes gémir, confondues avec les femmes méprisables que l'aristocratie lâche parmi nous. (Applaudissemens.)

» Voici les mesures que je propose :

» La Convention nationale décrète 1° que les comités de salut public et de sûreté générale nommeront des commissaires pour rechercher les moyens de mettre en liberté les patriotes qui auraient pu être incarcérés.

» 2º Les commissaires apporteront dans l'exercice de leurs fonctions, la sévérité nécessaire pour ne point énerver l'énergie des mesures révolutionnaires commandées par le salut de la patrie.

» 3º Les noms de ces commissaires demeureront inconnus du public pour éviter les dangers des sollicitations.

» 4º Ils ne pourront mettre personne en liberté de leur propre autorité; ils proposeront seulement le résultat de leurs recherches aux deux comités, qui statueront définitivement sur la mise en liberté des personnes qui leur paraîtront injustement arrêtées. »

Ce décret fut adopté au milieu des applaudissemens; immédiatement après une députation de Lyonnais fut admise. L'orateur reprocha à la commission révolutionnaire établie à *Commune-Affranchie*, de ne pas suivre assez les formes judiciaires. Nous donnerons plus bas les actes de cette commission. L'orateur termina ainsi :

» Dans le premier mouvement d'une juste indignation, vous avez rendu un décret qui semble avoir dicté le génie du sénat romain : vous avez ordonné qu'on dressât une colonne, où seront gravés ces mots : *Lyon n'est plus*. Eh bien ! que votre décret se réalise avec plus d'utilité et de grandeur encore. Que Lyon ne soit plus en effet; que Ville-Affranchie, digne de son nouveau nom, enfante des soldats à la liberté; que l'active industrie de ses habitans, au lieu de servir le luxe et l'opulence, s'applique tout entière désormais aux besoins des défenseurs de la patrie; que dans ses murs s'élève un peuple nouveau, régénéré par un regard de la clémence nationale; qu'il aille en foule expier sur les ruines de Toulon ses égaremens passés. Imitez la nature; ne détruisez point, mais recréez; changez les formes, mais conservez les élémens. Dites un mot, et de toutes parts sortiront de nos murs des hommes semblables à vous.

» Pères de la patrie, écoutez une section du peuple, humiliée et repentante, qui, courbée devant la majesté du peuple, lui demande grâce, non pas pour le crime, car ses auteurs et ses agens ne sont plus; mais grâce pour le repentir sincère, pour la faiblesse égarée; grâce même, nous l'osons dire, pour l'innocence méconnue, pour le patriotisme impatient de réparer ses erreurs. »

Sans doute la conduite de Collot-d'Herbois et de Fouché à Lyon, était infâme! Sans doute eux et leurs exécuteurs s'étaient joués de la vie des hommes avec une férocité stupide! Aussi eussent-ils été livrés à l'exécration publique et à l'échafaud, par Robespierre et ses amis, si leur cause eût été nettement séparée de la cause révolutionnaire. Le mouvement dantoniste ne le permit pas. Les hommes qui levaient le drapeau de l'indulgence, parce qu'ils y étaient les plus intéressés, recrutaient la contre-révolution avec une rapidité effrayante. C'était donc la révolution qu'il s'agissait de préserver dans le parti que ce parti attaquait. Voilà pourquoi le comité de salut public défendit un moment les hébertistes, et pourquoi Vincent, Ronsin et Maillard furent remis en liberté. Les progrès de la réaction opérée par les dantonistes, sont marqués par la conduite même du comité telle que nous la peint Fabre-d'Églantine dans une note justificative adressée par lui au comité de sûreté générale, après son arrestation, et que nous transcrirons tout à l'heure. « Le comité de salut public, dit Fabre, que j'avais sincèrement cru seconder, me parut être d'une opinion d'abord indifférente, ensuite mitigée et enfin contraire à cet égard. »

En mettant le comité de salut public dans la nécessité de défendre les hébertistes, ou au moins de les laisser se défendre eux-mêmes, un certain temps, afin que la Révolution fût sauve, les dantonistes portaient au pouvoir la plus rude atteinte qu'il pût recevoir alors. Qu'on ajoute à cela le concours de tous les autres moyens employés par cette opposition; les pamphlets de Philippeaux, d'où il résultait que la guerre de la Vendée était entretenue par le comité; le journal de Camille Desmoulins, où la dictature nominale était attribuée au comité, et la dictature effective aux hébertistes, et l'on se convaincra que la force nationale ne pouvait et ne devait songer qu'à son propre maintien. Il lui fallait renoncer à distribuer une exacte et rigoureuse justice; car la confusion dont on cherchait à l'envelopper l'empêchait souvent de discerner les individus, du moins de faire accepter son discernement. D'un autre côté, il lui fallait résister aux apparences d'hébertisme dont les manœuvres de ses ennemis l'avaient fatalement couverte. En un mot, le pouvoir était en question, et, dans la position qu'on lui avait faite, il était circonscrit encore au salut de la Révolution, sans qu'il lui fût possible de songer aux individus. Cependant la guillotine marchait.

Nous allons voir l'effet produit par l'arrestation de Vincent et de ses amis. Voici d'abord comment Fabre expliqua la motion dont cette arrestation fut la conséquence. Cette pièce est extraite par nous du rapport de Courtois, tel que l'ont publié, en 1828, MM. Berville et Barrière. Elle est du nombre des pièces inédites qu'ils ont ajoutées à celles dont Courtois avait fait suivre l'édition originale de son rapport. Ce supplément provient sans doute des archives de l'Hôtel-de-Ville, où il existe, en effet, une enveloppe intitulée *Papiers de Robespierre*, laquelle est entièrement vide depuis quel ces messieurs ont fait leur publication. Au reste, nous ferons remarquer que parmi les pièces qu'ils donnent pour inédites, il y en a plusieurs qui furent imprimées dans le temps. Telle est, par exemple, la lettre signée A. C. D, adressée à Brissot, et qui se trouve textuellement rapportée par *le Républicain français*, n° CCCLXXXII, dans son compte-rendu de la séance des Jacobins, du 28 novembre (8 frimaire) transcrit plus haut par nous.

Fabre-d'Eglantine, représentant du peuple, aux membres composant le comité de sûreté générale. — 11 pluviôse, an II.

» Citoyens collègues. Je n'avais point été sollicité ni sommé de déposer au comité de sûreté générale les motifs sur lesquels je me suis appuyé pour demander l'arrestation du citoyen Vincent. Je vois dans les journaux qu'il est nécessaire que je me porte à cette démarche, sans autre intention néanmoins que celle dont je vous entretiendrai plus bas, après l'exposition des faits et des motifs que voici :

» D'abord les journaux, comme à l'ordinaire, confondant les motions, les discours des opinans, surtout quand les opinions se coupent, se croisent et se succèdent avec rapidité ; les journaux, dis-je, qui se copient, ont mis sur mon compte bien des choses que moi je n'ai pas dites, et ont omis ce que j'avais énoncées. J'ai donc fondé ma motion contre le citoyen Vincent, sur les quatre faits suivans :

» *Premier fait.* — Le citoyen Vincent avait manifesté l'intention formelle *de faire organiser sans retard le conseil exécutif selon le mode de la constitution de* 1793. La notoriété publique qu'il n'est pas permis d'ignorer, et dont un représentant du peuple a droit de faire usage quand d'autres faits viennent à l'appui, est la preuve de ce fait. Ajoutez les opinions énoncées à la société des Cordeliers, par le citoyen Vincent, la doctrine de cette société dans ce temps ; les inclinations de quelques journaux, les expressions formelles de quelques feuilles des rues, les actes différens servant de conséquence à cette intention : voilà des preuves assez indicatives pour me faire redouter l'exécution d'un projet tendant à *organiser sans délai le conseil exécutif selon le mode constitutionnel de* 1793. J'ajoute encore la connaissance que j'avais d'un *serment* exigé dans quelques sociétés populaires de sections, tendant à maintenir l'exécution de ce projet et des pétitions colportées avec sollicitation et exigence de signatures, lesdites pétitions tendant au même but. J'en fournirai la preuve.

» *Deuxième fait.* — Le représentant du peuple Le Got m'avait dit avoir entendu de la bouche du citoyen Vincent que son projet était *de faire, sans retard, organiser le conseil exécutif selon la Constitution de* 1793. Sur quoi le représentant Le Got m'avait répété ce discours formel et littéral, à lui tenu par le citoyen Vincent : « *Nous forcerons la Convention à organiser tout de suite le conseil exécutif selon la Constitution de* 1793. *Nous ne voulons pas être les valets du comité de salut public.* » Ce fait, qui m'avait été rapporté par mon collègue Le Got, a été un des principaux motifs de ma conclusion contre Vincent ; je l'ai cité ; j'ai sur-le-champ, de la tribune, sommé Le Got de déclarer la vérité. Le Got est monté à la tribune, a répété la même opinion, la même intention du citoyen Vincent, les mêmes mots, comme tenus devant lui. Il a attesté en face de la Convention nationale : la Convention est là, Le Got est là, les journaux sont là.

» *Troisième fait*. — La veille de ma motion contre le citoyen Vincent, étant au comité de salut public, et parlant de l'opinion énoncée et de l'intention funeste énoncée dans le premier et le deuxième fait, il me fut communiqué par un membre du comité de salut public une lettre des représentans du peuple actuellement à Bordeaux, lettre adressée au ministre de la guerre. Je la lus. Je demandai permission d'en extraire quelques lignes, on me le permit. Voici l'extrait : « Crois-tu que cela puisse durer encore
» long-temps? Quel est ce nouveau pouvoir qui prétend s'é-
» lever contre l'autorité légitime? ou plutôt est-il deux pouvoirs
» en France? Non, dit le peuple; oui, disent les commis. En-
» core hier, je lus ces mots dans la lettre de l'un d'eux : *Il est*
» *temps que la Convention nationale trace la démarcation des pou-*
» *voirs*. N'était-ce pas là le langage de la cour, et faudra-t-il que
» le peuple fasse le siége de ces bureaux comme il a fait celui
» des Tuileries? *Signé*, Ysabeau. »

» Ce paragraphe fut encore un des motifs qui autorisèrent ma motion contre le citoyen Vincent, et d'autant plus que je croyais mon opinion conforme à celle du comité de salut public. Je citai à la tribune cet extrait et la lettre d'où il provenait. Deux décrets de la Convention nationale, l'un du moment, l'autre du lendemain, ordonnèrent l'apport et la lecture de cette lettre à la Convention. Ces deux décrets consécutifs sont restés sans exécution : je ne juge ni ne blâme les motifs de cet oubli; mais ma raison et ma preuve subsistent.

» *Quatrième fait*. Le général Ronsin avait écrit une lettre privée au citoyen Vincent. Le citoyen Vincent transforme cette lettre en placard, et comme acte de fonctionnaire public. Le placard affiché avec profusion, sous l'intitulé de la société des Cordeliers, portait en substance et en termes exprès : « que la population de Lyon (Commune-Affranchie) était de cent vingt mille âmes; qu'il n'y avait pas dans tout cela, non pas même quinze cents patriotes, mais quinze cents personnes que l'on pût épargner, et qu'avant la fin du jour le Rhône roulerait les corps sanglans de tous les coupables. » Je citai donc contre le citoyen Vincent ce placard effrayant, affiché, non-seulement comme une action barbare et impolitique, mais comme provenant d'une autorité constituée, ou du moins l'insinuant. Ronsin n'avait écrit, je le répète, qu'une lettre privée; c'est ce qui m'a été dit.

» Tels sont les faits positifs sur lesquels j'ai fondé ma motion. Je dis positifs, parce que les preuves du premier fait sont dans la notoriété constatée par les journaux, les témoins, la voix publique, les actes subséquens et les faits qui suivent; parce que la preuve du second fait est dans la déclaration authentique, patente, solennelle, littérale et consommée du représentant du peuple Le Got; parce que la preuve du troisième fait est dans la lettre des représentans du peuple Ysabeau et Tallien, déposée au comité de salut public; parce que la preuve du quatrième fait est dans le placard authentique, public et positif. Je ne dis pas que le citoyen Vincent ne puisse se justifier sur ces faits, mais je dis seulement que ma conscience et mon devoir en avaient assez pour me dicter ma motion et mes conclusions contre le citoyen Vincent.

» Je n'ai que cité le général Ronsin, et à cause du placard; je n'ai rien dit, ni voulu dire contre lui; je n'ai point demandé son arrestation. C'est à d'autres motions subites, incidentes et successives qu'il faut attribuer le décret contre le général Ronsin. Les journaux ont tout confondu, mais la Convention et les auteurs des motions additionnelles à la mienne sont là. Je n'ai pas même demandé l'arrestation de Maillard, qui fut résolue alors. C'est à quelque autre opinant qu'appartient cette arrestation de Maillard; j'ai pu le citer dans une motion improvisée, mais je n'ai pris à cet égard aucune conclusion. Voilà les faits, citoyens collègues : je vous fais passer cette lettre déclaratoire, non pour insister sur son effet, non pour faire revivre ses conséquences, mais pour donner à connaître que je ne suis point le calomniateur du citoyen Vincent, mais un représentant du peuple alors effrayé d'une intention funeste bien avérée à mes yeux, un représentant dont l'opinion a aussi sa latitude et qu'il lui est donné de combiner et de modifier selon ses lumières grandes ou petites, mais appliquées à l'utilité publique. Au reste, ma crainte était assez fondée puisqu'elle fut partagée par la Convention nationale, qui se leva à l'unanimité la plus complète et la plus rapide pour décréter mes conclusions contre le citoyen Vincent.

» Si je ne déposai point dans le temps, au comité de sûreté générale, les motifs et les faits qui m'avaient déterminé, c'est que l'arrestation du citoyen Vincent causa et cause encore un tel trouble, que j'en fus à réfléchir si je n'avais pas fait, non pas une injustice, j'en étais bien sûr, mais une imprudence. Le comité de salut public, que j'avais bien sincèrement cru seconder, me parut être d'une opinion d'abord indifférente, ensuite mitigée, et enfin contraire à cet égard. On se chargea d'amortir les effets de ma motion; je promis alors de n'y donner, sous aucun rapport, ni suite, ni attachement. J'ai fidèlement, religieusement et bien en entier, sous tous les aspects même les plus minimes, tenu ma promesse : on a cru le contraire, on s'est bien trompé. On semble se prévaloir aujourd'hui de ce qui n'a été que l'effet de cette promesse et de ce détachement. Je dois donc vous exposer mes motifs, les motifs de ma motion contre le citoyen Vincent : je vous les expose; je les livre au comité de sûreté générale; je n'y ajoute aucune conclusion et n'en réclamerai pour ma justification que les vérités qu'ils renferment et qui m'ont déterminé.

» Citoyens collègues, salut et fraternité,
» *Signé*: Fabre-d'Églantine.

» *P. S.* Je vous prie de m'accuser la réception de ma letre; je suis détenu dans un tel éloignement de la terre, qu'il m'est permis de douter de la remise de cette déclaration. »

La note qu'on vient de lire était indispensable pour l'intelligence de certaines parties du projet de rapport de Robespierre sur la faction Fabre-d'Églantine. Dans la dénonciation de Fabre contre Vincent, telle que la publient le *Moniteur* et les autres journaux, il n'est pas fait mention, en effet, de la lettre d'Ysabeau. Ce ne fût qu'à la séance du 21 décembre (1ᵉʳ nivose) au soir qu'il en demanda la communication : elle fut décrétée, mais elle n'eut pas lieu.

Pour distinguer la vérité du mensonge dans l'histoire d'une époque sur laquelle tant de passions ont répandu leurs ténèbres, il faut continuellement se guider par les données générales qui fixent ce que les hébertistes et les dantonistes avaient de commun, et ce qu'ils avaient de différent. Or, ils avaient de commun le même ennemi, qui était le pouvoir, et ils avaient de différent qu'ils s'en disputaient la place; ils avaient de commun d'être un pouvoir révolutionnaire impossible, et qui eût inévitablement entraîné la contre-révolution; et ils avaient de différent que les premiers étaient un pouvoir impossible, parce qu'ils ruinaient à la fois la justice et la force par leur système d'indulgence, tandis que les seconds étaient ce même pouvoir en voulant la force sans la justice. Il est nécessaire d'avoir ces données présentes pour comprendre et juger la polémique des deux partis. Il arrive, en effet, très-souvent que l'un attribue ses propres opinions à l'autre, et lui en fait un crime, ce qui porterait naturellement à croire que l'accusateur diffère essentiellement de l'accusé quant au grief articulé. Ce serait se tromper entièrement que de croire à cette apparence, comme on peut le voir par cet exemple. Les dantonistes tiraient leur argument décisif contre leurs adversaires de ce que Vincent et ses amis avaient demandé la prompte installation du gouvernement constitutionnel, et eux-mêmes demandaient littéralement la même chose. Que voulait Bourdon (de l'Oise), et que voulaient ceux qui l'applaudissaient, lorsqu'il accusait les agens ministériels de maintenir la révolution parce qu'ils en profitaient, lorsqu'il disait qu'il fallait hâter l'établissement de la Constitution, et ne pas laisser assimiler la Convention au long parlement ? Pourquoi ce qui prouvait contre les hébertistes ne prouverait-il pas contre les dantonistes? puisque, selon ces derniers, il suffisait d'un vœu constitutionnel pour être ennemi du comité. Pourquoi ce vœu, étant positif des deux parts, ne conclurait-il pas également contre les uns et contre les autres? C'est cependant sur ce reproche que se fonde toute l'argumentation de la note de Fabre, de telle sorte qu'un hébertiste n'aurait eu qu'à changer les noms pour en faire un réquisitoire à son usage.

Mais indépendamment des faits parlementaires plus haut exposés, et qui démentent toutes ces protestations de dévouement qu'affectaient les dantonistes à l'égard des dictateurs, il nous reste à parler d'une décision qu'ils obtinrent de l'assemblée, et qui pose clairement leur but. Les pouvoirs du comité de salut public expiraient le 10 décembre (20 frimaire), et ils ne furent pas immédiatement renouvelés, ce qui annonçait déjà une disposition fâcheuse dans la Convention. Le 12 (22), ils ne l'étaient pas encore. A la fin de la séance Barrère appela l'attention de l'assemblée sur cet oubli, et il fut décrété, non pas que la Convention s'occuperait le lendemain de renouveler les pouvoirs, mais bien de renouveler le comité. Le 13 (23), au moment où l'on demandait l'appel nominal pour ce renouvellement, Jay-Sainte-Foy parut à la tribune.

Jay-Sainte-Foy. « La motion faite hier à la fin de la séance, pour renouveler le comité de salut public, est trop importante pour n'être pas discutée avant d'être résolue. Il s'agit de changer le centre du gouvernement révolutionnaire. Je ne crois pas que ce soit ici le moment de prendre une pareille mesure. Ce n'est que depuis l'existence du comité actuel que nous avons vu marcher la révolution. L'égide de l'inviolabilité brisée sur la tête des députés prévaricateurs, la contre-révolution étouffée à Marseille, écrasée à Lyon; des victoires à toutes nos armées; voilà la suite du mouvement que ce comité a imprimé à la chose publique.

» Nous voyons les puissances étrangères perdre toute espérance. Et comment ne la perdraient-elles pas ? Elles n'ont rien pu contre nous lorsqu'elles avaient opéré le discrédit des assignats; lorsque tous nos généraux, corrompus par elles, trahissaient la République; lorsqu'elles avaient un parti dans la Convention même. Est-ce lorsque ces puissances jouent de leur reste, est-ce lorsque de grandes négociations ont été entamées, est-ce lorsque Toulon est sur le point de rentrer dans le sein de la République, est-ce au moment où le midi de la France va expier ses erreurs, est-ce au moment où les armées sont en présence de l'ennemi, où les défenseurs de la liberté vont écraser les satellites de Pitt et de Cobourg, qu'il faut changer le centre de gravité de la République? Ne croira-t-on pas qu'il a perdu la confiance de la Convention? ne dispensez-vous pas et l'ancien et le nouveau de toute responsabilité? Car, si vous vous plaignez du nouveau, il vous dira : Les plans étaient mauvais, nous sommes arrivés trop tard pour les corriger. Si vous accusez l'ancien, il répondra : Les mesures étaient bonnes, elles ont été mal exécutées. D'ailleurs ce comité n'a qu'une existence précaire; en le conservant, la Convention le crée perpétuellement. Je demande le rapport du décret d'hier et la prorogation du comité actuel. »

Le discours de Jay-Sainte-Foy convainquit la Convention ; ses deux propositions furent décrétées. Son discours nous apprend que le décret de la veille était la suite d'une motion. Or il n'en reste aucune trace, ni dans le *Moniteur*, ni dans les autres journaux. Le décret lui-même est cité si brièvement et de telle sorte que l'on croirait qu'il s'agit de la formule ordinaire des demandes de prorogations, et qu'il serait impossible d'y saisir le fait important que nous signalons ici, si l'on n'était averti que le comité est en cause sous toutes les paroles de l'opposition dantoniste. Si le comité ne fut pas renouvelé en cette circonstance, c'est que l'opposition commençait à peine à se manifester; que l'expiration de ses pouvoirs eût tardé de quelques jours, qu'elle eût coïncidé, par exemple, avec la séance du 17 décembre (27 frimaire), et il était infailliblement changé. Les progrès que fit le dantonisme en quelques séances rendent même indubitable qu'on n'eût pas attendu une autre expiration de pouvoirs pour déplacer la dictature, si la nouvelle de la prise de Toulon ne fut venue assez à temps pour la consolider dans les mêmes mains.

Nous passons aux effets de l'arrestation de Vincent et de ses amis; nous allons voir dans quelle situation elle plaça les deux partis à l'égard l'un de l'autre et à l'égard du pouvoir. Le soir même du jour où elle avait été prononcée, Bourdon (de l'Oise) ayant aperçu Ronsin dans le club des Jacobins, monta aussitôt à la tribune pour réclamer l'exécution de la loi. La société s'empressa, dit le *Moniteur*, de manifester le même vœu, et Ronsin sortit immédiatement de la salle. Raisson fit quelques observations sur l'excès de chaleur et de personnalité que Bourdon venait de témoigner, et il demanda que la société mît de la prudence dans ses démarches. Ensuite Laveaux, Fabre-d'Églantine et Dufourny parlèrent contre Vincent.

Le 19 décembre (29 frimaire), le comité de salut public ayant fait une demande au club des Jacobins, un ami de Bourdon (de l'Oise) proposa de n'y pas déférer; Hébert fit la motion contraire. Le fait est ainsi rapporté par le *Moniteur* :

« Le comité de salut public de la Convention invite la société à lui envoyer la liste de celles qui lui sont affiliées. Il déclare qu'il en a besoin pour faire parvenir une circulaire sur l'organisation du gouvernement provisoire. »

Dufourny. « Je m'oppose à cet envoi. Je demande que le comité de salut public fasse passer à la société les exemplaires dont la circulation lui paraît utile, afin qu'elle puisse les faire parvenir, par le moyen de sa correspondance, aux sociétés affiliées.

Hébert. « Il ne peut être dangereux de donner la liste demandée, depuis que le comité a obtenu la confiance du peuple. Cette réserve ne pouvait être bonne que dans le temps où les brissotins dominaient. Je demande l'ordre du jour sur la motion de Dufourny. »

La proposition d'Hébert fut adoptée. Le drame d'opposition qui va se dérouler maintenant entre les deux factions rivales est indiqué très-exactement ici. Les dantonistes attaqueront le comité directement ou indirectement, et les cordeliers marcheront sur les traces qu'Hébert ouvre devant eux.

Cette société, séparant le comité de salut public de la Convention, et regardant celle-ci comme sous l'influence de la majorité qui avait décrété l'arrestation de trois de ses membres, commença (séance du 20 décembre, 30 frimaire) par lui présenter une pétition d'intérêt général révolutionnaire. Elle y insistait particulièrement sur la mise en accusation, déjà trop retardée, selon elle, des soixante-treize députés détenus. Elle ne se contenta pas de prononcer un discours dont chaque mot était pour la Convention un reproche de modérantisme; mais elle l'insulta dans les formes. La députation des Cordeliers entra couverte dans la barre, et l'orateur prit la parole sans ôter son chapeau. Couthon l'interrompit. Il trouva dans sa conduite un avilissement de la représentation nationale, et demanda que tout pétitionnaire fût astreint à parler nu-tête. Robespierre y vit les conséquences de l'exemple donné par certains conventionnels eux-mêmes, et demanda que l'assemblée défendît d'abord à ses propres membres de parler couverts dans son sein. Cette proposition fut décrétée après un léger débat. L'orateur des Cordeliers se conforma à l'esprit du décret, et continua de lire une adresse où l'éloge le plus pompeux des comités de salut public et de sûreté générale se mêlait au blâme et à la menace contre la faction des indulgens. Le président (Voulland) répondit ainsi au vœu exprimé par le club sur le prompt jugement des Girondins détenus : « La justice nationale ne sera jamais retardée ni éludée en faveur d'aucun citoyen, quels que soient son existence, son état, ses rapports, ses fonctions; mais la Convention saura repousser toute influence, et en garantir surtout les magistrats qui tiennent dans leurs mains la balance de la justice. »

Le lendemain 21 décembre (1er nivose), les Cordeliers devaient célébrer la pompe funèbre de Chalier. Les circonstances firent de cette cérémonie un moyen d'opposition, et en augmentèrent la solennité. Lorsque la Commune avait appris (séance du 28 novembre, 8 frimaire) qu'on allait recevoir trois bustes de Chalier, sa tête et ses cendres, elle avait décidé simplement qu'elle ferait cortége à ces reliques le jour où elles seraient offertes à la Convention. Le 18 décembre (28 frimaire), elle ordonna une marche analogue aux processions triomphales qui avaient eu lieu pour fêter les plus grandes époques de la révolution. Le point de départ fut fixé à la Bastille. La ligne à parcourir était ainsi indiquée par le programme : la rue Saint-Antoine; la rue du Martroy; l'arcade Saint-Jean; station à l'Hôtel-de-Ville, où un autel à la Liberté avait été établi dans la cour « à la place qu'occupait le tyran Louis XIV ; » les quais jusqu'au pont Notre-Dame; la rue Saint-Martin, jusqu'au boulevard; les boulevards jusqu'à l'arc de triomphe; au-devant du théâtre Favart; station sous l'arc de triomphe; les boulevards; la rue des Capucines; la place des Piques (place Vendôme); la rue Saint-Honoré; station aux Jacobins; la rue Saint-Honoré; la rue Saint-Nicaise ; la place de la Réunion (le Carrousel); la Convention. Vingt groupes devaient composer le cortége. Voici la description du quinzième : « Char de triomphe, sur lequel sera placé le tombeau de Chalier, surmonté de l'urne dans laquelle ses cendres sont renfermées; une Renommée couvrira cette urne de la couronne de l'immortalité; de chaque côté seront assis deux députés de Commune-Affranchie, victimes comme Chalier des aristocrates, présentant au peuple les restes de ce martyr, leur concitoyen et leur ami, et apportant des couronnes pour les défenseurs de la patrie ; le devant du char offrira un autel sur lequel sera placée la tête de Chalier recouverte d'un crêpe, ornée d'une couronne et de guirlandes de cyprès. La figure du fer qui a tranché ses jours sera peinte sur la face du piédestal; au-dessous seront écrites ces paroles remarquables : *Que je serais heureux si ma mort pouvait servir à l'affermissement de la liberté!* Le char sera entouré des autres députés et des patriotes de Commune-Affranchie. Aux quatre coins du char seront placés : 1° les élèves de la patrie; 2° les défenseurs de la patrie blessés dans les combats; 3º les veuves des défenseurs de la patrie; 4º les vieillards. » (*Journal de Paris*, 1793, n. CCCLIV.)

Le 1er décembre (11 frimaire), la Convention avait reçu une lettre des représentans Collot d'Herbois et Fouché de Nantes, dans laquelle ils lui annonçaient officiellement l'envoi du buste de Chalier et de sa tête mutilée. Collot d'Herbois suivit de près cette lettre. Il accourait pour défendre les hébertistes qui n'avaient cessé d'encourager ses œuvres à Lyon, et pour se défendre lui-même. Il partageait en ce moment les périls de cette faction dont il venait d'appliquer le système avec un zèle sans nom, et qui le proclamait son héros en compagnie de Carrier, d'André Dumont, etc. Nous lisons dans le nº CCCXX du *Père Duchesne*: « Brave Dumont, toi qui as étouffé les germes d'une nouvelle Vendée dans les départemens que tu as parcourus, ne jette pas le manche après la coignée, et poursuis comme tu as fait jusqu'à aujourd'hui. Et vous lurons de la gance, couple intrépide, Collot et Fouché, qui avez été envoyés pour détruire les cavernes des voleurs de galonniers de Lyon, abattez, rasez, brûlez les palais de toute la canaille marchande de cette ville rebelle qui a osé trafiquer la contre-révolution. »

La première séance de la Convention à laquelle Collot-d'Herbois assista, après son retour, fut justement celle du 21 décembre (1er nivose), où furent présentés les restes de Chalier; elle commença par un discours de Thirion dans lequel il repoussait les inculpations qui lui avaient été faites, disant que le compte rendu de sa mission était prêt. Charlier fit observer que Thirion avait toujours mérité l'estime et la confiance de ses collègues ; il demanda l'impression de son compte-rendu, et l'ordre du jour sur tout le reste. Cette proposition fut décrétée, puis vint une scène dont parle Robespierre dans son projet de rapport contre la faction Fabre-d'Églantine.

Léonard Bourdon. « Les orphelins de la Patrie devaient vous présenter hier un brave militaire qui a perdu un bras au service de la République. Il est à la barre ; je demande pour lui un secours provisoire qui l'indemnise des frais de son voyage. »

Danton. » Je demande s'il n'existe pas des lois qui dispensent les défenseurs de la patrie mutilés pour elle de se présenter pour solliciter des secours ? N'est-ce pas au ministre de la guerre à se charger de leur récompense ? est-ce qu'il n'y a pas des lois qui lui attribuent impérieusement ce soin ? C'est une chose déshonorante pour la Convention de voir à la barre les martyrs de la liberté. Je demande que le ministre de la guerre soit tenu, sous trois jours, de présenter le tableau de tous ceux qui ont été victimes de leur dévouement pour la cause de la liberté. »

La Convention décréta cette proposition, et accorda à ce militaire une indemnité provisoire de trois cents livres. On voit que l'opposition dantoniste eut les honneurs du commencement de la séance. Danton en personne entrait maintenant dans les plans de Bourdon ; il venait de donner son gage public en attaquant Bouchotte.

En ce moment la députation lyonnaise chargée d'offrir à la Convention le buste, l'effigie, les cendres et la tête de Chalier, fut admise à la barre. Elle déposa sur la barre un assignat marqué d'une fleur de lys, monnaie que les rebelles avaient créée pendant le siége. Le président (Voulland) répondit que la Convention acceptait avec reconnaissance les restes précieux d'un martyr de la liberté. Couthon demanda que Chalier reçût les honneurs du Panthéon, et que « ce général (Dampierre) qu'on avait d'abord cru patriote, et qu'on reconnaissait à présent pour un traître, ne fut plus confondu avec les amis et les défenseurs du peuple. » Romme voulait que le comité d'instruction publique fît avant tout un rapport sur Dampierre et Chalier. — Danton défendit la mémoire de Dampierre qui, dit-il, avait toujours vécu avec les laboureurs en ami, en frère, et dans les principes de l'égalité pratique, il cita le trait suivant : «Un malheureux tombe dans une rivière au milieu de l'hiver ; Dampierre se jette à la nage et lui sauve la vie. » — La proposition de Romme fut décrétée.

C'était là une répétition de ce qui avait eu lieu dans le précédent mois à l'égard de Mirabeau et de Marat, dont les noms avaient été compris pareillement dans le même décret. Le 14 novembre (24 brumaire), David avait fait offrande à la nation de son tableau de Marat assassiné, et il avait demandé pour ce représentant les honneurs du Panthéon. La Convention, dérogeant pour Marat au décret portant que ces honneurs ne seraient accordés à un citoyen que dix ans après sa mort, adopta sur-le-champ la motion de David. Granet saisit cette occasion pour rappeler que depuis long-temps il avait été proposé de retirer du Panthéon les cendres de Mirabeau. Le comité d'instruction publique fut chargé d'un prompt rapport là-dessus, et le 25 novembre (5 frimaire), il fit décréter que « le même jour où le corps d'Honoré-Gabriel Riquetti-Mirabeau serait retiré du Panthéon français, celui de Marat y serait transféré. » — Le rapport contre la mémoire de Mirabeau n'est qu'un extrait des pièces de l'armoire de fer analysées ailleurs par nous ; quant à Marat, sa translation n'eut lieu qu'après le 9 thermidor.

Collot-d'Herbois prit la parole à la séance du 21 décembre (1er nivose), au soir. Il réfuta longuement la pétition présentée la veille par des citoyens de Lyon. Cette pétition, dont le *Moniteur* ne donne qu'un extrait, et dont nous avons cité nous-mêmes la dernière partie seulement, fut reproduite en entier par le *Républicain français*, n. CDXLI. Elle est signée Changeux, Chaussat, Brillat et Prost. Voici le passage de cette pétition où le système de Couthon est rapproché de celui appliqué par Collot-d'Herbois et Fouché de Nantes. « Les premiers députés avaient pris un arrêté à la fois juste, ferme et humain ; ils avaient ordonné que les chefs conspirateurs perdissent seuls la tête, et qu'à cet effet on instituât deux commissions qui, en observant les formes, sauraient distinguer le conspirateur des malheureux qu'avaient entraîné l'aveuglement, l'ignorance et surtout la pauvreté. Quatre cents têtes sont tombées dans l'espace d'un mois, en exécution des jugemens de ces deux commissions. De nouveaux juges ont paru, et se sont plaints que le sang ne coulât pas avec assez d'abondance et de promptitude. En conséquence ils ont créé une commission révolutionnaire composée de sept membres, chargés de se transporter dans les prisons, et de juger en un moment le grand nombre des détenus qui les remplissent. A peine le jugement est-il prononcé que ceux qu'il condamne sont exposés en masse au feu du canon chargé à mitraille. Ils tombent les uns sur les autres frappés par la foudre, et, souvent mutilés, ils ont le malheur de ne perdre à la première décharge que la moitié de leur vie. Les victimes qui respirent encore après avoir subi ce supplice sont achevées à coups de sabre et de mousquet. La pitié même d'un sexe faible et sensible a semblé un crime. Deux femmes ont été traînées au carcan pour avoir imploré la grace de leur père, de leur mari et de leurs enfans. On a défendu la commisération et les larmes. La nature est forcée de contraindre ses plus justes et ses plus généreux mouvemens sous peine de mort. La douleur n'exagère point ici l'excès de nos maux. Ils sont attestés par les proclamations de ceux qui nous frappent. Quatre mille têtes sont encore dévouées au même supplice : elles doivent être abattues avant la fin de frimaire. Des supplians ne deviendront pas accusateurs : leur désespoir est au comble; mais le respect en retient les éclats : ils n'apportent dans ce sanctuaire que des gémissemens, et non des murmures. »

Collot-d'Herbois répondit à cette pétition par une apologie complète des mesures qui avaient été prises. Il ne sortit des généralités politiques que pour contredire un fait : « Le canon, disait-il, avait été tiré une fois seulement sur soixante des plus coupables, dont il n'y avait pas un seul qui ne se fût baigné dans le sang des patriotes. » — Les pétitionnaires avaient beaucoup exagéré le nombre des individus condamnés à mort par le tribunal révolutionnaire établi à Lyon après le siége. Au moment où Collot-d'Herbois et Fouché adjoignirent à ce tribunal la commission militaire, cent treize citoyens, et non pas quatre cents, avaient été guillotinés. Ce fait est attesté par les listes qu'envoyaient à la Convention les juges du tribunal révolutionnaire, et dont la seconde, datée du 4 décembre (14 frimaire), porte en effet : « Le nombre total des guillotinés jusqu'à ce jour est de cent treize. » Les mitraillades commencèrent ce jour-là. Si les pétitionnaires avaient considérablement grossi le chiffre des guillotinés, Collot-d'Herbois avait beaucoup diminué de son côté le nombre de ceux qui avaient péri par la mitraille. Voici une lettre adressée à la Commune de Paris par l'un de ses commissaires à Lyon, où sont rapportées, jour par jour, les exécutions de ce genre, jusqu'au moment du départ de Collot-d'Herbois.

Commune-Affranchie, le 22 frimaire (12 décembre), de l'an 2.

« Citoyens mes collègues, je vous prie de m'envoyer deux exemplaires du journal intitulé : *Le Père Duchêne ;* aucun abonné ici ne le reçoit sous le cachet de la Commune de Paris; je serai peut-être plus heureux; notre projet serait de le faire imprimer et répandre avec profusion à Commune-Affranchie et dans les environs. En punissant les coupables, en abattant toutes les maisons où habitaient les riches de cette orgueilleuse cité, nous voudrions aussi régénérer l'esprit des habitans, et ce n'est pas là l'ouvrage le plus facile. Tous les Lyonnais, accablés par la terreur, gardent le silence ; mais les noms sacrés de patrie, de République, sont étrangers à leurs ames : la presque totalité des négocians n'a considéré, dans la révolution, que son intérêt pécuniaire ; dans les grands mouvemens où cette cité s'est trouvée, elle n'a vu que le jeu de l'argent et des assignats. Il existe cependant des patriotes, des sans-culottes, mais en petit nombre, et la majorité de ce petit nombre est d'une ignorance extrême. La masse du peuple n'a presque aucun rapport avec celle des autres départemens : ce ne sont pas les sans-culottes de Paris, remplis de courage et d'énergie, connaissant tout à la fois leurs droits et leurs devoirs. Il faudra disséminer tous ces Lyonnais dans divers points de la République, et réduire cette cité, aujourd'hui de cent quarante mille ames, à vingt-cinq mille au plus.

» Les représentans du peuple ont substitué aux deux tribunaux révolutionnaires qu'ils avaient créés un comité de sept juges; cette mesure était indispensable : les deux tribunaux, sans cesse embarrassés par les formes, ne remplissaient pas les vœux du peuple; les prisonniers, entassés dans les prisons, les exécutions partielles ne faisaient plus que peu d'effet sur ce peuple; le comité des Sept juge sommairement, et leur justice est aussi éclairée qu'elle est prompte.

» Le 14 frimaire, soixante de ces scélérats ont subi la peine due à leurs crimes par la fusillade.

» Le 15 frimaire, deux cent huit ont subi le même sort.

» Le 17 frimaire, on a acquitté soixante innocens avec autant d'éclat qu'on en donne à la punition des coupables.

» Le 18, soixante-huit rebelles ont été fusillés, et huit guillotinés.

» Le 19, treize ont été guillotinés.

» Le 20, cinquante innocens ont été mis en liberté.

» Le 21, la fusillade en a détruit en masse cinquante-trois.

» Sous peu de temps, les coupables de Lyon ne souilleront plus le sol de la République.

» Nous faisons chaque jour des découvertes d'or et d'argent. Le total des matières d'or et d'argent trouvées dans les caves, jardins, etc., vous étonnera lorsqu'il vous sera connu. *Signé*, PELLETIER, *commissaire national.* »

Voici maintenant la correspondance officielle de Collot-d'Herbois et de ses collègues avec la Convention nationale, depuis son départ jusqu'à son retour.

Nous conservons l'intitulé des lettres.

Les représentans du peuple Fouché, de Nantes, et Collot-d'Herbois, à la Convention nationale. — Commune-Affranchie, le 26 brumaire, l'an 2 de la République française une et indivisible.

« Citoyens collègues, nous poursuivons notre mission avec l'énergie de républicains qui ont le sentiment profond de leur caractère; nous ne le déposerons point, nous ne descendrons pas de la hauteur où le peuple nous a placés, pour nous occuper des misérables intérêts de quelques hommes plus ou moins coupables envers la patrie. Nous avons éloigné de nous tous les individus, parce que nous n'avons point de temps à perdre, point de faveurs à accorder ; nous ne devons voir et nous ne voyons que la République, que vos décrets qui nous commandent de donner un grand exemple, une leçon éclatante ; nous n'écoutons que le cri du peuple, qui veut que tout le sang des patriotes soit vengé une fois d'une manière prompte et terrible, pour que l'humanité n'ait plus à pleurer de le voir couler de nouveau.

» Convaincus qu'il n'y a d'innocent dans cette infame cité que celui qui fut opprimé ou chargé de fers par les assassins du peuple, nous sommes en défiance contre les larmes du repentir ; rien ne peut désarmer notre sévérité. Ils l'ont bien senti ceux qui cherchent à vous surprendre, ceux qui viennent de vous arracher un décret de sursis en faveur d'un détenu : nous sommes sur les lieux, vous nous avez investis de votre confiance, et nous n'avons pas été consultés.

» Nous devons vous le dire, citoyens collègues, l'indulgence est une faiblesse dangereuse, propre à rallumer les espérances criminelles au moment où il faut les détruire : on l'a provoquée envers un individu, on l'a provoquée envers tous ceux de son espèce, afin de rendre illusoire l'effet de votre justice ; on n'ose pas encore vous demander le rapport de votre premier décret sur l'anéantissement de la ville de Lyon ; mais on n'a presque rien fait jusqu'ici pour l'exécuter. Les démolitions sont trop lentes, il faut des moyens plus rapides à l'impatience républicaine. L'explosion de la mine et l'activité dévorante de la flamme peuvent seules exprimer la toute-puissance du peuple ; sa volonté ne peut être arrêtée comme celle des tyrans, elle doit avoir les effets du tonnerre. *Signé*, COLLOT-D'HERBOIS et FOUCHÉ. »

Cette lettre fut lue à la séance du 22 novembre (2 frimaire).

Les représentans du peuple, envoyés dans Commune-Affranchie, pour y assurer le bonheur du peuple avec le triomphe de la République, dans tous les départemens et près l'armée des Alpes, à la Convention nationale. — Le 5 frimaire de l'an II.

« Citoyens collègues, nous vous envoyons le buste de Chalier et sa tête mutilée, telle qu'elle est sortie pour la troisième fois de dessous la hache de ses féroces meurtriers. Lorsqu'on cherchera à émouvoir votre sensibilité, découvrez cette tête sanglante aux yeux des hommes pusillanimes et qui ne voient que des individus ; rappelez-les par ce langage énergique à la sévérité du devoir et à l'impassibilité de la représentation nationale.

» C'est la liberté qu'on a voulu assassiner en immolant Chalier ; ses bourreaux en ont fait l'aveu avant de tomber sous le glaive de la justice. On a entendu de leur propre bouche qu'ils mouraient pour leur roi, qu'ils voulaient lui donner un successeur. Jugez de l'esprit qui animait cette ville corrompue ; jugez des hommes qui la maîtrisaient par leur fortune ou par leur pouvoir ; jugez si on peut accorder impunément un sursis. Point d'indulgence, citoyens collègues, point de délai, point de lenteur dans la punition du crime, si vous voulez produire un effet salutaire. Les rois punissaient lentement, parce qu'ils étaient faibles et cruels ; la justice du peuple doit être aussi prompte que l'expression de sa volonté. Nous avons pris des moyens efficaces pour marquer sa toute-puissance, de manière à servir de leçon à tous les rebelles.

» Nous ne vous parlerons point des prêtres ; ils n'ont pas le privilége de nous occuper en particulier. Nous ne nous faisons point un jeu de leurs impostures ; ils dominaient la conscience du peuple, ils l'ont égarée, ils sont complices de tout le sang qui a coulé : leur arrêt est prononcé.

» Nous saisissons chaque jour de nouveaux trésors ; nous avons découvert chez Tolosan une partie de sa vaisselle cachée dans un mur. Il y a ici beaucoup d'or et d'argent que nous vous enverrons successivement.

» Il est temps de prendre une mesure générale si vous voulez empêcher ces métaux de sortir de la République. Nous savons que des agioteurs sont accourus dans le département de la Nièvre dès qu'ils ont appris que l'or et l'argent y étaient méprisés. Ne souffrez pas qu'un des plus beaux mouvemens de la révolution tourne contre elle ; ordonnez que ces métaux seront versés dans le trésor public ; et décrétez que le premier individu qui cherchera à les faire passer chez l'étranger, sera fusillé au lieu même où il sera saisi. *Signé*, COLLOT-D'HERBOIS et FOUCHÉ. »

Cette lettre fut lue à la séance du 1er décembre (11 frimaire).

Les représentans du peuple envoyés à Commune-Affranchie pour y assurer le bonheur du peuple avec le triomphe de la République, dans tous les départemens environnans, et près l'armée des Alpes, à la Convention nationale.

» Citoyens collègues, nous sommes arrêtés sans cesse dans la rapidité de notre marche révolutionnaire par de nouveaux obstacles qu'il faut franchir, par des complots toujours renaissans qu'il faut étouffer. Notre pensée, notre existence tout entière, sont fixées sur des ruines, sur des tombeaux où nous sommes menacés d'être ensevelis nous-mêmes, et cependant nous éprouvons de secrètes satisfactions, de solides jouissances ; la nature reprend ses droits, l'humanité nous semble vengée, la patrie consolée et la République sauvée, assise sur ses véritables bases, sur les cendres de ses lâches assassins.

» Ah ! si une sensibilité aussi mal conçue que dénaturée n'égarait la raison publique, ne trompait la conscience générale, ne paralysait quelquefois le bras nerveux qui est chargé de lancer la foudre populaire ; si la justice éternelle n'était retardée dans son cours terrible par des exceptions qui, pour épargner des larmes à quelques individus, font couler des flots de sang ; si une sainte et courageuse proscription contre tous les oppresseurs était prononcée avec la même énergie dans toute l'étendue de la République, demain Toulon serait évacué, et nos infâmes ennemis, dans leur désespoir, tourneraient contre eux-mêmes leurs poisons, leurs poignards; ils s'anéantiraient de leurs propres mains.

» Nous devons donner un témoignage public d'estime aux travaux assidus de la commission révolutionnaire que nous avons établie; elle remplit ses devoirs pénibles avec une sévérité stoïque et une impartiale rigueur. C'est en présence du peuple, sous les voûtes de la nature, qu'elle rend la justice comme le Ciel la rendrait lui-même. Des applaudissemens nombreux et unanimes sanctionnent ses jugemens. Les condamnés eux-mêmes, qui, jusqu'à la lecture de leur sentence, répandent l'or et l'argent pour acheter un voile de patriotisme qui puisse couvrir leurs crimes, nous écrivent qu'ils méritent la mort, mais qu'ils demandent grâce pour ceux qui ne furent pas leurs complices.

» La terreur, la salutaire terreur est vraiment ici à l'ordre du jour; elle comprime tous les efforts des méchans, elle dépouille le crime de ses vêtemens et de son or; c'est sous les haillons honorables de la misère que se cache le riche royaliste fumant encore du sang des républicains, c'est sous la bure que nous avons découvert le satellite Bournissac conduisant sa femme sur un âne dans une retraite obscure, où il espérait dérober à la justice les attentats dont il souilla si long-temps la commune de Marseille. Nous le ferons conduire demain dans cette commune, pour qu'il y expie, en présence du peuple, sa féroce oppression. *Signé*, ALBITTE, FOUCHÉ, LAPORTE, COLLOT-D'HERBOIS. »

Cette lettre, dont le *Moniteur* n'a pas conservé la date, fut lue à la séance du 16 décembre (26 frimaire).

Nous ajoutons à ces documens la correspondance privée de Collot-d'Herbois, telle qu'elle a été publiée par Courtois, dans les pièces justificatives de son rapport; nous conservons l'ordre dans lequel il a rangé les lettres qu'on va lire.

Lettre de Collot-d'Herbois au citoyen Duplay père (1). — *Commune-Affranchie, le 15 frimaire l'an 2ᵉ de la République*, etc.

« Ami et frère, voilà de bonnes choses qui me viennent de toi ; tout à la fois des nouvelles de toi, des tiens, le discours de Robespierre et l'assurance qu'il se porte bien. Tout cela est bien bon. Dis-lui, je te prie, de nous écrire aussi. Nos frères jacobins vont à merveille : une lettre de lui leur fera grand plaisir et sera d'un bon effet. Nous avons remonté ici, non pas l'esprit public, car il est nul ; mais le courage, mais le caractère de quelques hommes qui ont de l'énergie, et d'un certain nombre de patriotes trop long-temps opprimés. Nous les avons tirés de la tiédeur où de faux principes et des idées de modération, salutaires aux conspirateurs à la vérité, mais cruelles et fatales à la République, les avaient entraînés. Nous avons ranimé l'action d'une justice républicaine, c'est-à-dire, prompte et terrible comme la volonté du peuple. Elle doit frapper les traîtres comme la foudre, et ne laisser que des cendres. En détruisant une cité infâme et rebelle, on consolide toutes les autres. En faisant périr les scélérats, on assure la vie de toutes les générations des hommes libres. Voilà nos principes. Nous démolissons à coups de canon et avec l'explosion de la mine, autant qu'il est possible. Mais tu sens bien qu'au milieu d'une population de cent cinquante mille individus, ces moyens trouvent beaucoup d'obstacles. La hache populaire faisait tomber vingt têtes des conspirateurs chaque jour, et ils n'en étaient pas effrayés. Précy vit encore, et son influence se faisait sentir de plus en plus chaque jour. Les prisons regorgeaient de ses complices. Nous avons créé une commission aussi prompte que peut l'être la conscience de vrais républicains qui jugent des traîtres. Soixante-quatre de ces conspirateurs ont été fusillés hier, au même endroit où ils faisaient feu sur les patriotes ; deux cent trente vont tomber aujourd'hui dans les fossés

---

(1) Duplay était un maître menuisier chez qui Robespierre demeurait. Nous donnerons ailleurs de plus amples détails à cet égard. (*Note des auteurs.*)

où furent établies ces redoutes exécrables qui vomissaient la mort sur l'armée républicaine. Ces grands exemples influeront sur les cités douteuses. Là, sont des hommes qui affectent une fausse et barbare sensibilité ; la nôtre est toute pour la patrie. Ceux qui nous connaissent sauront apprécier notre dévouement. Je ferai insérer le discours de Robespierre dans nos journaux. J'ai vu avec indignation le détail de ces manœuvres tendant à diviser les vrais patriotes ; mais les fourbes ni les intrigans ne nous diviseront pas. Tous ceux qui ont traversé la révolution d'un pas ferme, fidèles aux principes, à leurs devoirs, sont liés inséparablement. C'est l'amour de la patrie qui a cimenté l'amitié fraternelle qui réunit les cœurs. Nous approchons du but, et nous arriverons ensemble. Présente l'assurance de mon amitié franche, inaltérable, à ta républicaine famille ; serre, en mon nom, la main de Robespierre. Bon citoyen, heureux père, ton jeune fils, déjà fort des principes dont il est nourri, recueillera un bel héritage et saura le conserver. La citoyenne Lebas doit être bien contente de ce qu'a fait son mari. Qu'il y a de satisfaction pour des républicains à bien remplir leurs devoirs ! Salut, amitié et fraternité. Signé COLLOT-D'HERBOIS. »

Lettre de Collot à Robespierre. — *Ville-Affranchie, le 3 frimaire, l'an II de la République,* etc.

« Mon collègue, mon ami, ces craintes pour la chose publique souffrante, qui m'ont décidé à venir ici sur ton invitation, n'étaient point vaines. Nous n'avions pas la mesure des dangers, encore moins des obstacles, quelque grands que nous les supposions. La volonté et les intentions en trouvent d'incroyables ; il faut les surmonter. Mais quand on prononce des mesures révolutionnaires, quand on veut leur succès, les détails immenses et inattendus que ne peut négliger un représentant du peuple dissipent un temps précieux et consument des forces nécessaires. Je n'ai pas cru, mon ami, me trouver ici commissaire de l'armée des Alpes, administrateur de cinq ou six départemens à la fois ; je n'ai pas cru avoir à créer tous les mouvemens, toutes les actions nécessaires, à forger tous les instrumens, et cependant il a fallu s'en occuper. Point ici de subsistances, point d'autorités agissantes ; les ordres du comité de salut public mal compris ; un jour la garnison épuisée, le lendemain trois fois trop abondante par des levées de la première réquisition, qui n'étaient seulement pas annoncées ; les fabriques d'armes inactives, d'autres à transférer ; point d'hôpitaux fixes ; le système de l'indulgence établi par les patriotes, soutenu par un décret de la Convention du 20 brumaire, affiché ici avec affectation, et envoyé avec une promptitude qu'on n'a pas ordinairement ; les vengeances particulières agitant les comités révolutionnaires établis, à tel point qu'ils étaient aveugles sur la vengeance publique, et qu'ils ont eu sous les yeux, sans l'arrêter, pendant un mois, l'accusateur public qui a appliqué la peine de mort au républicain Chalier, échappé ensuite quand il a été poursuivi ; des généraux nouvellement arrivés, mécontens d'avoir été déplacés d'où ils étaient, les anciens, qui d'ailleurs ont fait le siége avec courage, si peu révolutionnaires qu'ils ont donné à l'ordre pour mot de ralliement Simonneau, ne sachant pas la différence qu'il y a de ce mot de ralliement feuillantin à celui de Marat, pour de vrais patriotes ; enfin, mon cher Robespierre, l'impuissance même de faire des reproches trop marqués, parce que tous ces fonctionnaires sont des patriotes persécutés et intéressans, et les militaires, des hommes qui ont combattu avec énergie contre les rebelles ; n'ayant par conséquent aucune force par le ralliement, et devant toujours puiser ses moyens en soi-même : voilà, depuis mon arrivée, quelle a été ma position. Je ne crois pas avoir fléchi, quoique souvent ma santé et mes forces m'aient trahi. J'ai marché à grands pas vers les mesures méditées, en évitant beaucoup de mal d'abord, et en donnant un plus grand caractère à tous les moyens employés jusqu'alors. L'armée révolutionnaire arrive enfin après-demain, et je pourrai accomplir de plus grandes choses. Il me tarde que tous les conspirateurs aient disparu ; l'impatience de la patrie et du peuple souverain qui la compose retentit sur tous mes fibres et dans mon cœur. Il faut que Lyon ne soit plus en effet, et que l'inscription que tu as proposée soit une grande vérité; car jusqu'à présent, bien que nous ayons doublé et triplé les apparences, ce n'est réellement qu'une hypothèse, et le décret lui-même oppose de grandes difficultés : il t'appartiendra de le rendre ce qu'il doit être, et d'avance nous préparerons les amendemens. Il faut licencier, faire évacuer cent mille individus travaillant, depuis qu'ils existent, à la fabrique, sans être laborieux, et bien éloignés de la dignité et de l'énergie qu'ils doivent avoir ; intéressans à l'humanité, parce qu'ils ont toujours été opprimés et pauvres, ce qui prouve qu'ils n'ont pas senti la révolution. En les disséminant parmi les hommes libres, ils en prendront les sentimens, ils ne les auront jamais s'ils restent réunis. Tu as trop de philosophie pour que cette idée t'échappe. Nous avons créé deux nouveaux tribunaux pour juger les traîtres; ils sont en activité à Feurs : les deux qui sont ici ont pris, depuis notre arrivée, plus de force et d'activité. Plusieurs fois vingt coupables ont subi la peine due à leurs forfaits, le même jour. Cela est encore lent pour la justice d'un peuple entier qui doit foudroyer tous ses ennemis à la fois, et nous nous occuperons à forger la foudre. Mais crois-moi, ami, mesure les difficultés, et pense que les premiers instans qui devaient accomplir.... ayant été perdus, ce que nous avons fait est beaucoup. Il ne faut pas cependant croire que le respectable Couthon mérite aucun reproche; je répète que j'admire son courage. Mais est-il possible qu'il ne soit pas trompé dans la situation où il se trouve? Je n'ai qu'un regret, c'est de n'avoir pas été alors avec lui. Je rends justice à mes collègues; mais ils étaient fatigués du siége en dehors; et le siége qu'il fallait commencer en dedans, demandait des forces nouvelles. Je crois t'avoir épanché mon cœur et ma pensée, mon ami; tu sentiras que ce qui a manqué ici, ce sont les hommes : il en faut pour tous les postes, et les postes sont nombreux. J'ai beaucoup à me louer des Jacobins qui sont partis; la plupart composent une commission révolutionnaire que nous avons créée, et c'est la seule autorité qui marche; elle pousse aussi un peu les autres. J'aurais désiré aussi quelques frères pour l'administration et pour les bureaux. Il faut les qualités analogues; et j'avais désigné deux ou trois personnes que je ne vois pas arriver. Elles devaient s'adresser à toi ou à Billaud-Varennes pour partir, d'après l'approbation de la société. Ils m'avaient été désignés capables par les Jacobins qui sont ici, et de bonne volonté. Il fallait aussi un accusateur pour le tribunal qui restera permanent long-temps. On m'avait désigné Saintexte; je le connais peu, ainsi que plusieurs autres désignés; car les missions et mes constantes occupations ont laissé mon opinion incertaine, ayant été souvent absent de la société. Rectifie les choix s'ils ne sont pas bons, mais décide-s-en, dans ce cas, d'autres à partir. Si j'avais pu demander de nos anciens, je l'aurais fait; mais ils sont nécessaires à Paris, étant presque tous fonctionnaires. Et cependant s'il n'en vient pas, tous les détails tombent sur nous et nous absorbent. Si Montaut ne part pas, faites-en partir un autre. Tu vois que, chargés d'autant d'opérations cela est nécessaire. Écris-nous aussi; peut-être as-tu tort de ne l'avoir pas fait. Une lettre de toi fera grand effet sur tous nos Jacobins. Ne laisse point passer des rapports tels que celui qui a amené le décret de sursis. Enfin, mon cher Robespierre, donne-moi de tes nouvelles; tu sais que tu en avais pris l'engagement. Tu m'as dit qu'il fallait du courage pour accepter cette mission; je te dis avec franchise que tu avais raison. Il faut ajouter qu'il faut de la santé. Conserve bien la tienne, elle est précieuse aux républicains, et particulièrement à ton constant ami. Signé COLLOT-D'HERBOIS.

» Communique, je te prie, aux bons patriotes qui t'entourent, mes sentimens d'amitié et de fraternité. »

Lettre de Collot à Couthon — Commune-Affranchie, le 11 frimaire, l'an II de la République, etc.

« Je pense qu'enfin, cher collègue et ami, tu es arrivé à Paris, et que tu pourras jouir d'un peu de repos. Tu en as grand besoin; mais obligé de partager les travaux du comité de salut public, en pourras-tu prendre? c'est ce qui est fort douteux. Au reste, les bonnes opérations reposent, et c'est là le seul loisir qui soit, en quelque sorte, permis aux vrais patriotes. Tu m'as parlé de l'esprit public de cette ville ; penses-tu qu'il puisse jamais y en avoir ? Je crois la chose impossible. Il y a soixante mille individus qui ne seront jamais républicains. Ce dont il faut s'occuper, c'est de les licencier, de les répandre avec précaution sur la surface de la République, en faisant pour cela les sacrifices que notre grande et généreuse nation est en état de faire. Ainsi disséminés, et surveillés, ils suivront au moins le pas de ceux qui marcheront avant ou à côté d'eux. Mais réunis, ce serait pendant bien long-temps un foyer dangereux, et toujours favorable aux ennemis des vrais principes. Les générations qui en proviendraient ne seraient même jamais entièrement pures ; car l'esprit d'asservissement et l'absence de l'énergie séraient héréditaires, si l'éducation n'y remédiait ; et les pères étant insensibles à leur propre dignité, comment seraient-ils jaloux de l'éducation de leurs enfans ? Cela est déplorable. C'est à la mère-patrie à tenter tous les moyens pour opérer la régénération de ce grand nombre d'individus, qui pourraient distribuer leur industrie à son avantage, et la payer ainsi de ce qu'elle fera pour eux. Il t'appartient, Couthon, de développer ces idées ; j'en ai déjà parlé à Robespierre. Concerte-toi avec lui pour finir le décret concernant cette commune qui ne peut subsister sans danger. La population licenciée, il sera facile de la faire disparaître, et de dire avec vérité : Lyon n'est plus. Il est plus urgent que jamais d'user d'une grande sévérité, aussi allons-nous la déployer. On a essayé d'exciter de nouveaux mouvemens dans l'armée et dans le très-grand nombre d'ouvriers occupés aux démolitions. Tu n'as jamais cru que Précy fût mort ; le commissaire de l'armée des Alpes nous a assuré qu'il était à Lausanne. Nous avons beaucoup travaillé et nous sommes encore loin d'apercevoir même l'espace compris dans notre tâche. Je sais que Laporte t'a demandé de le faire revenir. Il était bien fatigué, et nous avons été les premiers à le solliciter d'aller se reposer. Il a été quinze jours à la campagne. Mais il nous est bien nécessaire. Il va bien avec nous, et à moins que vous ne le remplaciez, avant qu'il parte, par un montagnard vigoureux au travail et d'un grand caractère, la chose publique en souffrirait. Fouché et moi nous succombons. Albitte et Châteauneuf-Randon ne pourront être bien utiles qu'à l'armée, Simon et Dumas étant partis. Ici, il y a une complexité d'opérations qui occupent au moins trois hommes qui travaillent seize heures par jour, bien accordés sur les faits et les principes, et sans se quitter. Toutes les opérations du midi reviennent à nous par contre-coup. Les subsistances prennent un temps considérable. Les séquestres, l'organisation du tout, la surveillance de cinq à six départemens, telle est la besogne journalière; et je ne parle pas, tu le vois, des mesures révolutionnaires qui sont continuellement méditées, mises en action, et qui doivent consommer le grand événement de la destruction de cette ville rebelle, et l'anéantissement de tous les traîtres. Je t'embrasse, respectable ami; reçois l'assurance de mon éternel et fraternel attachement. —*Signé* COLLOT-D'HERBOIS. »

Lettre de Collot au Comité de salut public. — *Ville-Affranchie, le 17 brumaire, l'an II de la République,* etc.

« Citoyens collègues, la précaution fut bonne d'envoyer à Laporte votre arrêté pour le faire rester à Ville-Affranchie. Il partait avec Maignet et Couthon, que je n'ai plus trouvés ici, et la ville eût été sans représentans. Il y a trois jours que j'y suis avec lui. Fouché n'est point arrivé, quoiqu'il m'ait donné parole de me suivre, à vingt-quatre heures de distance. Vous allez juger si la présence de plusieurs est nécessaire.

» La ville est soumise, comme on vous l'a dit, mais non pas convertie. Les sans-culottes laborieux, amis naturels de la liberté, n'y voient pas encore clair; il y en a au moins soixante mille. Ils souffraient beaucoup pendant le siége : ils sentent qu'ils sont délivrés et soulagés, mais voilà tout. Il faut les animer pour la République. L'aristocratie obscure rêve à tous les moyens de se tirer d'affaire. Les contre-révolutionnaires arrêtés frémissent de rage et attendent leur jugement : ceux qui ne sont pas arrêtés sont errans ou cachés ; ils ont usé de plusieurs déguisemens pour fuir. L'organisation, toute imparfaite qu'elle est, des autorités surveillantes et administrantes, est ce qui doit avoir donné le plus de peine à nos collègues, les hommes sûrs étant excessivement rares. La démolition allait lentement, ils étaient beaucoup pour gagner leur journée et ne rien faire. La commission militaire a trop souvent employé à juger ceux contre lesquels elle n'a pas trouvé de preuves, et qu'elle a élargis, des momens dont chacun devait être un jugement terrible prononcé contre les coupables. Elle en a fait fusiller plusieurs. Le tribunal va plus ferme ; mais sa marche est lente : il a encore peu opéré.

» La population actuelle de Lyon est de cent trente mille âmes, au moins ; il n'y a pas de subsistances pour trois jours.

» Le général Dours voulant entrer dans vos intentions pour le siége de Toulon, s'est dégarni au point qu'il ne reste pas ici trois mille hommes de garnison effective ; elle est véritablement insuffisante. Pressez le départ du détachement de l'armée révolutionnaire. L'esprit public est nul et toujours prêt à tourner en sens contraire de la révolution. Les exécutions même ne font pas tout l'effet qu'on en devait attendre. La prolongation du siége et les périls journaliers que chacun a courus, ont inspiré une sorte d'indifférence pour la vie, si ce n'est tout-à-fait le mépris de la mort. Hier, un spectateur revenant d'une exécution disait : Cela n'est pas trop dur ; que ferai-je pour être guillotiné ? Insulter les représentans ? Jugez combien de telles dispositions seraient dangereuses dans une population énergique. Voilà l'état des choses.

» De nouvelles visites domiciliaires ont fini ce soir. Il en est résulté de nouvelles arrestations, et trois mille fusils de plus. Le nombre de ceux qui sont rentrés est actuellement de neuf mille ; une immense quantité est au fond des rivières, on en a trouvé dans les puits. On recouvrera tout ce qui sera possible. La mine va accélérer les démolitions, les mineurs ont commencé à travailler aujourd'hui. Sous deux jours les bâtimens de Bellecour sauteront. J'irai de suite partout où le moyen sera praticable envers les bâtimens proscrits. Les accusateurs publics vont marcher plus rapidement, le tribunal a commencé, hier, à aller par trois dans un jour. Les Jacobins arrivés seront employés utilement. Enfin, je me concerterai pour des mesures nouvelles, grandes et fortes. Mais, citoyens collègues, pas de vivres pour deux jours : voilà ce qui retarde, distrait et dérange tout. J'ai pris, envers les départemens voisins, des arrêtés pressans, comme membre et d'après les intentions du comité de salut public, pour ne pas être gêné par les autres réquisitions, qui toutes se croisant, nous font périr au milieu de nos ressources : je compte sur votre approbation. Pressez Montaut de partir, je vous en prie. Il est convenu que Laporte ira se reposer une décade à la campagne, dès que Fouché sera arrivé, et Laporte en a besoin. Les fatigues qu'ils ont eues sont infinies : les miennes disparaissent, lorsque je songe que Couthon en a supporté de plus grandes. Mais j'étais malade en partant, je n'ai pas dormi depuis mon arrivée ; je crains que ma santé et mes forces ne me trahissent, faites partir Montaut.

» Albitte était parti d'ici la veille de mon arrivée. Le courrier dépêché vers lui, par vous, le 8 du courant, a été jusqu'à Toulon, et en est revenu sans le rencontrer. Je l'ai remis en course après lui avec ses dépêches ; mais il ne le rencontrera qu'à Toulon, et Albitte ne reviendra probablement ici qu'après avoir examiné ce qui s'y passe. Le général Dours vous a rendu compte, m'a-t-il dit, de toutes les forces qui sont parties pour s'y rendre, soit en hommes, soit en artillerie et munitions. Mais là, aussi, les subsistances vont donner de grandes inquiétudes. Fixez, chers collègues, votre attention bien particulièrement sur cet objet. Salut et fraternité. — *Signé* COLLOT-D'HERBOIS. »

Autre lettre de Collot au même comité. — Ville-Affranchie, le 19 du 2ᵉ mois de l'an II de la République, etc. — (9 novembre.)

« Citoyens collègues, je vous fait part de notre désespérante situation relativement aux subsistances. J'ai observé que le débat croisé des réquisitions de nos collègues causait les plus grands embarras. Vous avez fait décréter que les représentans devaient user du droit de préhension pour soutenir leurs réquisitions. Il n'en résultera pas le bien que vous espérez. Tout ce qui est requis et contesté par plusieurs, va être pris par celui qui se trouvera le plus près : c'est celui-là qui souvent a le moins de besoins, et qui, écartant la vue de ceux des autres, fait souvent les demandes les plus démesurées. S'il arrive que ses autres collègues envoient la force armée pour soutenir leurs réquisitions, et le droit de préhension, qui leur est commun, ne craignez-vous pas que la querelle des réquisitions, déjà bien vive et bien animée dans plusieurs départemens, ne se tourne en combats! Le droit de préhension, ainsi exercé, n'amènera dans la distribution aucune égalité relative aux besoins, et c'est de cette égalité que dépend le salut de tous ceux qui souffrent et qui demandent. Voilà de quoi la commission doit s'occuper avant tout : c'est de bien distribuer ce qui est disponible. Vous pouvez amender le décret, en disant que le droit de préhension ne s'exercera, d'abord, par les représentans du peuple, que sur le quart de ce qui peut être réservé pour l'exécution de leurs réquisitions. Si vous n'approuvez pas les mesures que j'ai prises, comme membre du comité, l'armée des Alpes n'aura pas de pain dans huit jours. Le droit de préhension sera exercé par nos collègues qui sont à Besançon et dans les départemens environnans, avant qu'on puisse nous envoyer un sac. Je n'ai aucune force ici qu'on puisse distraire sans imprudence, puisqu'il n'y a pas plus de deux mille cinq cents hommes de garnison. La réquisition des jeunes gens n'est point armée et consomme beaucoup, et les ordres à porter dans le Mont-Blanc seraient trop tard exécutés.

» Nous menons cependant toujours nos opérations aussi rapidement que possible. Bien des embarras naissent de l'insuffisance des premières mesures prises et de la disette des hommes sûrs. Nous avons donné aux tribunaux ou commissions, une marche bien plus vive. Hier, six coupables ont reçu la mort. Un nouveau tribunal va se mettre en activité à Feurs ; la guillotine, nécessaire pour consommer ses jugemens, a été commandée hier et partira sans délai : la mine hâtera les démolitions. Mais les subsistances ! vous ne pouvez comprendre combien cet objet fait perdre de temps. Il énerve, il dissipe les forces qui doivent être réservées pour les plus énergiques mesures. Je me sers de toutes les miennes sans relâche. On nous a dit que Montaut ne partirait pas ; faites-le expliquer, ou nommez-en un autre. Il le faut, soyez-en certains, il sera même souvent nécessaire de se séparer. Faites décréter aussi que les pouvoirs de Javoques s'étendent dans le département de l'Ain ; il y aura beaucoup à faire. Salut et fraternité. — *Signé* COLLOT-D'HERBOIS. »

P. S. « Que le détachement de l'armée révolutionnaire arrive le plus tôt possible. Les généraux se sont dégarnis ici, et ont dégarni l'armée des Alpes jusqu'à l'imprudence. Le service est dur, continuel et fatiguant ; et déjà les volontaires, qui croyaient se reposer un peu après le siége, murmurent de cette surcharge de service qui véritablement n'a point été calculée, comme elle devait l'être, avec ce qu'on devait réserver. »

L'édition du Rapport de Courtois, publiée par MM. Berville et Barrière, n'ajoute à la correspondance privée de Collot-d'Herbois qu'une lettre inédite. Cette pièce est sans importance. Il y s'agit seulement d'une demande faite à Collot par la commune de Marseille, et qui avait pour objet l'envoi dans ce département d'un détachement de six cents hommes de l'armée révolutionnaire. Il refusa. Cette lettre, datée du 11 frimaire (1er décembre), nous apprend le jour où l'armée révolutionnaire fit son entrée dans Lyon. Collot-d'Herbois dit, en effet, qu'elle était en ville depuis six jours, ce qui fixe au 25, ou au 26 novembre (5 ou 6 frimaire), l'époque de son arrivée.

Les autres documens, qui se rapportent à l'histoire de Lyon, jusqu'au moment où nous sommes parvenus, se composent de deux lettres de C. Pilot, d'une lettre d'Achard, d'une lettre anonyme adressée à Robespierre, d'une lettre de Cadillot au même, et d'une lettre de Jérôme Gillet au même. — Nous les compléterons par une notice sur les deux commissions laissées à Lyon par Collot-d'Herbois.

Lettre de Pilot à Gravier, juré du tribunal révolutionnaire de Paris. — Ville-Affranchie, le 13 frimaire (3 décembre), l'an II de la République, etc.

« Mon ami, si j'ai tant tardé à te donner des nouvelles de Ville-Affranchie, c'est que je voulais que ma citoyenne t'instruisît elle-même de toutes les circonstances qui s'y sont passées depuis ton départ, ne pouvant partir que dans huit jours. Ce retard a été occasionné par une cruelle indisposition que j'ai supportée, à un tel point que j'ai marché pendant dix jours avec des béquilles. J'avais été saisi tellement par des douleurs aux cuisses et aux jambes, qu'il m'était impossible de marcher. Tout cela n'est rien; et ma santé se rétablit, chaque jour, par l'effet de la destruction des ennemis de notre commune patrie. Mon ami, je t'assure que cela va on ne peux mieux; tous les jours il s'en expédie une douzaine; l'on vient même de trouver cet expédient trop long. Tu apprendras, sous peu de jours, des expéditions de deux ou trois cents à la fois; les maisons se démolissent à force. Notre société populaire ne peut pas absolument s'organiser. Je ne sais par quelle fatalité l'esprit d'union ne peut y régner. L'on ne peut attribuer cette cause qu'à la confusion qui suit insensiblement l'époque du moment. Enfin, avec le temps et la fermeté des républicains, la liberté et l'égalité s'assureront à jamais.

» Sous huit à dix jours ma citoyenne partira; elle emportera avec elle les objets de commission pour le citoyen Duplay.

» Ta bonne mère est toujours bien inquiétée par tes sœurs, dont les scellés sont apposés sur chacun de leurs domiciles. J'ai fait tout ce que j'ai pu pour la consoler et lui faire prendre une ferme résolution. Je désirerais que tu employasses tous les moyens possibles pour la faire aller vers ton frère, à Grenoble. Je n'entre pas dans des détails plus longs ; ma femme t'instruira de tout, lorsqu'elle sera auprès de toi. Bien des complimens à Dupuis le montagnard. Salut et fraternité. — *Signé* C. PILOT. »

Autre lettre de Pilot à Gravier. — Commune-Affranchie, le 24 frimaire (14 *décembre*), *l'an II de la République.*

« Je te prie, mon ami, d'abonner au journal des débats et à celui de la montagne, l'administration du district de Ville-Affranchie. Tu me feras le plaisir pareillement de me marquer, en réponse, l'adresse des propriétaires de ces journaux, ainsi que celle de tous les bons journalistes de Paris. Cette mesure me mettra dans le cas de ne plus m'inquiéter pour pareil objet, vu que je me dispose actuellement à recevoir tous les abonnemens qui se présenteront à mon bureau.

» Je crois que la présente trouvera ma femme auprès de toi ; embrasse-la bien pour moi, et pour toi, si tu veux. Je lui donnerai, par le prochain courrier, des détails sur nos affaires particulières.

» La guillotine, la fusillade ne vont pas mal ; soixante, quatre-vingt, deux cents à la fois sont fusillés ; et tous les jours on a le plus grand soin d'en mettre de suite en état d'arrestation, pour ne pas laisser de vide aux prisons. — Salut et fraternité. Signé, C. PILOT.

Extrait d'une lettre écrite par Achard à Gravier. — Ville-Affranchie, ce 17 *frimaire, l'an II de l'ère républicaine.*

« Frère et ami, encore des têtes, et chaque jour des têtes tombent ! Quelles délices tu aurais goûtées, si tu eusses vu, avant-hier, cette justice nationale de deux cent neuf scélérats ! quelle majesté ! quel ton imposant ! Tout édifiait. Combien de grands coquins ont, ce jour-là, mordu la poussière dans l'arène des Breteaux ! quel ciment pour la République ! Hier et aujourd'hui de pauvres diables seront innocentés publiquement ; on les embrassera, on les élèvera aux nues. Quel sentiment pour un peuple qui nous croit encore des brigands amans du sang! Billemaz a payé le tribut; une infinité d'autres que tu connais, tels qu'un Dabost, un Bonamour, membre de département, en ont fait tout autant; le président et le procureur général du Puy-de-Dôme les ont suivis; quel spectacle digne de la liberté! En voilà cependant déjà plus de cinq cents; encore deux fois autant y passeront, sans doute, et puis ça ira, etc. — Salut et fraternité. *Signé* Achard.

« *P. S.* Bonjour à Robespierre, Duplay et Nicolas. »

Ces lettres sont extraites par nous du dossier qui fait suite au rapport de Courtois; il ne s'y trouve de la dernière que le fragment cité.

Les deux suivantes proviennent de la même source. Quoique d'une époque encore assez éloignée, elles renferment des faits relatifs au proconsulat de Collot-d'Herbois, et à cause de cela nous les transcrivons ici.

Lettre anonyme adressée à Robespierre, timbrée de Commune-Affranchie.

« Représentant, c'est après neuf mois d'imprécations contre toi, qu'un de mes amis, arrivant de Paris, vient de me dissuader en m'assurant que toutes mes idées sur ton compte étaient fausses.

» Si je ne savais pas que ton temps est trop précieux pour l'employer à des intérêts privés, je t'enverrais un détail de ma conduite dès 89, et même depuis que j'ai atteint l'âge où un être, doué du gros bon-sens, et aimant sa patrie, peut se former une conduite politique.

» Je te dirai seulement que je suis une de ces malheureuses victimes de l'affaire de Lyon, et que, quoique je n'aie été ni séquestré, ni accusé, je n'en suis pas moins ruiné, malheureux, et caché dans une pauvre petite campagne, pour avoir accepté une place dans un comité de surveillance, avant la journée du 29 mai. Je n'ai jamais été ni président, ni secrétaire, et ai continuellement secouru les victimes de cette journée malheureuse, à laquelle je n'ai pas contribué, étant malade depuis huit jours; j'ai même, par des sollicitations, tiré des prisons plusieurs d'entre eux. Mais, cela devenait trop long pour toi; je me contente de t'assurer encore que je n'ai point pris les armes pendant le siége, ayant donné ma démission d'une place d'officier que j'occupais depuis deux ans, et cela, au moment où je fus légalement appelé au comité de surveillance de ma section, par le vœu unanime de mes concitoyens. Je t'assure encore que je n'ai jamais été ni président, ni secrétaire de section, et que je n'y ai point rempli de place pendant la permanence d'icelle. Mais c'est déjà t'avoir trop fait perdre de temps sur ma position : je passe à ce qui m'avait donné de toi une idée si affreuse que celle qui m'a affecté pendant près de neuf mois.

» Lyon, comme tu sais, fut agité, ainsi qu'une partie de la République, à l'époque du 31 mai et du 1er et 2 juin, et son erreur n'aurait pas duré plus que celle des autres départemens, si les partisans secrets des Danton et des Hébert n'eussent attisé le feu; car tous les contes bleus d'émigrés, de prêtres réfractaires, de cocardes blanches, de guinées de Pitt, tu n'ignores pas qu'ils étaient absolument faux. Tu es aussi instruit, sûrement, d'une lettre, vraie ou prétendue, du fameux Danton, qui fut affichée dans tout ce département; affiche dont se sont bien vengés Collot-d'Herbois et Ronsin; en faisant, deux mois après l'entrée des troupes de la République, inhumainement massacrer, par des canons chargés à mitraille, une grande quantité de pères de famille, dont dix, à peine, avaient pris les armes; ils eurent la cruauté de faire tuer, à coups de pelles et de pioches, ceux qui n'avaient été que blessés; car il n'en mourut pas six par l'effet de la mitraille : trait de barbarie dont Collot-d'Herbois s'est vanté même en face de la Convention, quoique ce genre de supplice fût contraire aux lois du gouvernement révolutionnaire, qui n'ordonnent que la mort simple du fusil ou de la guillotine. Il ne faut pas douter que, si le gouvernement avait toute sa vigueur, Collot-d'Herbois n'eût mérité la mort, pour avoir, à l'exemple des despotes, inventé, sans autorité légale, un supplice nouveau. D'ailleurs Collot-d'Herbois et Ronsin ayant, pendant leur séjour à Lyon, énoncé plusieurs opinions, non pas anti-fanatiques, mais anti-déistes, et toutes marquées au coin du pur matérialisme; après cela il me fut impossible de croire qu'il ne fût pas d'intelligence avec Danton et Hébert; et comme je le croyais ton intime, le voyant dans le même comité, et de plus toujours prêt à déclamer, ou à la Convention ou aux Jacobins, des discours emphasés, toutes les fois que tu en prononçais, je n'ai pas douté que vous ne fussiez deux monstres, d'intelligence avec les autres, et que vous les aviez sacrifiés par des raisons politiques que j'ignorais, et que vous n'eussiez, ainsi qu'eux, le dessein de régner sur des décombres et des cadavres, ou, comme il était plus probable, de livrer la République déserte à l'infame Pitt. Cette dernière idée surtout était profondément gravée dans mon imagination, et il n'y a rien d'étonnant, instruit comme je l'étais que Pitt avait, pendant tout le cours de la révolution, leurré l'imbécile d'Orléans de l'espoir de la couronne de France, et sachant que Collot-d'Herbois, pendant tout ce temps, n'avait pas caché l'intérêt qu'il prenait à ce dernier. Je n'étais pas indigné contre les autres, parce qu'ils ne m'ont jamais trompé, les ayant toujours regardés comme des intrigans vénaux et sans morale.

« Mais toi que j'avais cru avoir des principes qui n'avaient pas varié; mais toi que j'avais continuellement vu publier des opinions qui ne paraissaient payées ni par Pitt, ni par aucun parti, je n'avais pas cessé de t'estimer, quoique je ne t'aie pas toujours approuvé, surtout sous l'ancienne constitution, que je croyais d'abord pouvoir marcher ; j'ai bien vu depuis que je m'étais plus souvent trompé que toi, et que dans la position où nous étions, puisqu'il fallait entièrement déraciner l'ordre du clergé et de la noblesse, nos lois calquées sur ces principes : *Tous les hommes sont bons*, étaient insuffisantes. J'avais donc redoublé de tendresse pour toi, à mesure que je sentais nos épines, et que je voyais que tu nous les arrachais. J'avais pendant longtemps peu fait d'attention à Danton, et j'avais toujours eu en horreur Orléans, Brissot et Roland. Pour les autres députés, quoique je croie qu'il y en a qui ont beaucoup de mérite, j'avoue franchement qu'aucun ne m'avait assez frappé pour y avoir fait attention, à l'exception de Mirabeau, dont j'ai resté engoué jusqu'à sa mort, quoiqu'il eût de ces expressions originales qui étourdissent d'abord, mais qui ne remplissent pas l'ame tout entière, comme font tes discours, qui, quoique d'un style majestueux, ne sont point embrouillés de métaphores, d'expressions nouvelles et burlesques, qui étonnent l'esprit sans affecter l'ame.

« Je t'assure que je me suis senti renaître, lorsque l'ami sûr et éclairé qui revenait de Paris, et qui avait été à portée de vous étudier dans vos bureaux, m'a assuré que, bien loin d'être l'ami intime de Collot-d'Herbois, tu ne le voyais pas avec plaisir dans le comité de salut public; mais que, comme il avait un parti à Paris, il serait peut-être dangereux, pour le comité, de l'exclure de son sein.

« Tu dois être d'autant plus flatté du témoignage que je rends à tes principes, que ma position m'empêchant de me faire connaître, tu ne pourras pas penser que je sois guidé par l'appât de quelque place, et je te jure que je voudrais qu'il m'en coûtât de mon sang (quoique je sois déjà très-affaibli), et que tous les vrais patriotes fussent aussi désabusés que je le suis maintenant. Je t'assure que quelque parti que je te voie prendre, je le suivrai sans réflexion, persuadé que ce sera toujours le meilleur pour notre patrie. — Salut et fraternité.

« D'une chaumière au midi de Ville-Affranchie, ce 20 messidor, l'an IIe de la république française, une et indivisible.

P. S. « J'oubliais de te marquer que Collot-d'Herbois a fait jeter dans le Rhône une grande partie de ses victimes, sûrement dans le dessein de procurer la peste aux départemens de l'Isère et de la Drôme. »

Lettre de Cadillot à Robespierre (1).

» Robespierre, Quel sublime rapport! combien il fait aimer la République! quelle profondeur de vues! Il n'appartient qu'à quelques membres du comité de salut public de régénérer la France. Restez, résistez aux intrigues, et écartez loin de vous ceux qui n'en sont pas dignes. Voilà le vœu d'un vrai républicain; vous embrassez tout, divinité, politique, agriculture, commerce, partout vous portez de grandes vues : c'est au nom de ce dernier que je t'adresse quelques idées. Je l'aurais fait à tout le comité, mais un membre m'en déplaît, il me tarde de le voir à sa véritable place.

Tout le Midi est dans l'inaction, les vins ne se vendent pas, les eaux-de-vie regorgent en magasin, les soies vont avoir deux récoltes entassées l'une sur l'autre, le fileur n'ose pas ouvrir; vous avez ordonné des chargemens à l'étranger, mais la mesure a de grands risques à courir, et les fonds ne sont pas prêts à rentrer: vous avez une corde plus sûre en ce qu'elle se fera par voie de terre, c'est l'étoffe de soie; l'étranger ne peut s'en passer; il faut aux Allemands, aux Russes beaucoup de satins, beaucoup de taffetas, une immense quantité de rubans, des mouchoirs à l'infini, tout cela leur parviendra facilement par les Suisses; des entrepôts en pays neutre nous feraient un grand débouché et une rentrée sûre : mais pour cela il faut tirer Lyon, Saint-Étienne, Saint-Chamont (pardon des termes), de la stupeur où ils sont. Les exécutions sont finies à la vérité, la nation a exercé sa vengeance; mais la stupeur reste, les paiemens ne se font pas, les scellés ne se lèvent pas, personne n'ose se livrer à l'industrie; beaucoup de patriotes innocens, mais effrayés, n'osent rejoindre leurs foyers; leur absence les a fait soupçonner coupables, on a mis les scellés, parce qu'ils n'y étaient pas, voilà eurs crimes : il y a eu un temps (postérieur à Couthon) où l'innocence a été

(1) Nous pensons que cette lettre sans date fut écrite après le rapport de Robespierre du 7 mai 1794. (*Note des auteurs.*)

confondue avec le crime, non-seulement par les incarcérations mais par les exécutions ; ce temps a donné la frayeur et la chasse aux moins fautifs. Oui, un voile épais couvre la vérité ; et l'injustice, les anciennes haines, l'amour-propre anciennement humilié, ont aussi exercé des vengeances. Mais tirons le rideau sur le passé. Lyon n'est plus. Lyon a mérité la vengeance nationale ; mais Lyon a été conduit par une horde de scélérats qui a trompé la grande masse. Lyon a paru le chef de la révolte fédéraliste par une cause indirecte. Son affaire du 29 mai n'avait aucun rapport avec celle du 31 mai de Paris ; et c'est cette affaire qui lui a valu les complimens et députations du département fédéralisé. C'est Marseille qui a corrompu Lyon, ce sont les Marseillais, de retour de Paris, qui soufflèrent à leur passage les principes de Barbaroux ; c'est l'exaltation sanguinaire de Chalier, qui amena la journée du 29, quand il dit le 27 au club : Après demain les présidens et secrétaires des sections permanentes, les riches égoïstes, seront guillotinés. Le 26, la municipalité avait fait une imposition de six millions, payable dans le délai fatal de vingt-quatre heures : voilà ce qui aigrit les esprits. La nuit du 28, la municipalité s'entoura de canons ; on craignit l'exécution de la menace de Chalier. Indè iræ. La nouvelle du 31 mai vint échauffer les esprits, et Lyon se trouva chef de parti sans l'avoir voulu ; il fut livré aux intrigans, et le cruel Biroteau vint, avec quelqu'autre chef, ranimer beaucoup d'administrateurs provisoires qui abandonnaient le parti. Quelques-uns, à la vérité, résistèrent tout-à-fait et se retirèrent.

» Ces mêmes chefs sont restés en possession jusqu'à la fin du siége ; ils ont conduit par la menace, par la stupeur, par le mensonge ; ils ont caché les décrets, annoncé des cruautés, et abusé par-là de la crédulité de la grande masse. Il y a eu beaucoup de secrétaires de sections, choisis par cela seul qu'ils savaient écrire, beaucoup d'officiers et sous-officiers des bataillons du centre, qui étaient là sans savoir pourquoi, beaucoup de soldats forcés par le fer et la faim d'être au poste. Tous ceux-là n'étaient pas coupables, ou, s'ils l'étaient, ils méritaient indulgence. Mais il a fallu un grand exemple à la France; il est donné de manière à s'en rappeler. Un père punit et pardonne, il met ses enfans à portée de devenir meilleurs ; voilà ce que le comité de salut public doit faire : mettre hors de la loi les grands coupables tels que Précy, Imbert-Colommés, Gilibert, médecin, et quelques autres; puis pardonner à cette foule de petits coupables, et même à cette masse d'innocens que la peur tient éloignés, à qui leur éloignement a fait mettre les scellés, et qui ne peuvent les faire lever. Il y a dans les comités révolutionnaires de chaque section, bien de petites passions; les haines, les vengeances particulières trouvent leurs places ; les petits débiteurs voudraient tout-à-fait écarter le créancier : un seul homme retient souvent tous les autres. C'est, je le répète, au comité de salut public à donner cette action nécessaire pour faire disparaître les entraves, et vivifier ces sources de richesses nationales, et bientôt nous tirerons de l'étranger, par la Suisse et Gênes, beaucoup de fonds qui sont morts entre les mains des propriétaires innocens, et on donnera de l'activité à une branche d'autant plus essentielle, que la matière première croît en France, et qu'elle n'en part que chargée d'industrie.

» Si vous pardonnez à un petit coupable, vous rendrez justice à au moins vingt innocens qui souffrent des fautes qu'ils n'ont pas commises. Ah! si le vertueux Couthon fût resté à Commune-Affranchie, que d'injustices de moins! six mille individus, et non seize cents, n'auraient pas tous péri. Le coupable seul eût été puni; mais Collot. . . . Ce n'est pas sans raison qu'il a couru à Paris soutenir son ami Ronsin. Il a fallu des phrases bien ampoulées pour couvrir de grands crimes! Je doute cependant qu'ils aient échappé à l'œil vigilant des vrais soutiens de la République. *Signé* CADILLOT. »

La lettre suivante est donnée comme pièce inédite dans le Rapport de Courtois édité par MM. Barrière et Berville; elle roule entièrement sur les effets du mouvement contre le culte dans le département de Rhône-et-Loire.

« *D'Echalas, district de Campagne Affranchie, canton de Givors, 24 frimaire (14 décembre) l'an II. — Au citoyen Robespierre l'aîné, représentant du peuple, à Paris.*

» Citoyen représentant, j'ai habité les caves et les greniers ; j'ai souffert les horreurs de la famine et de la soif pendant le siége de cette ville; encore un jour ou deux de siége, je périssais dans le désespoir, victime de mon attachement inviolable pour la Convention que j'ai toujours considérée comme le centre d'union de tous les bons citoyens, je crois avoir acquis le droit de parler, de dire la vérité, et de la dire tout entière. Tous ceux qui portent atteinte à la liberté des cultes, fussent-ils représentans du peuple, sont des contre-révolutionnaires, puisqu'ils tentent de renverser la constitution qu'ils ont promise, avec serment, de maintenir de tout leur pouvoir, ils sont coupables du crime de lèse-nation, puisqu'ils usurpent l'autorité suprême du peuple, qui seul a droit de toucher à la Constitution, et seulement de la manière qui est prescrite par cette Constitution, ils sont enfin les suppôts de Pitt et Cobourg, puisqu'ils veulent soulever le peuple, le diviser, et allumer de toutes parts le feu de la guerre civile. Ils sont donc dignes de mort: hâte-toi donc, citoyen, représentant, de faire rendre un décret qui les condamne à la mort, qui les mette hors la loi, qui ordonne à tous les bons citoyens de les exterminer et d'en purger la terre de la liberté ; et tu auras bien mérité de la patrie, tu l'auras retirée de l'abîme de perdition dans lequel ils voulaient la précipiter.

» Le mal est grand, la plaie est profonde ; il faut un remède violent et prompt : le moindre retard est dans le cas de tout perdre. Je parcours les campagnes qui nous avoisinent, elles ne sont plus reconnaissables. La stupeur, la pâleur, la douleur et la consternation sont peintes sur tous les visages. Le laboureur sème avec l'assurance de ne pas moissonner. Le riche cultivateur se croit à la veille de voir partager sa propriété, et n'ose faire travailler le journalier, l'agriculture et le commerce sont dans le plus déplorable état, les mères désolées, étouffant les sentimens de la nature, maudissent le jour où elles sont devenues mères. Ceux qui nous gouvernent, et que nous n'avons pas choisis, frissonnent au seul mot de Constitution, tant ils l'abhorrent. Le moribond appelle son pasteur pour entendre de sa bouche des paroles de paix et de consolation, et le pasteur est menacé de la guillotine s'il veut s'acquitter de ce devoir d'humanité, tant il est vrai que nous sommes libres. Les églises ont été dévastées, les autels renversés par des brigands qui se disaient marcher au nom de la loi, tandis qu'ils ne marchaient que par les ordres de leurs semblables. Grand Dieu! à quel temps nous sommes réservés! Tous les paisibles habitans, ou presque tous bénissaient la révolution, et tous la maudissent en regrettant l'ancien régime : la crise en un mot est si violente que nous sommes à la veille des plus grands malheurs . . . méditez, citoyen, ces vérités que j'ose signer, dussé-je en être la victime. Ah! j'aurais la douce satisfaction de mourir pour ma patrie! fut-il jamais de mort plus glorieuse? — Salut et fraternité. — *Signé* Jérome Gillet, *domicilié à Commune-Affranchie, section de Guillaume-Tell, n° 116.* — P. S. Les habitans des campagnes sont prêts à tout sacrifier pour les besoins de la patrie ; mais ils veulent la Constitution, la liberté absolue du culte, leurs prêtres qui ont été soumis aux lois, dussent-ils les payer, ou la mort. »

Maintenant nous allons parler des deux commissions que Collot avait laissé à Lyon : une *commission temporaire de surveillance républicaine*, et la *commission des sept juges*, par laquelle il avait remplacé les tribunaux révolutionnaires. La première était composée de *Marino* (1), président; *Perrotin*, vice-président; *Duhamel, Mareillar, Boihière, Agard, Lecanu, Grimaud, Delau, Théret, Fusil, Vaugouy, Guyon*, et *Verd*, secrétaire. — La seconde qui devait avoir sept membres, n'en eut que cinq, parce que deux n'acceptèrent pas ; c'est ce que nous apprend un document qui donne

(1) Marino, administrateur de police à Paris, était du nombre des vingt-quatre commissaires jacobins nommés dans la séance du 29 octobre, 8 brumaire, pour accompagner Collot-d'Herbois à Lyon.   (*Note des auteurs.*)

des renseignemens fort détaillés sur cette commission. Les juges qui y sont nommés sont : *Parrein*, président, *Corchand*, *Lafaye*, *Brunière*, *Fernex*.

« La source de l'autorité dans le département de Rhône et Loire, dit la pièce d'où nous tirons ces derniers noms, était la commission temporaire. Tout émanait d'elle. *Marino*, Parisien, peintre en porcelaine, homme dur, farouche, et mêlant le lourd sarcasme à l'atrocité, présidait cette commission. Presque tous les membres étaient de Paris ou de Moulins. C'était elle qui dirigeait le glaive exterminateur. La commission révolutionnaire n'était que son bras. *Parrein*, commandant sous le général Ronsin l'armée révolutionnaire parisienne, était président de celle-ci. Il était petit, et sa figure sans caractère était ombragée d'une foule de panaches et d'un chapeau mis de travers, de la manière la plus propre à épouvanter. Après l'exercice de ses cruelles fonctions, il passait la plus grande partie de son temps à faire des armes, à s'enfermer avec un maître d'escrime qui lui apprenait à manier le sabre. *Parrein* était, disait-on, un cruel ennemi des prêtres. — *Corchand*, Parisien, comme Parrein, logeait avec ce dernier. Il était vif, ombrageux et sévère. Il condamnait presque sans cesse. Croirait-on qu'il avait quelque prédilection pour les arts, pour ceux qui les cultivent? Serait-il donc possible que ce noble intérêt pour les productions du génie, pour tout ce qui peut embellir l'existence, pût s'allier à la férocité ? *Corchand* sut distinguer parmi les prisonniers, et rendre à la liberté, Chinard, aussi connu par l'excellence de son ciseau qu'il a mérité de l'être par les qualités de son cœur. — *Lafaye*, le troisième juge, était du département du Rhône et des environs de Saint-Étienne. Quoique avec de noires moustaches, sa physionomie était ouverte ; elle annonçait de l'esprit. Il se chargeait ordinairement des interrogatoires. Il était le seul des juges dont l'abord fût resté accessible pour tous. Il recevait de grand matin ses cliens, dans son lit, sur lequel on distinguait des pistolets. En général son suffrage était souvent pour la détention, plus rarement pour un plus funeste sort. — *Brunière*, quatrième juge, était intimement lié avec Lafaye. Il avait la taille haute, l'aspect imposant, avec des moustaches épaisses et rousses. On ne le trouvait presque jamais chez lui; mais heureusement il passait pour le plus doux des juges. Il ne condamna presque jamais à mort, et sa voix se réunissait d'ordinaire au sentiment le moins rigoureux. — *Fernex*, le cinquième, d'abord ouvrier en soie à Lyon, appelé ensuite à diverses places, passa du tribunal civil au tribunal révolutionnaire. Il vivait seul, sans intimité avec ses collègues; aussi dès que *Parrein* et *Corchand* étaient d'un avis, *Lafaye* et *Brunière* d'un autre, sa voix emportait la balance. Elle penchait toujours pour la sévérité. Il disait souvent: « Je donne ma vie pour que la révolution triomphe. » Aussi se montrait-il sans pitié pour l'homme riche, pour celui qu'il ne croyait pas comme lui dévoué au nouvel ordre de choses.

» Les juges s'assemblaient le matin de neuf heures à midi, le soir de sept heures à neuf. Dans le vestibule du tribunal était un petit banc tenant à la muraille, en face de la chambre où siégeaient les juges. C'était là qu'on faisait asseoir deux ou trois prisonniers tirés de diverses salles avant de les introduire. On n'attendait pas long-temps sur ce banc son admission devant le tribunal; il avait calculé qu'à chaque quart d'heure, sept prisonniers seraient appelés et jugés. A l'instant fixé, un guichetier à mine rouge et bourgeonnée, qui n'avait pour emploi que de conduire chaque détenu devant le tribunal, et immédiatement après à la bonne ou à la mauvaise cave (1), ouvrait la porte et faisait silencieusement signe d'approcher. Le prisonnier entrait dans une salle très-décorée. Le plafond en fut peint par Blanchet, dans un temps de bonheur et de plaisir. Il représente des graces, des amours, de folâtres jeux. Au-dessous, maintenant, quel effrayant constrate! tout paraissait terrible et lugubre.

» Une longue table partageait la salle (salle du consulat à l'Hôtel-de-Ville), et supportait huit flambeaux. D'un côté on

(1) C'étaient deux caves de l'Hôtel-de-Ville, ainsi désignées, parce que dans l'une on mettait ceux qui étaient condamnés à la détention, et dans l'autre les condamnés à mort. (*Note des auteurs.*)

voyait les redoutables juges; de hauts chapeaux à panaches rouges couvraient leur tête. Ils étaient en uniformes, en épaulettes. Un large baudrier noir suspendait leurs sabres, dont la poignée resplendissait. Sur leur poitrine, on voyait en sautoir un ruban aux trois couleurs, au milieu duquel était suspendue une petite hache étincelante. Le greffier était à l'une des deux extrémités de la table. Le secrétaire, Larné, écrivait sur une petite table placée en face des juges. Toute la salle était entourée d'une barrière à hauteur d'appui, derrière laquelle on ne laissait entrer que des hommes à moustaches, ceux qu'on appelait des patriotes prononcés, et des soldats de l'armée révolutionnaire. Ils s'y mêlaient aux égorgeurs, à ceux qui dénonçaient leurs propriétaires, leurs marchands, leurs créanciers, leurs bienfaiteurs. On faisait asseoir l'accusé sur une sellette; deux gendarmes le surveillaient debout à ses côtés; derrière lui se plaçait le guichetier introducteur. Celui-ci était attentif au signal que les juges devaient donner. Souvent ce signal variait. D'ordinaire les juges touchaient leur hache pour désigner la guillotine; ils portaient la main au front en condamnant à la fusillade; ils étendaient le bras sur la table pour accorder la liberté. Ces signes trop souvent furent équivoques, mal aperçus, et diverses victimes payèrent de leur tête cette funeste erreur. Enfin on ajouta une dernière preuve de condamnation ou d'absolution. Deux registres furent placés sur la table, l'un devant le président Parrein, l'autre devant Corchand. Le premier inscrivait le nom de l'acquitté; le second, le nom de celui que l'on condamnait.

» Parrein siégeait au milieu des juges. Fernex et Corchand à sa gauche; Lafaye et Brunière à sa droite. Cette position, le penchant qu'avaient ces derniers à être plus doux, les fit surnommer le côté droit et les aristocrates du tribunal. Parrein, au milieu des juges qui condamnaient sans cesse, des deux autres qui tendaient à absoudre, ne savait souvent à quoi se décider. Il flottait irrésolu. La vie et la mort dépendaient alors de lui seul, de sa bonne ou mauvaise humeur, des nouvelles publiques qu'il avait reçues, de sa facile ou fatigante digestion. Dans son incertitude, je l'entendis dire à voix basse à mon égard : « Deux contre deux ; que faire donc ? » Lafaye lui répliqua : *Ton devoir*. Corchand tenait déjà la fatale plume ; mais le devoir de Parrein lui prescrivit sans doute en cet instant de me sauver..... de me sauver ! Hélas ! pourrai-je vivre encore au milieu de la destruction générale, de la perte de tout ce qui fut bon, de la proscription de ceux que j'aimais.

» Si l'on eût pu choisir le moment de son interrogatoire, de son jugement, c'est le matin qu'il aurait fallu préférer. Le soir, les juges étaient harassés, ennuyés, tourmentés de sollicitations ou d'ivresse ; mais en général les interrogatoires étaient précis et courts. Souvent ils se bornaient à ces trois questions : Quel est ton nom ? ta profession ? qu'as-tu fait pendant le siége ? es-tu dénoncé ? On vérifiait la réponse à cette dernière question d'après les pièces envoyées au tribunal par la commission temporaire. Cette dernière tenait l'énorme registre sur lequel on portait les reproches et les actes accusateurs. Les dénonciations les plus ordinaires étaient d'avoir porté les armes, d'être fanatique et d'aimer les prêtres, de dédaigner les sans-culottes, d'être riche et de ne pouvoir ainsi aimer l'égalité, d'avoir été aperçu avec un chapeau sans cocarde..... On admettait sur ce livre tout ce qui pouvait nuire, l'interprétation cruelle des discours les plus innocens, le moindre geste, l'indiscrétion la plus légère.» (*Les prisons de Lyon par le citoyen A.-F. Delandine, p. 93 et suivantes.*)

La relation d'où nous avons tiré ce qui précède, est une histoire dans le genre de celle de l'agonie de Journiac-Saint-Méard. Il y a une grande conformité entre la situation morale des deux narrateurs, et même entre les événemens, car les exécutions faites à Lyon à la fin de 1793, rappellent beaucoup le caractère des journées de septembre. Malgré la disposition bien naturelle où devait être Delandine à personnifier toutes ses terreurs dans les membres de la commission révolutionnaire, il est remarquable cependant combien ses portraits sont loin de ressembler à des brigands féroces. Nous faisons ces réflexions pour le grand nombre de ceux que le point de vue individuel préoccupe habituellement, et qui ne manquent pas de chercher la raison des faits dans leur cause instrumentale et immédiate. Il faut demander compte des journées de septembre à la fatalité créée par les pouvoirs antérieurs, et au déni de justice du pouvoir girondin sous lequel elles se passèrent; il faut demander compte des exécutions de Lyon au crime de lèse-nation commis par les fédéralistes de cette ville, et au dictateur Collot-d'Herbois qui, chargé de punir sévèrement les coupables, noya la justice dans le sang. — Voici quelques formules de jugemens prononcés par la commission lyonnaise, telles que Delandine les rapporte. — « Un commandant de bataillon de la garde nationale était parvenu près du tribunal, et y réclamait la liberté de son frère. Avant de le laisser entrer, on l'avait forcé de remettre au corps-de-garde la vieille épée qu'il portait. La curiosité des soldats la fit tirer du fourreau, et on y aperçut l'empreinte de trois fleurs-de-lys. Aussitôt l'épée est portée devant les juges. Le commandant étonné ne songe plus qu'à se défendre, il se trouble. « Tu venais, lui » dit-on, réclamer ton frère, tu partageras sa prison et son ju» gement, » — Il périt aussi sur l'échafaud. — « Une jeune fille éplorée, dans les transports du désespoir, pénètre dans la salle et s'écrie : « Mes frères sont fusillés ; mon père vient de périr ; » par vous, je n'ai plus de famille ; terminez mon malheur, » faites-moi mourir. » A ces mots elle se jette à genoux devant les juges. Ce spectacle les émeut; Gorchand et Fernex même parurent sensibles : « Relevez-vous, jeune fille, dit l'un, vous avez » beau demander la mort, nous voudrions bien vous accorder » votre demande, mais nous ne le pouvons pas. » — « Un prêtre crut échapper au trépas en se faisant athée : « Crois-tu en » Dieu ? lui demanda-t-on ? — Peu, répondit-il. » Le président prononça aussitôt : « Meurs, infame, et va le reconnaître. » — « Un autre à qui on demanda ce qu'il pensait de Jésus, répondit qu'il le soupçonnait d'avoir trompé les hommes. « Cours au sup» plice, scélérat, lui cria-t-on ; Jésus tromper les hommes ! lui qui » leur prêcha l'égalité, lui qui fut le premier et le meilleur sans» culotte de Judée ! »

Nous tracerons dans le prochain volume une esquisse sur l'état des prisons, en France, de 1793 à 1794, pour laquelle les mémoires de Delandine nous fourniront de nouveaux extraits. Nous ne les quitterons pas en ce moment sans y puiser quelques détails sur les exécutions. Les premières eurent lieu sur la place des Terraux. On rangeait les condamnés devant la façade de l'Hôtel-de-Ville, à l'endroit où s'ouvraient les soupiraux de la mauvaise cave. Les balles ricochaient quelquefois dans l'intérieur et venaient blesser les prisonniers. « Mais, dit Delandine, un guichetier ayant eu le bras cassé, on cessa de fusiller devant les soupiraux de cette cave, et on plaça fixément dans les Brotteaux le champ de la mort. » — Ce fut de la prison de Roanne que sortirent les soixante-neuf jeunes gens (c'étaient des muscadins), qui devaient périr par le canon (Collot-d'Herbois dit soixante-quatre dans sa lettre à Duplay père). « Deux fossés parallèles avaient été creusés dans la plaine des Brotteaux pour recevoir les corps des morts et des mourans. Une haie de soldats bordait chaque ligne en dehors des fossés, et menaçait de l'œil, du sabre ou du fusil, quiconque aurait tenté de s'écarter de la direction précise où il devait attendre le boulet qui devait terminer sa vie. Cette direction était le plan horizontal, large d'environ trois pieds, qui se trouvait entre les deux fossés. Là furent placés les condamnés, garrottés deux à deux, à la suite les uns des autres. Derrière eux, étaient les canons. Pendant cet arrangement formidable, les jeunes gens, sans imprécations, sans se plaindre, sans montrer le moindre signe de faiblesse, firent entendre ce refrain courageux :

> Mourir pour la patrie
> Est le sort le plus beau,
> Le plus digne d'envie.

« A peine commençaient-ils à le répéter une seconde fois, que l'horrible décharge vint l'interrompre. Elle ne tua pas le tiers des malheureux qui l'essuyèrent, mais presque tous furent blessés. La fusillade s'unit au canon pour opérer leur destruction. Enfin les soldats traversèrent les fossés, et avec le sabre ils la complétèrent. Ces soldats, peu exercés à manier les armes, et la plupart égorgeant pour la première fois, restèrent plus de deux heures à consommer ce massacre. Un bataillon de volontaires refusa de faire feu. — Ce fut encore des prisons de Roanne, qu'on conduisait aux Brotteaux, les 209 Lyonnais! jugés en masse le même jour (Collot-d'Herbois dit 230, dans sa lettre à Duplay père). Chaque accusé ne fit que paraître devant ses juges. Les ordres les plus sévères avaient été donnés à ces derniers, et peut-être la mort eût été pour eux la punition de leur humanité, ou d'un examen plus approfondi. Un appareil imposant de gardes et de gendarmes vint prendre les condamnés pour les conduire aux Brotteaux. Une longue corde y fut fixée à chaque arbre d'une allée de saule ; on attacha à cette corde chaque condamné par le lien qui lui comprimait les mains derrière le dos, et un piquet plus ou moins nombreux fut placé à quatre pas devant lui. Au signal donné, les premiers coups partirent, et, sans terminer la vie, ils commencèrent d'horribles souffrances. Les uns eurent les bras emportés, d'autres les mâchoires, ou une partie de la tête. Tombant, se relevant, se débattant, on entendait de toutes parts l'affreuse prière : « Achevez-moi, mes amis, ne m'épargnez pas ! » Ces cris retentirent long-temps jusqu'à la rive opposée du Rhône. Ainsi s'exécutèrent toutes les fusillades. Dans celle des 209, la multitude des immolés doubla le temps de l'immolation. La balle, en emportant le poignet à Merle, ex-constituant, maire de Mâcon, l'avait débarrassé de ses liens. Il en profita pour fuir. Déjà, il avait fait un assez long trajet dans la campagne, les groupes s'étaient ouverts pour lui donner passage, les volontaires ne bougeaient pas. Les dragons délibéraient, lorsqu'un détachement de la cavalerie révolutionnaire se mit à sa poursuite, le joignit et le fit périr sous ses coups. — Après cette exécution, les corps furent dépouillés et jetés dans des fosses larges et profondes, que d'autres exécutions devaient ensuite chaque jour combler. On les combla en les couvrant de chaux et d'un peu de terre. Il s'en trouva 210, au lieu de 209. Cependant l'une des victimes s'était détachée de la chaîne commune et avait échappé. On se rappela alors que lorsqu'on liait les condamnés dans la cour de Roanne, deux malheureux avaient réclamé avec force, prétendant n'être que des commissionnaires venus auprès des prisonniers pour les servir. Malgré leurs plaintes, ils avaient été liés comme les autres ; ils avaient marché sous les coups de bourrades, ils étaient arrivés..... ils n'étaient plus. » (*Mémoires cités* p. 73 *et suivantes.*)

C'est là tout ce que nous avions à faire connaître sur le système de Collot-d'Herbois à Lyon, avant de lui laisser prendre la parole pour son apologie. Nous aurons deux occasions de reprendre les documens que nous aurions pu négliger ici ; les procès commencés contre les amis de Chalier, après la chute d'Hébert, et les conséquences du 9 thermidor.

La Convention ordonna l'impression du rapport qu'avait lu Collot-d'Herbois, et elle approuva sa conduite. Le discours qu'il alla prononcer immédiatement aux Jacobins, et que nous transcrirons tout à l'heure, nous dispense de citer son rapport. Mais avant de le suivre au club, nous allons compléter l'analyse de la séance de la Convention du 21 décembre (1er nivose) au soir, dont la fin appartient aux dantonistes. D'après la note de Fabre, consignée plus haut, on croirait qu'il réclama la communication de la lettre d'Ysabeau, en même temps qu'il dénonça Vincent. Or il fit cette réclamation dans la séance qui nous occupe. Voici sa motion.

Fabre - d'Églantine. « Le comité de salut public a déjà reçu plusieurs plaintes de la part des représentans du peuple à Bordeaux ; il existe au comité une lettre d'Ysabeau, dans laquelle il reproche au ministre de la guerre de vouloir établir une lutte perpétuelle entre la Convention nationale et le conseil exécutif. Cette lettre, entre autres choses, contient ces mots : « Que signifie ce double pouvoir que vous prétendez établir ? Jusqu'à quand, Bouchotte, lorsque le peuple dit *oui,* les commis diront-ils *non* ? Il est temps que cette lutte cesse. » Je demande que le comité soit tenu de communiquer demain à la Convention la lettre dont je parle. »

La Convention ordonna que la lettre d'Ysabeau serait lue à la séance du lendemain, ce qui n'eut pas lieu. Après cela, Fabre dénonça Mazuel.

Fabre-d'Églantine. « J'interpelle mon collègue Espert de rendre hommage à la vérité. Il m'a dit ce matin que Mazuel, adjudant-général de ce Maillard, que vous avez décrété d'arrestation, a proféré en présence de témoins ces propres paroles :

» Tout ce que fait la Convention est l'effet d'une conspiration; si un député me déplaisait, je cracherais dessus. »

» Je frémis en répétant cette horreur; mais l'indignation arrache de ma bouche le cri de la vérité. Je demande l'arrestation de Mazuel et l'apposition des scellés sur ses papiers. »

L'arrestation de Mazuel, appuyée par Cambon, fut décrétée. Puis, sur la motion de Chalier, l'assemblée chargea le comité de salut public de présenter incessamment un mode de punition contre quiconque insulterait, de quelque manière que ce fût, la représentation nationale. C'était là la conclusion parlementaire sur toutes les querelles entre les agens du conseil exécutif et les représentans du peuple, et même sur les disputes particulières qu'ils pouvaient avoir avec le premier venu, comme Philippeaux, Legot, Panis, Espert, etc. — On procéda immédiatement à nommer un successeur au président Voulland, qui avait remplacé Romme; Couthon fut élu : sur 209 votans, il réunit 174 suffrages. — Maintenant nous passons à la séance des Jacobins du 21 décembre (1er nivose).

« On passe au scrutin épuratoire. — Levasseur est admis. — Collot-d'Herbois paraît ensuite; des applaudissemens flatteurs annoncent sa présence à la tribune. Il est admis.

Hébert. « J'invite Collot-d'Herbois à rendre compte de sa mission à Commune-Affranchie, et à énoncer son opinion sur Ronsin, général de l'armée révolutionnaire. »

Collot-d'Herbois. « C'est de vous, jacobins, que nous avons reçu la mission difficile de purger le Midi de tous les contre-révolutionnaires qui l'infectent ; et sans les vingt membres (1) que vous avez détachés de votre sein, je dois déclarer que mes forces n'auraient pas pu suffire pour remplir une tâche aussi pénible. Ce sont eux qui m'ont soutenu dans la carrière périlleuse que j'ai parcourue. Il y a deux mois que je vous ai quittés ; vous étiez tous brûlans de la soif de la vengeance contre les infâmes conspirateurs de la ville de Lyon. Aujourd'hui je ne connais plus l'opinion publique : si j'étais arrivé trois jours plus tard à Paris, je serais peut-être décrété d'accusation. On m'a dit que vous aviez pris un arrêté qui semblait désapprouver la conduite des représentans du peuple à Commune-Affranchie. Vous sentez combien ma position est pénible dans ce moment. Les Jacobins ne sont-ils plus les mêmes?... Oui. Vous n'êtes point changés ; je suis toujours au milieu des amis de la liberté et des courageux défenseurs du peuple ; vous reviendrez sur votre arrêté.

» Je dois vous dire ici la vérité tout entière : dans mon rapport à la Convention, j'ai été obligé d'employer toutes les ressources de l'art, toutes les circonlocutions, pour justifier ma conduite, que les faits seuls doivent justifier ; car dans une révolution ce sont les faits qui doivent toujours parler. Quand nous sommes partis, le Midi était en danger ; et il l'est encore plus maintenant, car la contre-révolution est tout entière dans le Midi.

» A notre arrivée à Commune-Affranchie, nous avons passé en revue l'armée révolutionnaire ; nous n'avons pas eu de peine à apercevoir certains mouvemens qui se passaient dans plusieurs de ses membres : une fausse compassion les égarait, et nous nous sommes convaincus que la cause de ces agitations provenait de ce qu'elle n'avait pas été casernée, quoique nous en eussions donné l'ordre exprès : plusieurs soldats de l'armée révolutionnaire avaient été logés chez des bourgeois, chez des aristocrates qui leur avaient fait prendre de fausses idées sur les grandes mesures à l'exécution desquelles ils étaient appelés. Les

(1) Vingt-quatre furent nommés. (*Note des auteurs.*)

femmes surtout ont employé tous les artifices; et les femmes sont toutes contre-révolutionnaires à Commune-Affranchie. Elles ont pris pour patronne Charlotte Corday. Tout ce que leur sexe offre de plus attrayant, tout ce que des formes aimables ont de plus enchanteur, a été mis en usage pour séduire cette armée qui nous était si nécessaire. Les philtres amoureux, les charmes ont été préparés par ces femmes qui prodiguaient avec rage la prostitution et l'adultère; mais je dois dire à l'honneur de la masse de cette armée, qu'elle a déconcerté par ses mépris ces manœuvres infâmes de la séduction; seulement quelques valets de nobles, quelques laquais d'émigrés, vomis par les aristocrates de Paris pour désorganiser cette armée, se sont roulés avec elles dans la fange. L'armée nous les a dénoncés, et nous les avons fait mettre en état d'arrestation.

» Puisqu'on m'a interpellé de donner mon opinion sur Ronsin, je vais le faire avec la franchise que vous me connaissez. Ronsin a rendu de grands services à la patrie, à Commune-Affranchie. Vous connaissez tous son caractère vif et bouillant; il est ardent ami de la liberté : je ne le connaissais pas auparavant ; mais je dois dire que j'ai trouvé en lui un homme qui ne sait pas composer avec les aristocrates et les modérés. Il nous a beaucoup aidés dans notre mission par son énergie; il secondait nos mesures avec activité; et tout le temps que je l'ai vu à Commune-Affranchie, j'ai toujours reconnu en lui un vrai et franc Jacobin. Je dois vous dire aussi qu'un quart d'heure avant son départ de Commune-Affranchie à Paris, où il venait, d'après un de nos arrêtés, se concerter avec le comité de salut public, les contre-révolutionnaires de Lyon faisaient courir le bruit qu'il était mandé à la barre, et un quart d'heure après son arrivée il est mis en état d'arrestation. Vous ne savez donc pas, jacobins, que cette nouvelle va faire la joie des aristocrates de Commune-Affranchie? qu'elle va jeter la défaveur la plus odieuse sur l'armée révolutionnaire? la perfidie qui couve à Lyon va relever la tête, et vos collègues, vos frères, vos amis, vont être sous le poignard. Pour moi, j'ai fait mon devoir : dans mon rapport à la Convention, j'ai demandé et obtenu qu'on motivât les causes de l'arrestation de Ronsin.

» On nous a accusés d'être des anthropophages, des hommes de sang; et ce sont des pétitions contre-révolutionnaires, colportées par des aristocrates, qui nous font ce reproche! On examine avec l'attention la plus scrupuleuse de quelle manière sont morts les contre-révolutionnaires; on affecte de répandre qu'ils ne sont pas morts du premier coup.... Eh! Jacobins, Chalier est-il mort du premier coup? Si les aristocrates avaient triomphé, croyez-vous que les Jacobins eussent péri du premier coup? et la Convention, qui avait été mise hors de la loi par ces scélérats, aurait-elle péri du premier coup? Qui sont donc ces hommes qui réservent toute leur sensibilité pour des contre-révolutionnaires, qui évoquent douloureusement les mânes des assassins de nos frères? Qui sont ceux qui ont des larmes de reste pour pleurer sur les cadavres des ennemis de la liberté, alors que le cœur de la patrie est déchiré? Une goutte de sang versée des veines généreuses d'un patriote me retombe sur le cœur; mais je n'ai point de pitié pour des conspirateurs. Nous en avons fait foudroyer deux cents (1) d'un coup, et on nous en fait un crime! Ne sait-on pas que c'est encore une marque de sensibilité. Lorsque l'on guillotine vingt coupables, le dernier exécuté meurt vingt fois, tandis que ces deux cents conspirateurs périssent ensemble. La foudre populaire les frappe, et, semblable à celle du ciel, elle ne laisse que le néant et les cendres.

» On parle de sensibilité! et nous aussi, nous sommes sensibles; les Jacobins ont toutes les vertus; ils sont compatissans, humains, généreux; mais tous ces sentimens ils les réservent pour les patriotes qui sont leurs frères, et les aristocrates ne le seront jamais. »

Nous avons suivi pour le texte de ce discours la version du *Moniteur*. Celle du *Républicain français* en diffère beaucoup pour la forme. Ce sont de petites phrases courtes et saccadées; des exclamations, des interrogations, des apostrophes. Nous

---

(1) Il venait de dire soixante à la Convention. (*Note des auteurs.*)

citerons quelques variantes. Après l'énumération qui suit, *Chalier est-il mort du premier coup? Le Républicain français* fait dire à Collot, en parlant de la Convention : « Eh bien ! à peine entendait-on ce langage; ils ne pouvaient entendre parler des morts; ils ne savaient pas se défendre des ombres. Eh ! qui sont-ils ces hommes qui ont une dose aussi ample de compassion, qui étendent leur intérêt jusque sur les aristocrates, et qui sont les frères de tout le monde? » — Ce discours fut écouté sans aucun signe ni d'approbation, ni d'improbation. Le *Moniteur* et le *Républicain français* sont d'accord en ce point.

Nicolas. « Je prends la parole pour dénoncer Camille-Desmoulins; je l'accuse d'avoir fait un libelle avec des intentions criminelles et contre-révolutionnaires (1). J'en appelle à ceux qui l'ont lu. Camille-Desmoulins frise depuis long-temps la guillotine; et pour vous le prouver, voici une dénonciation formelle que je fais contre lui, indépendamment de la première.

» Je suis membre du comité de surveillance du département de Paris. Camille est venu plusieurs fois à notre comité pour demander l'élargissement d'un nommé Vaillant, ci-devant seigneur de Fresne, arrêté par nous d'après les ordres des comités de salut public et de sûreté générale, comme lié très-étroitement avec les aristocrates, et prévenu d'avoir, au mépris de la loi, logé et recueilli clandestinement le contre-révolutionnaire Nantouillet, ainsi que d'autres conspirateurs.

» Desmoulins a obsédé et menacé le comité de le dénoncer auprès du comité de sûreté générale, s'il ne rendait pas la liberté audit Vaillant : il s'est même permis des réflexions aristocratiques sur les mesures révolutionnaires, en disant, entre autres choses, qu'elles amèneraient la contre-révolution en bonnet rouge. D'après ces faits, je demande sa radiation du sein de la société. »

La dénonciation de Nicolas fut renvoyée aux comités d'épurement et de présentation réunis. Hébert monta ensuite à la

---

(1) *Le Vieux Cordelier.* La lecture de ce journal fut ordonnée par le club le 7 janvier (18 nivose) 1794, et commencée immédiatement; nous en donnerons des extraits à mesure de cette lecture. (*Note des auteurs.*)

tribune. Il parlait pour la première fois dans le club depuis l'arrestation de ses amis. Encouragé par la présence de Collot-d'Herbois, il dressa l'acte d'accusation de Bourdon *Lerouge* (de l'Oise), Philippeaux, Desmoulins, Fabre-d'Églantine et Laveaux, et loua sans mesure Vincent et Ronsin. Après une discussion assez animée, la société arrêta que Fabre-d'Églantine, Bourdon (de l'Oise), Camille-Desmoulins et Laveaux, seraient invités à se rendre à la prochaine séance pour répondre aux dénonciations faites contre eux; qu'il serait donné à Ronsin et à Vincent un extrait de la séance pour leur témoigner que la société conserverait pour eux son attachement aux principes et son amitié fraternelle; que des commissaires, pris dans son sein, seraient chargés de leur communiquer cet extrait, au nom de la société. Elle nomma pour cette commission Brochet, Simon, Brichet, Delcloche, Momoro, et Gonorre.

Le lendemain, Hébert publiait dans son journal : « On a commencé par accuser le brave général Ronsin..... On fait aussi siffler la linotte au patriote Vincent..... Après eux, dit-on, c'était ton tour, vieux marchand de fourneaux (profession du *père Duchêne*). Tonnerre de Dieu! je suis bon cheval de trompette, je ne m'effraie pas du bruit. — Heureusement, foutre, l'intrépide défenseur de la sans-cullotterie, le brave Collot-d'Herbois est arrivé pour débrouiller toute l'intrigue. Le géant a paru; et tous les nains qui asticotaient les meilleurs patriotes sont rentrés à cent pieds sous terre. Il a parlé au comité de salut public, à la Convention, aux Jacobins, et il a confondu les intrigues qui voulaient armer les patriotes contre les patriotes, diviser la montagne, rappeler les crapauds du marais. » (*Le père Duchêne*, n° CCCXXVI.)

La séance de la Convention du 22 décembre (2 nivose) commença par l'un des faits cités dans le projet de rapport de Robespierre, sur la faction Fabre-d'Églantine. — Le citoyen Poulain, adjudant-général à l'armée du Nord, se présenta, un bras en écharpe, et dénonça trois commissaires du conseil exécutif. Levasseur dit que ce citoyen était un intrigant qui avait été attaché à Dumourier. Le pétitionnaire fut renvoyé au comité de salut public. — Le ministre de la justice, Gohier, demanda ensuite un sursis à l'exécution d'un jugement du tribunal criminel de Paris, qui condamnait à mort le nommé Gandon, marchand de vin, pour inexécution de la loi qui ordonnait la déclaration des objets emmagasinés, et l'affiche à la porte du déclarant. Gandon avait fait une déclaration, reconnue exacte par le tribunal ; mais, obligé de faire un voyage pour les intérêts de son commerce, il avait laissé à son jeune fils le soin d'exécuter la loi dans son entier ; et celui-ci, sans expérience, s'était contenté de mettre à la porte de son père une affiche portant simplement : *Magasin de vins en gros.* Bourdon (de l'Oise) appuya le sursis, qui fut décrété à l'unanimité, et au milieu des plus vifs applaudissemens. — *Danton* : « On s'honore quand on sauve » un innocent, je vole signifier moi-même le décret que la Con- » vention vient de rendre. » Peu après David et Bourdon (de l'Oise) annoncèrent à la Convention que le jugement, dont le sursis avait été prononcé, n'était pas exécuté. (*Vifs applaudissemens.*) Sur la motion de Danton, appuyée par Collot-d'Herbois, l'assemblée suspendit l'application de la peine de mort, prononcée par la loi sur les accaparemens, jusqu'à ce qu'il eût été fait un nouveau rapport qui déterminât les cas où la peine devait être prononcée. — A la fin de la séance, une députation se disant de la société des Jacobins, admise à la barre, demanda que la Convention se fît faire un prompt rapport sur les députés en arrestation, ainsi que sur Ronsin et Vincent, accusés, dit-elle, par des hommes qui n'avaient d'autre crime à leur reprocher que d'avoir traversé leurs manœuvres. La mention honorable, l'insertion au bulletin, et le renvoi au comité de sûreté générale, furent décrétés. — Cette députation fut désavouée par les Jacobins au commencement de leur séance du 25 décembre (5 nivose). Plusieurs membres, parmi lesquels Dufourny, dirent que cette démarche n'avait été autorisée par aucun arrêté ; d'autres soutinrent le fait. Le club rapporta cet arrêté dans le cas où il aurait eu lieu.

Le 23 décembre (3 nivose) une députation de la société des Cordeliers se présenta à la barre de la Convention. Elle fut admise malgré l'opposition de Bourdon de l'Oise, et lut la pétition suivante :

L'orateur de la députation. « La société des Cordeliers, semblable à l'antique Rome, et ferme dans ses principes, plus elle a d'ennemis à combattre, plus elle est forte.... Elle a attaqué courageusement le pouvoir exécutif, lorsqu'il était entouré de toutes sortes de scélérats.... elle a renversé le trône..... elle a combattu et combattra jusqu'à la mort toutes les factions. Le bonheur du peuple, l'unité, l'indivisibilité de la République, voilà l'étendard sous lequel elle périra....

» Vincent et Ronsin, deux de ses membres, ont été incarcérés, et gémissent sous le poids d'une accusation. Voudrait-on les punir d'avoir dénoncé, poursuivi jusqu'à l'échafaud Dumourier, La Fayette, Custine, Roland et leurs complices ? Eh bien ! elle vient vous déclarer qu'elle les a toujours regardés comme patriotes et vrais Cordeliers, et qu'elle les reconnaît encore. Que l'accusation soit prouvée, et que dans le plus bref délai ils soient jugés : s'ils sont criminels, nous vous demandons vengeance.... s'ils ne le sont pas, nous vous demandons justice des dénonciateurs; mais que deux citoyens reconnus patriotes jusqu'à ce moment soient connus, soient jugés, voilà le vœu des Cordeliers, qui jurent, dans le sein de la Convention, qu'ils mourront fidèles à leurs sermens, qu'ils défendront jusqu'à la mort la République une et indivisible, ou qu'ils périront avec elle. »

Les séances des Jacobins étaient extrêmement courues depuis que l'épuration avait commencé. Celle du 23 décembre (3 nivose) attira un concours immense. En voici le compte-rendu.

Dufourny. « Les séances de la société sont de plus en plus intéressantes, et souvent les tribunes et la salle ne peuvent contenir l'affluence des patriotes qui se présentent pour en être les témoins. C'est véritablement un deuil pour nous d'être obligés de leur en refuser l'entrée; cependant j'observe que parmi les bons citoyens, il s'introduit quelques intrigans qui cherchent à tirer parti des circonstances. La séance d'aujourd'hui leur a paru une des plus propres à servir leurs projets ; il faut qu'ils connaissent mieux la sagesse de la société, elle ne leur fournira pas les armes sur lesquelles ils comptent. Je demande que pour aujourd'hui la société arrête qu'aucune permission ne sera accordée pour entrer dans l'intérieur de la salle ; car il est à la porte des personnes qui ont offert jusqu'à 25 livres pour obtenir l'admission aujourd'hui. » — Arrêté.

« La société entend une lettre du général Ronsin, dans laquelle il répond à toutes les inculpations qu'a faites contre lui Philippeaux dans son rapport à la Convention. »

Collot-d'Herbois. « Ce ne sont pas de ces maux auxquels vous puissiez remédier que je viens vous entretenir ; je viens faire passer dans vos cœurs une douleur que rien ne pourra guérir peut-être ; ce n'est point d'animosités particulières, d'incarcération..., c'est de la mort des patriotes que je viens vous parler. Citoyens, ils sont réduits au désespoir : qu'ils paraissent ceux qui m'ont accusé d'exagération, quand je leur ai parlé des malheurs de Lyon, que je leur ai dit que la mort serait donnée aux patriotes ; elle leur est donnée. Gaillard, le vertueux Gaillard, que vous avez vu ici, il n'y a pas long-temps, le meilleur ami de Chalier, s'est tué de désespoir, se croyant abandonné. »

Collot-d'Herbois lit des lettres de Commune-Affranchie, dont l'une apprend la mort de Gaillard : une autre de Fouché rend compte du même événement avec le détail des circonstances qui l'accompagnèrent. L'orateur continue ainsi :

« Vous ai-je trompés, quand je vous ai dit que les patriotes étaient au désespoir ? vous ai-je trompés, quand je vous ai dit que l'esprit public qui était bien ici aurait mis tout le Midi dans le bouleversement ? Jacobins, vous aurez d'éternels regrets à donner aux patriotes ; ils ont cru que vous les abandonniez : voilà ce que j'ai dit quand j'ai appris qu'on avait, jusque dans cette enceinte, improuvé une lettre de Lyon ; que des hommes qui se croient des Catons, et n'ont que le cynisme de Diogène, qui ne voient pas même en imagination les maiheurs qu'ont soufferts les patriotes dans ce pays, élèvent la voix aujourd'hui.

» Non, quoi qu'on en dise, mon collègue Gaillard n'était point faible; toujours il a combattu avec courage l'aristocratie. C'est lui qui, au 10 août, monta le premier à l'assaut contre le tyran, et reçut de larges blessures.

» Son ombre semble se présenter devant nous. Elle nous dit : « Non, je n'étais point un homme faible; je n'ai point pâli sous » les poignards des ennemis du peuple; mais je n'ai pu résister à » l'idée cruelle d'être abandonné par les Jacobins. »

» Il faut prévenir de nouveaux malheurs. Il faut ranimer le courage de nos frères les Jacobins, qui sont en ce moment à Commune-Affranchie. J'en ai parlé au comité de salut public; Robespierre lui-même s'est chargé d'écrire à nos malheureux frères. Un courrier extraordinaire leur sera dépêché, et je demande que la société y joigne une lettre rassurante, une lettre consolatrice, et que nous fassions tous ici le serment de ne pas survivre à celui de nos frères qui pourrait être attaqué. (Tous les membres de la société se lèvent à la fois, et font ce serment terrible avec l'énergie la plus forte, aux applaudissemens réitérés des tribunes.)

» Je n'avais d'espérance, en venant ici, que dans la Convention. Hélas! elle était obsédée. Vous-mêmes mettiez aux voix si vous approuveriez les mesures que nous avions prises. Écoutez la voix de Gaillard lui-même. Vous avez cessé un instant d'être forts; voyez les malheurs qui en ont été les résultats.

» Que direz-vous de la confiance que vous avez témoignée à ces libelles qui vous ont désunis, qui vous ont mis aux mains les uns contre les autres? Ne voyez-vous pas que c'est vous qu'on attaque?

» Ne voyez-vous pas qu'on cherche à vous aliéner de la Convention nationale? Quoi! l'on s'en prend au comité de salut public, dans des libelles! on l'accuse d'avoir fait couler le sang des patriotes! on lui reproche la mort de cinquante mille hommes! et vous croyez que les auteurs de ces écrits les ont faits de bonne foi ! Vous croyez que des hommes qui vous traduisent les historiens anciens, qui retournent en arrière de cinq cents ans, pour vous offrir le tableau des temps où vous vivez, sont patriotes ? Non l'homme qui est obligé de reculer si loin, ne sera jamais au niveau de la révolution.

» On veut modérer le mouvement révolutionnaire. Eh! dirige-t-on une tempête ? Eh bien ! la révolution en est une. On ne peut, on ne doit point en arrêter les élans.

» Citoyens, le patriotisme doit toujours être à la même hauteur. S'il baisse un instant, il n'est plus patriotisme.

» Rejetons donc loin de nous toute idée de modération.

» Restons Jacobins, restons montagnards, et sauvons la liberté. » (Vifs applaudissemens.)

Levasseur. « Citoyens, je demande à arracher le masque dont se couvre Philippeaux. Je déclare que le patriotisme de Philippeaux consiste en bavardage, en déclamations, et que pas une action républicaine ne parle en sa faveur. Je fus avec lui officier municipal du Mans, il ne mit jamais la main à l'ouvrage. Je l'accuse de m'avoir engagé, ainsi que Boutron et Letourneur, à voter l'appel au peuple, d'avoir écrit dans un journal qu'il rédigeait, en faveur de l'appel au peuple, quoiqu'il ait voté depuis contre l'appel. Je l'accuse d'avoir menti dans le rapport qu'il a fait au dîner avec Vincent, Hébert, etc. Vincent dit à Philippeaux, dans un moment où la conversation avait pour objet les généraux de la Vendée : Ronsin et Rossignol sont d'excellens patriotes. Philippeaux répondit qu'ils étaient des scélérats ; et sur ce que Vincent ajouta, que les Jacobins en pensaient autrement, il répliqua que les Jacobins n'étaient composés que de fripons, etc. »

Philippeaux. « Je ne m'attendais pas à être accusé par Levasseur, lui mon compatriote et mon confrère.

» Je me voue à l'infamie, s'il se trouve dans mon rapport un seul fait controuvé. Je vous lirai un article que je composai sur la mort du tyran, le 19 janvier, époque à laquelle il est permis de croire que je cédais à ma conscience. Je vous rappellerai la manière dont je motivai mon vœu dans l'affaire du roi, où je reconnus m'être trompé jusqu'à ce jour, et où je votai sa mort..... Je déclare que j'ai toujours voté dans le sens de la Montagne..... »

Levasseur. « Excepté dans l'affaire de Marat, où il ne voulut pas rester, quoique nous l'y engageassions tous, et où je restai seul avec Boutron de ma députation. »

Philippeaux nie le fait....

On lit sa réponse lors de l'appel nominal sur Marat; elle porte en substance qu'il pourrait, s'il écoutait les petites passions humaines, voter contre Marat, attendu que cet homme l'avait calomnié dans ses feuilles; mais que les formes ayant été violées, il ne votera pas qu'on ne les ait observées, et que quant à présent il dit non.

Philippeaux. « Je vais maintenant répondre aux inculpations principales; je poursuivrai les hommes que j'ai déjà poursuivis.... les hommes qui sont cause des malheurs de la République, qui ont fait couler le sang de cinquante mille de nos frères dans la Vendée, et qui ont dilapidé le trésor public.

» Tous les habitans du théâtre de la guerre vous rendront témoignage que Ronsin et Rossignol étaient toujours plongés dans les plaisirs, occupés à faire bonne chère, et qu'ils n'étaient jamais à la tête de leurs armées, excepté à l'affaire du 18, où Ronsin trouva moyen de faire écraser une armée de quarante-trois mille hommes, par les brigands au nombre de trois mille.

» Écoutez les fautes d'un homme aussi expérimenté que Ronsin, et vous verrez ensuite s'il est excusable.

» Son armée était sur huit hommes de front; elle avait six lieues de flanc, et l'artillerie était en tête dans un fond, embarrassée avec les équipages, et ne pouvant être d'aucune utilité, tandis qu'il eût pu s'emparer des hauteurs pour foudroyer de là les ennemis, qui, au contraire, placés dans le poste avantageux, taillèrent notre armée en pièces. »

Philippeaux rend ensuite compte des malheurs qu'éprouva la République dans les départemens de la Vendée et circonvoisins, pour n'avoir pas suivi le plan du comité de salut public, qui devait sauver la France et anéantir pour toujours les brigands qui l'avaient infectée jusqu'alors.

Il attribue à l'ineptie des généraux qu'il dénonce le passage de la Loire par les rebelles de la Vendée, qui ont eu deux jours pour l'effectuer. Enfin il s'étend longuement sur la conduite de Rossignol, de l'Échelle et des autres généraux de la Vendée, qu'il accuse tous de négligence, d'ignorance ou de trahison.

Il nie ensuite le propos insolent qu'on lui reproche d'avoir tenu sur le compte de la société des Jacobins.

Levasseur interpelle Hébert de déclarer s'il est vrai; Hébert atteste que Philippeaux l'a tenu : celui-ci persiste à le nier.

La séance commence à devenir un peu tumultueuse, à raison de l'impression différente que fait le discours de Philippeaux sur les membres de la société.

Danton. « Je demande la parole pour une motion d'ordre. Il est du devoir de la société d'entendre dans le silence notre collègue Philippeaux. Quant à moi, qui n'ai point d'opinion formée sur cette affaire, je désire acquérir une conviction.

» Un grand procès se discute. Il se discutera de même à la Convention.

» Pour être à portée de prononcer sainement dans cette affaire, nous avons besoin d'écouter attentivement, et je réclame le plus grand calme.

» La société ne veut rayer personne par provision; mais peut-être cette affaire se lie à une multitude d'autres qu'il faut enfin éclaircir; je n'ai aucune opinion formée sur Philippeaux ni sur d'autres; je lui ai dit à lui-même : « Il faut que tu prouves ton accusation, ou que tu portes ta tête sur un échafaud. »

» Peut-être n'y a-t-il ici de coupables que les événemens : dans tous les cas, je demande que tous ceux qui ont à parler dans cette affaire soient entendus. Il n'y a qu'un malheur à redouter, c'est que nos ennemis profitent de nos discussions; qu'ils en profitent le moins possible, et conservons tout le sang-froid qui nous est nécessaire. »

Robespierre. « S'il est question i... ne querelle individuelle, si Philippeaux n'a obéi qu'à des passions particulières, si l'amour-propre a été mis en jeu, il doit faire le sacrifice de son opinion; mais si une passion plus violente, l'amour de la patrie et de la liberté, l'a engagé à dénoncer à l'univers entier le comité de salut public, alors ce n'est plus une querelle d'individu à individu, c'est le gouvernement, ce sont des hommes calomniés et abhorrés par les puissances étrangères, qu'on attaque; et la société doit entendre un homme qui, j'aime à le croire, n'a eu que de bonnes intentions. On dit qu'il a accusé le comité de salut public dans sa brochure (je ne l'ai point lue) d'avoir fait sacrifier par entêtement trente mille hommes.

» Quoi! le comité de salut public est accusé d'être composé d'assassins! que diraient de plus les aristocrates et nos véritables ennemis? Cependant Philippeaux n'a point eu d'intentions contre-révolutionnaires. Il faut l'entendre, et juger entre lui et le comité. La discussion doit donc être calme et tranquille. Citoyens, d'où viennent les agitations qui vous tourmentent depuis quelques jours? Savez-vous que les puissances étrangères vous cernent ici? Elles vous ont placés entre deux écueils, entre le modérantisme qui est abattu pour jamais, et la perfidie prussienne de ces hommes qui veulent la République ou plutôt l'incendie universel. Soyez-en persuadés, la tactique de nos ennemis, et elle est sûre, c'est de nous diviser; on veut que, luttant corps à corps, nous nous déchirions de nos propres mains.

» Quels sont donc ces soupçons qu'on répand depuis quelques jours? On se plaint de certaines arrestations, on voudrait faire croire qu'elles sont l'ouvrage d'un homme; non, ne le croyez pas, elles avaient été discutées dans les comités de salut public et de sûreté générale, et l'opinion nationale était formée. D'autres patriotes ont été arrêtés, et le peuple s'en est rapporté à la justice de la Convention. Marat n'a-t-il pas été tranquillement au tribunal révolutionnaire, n'en est-il pas revenu triomphant ? Chabot, qui a rendu les plus grands services à la chose publique, n'est-il pas arrêté ? les patriotes ont-ils pris l'alarme ? Que la société se repose sur la Convention, sur la Montagne, les patriotes auront toujours le courage d'arracher leurs frères à l'oppression. Je demande que Philippeaux soit entendu, et on lui répondra. »

Philippeaux. « J'ai dans mon cœur les principes que vient de professer Robespierre. Je n'ai point voulu diviser les patriotes. Voici ce que j'ai fait : de retour de ma mission dans la Vendée, je me suis présenté au comité pour lui rendre compte de mes opérations. J'ai cru remarquer dans le comité des formes repoussantes, et qui ne conviennent point à des républicains. On n'a point voulu m'écouter ; alors j'ai fait imprimer ce que je savais et ce que je ne pouvais taire ; mais pour ne point servir l'aristocratie, je n'ai fait tirer de ma brochure que le nombre d'exemplaires suffisant pour mes collègues de la Convention. »

Levasseur. « Tu en as menti ; tu as envoyé des exemplaires à Saumur et à Angers. » (Murmures.)

Philippeaux. « Je vais vous expliquer la cause de l'acharnement que met contre moi Levasseur. Un décret contre les principes, sur la résiliation des baux avait été rendu d'enthousiasme, je l'ai fait rapporter. Vous saurez que Levasseur perdait 500 liv. de rente par le rapport de ce décret. » (Violens murmures.) — *Point de personnalité !* s'écrie-t-on de toutes parts.

Danton. « Les Romains discutaient publiquement les grandes affaires de l'état et la conduite des individus. Mais ils oubliaient bientôt les querelles particulières lorsque l'ennemi était aux portes de Rome ; alors ils ne combattaient plus entre eux que de courage et de générosité pour repousser les hordes qui les attaquaient. L'ennemi est aussi à nos portes, et nous nous déchirons les uns les autres. Toutes nos altercations tuent-elles un Prussien ?... (Vifs applaudissemens.) Je demande, pour terminer ce procès, qu'il soit nommé une commission de cinq membres qui entendront les accusés et les accusateurs. »

Couthon. « Je demande à Philippeaux s'il croit, dans son ame et conscience, qu'il y a eu une trahison dans la guerre de la Vendée. (*Oui*, répond Philippeaux.) Alors, je demande aussi la nomination d'une commission. »

Elle est arrêtée au milieu des plus vifs applaudissemens.

Momoro. « Je demande à parler sur la Vendée. »

On objecte que cette affaire est terminée.

Momoro. « Eh bien! je demande à prononcer une seule phrase. Que le patriotisme soit soutenu, que les patriotes ne soient point opprimés, et tous les républicains, réunis aux comités de salut public et de sûreté générale, à la Convention et à la Montagne, défendront la République jusqu'à la dernière goutte de leur sang.

Robespierre. « Cette affaire n'est point terminée au gré de tou le monde. Philippeaux n'a point paru content en descendant de la tribune, et Momoro vient de dire une phrase qui a besoin d'être expliquée. Voudrait-on faire croire que la Convention opprime les patriotes? A-t-on oublié que les brissotins n'y sont plus, que la Montagne est là, et qu'elle fera toujours rendre justice aux républicains? Aujourd'hui que la Convention, avec le peuple, a chassé de son sein les intrigans et les conspirateurs, que signifient les insinuations perfides et coupables qui ne tendent qu'à diminuer la confiance dont elle a besoin pour faire respecter l'autorité nationale? Si jamais une portion du peuple, égarée par quelques hommes, voulait faire la loi à la Convention, aujourd'hui que nous ne sommes ni brissotins, ni aristocrates, nous saurions montrer le courage des vrais républicains, et, bien loin de fuir comme les conspirateurs, nous attendrions la mort sur nos chaises curules. Citoyens, comptez sur la justice de l'assemblée, qui la rendra toujours aux patriotes. » (Vifs applaudissemens.)

Un membre demande que les trois accusés Fabre-d'Églantine. Bourdon et Camille soient entendus et jugés sans désamparer, — On passe à l'ordre du jour.

La nouvelle de la prise de Toulon parvint à Paris, le 24 décembre (4 nivose). Livrée aux Anglais, le 27 août 1793, cette ville fut reconquise par les Français, le 19 décembre (29 frimaire) de la même année.

Au premier bruit de l'entrée des Anglais dans Toulon, les représentans du peuple près l'armée des Alpes avaient donné ordre au général Brunet de détacher une division pour le reprendre. Celui-ci refusa, et cette désobéissance fut le principal grief qui le conduisit à l'échafaud. Il fut condamné à mort à Paris, le 14 décembre (24 frimaire), « comme auteur et complice d'une conspiration ayant existé contre l'unité et l'indivisibilité de la République, contre la liberté et la sûreté du peuple français. » Barras et Fréron, pour suppléer au manque de troupes où les laissait le refus de Brunet, réunirent promptement les garnisons des côtes. Ce corps, fort de trois à quatre mille hommes, fut confié au général Lapoype, qui se mit en observation près de Sollies. En même temps, le général Cartaux, maître de Marseille, vint attaquer de ce côté les gorges d'Ollioules, où les Anglais s'étaient retranchés, et les en délogea. Il s'établit ensuite avec ses quatre mille hommes sur le revers oriental des gorges. Ces deux corps, séparés l'un de l'autre et pouvant difficilement communiquer, firent seuls une espèce de blocus de la place pendant les mois de septembre et d'octobre. Ce blocus fut successivement commandé par Lapoype, Cartaux et Doppet. Les coalisés employèrent ce temps à faire fortifier les hauteurs voisines de la place. « Les hauteurs de Malbousquet, du cap Brun et du fort l'Éguillette, dit Jomini, furent couvertes d'ouvrages tracés par des ingénieurs français, et construits à l'envi par les Toulonnais, les Marseillais et les soldats de toutes les nations, qui affluaient dans la ville.

« Durant les premiers jours de l'occupation étrangère, les habitans s'imaginèrent que les alliés combattaient de bonne foi pour le rétablissement de la royauté. En effet, Louis XVII fut proclamé tant dans Toulon que dans les forts; partout le drapeau blanc remplaça le drapeau tricolore : mais on ne tarda pas à s'apercevoir que les Anglais n'étaient rien moins que les fidèles gardiens d'une place réservée à un roi enfant. Aussitôt que le cabinet de Londres apprit le trop heureux événement qui venait de lui livrer la marine française, il nomma pour la direction des affaires une commission composée de l'amiral Hood, de lord Elliot, et du général Ohara : le premier, non moins capable de conduire une intrigue que de diriger une escadre, sema la défiance, et augmenta la division parmi les habitans en flattant tantôt un parti et tantôt l'autre. Les mécontens consentaient bien à reconnaître le roi, pourvu que la Constitution de 91 fût respectée ; les royalistes, au contraire, pensaient que toute autorité constitutionnelle devait être abolie, et, qu'à l'exception du gouverneur militaire et de l'intendant, du maire et de ses échevins, toutes les autres autorités devaient être détruites. Dans cette diversité d'opinions, l'amiral anglais eut le pouvoir de faire décider par le comité général, sur la proposition du baron Imbert, l'ajournement indéfini de toutes les autorités. Il fit plus, il suspendit, sous de vagues prétextes, le départ de la députation nommée par les sections pour aller exprimer à *Monsieur*, régent, qui se trouvait alors à Turin, le désir qu'elles avaient de le posséder à Toulon.

» A ces inquiétudes, suites naturelles d'une démarche peu réfléchie, succédèrent bientôt des alarmes d'une autre espèce. Les conventionnels, après avoir réduit Lyon, s'avançaient en forces, et menaçaient Toulon d'un siége. Les alliés, qui avaient perdu deux mois en vains préparatifs de défense, marcheraient-ils enfin à leur rencontre, ou les attendraient-ils derrière leurs retranchemens ? Si depuis deux mois, n'ayant eu devant eux que les faibles corps de Cartaux et de Lapoype, distans d'une grande journée de marche, ils n'avaient osé les attaquer, quand il semblait si facile de les détruire l'un après l'autre, il n'était guère probable qu'ils devinssent plus entreprenans lorsque trente mille républicains formeraient l'investissement complet de la place. Dans la dernière hypothèse, se flattaient-ils de pouvoir résister ? Toulon offrait à la vérité plus de difficulté à soumettre que Lyon ; mais aussi les conventionnels victorieux arrivaient avec plus d'ardeur et de moyens.

» Déjà l'on avait remarqué le peu d'harmonie et d'ensemble qui existait entre les alliés : les Anglais qui dominaient, également insupportables par leur hauteur aux Toulonnais, aux Espagnols, aux Piémontais et aux Napolitains, songeaient moins à se défendre qu'à retirer de Toulon la riche capture qui les y avait attirés. Et quand bien même l'union la plus parfaite eût régné entre les alliés, au point où en étaient les choses, et dès qu'on n'avait pas profité des mois de septembre et d'octobre pour former une armée de vingt-cinq à trente mille hommes et la porter sur la Durance, l'art et l'énergie de ses défenseurs ne devaient que retarder la chute de Toulon ; et de quels désastres, de combien de vengeances cette chute ne serait-elle pas suivie ?

» Telles étaient les justes appréhensions des Toulonnais, lorsque, vers la fin de novembre, le général Dugommier, divisionnaire de l'armée des Alpes, fut investi du commandement en chef de l'armée de siége, alors composée de vingt-cinq à vingt huit mille hommes, dont un tiers de recrues. L'artillerie ne lui manquait pas ; mais la disette de poudre se faisait sentir.

» A son arrivée, le nouveau général en chef convoqua un conseil, où l'on décida, vu la faiblesse des moyens de l'armée assiégeante, qu'on commencerait par attaquer la redoute anglaise située sur la hauteur à l'ouest de l'Éguillette, la montagne de Faron, et enfin le fort de Malbousquet, tandis qu'on ferait vers la gauche une démonstration sur le cap Brun ; on devait ensuite attaquer le corps de place si la fortune se montrait favorable.

» Ce projet semblable, à peu de choses près, à celui tracé par le comité de salut public, était des mieux conçu, car, en menaçant les communications de la rade, il était probable qu'il déciderait les coalisés à évacuer la place sans attendre la dernière extrémité. Pour son exécution l'armée resta divisée en deux corps ; celui de l'est, confié au général Lapoype, vint camper près du village de Lavallette ; celui de l'ouest, commandé par le général en chef, s'étendit entre la plage de Faubregas et le ban de quatre heures. Afin de le couvrir contre toutes les sorties de la place, on fit fermer par une ligne de circonvallation les vallées situées entre les collines de Piécagas, des Arènes, des Gaux et de la Goubran, par où la garnison pouvait se glisser dans le camp républicain.

» Bientôt le chef de bataillon Bonaparte, commandant en second l'artillerie de siége, établit sur la colline des Arènes une batterie de six pièces de 24, qui commença à tirer contre le fort Malbousquet.

» La possession de ces hauteurs donna de l'inquiétude aux alliés, et les détermina à exécuter une sortie pour détruire les travaux des assiégeans. Le 30 novembre, une colonne de cinq à six mille hommes, la plupart Anglais, passa le Las, se divisa en deux corps, dont l'un attaqua la colline, et l'autre les positions environnantes. Le premier s'empara de la batterie, dont il encloua les pièces, tandis que l'autre se dirigeait par le chemin d'Ollioules sur le parc de siége. Heureusement Dugommier, accouru aux premiers coups de fusil avec quelques détachemens, rallia les fuyards et retarda la marche de cette dernière colonne. Renforcé bientôt par d'autres troupes, il prend à son tour l'offensive, et attaque les assiégés non encore établis dans la position des Arènes. Ce retour offensif, auquel ils étaient loin de s'attendre, les déconcerta : ils firent une molle résistance et furent ramenés en désordre sur le Las. Le général Ohara, envoyé la veille d'Angleterre pour commander en chef les troupes de débarquement, fut blessé et fait prisonnier ; le général Dugommier reçut aussi deux coups de feu, mais qui ne le mirent pas hors de combat.

» L'issue de cette première tentative enhardit autant les assiégeans qu'elle causa de consternation parmi les défenseurs de Toulon : néanmoins les travaux continuèrent de part et d'autre avec activité, et chaque jour vit s'élever de nouvelles batteries. Le général républicain, avant de tenter un coup de main sur la redoute anglaise, considérée comme la clef de la petite rade, voulait attendre six à huit bataillons aguerris que lui amenait le général Laharpe de l'armée du Var. Dès qu'ils furent arrivés, il reconnut l'ouvrage conjointement avec les chefs du génie et de l'artillerie Marescot et Bonaparte.

» Cette formidable redoute, élevée au milieu de la langue de terre appelée l'Éguillette, formait le centre d'une ligne de retranchemens et d'abatis qui couvrait un camp d'environ cinq mille hommes, la plupart Espagnols. Les Anglais l'avaient baptisé le *Petit Gibraltar*. Elle consistait en un vaste ouvrage, d'un profil fort élevé, et dont l'escarpe était revêtue en pierres sèches, environnée d'un large fossé : elle avait été élevée sur les dessins d'un ingénieur français, et on la croyait imprenable.

» Le général en chef, après avoir bien examiné les localités, ordonna les dispositions suivantes : « Une colonne devait sur la droite insulter cette redoute de front, tandis qu'à la gauche une autre, filant le long de la mer, aurait escaladé la sommité retranchée qui commandait le fort de l'Éguillette, afin de couper la communication du camp avec la redoute. Cette attaque devait être secondée par une diversion à l'est sur le fort Faron.

» Dans la nuit du 16 au 17 décembre, les généraux Labarre et Victor, chargés de l'attaque de la redoute, s'ébranlent de leurs camps par un temps épouvantable; mais, soit excès de zèle, soit qu'ils eussent mal interprété l'ordre, loin de se diriger sur les deux points indiqués, ils arrivent tous deux en face de la redoute, qu'ils entreprennent d'escalader sous un feu terrible d'artillerie et de mousqueterie. La présence des commissaires conventionnels, Salicetti, Robespierre, Ricard et Fréron, anime les assaillans. Dans une première tentative les fossés sont jonchés de cadavres; mais ceux qui survivent à ces décharges meurtrières se rallient bientôt, reviennent à l'escalade avec une nouvelle énergie; montés sur les épaules des plus robustes, ils s'introduisent par les embrasures dans la redoute, où ils combattent encore une demi-heure corps à corps avec les canonniers anglais et les soldats de marine espagnols, avant d'en être maîtres.

» En possession de ce point important, Dugommier crut nécessaire d'attendre pour chasser entièrement les alliés du promontoire; mais ils profitèrent des ombres de la nuit pour effectuer leur retraite; environ deux mille hommes, reste des cinq mille qui occupaient la veille le camp retranché, furent ramenés à Toulon en toute hâte par des embarcations; en sorte que les républicains entrèrent le lendemain, sans beaucoup de peine, dans les forts de l'Éguillette et de Balaguier.

» L'attaque du fort Faron ne fut pas moins heureuse : le général Lapoype partagea ses troupes en deux colonnes : la première, sous le général Garnier, attaqua la pointe de la croix de Faron; l'autre, conduite par le général Mouret, gravit le pas de Leidet : celle-ci n'éprouva qu'une faible résistance, et de ce côté l'on s'empara de la redoute de Saint-André; mais la première, accablée par des quartiers de rocs et des chevaux de frise que les assiégés firent rouler de la croix de Faron sur les colonnes républicaines, fut repoussée.

» Ces succès surprenans ne coûtèrent pas, s'il faut en croire les relations du temps, plus de douze cents hommes aux républicains; tandis que des rapports royalistes estiment celle des alliés à plus de trois mille.

» Malgré ces avantages, ils n'étaient point encore assez près de la place pour en faire le bombardement avec succès. Une garnison de quinze mille hommes, qui avait la facilité d'être renforcée et ravitaillée par mer, eût pu se défendre encore long-temps; mais les revers ayant aigri et consterné les alliés, les Anglais, peu jaloux de prendre sur eux les chances d'une défense inutile, résolurent aussitôt d'évacuer la place après avoir brûlé tous les vaisseaux qu'ils ne pourraient enlever, et détruit tous les établissemens maritimes, objets de leur constante et implacable envie.

» Dans la journée du 18, les forts des Pommets, de Saint-Antoine, de Saint-André, de Malbousquet, le camp de Saint-Elme, furent successivement évacués, et il ne resta plus aux alliés que le fort Lamalgue, qui devait, comme tous les autres, être bientôt abandonné après l'exécution du plus effroyable projet.

» Cette évacuation successive, opérée d'après les ordres de l'amiral Hood, faillit, par un trait que l'histoire qualifiera comme elle voudra, devenir funeste à deux mille soldats espagnols qui formaient l'arrière-garde. Toutes les portes de Toulon ayant été barricadées en dedans au fur et à mesure de la rentrée des alliés, le corps devait se retirer par une poterne qui fut désignée vers le fort de Lamalgue ; mais, quand l'ordre lui en fut remis, il la trouva déjà fortement barricadée en dehors, et ne parvint à échapper au danger qui le menaçait qu'en usant de diligence pour s'ouvrir une issue. » (*Jomini, hist. des guerres de la rév.*)

Le trait que le général Jomini laisse à l'histoire le soin de qualifier est l'incendie qu'allumèrent les Anglais, avant de se retirer. Conformément à l'instruction de l'amiral Hood, le capitaine Sidney-Smith livra aux flammes, dans la nuit du 18 au 19 décembre (28-29 frimaire), l'arsenal, les magasins de mâture et les vaisseaux désarmés dans la Darse. Pour qualifier un tel acte, il suffit de rappeler que les forçats du bagne rompirent leurs chaînes et se dévouèrent à éteindre le feu.

Cet incendie, délibéré et voulu par la politique anglaise d'alors, prouva que ce gouvernement était réellement l'auteur de tous ceux que nous lui avons vu imputer dans les précédens volumes ; il démontra que nul soupçon, en fait d'espionnage, d'intrigues et de corruption, dans les affaires de l'intérieur de la France, ne pouvait être exagéré lorsqu'il s'agissait de Pitt. — Des trente-un vaisseaux de ligne et des vingt-cinq frégates qui se trouvaient à Toulon au moment où les Anglais y entrèrent, seize vaisseaux et cinq frégates furent entièrement brûlés ou fortement endommagés ; trois vaisseaux et six frégates tombèrent en partage aux Anglais ; trois frégates aux Sardes, aux Espagnols et aux Napolitains ; cinq vaisseaux furent envoyés en mission dans les ports français de l'Océan ; sept vaisseaux et onze frégates restèrent intactes dans la Darse. « Douze mille habitans, dit Jomini (loc. cit.) craignant la vengeance des vainqueurs irrités, abandonnèrent leurs foyers et se retirèrent sur les escadres combinées. Nous ne retracerons pas les horreurs qui signalèrent cette opération, de crainte d'être accusés de passion ou de haine : les mémoires de Fonvielle et d'Imbert (principaux négociateurs de la trahison) les légueront à la postérité, comme un exemple du sort qui frappe tôt ou tard les hommes assez imprudens pour remettre les destinées de leur patrie à la merci de ses ennemis implacables. »

L'armée républicaine entra dans Toulon le 19 décembre (9 frimaire). Ainsi que nous l'avons dit, la nouvelle en fut communiquée à la Convention le 24 (4 nivôse). Barrère, à la suite d'un rapport qui ne fut que la lecture des lettres envoyées par Fréron, Ricord, Barras, Robespierre jeune et Salicetti, fit rendre le décret suivant :

« La Convention nationale, après avoir entendu le rapport du comité de salut public, décrète :

Art. Ier L'armée de la République, dirigée contre Toulon a bien mérité de la patrie.

» II. Il sera célébré dans toute l'étendue de la République une fête nationale, le 1er décadi qui suivra, dans chaque Commune, la publication du présent décret. La Convention nationale assistera tout entière à cette cérémonie civique.

» III. Les représentans du peuple près l'armée victorieuse à Toulon sont chargés de recueillir les traits d'héroïsme qui ont illustré la reprise de cette ville rebelle.

» IV. Ils décerneront, au nom de la République, des récompenses aux braves citoyens de l'armée qui se sont fait remarquer par de grandes actions.

» V. Le nom de Toulon est supprimé. Cette Commune portera désormais le nom de *Port de la Montagne.*

» VI. Les maisons de l'intérieur de cette ville rebelle seront rasées. Il n'y sera conservé que les établissemens nécessaires au service de la guerre et de la marine, des subsistances et approvisionnemens.

» VII. La nouvelle de la prise de Toulon sera portée aux armées et aux départemens par des courriers extraordinaires. »

Au passage à Lyon du courrier qui apporta à la Convention le message des représentans auprès de l'armée de Toulon, Fouché joignit à ce message une lettre de lui à Collot-d'Herbois, qui fut lue également par Barrère ; nous y remarquons les passages suivans : « Et nous aussi, mon ami, nous avons contribué à la prise de Toulon, en portant l'épouvante parmi les lâches qui y sont entrés, en offrant à leurs regards des milliers de cadavres de leurs complices... Exerçons la justice à l'exemple de la Nature; Vengeons-nous en peuple, frappons comme la foudre, et que la cendre même de nos ennemis disparaisse du sol de la liberté..... Adieu, mon ami; les larmes de la joie coulent de mes yeux, elles inondent mon ame. Le courrier part, je t'écrirai par le courrier ordinaire. *Signé* Fouché.

» P. S. Nous n'avons qu'une manière de célébrer la victoire; nous envoyons ce soir deux cent treize rebelles sous le feu de la foudre. Des courriers extraordinaires vont partir dans le moment pour donner la nouvelle aux armées. »

Au moment où la nouvelle de la prise de Toulon arriva, des bulletins de victoire se succédaient sans interruption. Les armées du Nord et de l'Ouest étaient partout triomphantes; celle des Pyrénées Orientales essuya seulement un échec bientôt réparé. Nous commencerons notre prochain volume par un résumé de la fin de la campagne de 1793, en même temps que nous achèverons l'histoire des derniers jours de décembre. Notre introduction à 1794 se composera également d'un coup d'œil sur l'intérieur des prisons en 1793, et d'une notice sur les exécutions à mort depuis le 31 octobre jusqu'au 31 décembre. — Nous terminerons le présent volume par le rapport sur les principes du gouvernement révolutionnaire présenté par Robespierre, au nom du comité de salut public, à la séance du 25 décembre (5 nivose).

Rapport sur les principes du gouvernement révolutionnaire.

Robespierre, au nom du comité de salut public. « Les succès endorment les ames faibles; ils aiguillonnent les ames fortes. Laissons l'Europe et l'histoire vanter les miracles de Toulon, et préparons de nouveaux triomphes à la liberté.

Les défenseurs de la République adoptent la maxime de César; ils croient *qu'on n'a rien fait tant qu'il reste quelque chose à faire.* Il nous reste encore assez de dangers pour occuper tout notre zèle. Vaincre des Anglais et des traîtres, est une chose assez facile à la valeur de nos soldats républicains.

» Il est une entreprise non moins importante et plus difficile : c'est de confondre par une énergie constante les intrigues éternelles de tous les ennemis de notre liberté, et de faire triompher les principes sur lesquels doit s'asseoir la prospérité publique.

» Tels sont les premiers devoirs que vous avez imposés à votre comité de salut public.

» Nous allons développer les principes et la nécessité du gouvernement révolutionnaire; nous montrerons ensuite la véritable cause qui tend à le paralyser dans sa naissance.

» La théorie du gouvernement révolutionnaire est aussi neuve que la révolution qui l'a amené. Il ne faut pas la chercher dans les livres des écrivains politiques qui n'ont point prévu cette révolution, ni dans les lois des tyrans qui, contens d'abuser de leur puissance, s'occupent peu d'en rechercher la légitimité. Aussi ce mot n'est-il pour l'aristocratie qu'un sujet de terreur ou un sujet de calomnie, pour les tyrans qu'un scandale, pour bien des gens qu'une énigme; il faut l'expliquer à tous, pour rallier au moins les bons citoyens aux principes de l'intérêt public.

» La fonction du gouvernement est de diriger les forces morales et physiques de la nation vers le but de son institution.

» Le but du gouvernement constitutionnel est de conserver la République; celui du gouvernement révolutionnaire est de la fonder.

» La révolution est la guerre de la liberté contre ses ennemis; la Constitution est le régime de la liberté victorieuse et paisible.

» Le gouvernement révolutionnaire a besoin d'une activité extraordinaire, précisément parce qu'il est en guerre. Il est soumis à des règles moins uniformes et moins rigoureuses, parce que les circonstances où il se trouve sont orageuses et mobiles, et surtout parce qu'il est forcé à déployer sans cesse des ressources nouvelles et rapides pour des dangers nouveaux et pressans.

» Le gouvernement constitutionnel s'occupe principalement de la liberté civile, et le gouvernement révolutionnaire de la liberté publique. Sous le régime constitutionnel, il suffit presque de protéger les individus contre l'abus de la puissance publique;

sous le régime révolutionnaire, la puissance publique elle-même est obligée de se défendre contre toutes les factions qui l'attaquent.

» Le gouvernement révolutionnaire doit aux bons citoyens toute la protection nationale, il ne doit aux ennemis du peuple que la mort.

» Ces notions suffisent pour expliquer l'origine et la nature des lois que nous appelons révolutionnaires. Ceux qui les nomment arbitraires ou tyranniques sont des sophistes stupides ou pervers qui cherchent à confondre les contraires ; ils veulent soumettre au même régime la paix et la guerre, la santé et la maladie, ou plutôt ils ne veulent que la résurrection de la tyrannie et la mort de la patrie. S'ils invoquent l'exécution littérale des adages constitutionnels, ce n'est que pour les violer impunément; ce sont de lâches assassins qui, pour égorger sans péril la République au berceau, s'efforcent de la garrotter avec des maximes vagues dont ils savent bien se dégager eux-mêmes.

» Le vaisseau constitutionnel n'a point été construit pour rester toujours dans le chantier ; mais fallait-il le lancer à la mer au fort de la tempête, et sous l'influence des vents contraires. C'est ce que voulaient les tyrans et leurs esclaves qui s'étaient opposés à sa construction ; mais le peuple français vous a ordonné d'attendre le retour du calme; ses vœux unanimes, couvrant tout à coup les clameurs de l'aristocratie et du fédéralisme, vous ont commandé de le délivrer d'abord de tous ses ennemis. Les temples des dieux ne sont pas faits pour servir d'asile aux sacriléges qui viennent les profaner, ni la Constitution, pour protéger les complots des tyrans qui cherchent à la détruire.

» Si le gouvernement révolutionnaire doit être plus actif dans sa marche, et plus libre dans ses mouvemens que le gouvernement ordinaire, en est-il moins juste et moins légitime ? Non ; il est appuyé sur la plus sainte de toutes les lois, le salut du peuple; sur le plus irréfragable de tous les titres, la nécessité.

» Il a aussi ses règles, toutes puisées dans la justice et dans l'ordre public. Il n'a rien de commun avec l'anarchie ni avec le désordre ; son but, au contraire, est de les réprimer, pour amener et pour affermir le règne des lois ; il n'a rien de commun avec l'arbitraire. Ce ne sont point les passions particulières qui doivent le diriger, mais l'intérêt public.

» Il doit se rapprocher des principes ordinaires dans tous les cas où ils peuvent être rigoureusement appliqués sans compromettre la liberté publique. La mesure de sa force doit être l'audace ou la perfidie des conspirateurs; plus il est terrible aux méchans, plus il doit être favorable aux bons; plus les circonstances lui imposent de rigueurs nécessaires, plus il doit s'abstenir des mesures qui gênent inutilement la liberté, et qui blessent les intérêts privés, sans aucun avantage public.

» Il doit voguer entre deux écueils, la faiblesse et la témérité, le modérantisme et l'excès; le modérantisme, qui est à la modération ce que l'impuissance est à la chasteté : et l'excès, qui ressemble à l'énergie comme l'hydropisie à la santé.

» Les tyrans ont inutilement cherché à nous faire reculer vers la servitude, par les routes du modérantisme; quelquefois aussi, ils ont voulu nous jeter dans l'extrémité opposée.

» Les deux extrêmes aboutissent au même point. Que l'on soit en-deçà ou au-delà du but, le but est également manqué. Rien ne ressemble plus à l'apôtre du fédéralisme que le prédicateur *intempestif* de la République une et indivisible. L'ami des rois et le procureur-général du genre humain s'entendent assez bien. Le fanatique couvert de scapulaires et le fanatique qui prêche l'athéisme ont entre eux beaucoup de rapports. Les barons démocrates sont les frères des marquis de Coblentz, et quelquefois les bonnets rouges sont plus voisins des talons rouges qu'on ne pourrait le penser.

» Mais c'est ici que le gouvernement a besoin d'une extrême circonspection; car tous les ennemis de la liberté veillent pour tourner contre lui non-seulement ses fautes, mais même ses mesures les plus sages.

» Frappe-t-il sur ce qu'on appelle exagération, ils cherchent à relever le modérantisme et l'aristocratie. S'il poursuit ces deux monstres, ils prêchent de tout leur pouvoir l'exagération. Il est dangereux de leur laisser les moyens d'égarer le zèle des bons citoyens; il est plus dangereux encore de décourager et de persécuter les bons citoyens qu'ils ont trompés. Par l'un de ces abus la République risquerait d'expirer dans un mouvement convulsif; par l'autre, elle périrait infailliblement de langueur...

» Que faut-il donc faire? Poursuivre les inventeurs coupables des systèmes perfides, protéger le patriotisme même dans ses erreurs, éclairer les patriotes, et élever sans cesse le peuple à la hauteur de ses droits et de ses destinées.

» Si vous n'adoptez cette règle, vous perdez tout.

» S'il fallait choisir entre un excès de ferveur patriotique, et le néant de l'incivisme, ou le marasme du modérantisme, il n'y a pas à balancer. Un corps vigoureux tourmenté par une surabondance de sève laisse plus de ressources qu'un cadavre.

» Gardons-nous surtout de tuer le patriotisme, en voulant le guérir.

» Le patriotisme est ardent par sa nature : qui peut aimer froidement la patrie? Il est particulièrement le partage des hommes simples, peu capables de calculer les conséquences politiques d'une démarche civique par son motif. Quel est le patriote même éclairé qui ne se soit jamais trompé? Eh! si l'on admet qu'il existe des modérés et des lâches de bonne foi, pourquoi n'existerait-il pas des patriotes de bonne foi, qu'un sentiment louable emporte quelquefois trop loin? Si donc on regardait comme criminels tous ceux qui, dans le mouvement révolutionnaire, auraient dépassé la ligne exacte tracée par la prudence, on envelopperait dans une proscription commune, avec les mauvais citoyens, tous les amis naturels de la liberté, vos propres amis, et tous les appuis de la République; les émissaires adroits de la tyrannie, après les avoir trompés, deviendraient eux-mêmes leurs accusateurs, et peut-être leurs juges.

» Qui donc démêlera toutes ces nuances? qui tracera la ligne de démarcation entre les excès contraires à l'amour de la patrie et de la vérité? Les rois, les fripons, les ambitieux chercheront toujours à l'effacer; ils ne veulent point avoir affaire avec la raison ni avec la vérité.

» En indiquant les devoirs du gouvernement révolutionnaire, nous avons marqué ses écueils. Plus son pouvoir est grand, plus son action est libre et rapide, plus elle doit être dirigée par la bonne foi. Le jour où ce pouvoir tombera dans des mains impures et perfides, la liberté sera perdue ; son nom deviendra le prétexte et l'excuse de la contre-révolution même : son énergie sera celle d'un poison violent.

» Aussi la confiance du peuple français est-elle attachée au caractère que la Convention nationale a montré, plus qu'à l'institution même.

» En plaçant toute la puissance dans vos mains, il a attendu de vous que votre gouvernement serait bienfaisant pour les patriotes, autant que redoutable aux ennemis de la patrie. Il vous a imposé le devoir de déployer en même temps le courage et la politique nécessaires pour les écraser, et surtout d'entretenir parmi nous l'union dont vous avez besoin pour remplir vos grandes destinées.

» La fondation de la république française n'est point un jeu d'enfans : elle ne peut être l'ouvrage du caprice ou de l'insouciance, ni le résultat fortuit de toutes les prétentions particulières et de tous les élémens révolutionnaires. La sagesse, autant que la puissance, présida à la création de l'univers.

» En imposant à des membres tirés de votre sein la tâche redoutable de veiller sans cesse sur les destinées de la patrie, vous vous êtes donc imposé à vous-mêmes la loi de lui prêter l'appui de votre force et de votre confiance. Si le gouvernement révolutionnaire n'est secondé par l'énergie, par les lumières, par le patriotisme et par la bienveillance de tous les représentans du peuple, comment aura-t-il une force de création proportionnée aux efforts de l'Europe qui l'attaque, et de tous les ennemis de la liberté qui pressent sur lui de toutes parts ? Malheur à nous si nous ouvrons nos ames aux perfides insinuations de nos ennemis, qui ne peuvent nous vaincre qu'en nous divisant ! Malheur à nous si nous brisons le faisceau au lieu de le resserrer, si les intérêts privés, si la vanité offensée se font entendre à la place de la patrie et de la vérité!

» Élevons nos ames à la hauteur des vertus républicaines et des exemples antiques. Thémistocle 'avait plus de génie que le général ancien qui commandait la flotte des Grecs. Cependant quand celui-ci, pour réponse à un avis nécessaire qui devait sauver la patrie, leva le bâton pour le frapper, Thémistocle se contenta de lui répliquer : *Frappe, mais écoute,* et la Grèce triompha des tyrans de l'Asie. Scipion valait bien un autre général romain; Scipion, après avoir vaincu Annibal et Carthage, se fit une gloire de servir sous les ordres de son ennemi. O vertu des grands hommes? que sont devant toi toutes les agitations et toutes les prétentions des petites ames? O vertu! es-tu moins nécessaire pour fonder une république, que pour la gouverner dans la paix? O patrie! as-tu moins de droits sur les représentans du peuple français, que la Grèce et Rome sur leurs généraux? Que dis-je! si parmi nous les fonctions de l'administration révolutionnaire ne sont plus des devoirs pénibles, mais des objets d'ambition, la République est déjà perdue.

» Il faut que l'autorité de le Convention nationale soit respectée de toute l'Europe; c'est pour la dégrader, c'est pour l'annuler que les tyrans épuisent toutes les ressources de leur politique et prodiguent leurs trésors. Il faut que la Convention prenne la ferme résolution de préférer son propre gouvernement à celui du cabinet de Londres et des cours de l'Europe; car si elle ne gouverne pas, les tyrans règneront.

» Quels avantages n'auront-ils pas dans cette guerre de ruse et de corruption qu'ils font à la République? Tous les vices combattent pour eux; la République n'a pour elle que les vertus.

» Les vertus sont simples, modestes, pauvres, souvent ignorantes, quelquefois grossières; elles sont l'apanage du malheureux et le patrimoine du peuple. Les vices sont entourés de tous les trésors, ornés de tous les charmes de la volupté, et de toutes les amorces de la perfidie; ils sont escortés de tous les talens dangereux, escortés par le crime.

» Avec quel art profond les tyrans tournent contre nous, je ne dis pas nos faiblesses, mais jusqu'à notre patriotisme ! Avec quelle rapidité pourraient se développer les germes de division qu'ils jettent au milieu de nous, si nous ne nous hâtions de les étouffer !

» Grâces à cinq années de trahisons et de tyrannie ; grâces à trop d'imprévoyance et de crédulité, à quelques traits de vigueur trop démentis par un repentir pusillanime, l'Autriche, l'Angleterre, la Russie, la Prusse, l'Italie ont eu le temps d'établir en France un gouvernement secret, rival du gouvernement français; elles ont aussi leurs comités, leur trésorerie, leurs agens. Ce gouvernement acquiert la force que nous ôtons au nôtre ; il a l'unité qui nous a long-temps manqué, la politique dont nous croyons trop pouvoir nous passer, l'esprit de suite et ce concert dont nous n'avons pas toujours assez senti la nécessité.

Aussi les cours étrangères ont-elles dès long-temps vomi sur la France tous les scélérats habiles qu'elles tiennent à leur solde ; leurs agens infestent encore nos armées ; la victoire même de Toulon en est la preuve. Il a fallu toute la bravoure des soldats, toute la fidélité des généraux, tout l'héroïsme des représentans du peuple, pour triompher de la trahison. Ils délibèrent dans nos administrations, dans nos assemblées sectionnaires, et s'introduisent dans nos clubs ; ils ont siégé jusque dans le sanctuaire de la représentation nationale ; ils dirigent et dirigeront éternellement la contre-révolution sur le même plan.

» Ils rôdent autour de nous ; ils surprennent nos frères ; ils caressent nos passions ; ils cherchent à nous inspirer jusqu'à nos opinions ; ils tournent contre nous nos résolutions. Êtes-vous faibles, ils louent votre prudence. Êtes-vous prudens ; ils vous accusent de faiblesse ; ils appellent votre courage témérité, votre justice cruauté. Ménagez-les, ils conspirent publiquement ; menacez-les, ils conspirent dans les ténèbres ; et, sous le masque du patriotisme, hier ils assassinaient les défenseurs de la liberté, aujourd'hui ils se mêlent à leur pompe funèbre, et demandent pour eux des honneurs divins, épiant l'occasion d'égorger leur pareil. Faut-il allumer la guerre civile, ils prêchent toutes les folies de la superstition. La guerre civile est-elle sur le point de s'éteindre par les flots du sang français, ils abjurent et leur sacerdoce et leur dieu pour la rallumer. On a vu des Anglais et des Prussiens se répandre dans la campagne en professant, au nom de la Convention nationale, une doctrine insensée; on a vu des prêtres déprêtrisés à la tête des rassemblemens séditieux dont la religion était le motif et le prétexte. Déjà des patriotes, entraînés à des actes imprudens par la seule haine du fanatisme, ont été assassinés. Le sang a déjà coulé dans plusieurs contrées pour ces déplorables querelles, comme si nous avions trop de sang pour combattre les tyrans de l'Europe. O honte ! ô faiblesse de la raison humaine ! une grande nation a paru le jouet des plus misérables valets de la tyrannie !

» Les étrangers ont paru quelque temps les arbitres de la tranquillité publique; l'argent circulait ou disparaissait à leur gré. Quand ils voulaient, le peuple trouvait du pain; quand ils voulaient, le peuple en était privé; des attroupemens aux portes des boulangers se formaient et se dissipaient à leur signal. Ils nous environnent de leurs émissaires, de leurs espions; nous le savons, nous le voyons, et ils vivent ! Ils semblent inaccessibles au glaive des lois ; il est plus difficile, même aujourd'hui, de punir un conspirateur important que d'arracher un ami de la liberté des mains de la calomnie.

» A peine avons-nous dénoncé les excès faussement philosophiques provoqués par les ennemis de la France; à peine le patriotisme a-t-il prononcé dans cette tribune le mot *ultra-révolutionnaire* qui les désignait, qu'aussitôt les traîtres de Lyon, tous les partisans de la tyrannie, se sont hâtés de l'appliquer aux patriotes chauds qui avaient commis de bonne foi quelque erreur. D'un côté, ils renouvellent l'ancien système de persécution contre les amis de la République; de l'autre, ils invoquent l'indulgence en faveur des scélérats couverts du sang de la patrie.

» Cependant leurs crimes s'amoncellent; les cohortes impies des émissaires étrangers se recrutent chaque jour, la France en est inondée ; ils attendent, et ils attendront éternellement un moment favorable à leurs desseins sinistres. Ils se retranchent, ils se cantonnent au milieu de nous ; ils élèvent de nouvelles redoutes, de nouvelles batteries contre-révolutionnaires, tandis que les tyrans qui les soudoient rassemblent de nouvelles armées.

» Oui, les perfides émissaires qui nous parlent, qui nous caressent, ce sont les frères, ce sont les complices des satellites féroces qui ravagent nos moissons, qui ont pris possession de nos cités et de nos vaisseaux achetés par leurs maîtres, qui ont massacré nos frères, égorgé sans pitié nos prisonniers, nos femmes, nos enfans.... et les représentans du peuple français. Que dis-je ! les monstres qui ont commis ces forfaits sont mille fois moins atroces que les misérables qui déchirent secrètement nos entrailles ; et ils respirent, ils conspirent impunément !

» Ce n'est point dans le cœur des patriotes ou des malheureux qu'il faut porter la terreur, c'est dans les repaires des brigands étrangers où l'on partage les dépouilles et où l'on boit le sang du peuple français.

» Le comité a remarqué que la loi n'est point assez prompte pour punir les grands coupables. Les étrangers, agens des rois coalisés, des généraux teints du sang des Français, d'anciens complices de Dumourier, de Custine et de Lamarlière sont depuis long-temps en état d'arrestation, et ne sont point jugés. Les conspirateurs sont nombreux, ils semblent se multiplier, et les exemples de ce genre sont rares. La punition de cent coupables obscurs est moins utile à la liberté que le supplice d'un chef de conspiration.

» Ils n'attendent que des chefs pour se rallier, ils les cherchent au milieu de vous. Leur principal objet est de vous mettre aux prises les uns avec les autres. Cette lutte funeste relèverait les espérances de l'aristocratie, renouerait les trames du fédéralisme ; elle vengerait la faction girondine de la loi qui a puni ses forfaits ; elle punirait la Montagne de son dévouement sublime ; car c'est la Montagne, ou plutôt la Convention, qu'on attaque en la divisant et en détruisant son ouvrage.

» Pour nous, nous ne ferons la guerre qu'aux Anglais, aux

Prussiens, aux Autrichiens et à leurs complices; c'est en les exterminant que nous répondrons aux libelles; nous ne savons haïr que les ennemis de la patrie.

» Les membres du tribunal révolutionnaire, dont en général on peut louer le patriotisme et l'équité, ont eux-mêmes indiqué au comité de salut public les causes qui, quelquefois, entravent sa marche sans la rendre plus sûre, et nous ont demandé la réforme d'une loi qui se ressent des temps malheureux où elle a été portée. Nous vous proposerons d'autoriser le comité à vous présenter quelques changemens à cet égard, qui tendront à rendre l'action de la justice plus égale, plus propice encore à l'innocence, et en même temps plus inévitable pour le crime et pour l'intrigue; vous l'avez même déjà chargé de ce soin par un décret précédent.

» Nous vous proposerons, dès ce moment, de faire hâter le jugement des étrangers et des généraux prévenus de conspiration avec les tyrans qui nous font la guerre.

» Ce n'est point assez d'épouvanter les ennemis de la patrie; il faut secourir ses défenseurs : nous solliciterons donc de votre justice quelques dispositions en faveur des soldats qui combattent et qui souffrent pour la liberté.

» L'armée française n'est pas seulement l'effroi des tyrans; elle est la gloire de la nation et de l'humanité. En marchant à la victoire, nos vertueux guerriers crient : *Vive la République!* en tombant sous le fer ennemi, leur cri est *Vive la République!* Leurs dernières paroles sont des hymnes à la liberté; leurs derniers soupirs sont des vœux pour la patrie. Si tous les chefs avaient valu les soldats, l'Europe serait vaincue depuis longtemps. Tout acte de bienveillance envers l'armée est un acte de reconnaissance nationale.

» Les secours accordés aux défenseurs de la patrie et à leurs familles nous ont paru trop modiques. Nous croyons qu'ils peuvent être, sans inconvénient, augmentés d'un tiers. Les immenses ressources de la République, en finances, permettent cette mesure : la patrie la réclame.

» Il nous a paru aussi que les soldats estropiés, les veuves et les enfans de ceux qui sont morts pour la patrie, trouvaient dans les formalités exigées par la loi, dans la multiplicité des demandes, quelquefois même dans la froideur ou dans la malveillance de quelques administrateurs subalternes, des difficultés qui retardaient la jouissance des avantages que la loi leur assure. Nous avons cru que le remède à cet inconvénient était de leur donner des défenseurs officieux établis par elle, pour leur faciliter les moyens de faire valoir leurs droits. »

« D'après tous ces motifs, nous vous proposons les décrets suivans :

» La Convention nationale décrète ce qui suit :

» Art. 1. L'accusateur public du tribunal révolutionnaire fera juger incessamment Diétrich, Custine, fils du général puni par la loi, Biron, Debrulli, Barthelémi, et tous les généraux et officiers prévenus de complicité avec Dumourier, Custine, Lamarlière, Houchard. Il fera juger pareillement les étrangers, banquiers et autres individus prévenus de trahison et de connivence avec les rois ligués contre la république française.

» 2. Le comité de salut public fera dans le plus court délai son rapport sur les moyens de perfectionner l'organisation du tribunal révolutionnaire.

» 3. Les secours et récompenses accordés par les décrets précédens aux défenseurs de la patrie, blessés en combattant pour elle, ou à leurs veuves et à leurs enfans, sont augmentés d'un tiers.

» 4. Il sera créé une commission chargée de leur faciliter les moyens de jouir des avantages que la loi leur accorde.

» 5. Les membres de cette commission seront nommés par la Convention nationale sur la présentation du comité de salut public. »

— « Ce rapport est fréquemment interrompu par les plus vifs applaudissemens. La Convention en ordonne l'impression et l'envoi aux départemens et aux armées, et adopte unanimement le projet de décret. »

TABLE DES MATIÈRES

DU TRENTIÈME VOLUME.

PRÉFACE. — Considérations sur la liberté et l'égalité. — Réponse à un journal.

TRIBUNAL RÉVOLUTIONNAIRE. — Suite des procès des Girondins, p. 1-123.

HISTOIRE PARLEMENTAIRE. — *Idée générale de la situation des partis du mois de novembre 1793 à la fin de mai 1794*, p. 124. — Influence de Robespierre, son opinion sur les moyens révolutionnaires, p. 126-128. — Physionomie politique de Robespierre, p. 151. — Partis opposans, p. 156. — Parti des *enragés* ou *hébertistes* : chefs, but, incrédulité de ce parti, p. 157 - 144. — Parti *dantoniste*, p. 145-157. — Note de Robespierre sur ces partis et particulièrement sur le dernier, p. 157. — Mouvement contre le culte dirigé par les Enragés ou hébertistes, p. 178. — La Commune dirigée par Chaumette est à la tête de ce mouvement, p. 181. — Séance ridiculement scandaleuse de la Convention, p. 183. — Abjuration de Gobel, évêque constitutionnel de Paris, p. 184. — Elle est suivie de celles d'un grand nombre d'autres prêtres protestans ou catholiques, p. 186 - 196. — Noble et franche résistance de Grégoire, évêque de Blois, son discours, p. 195. — Fête à la Raison dans l'église métropolitaine, description de cette fête, p. 196-199. — Profanation des ossemens de sainte Geneviève, faite de nuit, p. 199. — La Commune ordonne la fermeture de toutes les églises, p. 201. — Intrigues des hébertistes dans les sections pour s'emparer du département de Paris, p. 201-204. — Craintes que les hébertistes inspirent aux dantonistes, p. 204. — Comment fut formée cette dernière faction, p. 205. — Mauvaise humeur d'Hébert contre le journal de la Montagne qui s'était fait le défenseur de la religion, p. 206-209. — Dénonciation portée par Hébert dans le club de Jacobins, p. 210. — Réponse violente de Robespierre, p. 210-213. — Intrigues des futurs dantonistes, motions de Philippeaux, de Bazire et de Chabot, p. 213-217. — Discussions au club des Jacobins, nouvelles dénonciations d'Hébert, p. 217. — Justification de Chabot dans le même club, p. 220. — Rapport de Robespierre à la Convention sur la situation politique de la République, p. 224. — Décret de la Convention sur les principes adoptés par la République dans ses relations avec les peuples étrangers, p. 247. — Effet de ce rapport et de cette déclaration, p. 249. — Proposition et décret sur l'organisation du gouvernement révolutionnaire, p. 251-266. — Continuation du mouvement contre le culte entretenu et excité par les hébertistes, p. 266. — Nouvelle parade irréligieuse à la Convention, p. 269. — Tentative faite dans le même sens par Momoro et Hébert aux Jacobins, p. 272.— Réponse de Robespierre, il attaque le philosophisme, et répond par une profession de foi, p. 274, 283. — Sur sa demande, les Jacobins décrètent une épuration de leur société, p. 283. — La commune répond par un nouvel et violent arrêté contre le culte, p. 284. — Motion de Danton contre les mascarades anti-religieuses dans le sein de la Convention, p. 285. — La Commune revient sur son précédent arrêté, p. 287. — Communications de Robespierre aux Jacobins sur les partis qui agitent la France, et sur leurs moyens, dont l'un des principaux est l'intolérance du philosophisme, p. 291-301. — Mode d'épuration adopté par les Jacobins, p. 302. — Palinodie d'Hébert aux Jacobins, p. 302.— Tentative de la Commune sous l'influence des hébertistes pour résister au comité de salut public, p. 303. — La mesure prise par la Commune est annulée par la Convention, p. 309.— Rapport de Robespierre à la Convention ; proposition d'un manifeste ; il parle contre le philosophisme et son intolérance, p. 314. — Manifeste de la Convention, p. 515. — Nouveau discours de Robespierre à la Convention pour la déterminer à protéger la liberté des cultes, p. 322. — Décret mitigé dans ce sens, p. 324. — Intrigues contre ce conventionnel, p. 325. — Épurations au club des Jacobins, p. 326. — Discussions sur Danton, p. 327. Scène singulière à l'occasion de ces épurations, p. 330. — Discussion sur Hébert, p. 333. — Discussion sur Anacharsis Clootz, p. 335. — Discussion sur Camille Desmoulins, p. 340. — Robespierre propose qu'une députation des Jacobins aille demander à la Convention que tous les députés suppléans soient soumis à une mesure et à une discussion semblables, p. 342. — Cette proposition est faite à la Convention, p. 342.—Adoptée d'abord, elle est rejetée par les efforts de Thibaudeau, p. 343. — But de cette proposition, p. 543-544. — Motifs des attaques dirigées contre les ministres, ces attaques retombaient sur le comité de salut public, p. 544. — Bourdon propose de supprimer les ministres, but de cette motion, p. 545. — Bourdon attaque le ministre de la guerre, p. 547. — Dénonciation contre Boursault, p. 551. — Réponse du ministre de la guerre à Bourdon, p. 553. — Dénonciation contre l'armée révolutionnaire, p. 554. — Nouvelles attaques contre les ministres, p. 558. — Séance des Jacobins, p. 562. — Séance de la Convention; continuation des attaques contre le ministre de la guerre; on le confond avec les hébertistes; décret d'arrestation contre Vincent, Ronsin et Maillard, p. 566, 569, 574. — Explications sur cette séance, p. 574. — Mesure en faveur des détenus votée sur la proposition de Robespierre, p. 580. — Adresse des Lyonnais, p. 581. — Lettre de Fabre d'Églantine sur les motifs de sa conduite, p. 585. — Renouvellement des pouvoirs du comité de salut public, p. 589. — Mouvement des hébertistes pour défendre Vincent, p. 585, 592. — Cérémonie funèbre en l'honneur de Châlier, p. 592. — Collot d'Herbois à la Convention justifie sa conduite dans Lyon, p. 594. — Nombre réel des personnes exécutées de diverses manières à Lyon, p. 598, 599. — Lettre des représentans Fouché et Collot sur leurs projets à Lyon, p. 399. — Correspondance particulière de Collot d'Herbois sur les affaires de Lyon, p. 404. — Autres lettres particulières sur le même sujet, p. 415. — Dénonciations contre Collot d'Herbois adressées à Robespierre, p. 418. — Notice sur la commission révolutionnaire de Lyon, p. 425. — Notice sur quelques exécutions, p. 455. — Défense de Collot d'Herbois aux Jacobins; il approuve le parti de Hébert, p. 454. — Dénonciation contre Desmoulins, p. 458. — Adresse des Cordeliers en faveur de Ronsin et Vincent, hébertistes, p. 441. — Dénonciation de Philippeaux, p. 444. — Siége de Toulon, p. 450. — Prise de Toulon, p. 457. — Décret qui déclare que l'armée assiégeante a bien mérité de la patrie, p. 457. — Lettre de Fouché, p. 457. Rapport de Robespierre sur les principes du gouvernement révolutionnaire, p. 458.

FIN DE LA TABLE.

www.ingramcontent.com/pod-product-compliance
Lightning Source LLC
Chambersburg PA
CBHW050238230426
43664CB00012B/1738